法律通识系列讲坛

法律基础十六讲

戚珊珊　董晓波　著

对外经济贸易大学出版社
中国·北京

图书在版编目（CIP）数据

法律基础十六讲 / 戚珊珊，董晓波著. 一北京：对外经济贸易大学出版社，2013

（法律通识系列讲坛）

ISBN 978-7-5663-0897-9

Ⅰ.①法… Ⅱ.①戚… ②董… Ⅲ.①法律－基本知识－中国 Ⅳ.①D92

中国版本图书馆 CIP 数据核字（2013）第 259942 号

法律基础十六讲

戚珊珊 董晓波 **著**

责任编辑：王文君 强晓洁

对外经济贸易大学出版社

北京市朝阳区惠新东街 10 号 邮政编码：100029

邮购电话：010－64492338 发行部电话：010－64492342

网址：http://www.uibep.com E-mail：uibep@126.com

山东省沂南县汇丰印刷有限公司印装 新华书店北京发行所发行

成品尺寸：170mm × 230mm 21.75 印张 402 千字

2013 年 11 月北京第 1 版 2013 年 11 月第 1 次印刷

ISBN 978-7-5663-0897-9

印数：0 001－2 000 册 定价：39.00 元

前　言

随着经济和社会的发展，法律在社会生产和人们日常生活中发挥着越来越重要的作用。本书以社会主义法治教育、法律意识的培养为宗旨，在介绍法学基本理论、当代中国社会主义法律制定和实施的基础上，全面讨论我国宪法、行政法律制度、民事法律制度、经济法律制度、刑事法律制度、诉讼法律制度、国际法律制度、国际私法制度，并对我国现行宪法、行政法、行政诉讼法、刑法、刑事诉讼法、民法、民事诉讼法、经济法、知识产权法、劳动法、环保法以及国际法等的基础理论和基础知识做简明扼要的阐释。

本书在写作过程中，努力使思想性与知识性相结合，系统性与针对性相结合，理论性与实用性相结合，坚持以最新的法律、法规为依据，同时吸收近年来法学领域研究的最新成果。

本书既可作为普通高校的法律基础课教材，也可作为职业培训和普法教学用书，适用于高等院校、科研机构的师生和研究人员，法律实务部门的工作人员，以及对法律、法学有兴趣的其他读者。

目　录

第一讲

法律是什么？

在现代社会，不管你是深信法律乃人文科学之王，还是用比较实际的观点来看待它在一系列知识门类中的地位，毋庸置疑的是，法律几乎与社会中其他每一个知识领域都有着重要联系，它对现代社会中的人们颇为重要。

从西方的传统来看，法律职业和教师、医生一样，被视为是人类历史上最古老和最令人尊敬的职业之一。传统上，人们对法律有着一种非常虔诚、类似宗教般的信仰。连不可一世的法国皇帝拿破仑都曾对自己这样评价："我的光荣并不在于赢得了四十次战役，因为滑铁卢一役便使得这些胜利黯然失色。但是我的民法典却不会被遗忘，它将永世长存。"① 据说当时能让法国农民人手一册的，除了《圣经》，就是《法国民法典》了。不仅如此，英美国家的日常语言中，与法律相关的词汇也比比皆是。英文里所有血亲关系的称谓在后面加上"-in-law"的后缀，就变成了姻亲关系，如岳母就叫"mother-in-law"，直译过来就是法律上的母亲，嫂子、弟妹统称法律上的姐妹，都叫"sister-in-law"，等等。

与此同时，中国民众对法律的情感却远不及西方那样来的亲近。类似现代律师的讼师，在古代社会的评价就相当负面。在统治者眼里，没有讼师一说，凡是搅入诉讼帮人打官司的非涉案人，统统是讼棍，他们包揽讼词，挑唆诉讼，十分可恶。凡是讼棍，一经查实，就得严惩。即使在民间，这些人的名声也不大好。法学名家蔡枢衡先生曾这样评价法律和法学："人类社会不可或缺而又最为人所漠视的东西就是法律。成了人类社会的行为之指南针，同时又为人所看不起的知识和学问，也是法律知识和法学。这是事实，并且是常识。这是矛盾，同时也是真理。"我们曾经有过"文革"中每人手持一本《毛主席语录》的年代，却不可想象人手一册《宪法》或《民法通则》的情景！我国古代，"法"与"刑"始终关系密切，以至于一谈到法律人们首先想到的就是"强制"、"暴力"等比较吓人的东西，民众对法律可谓是敬而远之。如今伴随着时代的发展和进步，法律进入公众视线的频率也越来越高，法律题材的文学和影视作品常常占据畅销书和收视率排行榜的前端，拥有大批的粉丝。这和改革开放以来我国经济社会的快速发展以及由此带来的法律在社会运行中越来越突出的重要性是分不开的。同时，国家大力推进法制建设也造就了法学专业和法律职业的繁荣发展。

但是究竟什么是法律？是装订成册的法律条文，还是法官笔下的判决书，抑或是矗立街头的红绿灯以及戴红袖章的老大爷？美国律师费恩在其名著《法律简史》的开篇即写道："'法律'这个词几乎对所有具有普通常识的人来说都不陌

---

① ［德］K·茨威格特，H·克茨. 比较法总论. 潘汉典，等，译. 贵阳：贵州人民出版社，1992：158.

生，可是倘若要给它下一个明确的定义，即便是最博学的法理学家也会感到困难重重。"① 历史上，不同的法学家基于各自的研究视角提出过各种各样的法的概念。我们知道刑法是法律，民法是法律，婚姻法也是法律，但不能倒过来说，法律就是刑法，法律就是民法，法律就是婚姻法，它们只是法律中的一个组成部分而已。可见，"法律"这一概念，比一般人所理解的要抽象得多。那么，法律究竟是什么？简单地说，法律是一个国家、一个社会进行社会管理，维持社会秩序，规范人们生活的基本规则，也是一个社会、国家的民众在一定历史时期内共同生活所必须遵循的普遍规范，具有政治统治、社会管理和文化传播等多重功能。法律作为规则，对于现代社会中的每一个国家，每一个政府，乃至每一个公民，都是至关重要的。

第一节　法律的概念

一、法律的词源

"法"，在中国古代的古体字是"灋"。东汉许慎在其编撰的《说文解字》中的解释是"灋，刑也。平之如水，从水；廌所以触不直者去之，从去。"以水为偏旁，有公平之意，廌是上古传说中司法官的独角神兽，性情耿直，能辨别是非、善恶、正邪。由此可见，中国古代对"法"的理解就包含了法的基本含义——公平、正直；同时，也体现了中国古代法的另一个重要特征，即法主要体现为刑。此外，在中国古代，"法"与"律"同义，而且主要被称之为"律"。战国时期魏国宰相李悝集各国法律之大成，编定了《法经》。后商鞅带《法经》到秦国做宰相，进行变法，改"法"为"律"。从此，中国历朝，除宋朝改称"刑统"，元朝称为"通制"之外，法都称之为"律"，如秦律、汉律、隋律、唐律、明律、清律等。20世纪初，受日本的影响，法与律逐步联结在一起，称为"法律"。

西方的法律文化深受古典自然法传统影响，从词源的角度看，权利和法律是两个不同的术语，权利更多的是和法相联系。欧洲大陆的语言比较丰富，在表述"法"（权利）和"法律"这两个概念时，往往使用两个不同的对比词，比如拉丁文的ius和Lex，德文的recht和gesetz，法文的droit和loi，意大利文的diritto和legge，西班牙文的derecho和ley，虽然均可译为中文的"法"和"法律"，但

① ［美］约翰·梅西·赞恩．法律简史．孙运申，译．北京：中国友谊出版公司，2005：1．

其语义中既有指人人应遵守的规范之意，也兼有权利、正义、公平、理性等含义。特别是上述每一组词的前一个更倾向于用来表述法律在其规则之外所具有的更高层次的价值内涵。相比之下，英语对“法”和“法律”这两个概念的表述则相对比较贫乏，往往用一个“law”来表述法和法律这两个实质上并不相同的概念。有的学者为了在英语语言中区别法和法律，也只好使用“right”（权利）来表示“法”，因为它和上述欧洲大陆语言中每组词的前一个词根涵义较为靠近。由此看来，在西方语言尤其是欧洲大陆语言中，“法”和“法律”有着明显不同的意义内涵，“法”和“权利”往往是同一个词，两者是处于同等序列的概念。而“法律”则被认为是各种规则的总和或体系。

从以上对“法”的词源的分析可以看出，东西方法律的词义中都包含了诸如人人应遵循的普遍规则、公平、正直等最基本的含义。法律是人类社会重要的调整工具，也是人类社会追求的重要价值目标。在这里，我们暂不对“法”和“法律”在学理上做过多深入的辨析和区分，法和法律在广义上具有相同的含义。

二、马克思主义关于法律本质的基本观点

在马克思主义法学产生之前，无论中西方法学家对“法律究竟是什么”的回答如何纷繁多样，它们的共同点都在于把法律看作是一种超时空的抽象的东西，抹煞、歪曲和贬低社会经济条件对法的现象的制约作用。典型的如：神意说，即认为法律乃基于神的意志而制定；自然说，认为法律是由事物的本性所产生出来的，代表世间统一规律且永恒不变；正义说，认为法律即正义，“恶法非法”，人民无遵守“恶法”的必要；命令说，认为法律乃主权者对于人民的命令；强者说，认为法律是强者统治弱者的工具；历史说，认为法律源于各民族的风俗习惯，是各民族特有的文化精神、民族意识和习性的产物。然而，以上各种观点均有偏颇，在马克思主义看来，要认识“法律是什么”的一个前提，是区分法的现象与本质。本质是事物的内在联系，是决定客观事物存在的根据；现象则是事物的外在表现和外部联系，是本质的表现形式。

首先，法的第一层本质：法律是国家意志的体现。或者换句话说，法律的本质表现为法的正式性。法的正式性又称法的官方性、国家性，指法是由国家制定或认可的，并由国家强制力保证实施的，由官方确定并正式公布的行为规范。无论从形成方式、实施方式或表现形式来看，法都是国家制度的正式组成部分。法的正式性体现在法总是一个国家的公共权力机关按照一定的权限和程序制定或认可的。现代世界各国，法律越来越具有严格的形式主义特征。这种形式主义不仅要求法律要出自国家机关，而且要求法律出自法定的国家机关——通常是经普选

产生的立法机关。而非经法定机关按程序创制的文件，则不具有法律效力。法的正式性还体现在法总是依靠正式的权力机制保证实现。一般而言，法的实现主要依靠社会成员的自觉遵守，但是，国家强制是不可缺少的。此外，法的正式性还体现在法总是借助于正式的表现形式予以公布。人类早期社会曾经历过一定的神秘法时期，但在法的发展历史上，法一般都以官方文件的方式加以公布。近代以来，法的表现形式日益趋于规范化，包括法律文件的格式、名称、术语、结构都有一定的规格和要求。法的正式性表明法律与国家权力存在密切联系，法律直接形成于国家权力，是国家意志的体现。

其次，法的第二层本质：法律是统治阶级意志的体现，即法的本质反映为法的阶级性。法的阶级性是指，在阶级对立的社会，法所体现的国家意志实际上是统治阶级的意志。法所体现的国家意志，从表面上看，具有一定的公共性、中立性。这种意志由于形成于与社会相脱离的国家，因而具有统摄全体社会成员的“公共性”优势，任何个人或组织的意志一旦获得国家意志的表现形式，即具有了由公共权力保证的全体社会成员一致遵循的效力。然而，按照马克思主义观点，由于国家形成于阶级矛盾不可调和的历史时期，因此，它必然反映阶级对立时期的阶级关系。法所体现的国家意志只能是统治阶级意志，国家意志就是法律化的统治阶级的意志。但是统治阶级为什么“自愿”接受法律的约束呢？由于国家具有公共权力和普遍权力的形式，因此，通过国家意志表现出来的统治阶级意志也就具有高度的统一性和极大的权威性。它的统一性表现在：在国家权力高度统一的情况下，统治阶级意志可以通过高度统一的法律形式获得集中的体现，并随着法律的实施，起到将全体社会成员的行为纳入统治阶级所能接受的范围的作用；它的权威性在于：任何法律都是以国家权力为后盾的，任何违法行为都可能受到国家有组织的强力的制裁。鉴于此，统治阶级总是把自己的共同意志和根本利益通过法律加以确认。遵守法律，恰恰是对本阶级最大利益的维护。

最后，法的第三层本质：法律的内容最终是由物质生活条件决定的。也就是说，法的本质最终体现为法的物质制约性。法的物质制约性是指法的内容受社会存在这个因素的制约，其最终也是由一定的社会物质生活条件决定的。马克思说：“只有毫无历史知识的人才不知道：君主们在任何时候都不得不服从经济条件，并且从来不能向经济条件发号施令。无论是政治的立法或市民的立法，都只是表明和记载经济关系的要求而已。”[①] 马克思主义法律理论分析社会的特点在于：认为法律是社会的组成部分，也是社会关系的反映；社会关系的核心是经济

---

① 马克思恩格斯全集：第四卷. 北京：人民出版社，1995：121－122.

关系，经济关系主要是生产关系；生产关系是由生产力决定的，而生产力则是不断发展变化的；生产力的不断发展最终导致包括法律在内的整个社会的发展变化。这就提供了一个将法律置于物质的能动的社会发展过程中加以考察的唯物史观的分析框架。按照这种观点，立法者不是在创造法律，而只是在表述法律，是将社会生活中客观存在的包括生产关系、阶级关系、亲属关系等在内的各种社会关系以及相应的社会规范、社会需要上升为国家的法律，并运用国家权威予以保护。所以，法的本质存在于国家意志、阶级意志与社会存在、社会物质条件之间的对立统一关系之中。

三、法律的概念和特征

到目前为止，有关法律概念的争论并未终结，人们还在为寻找法律的完美定义而进行努力。但是，任何特定国家的法律人在其工作过程中都必须以该国家现行有效的法律作为处理法律问题的出发点和前提。所谓特定国家现行有效的法律，笼统地讲乃是指“国家之法”。简而言之，它是指由国家专门机关经过一定的程序制定，以国家权力强制实行的调整行为关系的规范。其外延包括：(1) 国家专门机关（立法机关）制定的“法”（成文法）；(2) 法院或法官在判决中创制的规则（判例法）；(3) 国家通过一定方式认可的习惯法（不成文法）；(4) 其他执行国法职能的法（如教会法）。与其他一些人类的社会规范，如宗教、道德、习惯等相比，法律有如下几个显著特征：

第一，法律是调整人们行为的一种社会规范。

规范的含义大体与标准、尺度、准则、规矩和规则等相似。社会是人的集合，它是由人与人之间的关系联结而成的，社会规范是维系人们之间交往行为的基本准则，进而也是维系社会存在和运行的基本尺度。所以，社会规范既具有社会性又具有个体性。法律调整人的行为，并通过调整人的行为而控制社会关系。

作为社会规范，法律不同于关系到人与自然之间关系的技术规范，也不同于人们内在的道德良知和思想准则。社会规范不同于自然界所尊崇的自然法则，它是群体性的，从这个意义上说，社会规范也是一种文化现象。违反社会规范会招致来自社会的惩罚，而不仅是自然的惩罚。作为调整行为的社会规范，法律又不同于其他社会规范。法律是一种以公共权力为后盾的，具有特殊强制性的社会规范。而习惯、道德、宗教、政策等社会规范则建立在人们的信仰或确信的基础上，大体上通过社会舆论、传统的力量、社团内部的组织力或人们的内心发生作用。一般来说，法律由法律原则、法律规范和法律概念三要素组成。法律规范又构成了法律中数量最多的部分。每一项法律规范，从逻辑结构上看，均由前提条件、行为模式和法律后果三个部分组成。这充分体现了法律的规范性和概括性。

第二，法律由国家专门机关制定、认可和解释。

社会规范大体上可以分为两类：一类是在长期的社会演变过程中自发形成的，如道德、习俗、礼仪等。这类规范内容上也在不断变化和丰富，但这一变化过程总体上是自然的、自发的；另一类社会规范则主要是人为形成的，如宗教规范、政治规范（政策等）、职业规范（纪律等）。法律有习惯法和成文法之分，前者是自发形成的，后者是人为创制的。

法律的创制有三种基本方式：一种是制定法律，即享有国家立法权的机关，按照一定的权限划分，依照法定的程序将掌握政权阶级的意志转化为法律，及国家机关通过立法活动产生新规范。通过制定方式形成的法律就是成文法或制定法。另一种是通过国家认可的方式形成法律，这种形成法律的方式是对社会中已有的社会规范（如习惯、道德、宗教教义、政策）赋予法的效力。国家“认可”有两种情况：一种是国家立法者在制定法律时将已有的不成文的、零散的社会规范系统化、条文化，使其上升为法律；另一种是立法者在法律中承认已有的社会规范具有法的效力，但却未将其转化为具体的法律规定，而是交由司法机关灵活掌握，如有关“从习惯”、“按政策办”等规定。法律的创制不是仅仅通过认可和制定，因为之后还有一个再度创造的过程，这就是解释。法律解释是指有权的国家专门机关依照法定权限和法定程序、依照一定标准和原则对法律的字义与目的所进行的阐释。这是法律创制的第三种途径。

第三，法律是以权利义务为内容的行为规范。

首先，法律以权利和义务为内容。现代法律是通过规定各法律主体的权利与义务来设定人们的行为准则、影响人们的行为动机和模式，进而达到调整各种社会关系、塑造社会秩序的目的。法律上的权利义务规定具有确定性和可预测性的特点，它明确地告诉人们该怎样行为，不该怎样行为以及必须怎样行为；人们根据法律来预先估计自己和他人之间该如何行为，并预见到这样行为的后果以及法律对此所持有的态度。

其次，法律具有利导性。这是从法律是社会各利益关系的调整器角度而派生的结论。法律通过权利义务的配置来分配利益，影响人们的动机和行为，进而影响社会关系。权利和义务是两个截然不同的事物，一个表征利益，一个表征负担，但是它们都具有利导性。前者从正面引导，后者从负面引导。在众多的社会规范中，只有法律是具有利导性的，只有法律是通过权利和义务的双向规定来影响人们的意识并调节有意识的活动。法的存在，意味着人们谋求自身利益的行为的正当性，意味着现实的有生命的个人追求现实利益的正当性。可见，这是法的一个重要特点和价值。这种调整社会关系的方式，使法进一步与其他社会规范相区别。

第四，法律是以国家强制力为后盾，通过程序而强制予以实施的社会规范。

任何规范都具有保证自己实现的力量。不按照自然法则办事，会招致自然界报复；不按照社会规范行事，也会受到相应的惩罚。原始人严重违反氏族习惯，会被逐出氏族；社会成员违反公认的道德准则，会受到人们的谴责；教会成员严重违反教规，要被赶出教门；工人违反厂规，要受厂规处分；党员破坏党章，要受党纪制裁。可见，没有保证手段的社会规范是不存在的。

不同的社会规范，其强制措施的方式、范围、程度、性质是不同的。法律强制是一种国家强制，是以军队、警察、法官、监狱等国家暴力为后盾的强制。因此，法律就一般情况而言是一种最具有外在强制性的社会规范。同时，国家暴力还是一种“合法的”暴力。所谓“合法的”一般意味着是“有根据的”，而且，也意味着国家权力必须合法行使，包括符合实体法，尤其是程序法两个方面的要求。法律的制定和实施都必须遵守法律程序，法律职业者必须在程序范围内思考、处理和解决问题。法的程序性是法区别于其他社会规范的重要特征。

第二节　法律的起源及其历史

法律并不是从人类诞生起就有的，它是人类社会发展到一定阶段的产物。在原始社会，没有国家，也没有法律。由于生产力水平十分低下，原始社会的人们必须依靠集体的力量与残酷的自然做斗争，他们必须共同劳动，并实行生产资料共同所有、劳动产品平均分配。只有这样，才能生存下来并得到延续和发展。当时，不存在私有制，没有阶级，也没有剥削，社会组织是按血缘关系为基础自然形成的原始氏族组织，氏族内部的重大问题由氏族全体成员共同讨论决定。在人们长期的生产和生活过程中，逐步形成了原始社会的规范，这些规范主要是各种习惯。原始习惯内容广泛，涉及社会劳动、公共事务管理、产品分配、婚姻家庭等方方面面，主要依靠氏族首领的威信、社会舆论和人们的自觉遵守来保证其实施。

原始人类在与自然的斗争中不断总结经验，聪明才智不断提高。随着生产工具的改进、劳动生产率的提高，生产力水平得到了稳步的发展。生产力的发展促进了社会大分工，使得劳动产品有了剩余，出现了私有财产和阶级剥削，产品的生产、分配、交换也越来越复杂。随着私有制和阶级的逐步形成，法律和国家便应运而生了。因为私有制和阶级的形成需要有凌驾于社会之上的力量来调整新的社会关系，需要一种特殊公共权力来确定和维护社会成员的权利和义务，需要新的社会规范来解决社会冲突，分配社会资源。为适应这种社会结构和社会需要，国家和法律这种新的社会组织和社会规范就出现了。可以说，法律是随着社会经济的发展、私有制和阶级的产生、国家的出现而产生的。它的产生经历了一个长期的、渐进的历史发展过程。恩格斯曾指出“在社会发展某个很早的阶段，产生了这样的一种需要，把每天重复着的生产、分配和交换产品的行为用一个共同规则概括起来，设法使个人服从生产和交换的一般条件。这个规则首先表现为习惯，后来便成了法律。”①

一、原始社会的社会组织和行为规范

（一）没有国家也没有法的原始社会

任何社会都需要一定的社会组织和社会规范来保证人们能够有秩序地生活和从事各项社会活动，但这种社会组织和社会规范并非一定要采取国家和法的形式。在原始社会，生产工具十分简陋，劳动技能很低，因而生产力水平极其低下，只能实行生产资料的原始公有制，人们之间是平等互助合作的关系，产品平均分配。没有私有制，没有穷人和富人之分，没有压迫者和被压迫者。没有阶级划分和国家的存在，也没有法。

（二）原始社会的社会组织

在原始社会，社会组织的发展经历了原始群和氏族两个阶段。最初是原始群，后来发展成为氏族。氏族社会的发展又经历了母系氏族和父系氏族两个历史时期。氏族作为原始社会组织的基本单位，有以下特征：首先，从形成方式来说，它是以血缘关系为纽带组成的集团，而不是按照地域划分的。其次，从性质上来说，它是氏族全体成员共同劳动、共同消费的生产组织和经济单位，是全体氏族成员共同进行管理的自治组织。再次，从组织形式来看，氏族的最高权力属于氏族成员大会，一切有关氏族重大利益的事务，都由氏族大会决定。恩格斯说过：“文明国家的一个最微不足道的警察，都拥有比氏族社会的全部机关加在一起还要大的‘权威’；但是文明时代最有势力的王公和最伟大的国家要人或统帅，也可能要羡慕最平凡的氏族首长所享有的，不是用强迫手段获得的，无可争

---

① 马克思恩格斯全集：第二卷．北京：人民出版社，1957：538－539．

辩的尊敬。”①

（三）原始社会的社会规范

任何社会都需要有人人共同遵守的行为规范，从而为人们的行为提供模式，规定界限，以协调人们之间的关系，确定社会生产和生活所必要的秩序。原始社会尽管没有国家和法，但仍然有秩序。原始社会的秩序维护主要依靠氏族组织和原始习惯。原始社会的习惯多种多样，如禁忌、图腾崇拜、复仇等。这些原始习惯使得原始社会处于一种“有秩序的无政府状态”。恩格斯曾对原始社会的状况做过形象的描述：“这种十分单纯质朴的氏族制度是一种多么美妙的制度啊！没有军队、宪兵和警察，没有贵族、国王、总督、地方官和法官，没有监狱、没有诉讼，而一切都是有条有理的。一切争端和纠纷，都由当事人的全体即氏族或部落来解决，或者由各个氏族相互解决；血族复仇仅仅当作一种极端的、很少应用的手段；我们今日的死刑，只是这种复仇的文明形式，……一切问题，都由当事人自己解决，在大多数情况下，历来的习俗就把一切都调整好了。”②

二、法律起源的历史过程和规律

（一）法律起源的原因

法律是人类社会的一大发明，而且是最重要的发明之一。它的产生是人类社会规范文明史上一次质的飞跃，是人类用规范调控自身的一个新的里程碑。它是一切人类智慧聪明的结晶，是人类理性自觉的产物。这种理性自觉是人类文明演进到较为高级阶段的结果，法律的发展离不开人类智力水平的提高和理性认知能力的增强，尤其是语言文字的产生所奠定的基础条件。法律的产生，其根本动因是社会内部基本矛盾，即生产力和生产关系、经济基础和上层建筑之间矛盾的运动发展，直接原因是私有制和阶级的出现。

第一，法律起源的经济原因。原始社会末期，生产力的发展促成了先后三次社会大分工，即农业和畜牧业的分离、手工业和农业的分离以及商业的产生。这几次分工使得商品交换成为必要和可能。开始的交换带有偶然性和任意性，没有一定规则。随着生产的发展和剩余产品的日益增多，交换逐渐摆脱了偶然性和任意性，产生了一定的规则和秩序，这种规则和秩序最初表现为习惯。后来，随着生产力的进一步发展，新的经济生活需要新的行为规范来进一步规制日常生产、

---

① 马克思恩格斯选集：第四卷．北京：人民出版社，1972：168.

② 马克思恩格斯选集：第四卷．北京：人民出版社，1995：95.

分配和交换活动，在社会经济生活中居于主导地位的人们为固定有利于自己的新的经济关系，也需要有新的行为规则。这样，原来的氏族规范就逐渐被新的规则所代替。这种规则不再是全体氏族成员意志的体现，而首先是一部分人的意志的体现，这种规则就是法律。恩格斯指出："在社会发展的某个很早的阶段产生了这样一种需要，把每天重复着的生产、分配和交换用一个共同规则约束起来，借以使个人服从生产和交换的共同条件。这个规则首先表现为习惯，不久便成为法律。随着法律的产生，就必然产生出以维护法律为职责的机关——公共权力，即国家。"①

第二，法律起源的政治原因。法律是在阶级矛盾不可调和的基础上产生的。原始社会末期，生产工具的改进，使得生产力水平大大提高，由此而产生了个体劳动，出现了剩余产品、私有制和剥削，并进而产生了阶级。整个社会逐步分裂成穷人和富人、剥削者和被剥削者两大对立阶级。原始社会开始发展为阶级社会。原始社会各种平等和谐的社会关系被剥削与被剥削、压迫与被压迫、统治与被统治的新的社会关系所取代。原来体现全体氏族成员意志和利益的原始社会规范，已经不再适合阶级社会新的社会结构。在这种情况下，经济上占统治地位的阶级，为了维护其阶级统治，不仅需要建立国家政权，而且需要凭借国家强制力来保障国家政权认可和制定的新的规范的实施，以使人们的行为符合有利于统治阶级的新秩序，这种新的规范就是法。

（二）法律产生的标志

第一，国家的产生。原始组织解体的直接结果是国家的出现，与此同时法也开始产生。这表明法与国家的形成是同一历史过程的两个方面，甚至可以说是同一事物的不同方面。科学和经验都证明着一个事实：国家与法是不可分割的，法是国家必不可少的一个组成部分。

第二，权利义务的分离。在原始社会中，人们依氏族习惯行事，在一般情况下无所谓行使权利还是履行义务。后来，社会成员之间出现了"你的"、"我的"这样的私有观念和私人财产，这种区分表明权利和义务的相互分离，同时，在权利和义务的分配上，一些人仅享有权利或享有大部分权利，大部分人只承担义务，这就出现了权利和义务在社会成员之间的分离。法对人们行为的调控必须以权利和义务的分离为条件，即法律规范一方面，要对各种行为进行明确区分，规定什么行为必须做，什么行为可以做和什么行为不得做；另一方面，要在各种法

---

① 马克思恩格斯选集：第三卷．北京：人民出版社，1995：211.

律关系中将相应的权利与义务分配给不同的法律关系主体。假如没有这种区分，法是不可能实现这种调控职能的。

第三，诉讼和司法活动的出现。随着专门的裁判机构的出现，在其行使权力的过程中形成了一定的诉讼程序。诉讼程序的形成是法律活动专门化的一个重要标志，有关各种诉讼种类的划分以及诉讼权利的确定、诉讼手续、诉讼过程和诉讼仪式的规定等，都标志着法律的存在。

（三）法律的起源的一般规律

虽然在不同地区、不同民族中法的现象产生的时间和过程各有不同，但对它们进行综合分析，可以发现法律现象的起源具有以下一般规律：

首先，法的起源经历了由习惯到习惯法再到成文法的发展过程。

在国家产生的过程中，原始习惯开始逐渐演变为具有特殊强制力的习惯法。随着文字的出现，这些习惯法又成为了成文法。最初的成文法大都是习惯法的成文化。后来随着法律科学的发展，立法就不限于对已形成的习惯法成文化，而是有意识地制定新的法律规范，立法活动有了更大的自决性。

其次，法的产生的过程受到道德和宗教的极大影响。

法律的产生过程受到宗教和道德的影响，特别是最初的法律总是带有浓厚的宗教色彩和道德痕迹。这种影响表现在两个方面：一是古代的许多法典中的法律规范都同时是道德规范和宗教戒律；二是司法程序受到宗教仪式的影响，在司法审判中往往采用神明裁判的方式。

再次，法的产生经历了从个别调整到一般调整的过程。

法律制度形成过程是一个行为的调整方式从个别调整发展为一般调整的过程。法律萌芽之初，对行为的调整是针对个别行为采取的。个别调整方式和具体情况直接联系，针对性强，但带有较大的不确定性和不可预见性。在法律调整的实践中，随着偶尔的个别行为演变成比较常见的行为，由个别调整临时确定的规则便逐渐发展成为经常的、反复适用的，不只是针对个别行为而是针对同一类行为的共同规则。共同规则的形成把对行为的调整类型化、制度化为一般调整，即规范调整。规范调整的出现是法律最终形成过程的关键性一环。这种规范调整形成了针对某一类行为和社会关系的稳定的调整机制，从而给处于该类行为领域和社会关系中的人们提供了明确的行为模式，这就使人们相对地摆脱了偶然性和任意性的左右，有利于社会秩序的形成和巩固。

第三节 法律对于国家、社会和个人的意义

一、法律与国家

法律的产生和国家的诞生形影不离。可以说，法律与国家的形成是同一历史过程的两个方面。人类社会始终存在着两种生产，即物质和精神资料的生产（衣、食、住及生产工具和社会意识形式的生产）及人类自身的生产（人种的繁衍及婚姻家庭形式的发展）。社会制度受这两种生产的制约。在物质资料生产水平低下时，以血缘关系为纽带的氏族制度，成为国家产生以前对社会进行管理的基本社会制度。随着物质资料生产的发展，人们在物质资料生产过程中结成的生产关系逐渐代替了血缘关系，使社会结构发生了根本变化。新的社会制度取代了单纯由血缘关系决定的氏族制度，这就是具有公共权力的国家制度。国家是人类社会发展到一定阶段，进入阶级社会以后特有的政治现象。

恩格斯曾强调国家是阶级矛盾不可调和的产物，指出原始社会制度瓦解是个逐渐的过程，物质资料生产的发展、家庭私有制的出现和奴隶阶级的形成是国家产生的前提。只有阶级形成后，当两个对立的阶级的矛盾达到不可调和时才出现了国家。国家是阶级矛盾不可调和的产物，是经济上占统治地位的阶级“获得了镇压和剥削被压迫阶级的新手段”，阶级性是国家的根本属性。国家是一个成长于社会之中而又凌驾于社会之上的，以合法的暴力为基础的，带有相当抽象性的权力机构。以前，国家的目的仅是消极地抵抗外来的侵略以及维持国内的安宁秩序，维护自身存在是其最大的目标。但随着时代的演进，国家的目的也有了一定的变化，现代国家的目的，除了保障领土完整、主权独立和人民自由，更重要的是要积极增进人民的福祉，为人民谋福利。国民教育的普及，文化水平的提高，生活状况的改善，经济事业的发展，社会秩序的维持以及其他各种利国利民的措施均包含在内。我们可以给国家做如下定义，即国家是人类因生存、发展之需要而在一定领土上所组织起来的，具有统治权力的政治实体。人民、领土和主权是国家不可或缺的三大要素。而制定法律和用强制力保障其实施是国家主权的重要内容和应有之义。法律对于现代国家的意义有：

（一）有助于维护和实现国家的政治稳定

政治稳定是社会政治统治的最重要的价值目标之一，它是社会政治统治是否稳固的重要标志，也是法的现象规制社会主体的行为、调整社会利益关系的重要

价值目标。法律最重要的功能之一就是通过对社会利益关系进行制度化安排和整合，以维护主体权利，打击各种违法犯罪，规制主体行为，实现社会政治秩序的稳定。邓小平同志曾明确指出“中国的问题，压倒一切的是需要稳定。”① 所以，法律是否能满足统治阶级的政治秩序稳定的需要，是否能推动社会政治生活的有序化运行，是衡量法律自身价值的重要指标。

（二）合理配置国家政治权力

在一个社会的政治领域，最重要的资源就是政治权力，也即国家权力。从权力和法律的关系出发，一方面，法律以国家政治权力为其政治基础；另一方面，法律的重要作用之一就是对国家权力进行合理的制度化安排，从而实现政治权力之间的相互分离和制衡。由此看来，对国家权力进行合理配置，使不同的国家政治权力既相互分离、相互制约，又相互配合、相互支持，是现代法律的应有之义。因此，我们也必须十分重视法律在政治领域内的作用，尤其是政治权力配置和国家权力运行机制等方面。

（三）有效地防止和控制政治权力的任性和滥用

权力是一种广泛存在的社会现象，简单说来，权力代表的是文明社会中一种特殊的影响力和支配力。马克斯·韦伯认为，“权力意味着在一定社会关系里哪怕是遇到反对也能贯彻自己意志的任何机会，不管这种机会是建立在什么基础之上。”而国家权力是以国家为后盾的政治组织社会的支配力。它是国家进行社会管理的基础，没有权力的支撑，就没有社会的稳定、秩序和高效，但是权力又有着无限扩张的本性。法国著名思想家孟德斯鸠指出：“一切有权力的人都容易滥用权力，这是万古不易的一种经验，有权力的人们使用权力一直遇到有界限的地方才休止。”② 权力无限扩张的本性使它随时可能被掌权者的任性和私利所服务，导致权力现象的异化。英国历史学家阿克顿把这样的现象概括为一个著名的权力定律：“权力导致腐败，绝对的权力导致绝对的腐败。”③ 在现在社会中，腐败的权力是公民权利最大的威胁，它就像白蚁一样侵蚀着整个社会正义的基石。所以，现代法律的重要任务之一就是对国家权力进行有效的法律控制，防止并惩戒权力滥用现象。

（四）有利于建立现代责任政府

近代以来，凡民主国家，不论其具体政体形式如何，均规定了政府的责任担

---

① 邓小平文选：第三卷. 北京：人民出版社，1993：286.

② ［法］孟德斯鸠. 论法的精神：上册. 张雁深，译. 北京：商务印书馆，1961：154.

③ ［英］阿克顿. 自由与权力. 候健，等，译. 北京：商务印书馆，2001：342.

当。所谓政府责任，简言之就是政府在国家事务和社会公共事务治理中所承担的责任。对政府责任，可以从广义、狭义两个角度进行考察。从广义上看，政府责任意味着政府组织及其公职人员履行其对整个社会公众的职能和义务，即法律和社会所规定的义务。这种社会职能和义务不仅要求政府正确地做事情，而且意味着政府应当做正确的事情，即促进整个社会福祉进步的事情，而不是有损于社会和民众的事情。从狭义的角度考察，政府责任指当政府机关及其工作人员违反法律规定的义务违法行使职权时所承担的否定性的法律后果，即法律责任。这种责任和违法相联系，意味着国家对政府机关及其工作人员违法行为的否定性评价和谴责。只有建立现代责任政府，充分发挥法律的作用，才能合法、有效地保障和促进公民权利的实现。

二、法律与社会

社会是人的集合体，是有着一定共同利益、价值观和目标的人的联盟。社会是共同生活的人们通过各种各样的社会关系联合起来的集体。从这个角度来说，社会之所以能够自我维持、自我发展，背后必然有一定的规范体系作为支撑。法律就是其中最强有力的促进社会整合的制度体系。法律的社会作用是作为整体的法律（规范制度层面）对整个社会产生的影响。美国法理学家庞德写过有一本叫做《通过法律的社会控制》的小册子，流传甚广。从它的标题即可看出作者对法律的看法——法律是实现社会控制的手段，这样的观点，可谓精辟。确实，法律是治国方略，是系统控制学。从管理的视角来看，法律管理的对象是国家事务和公共事务，是最高层次的国家管理。法律对社会的作用具体有以下四个方面：

（一）组织和整合社会各部分

法律通过划分主体间的权利义务，表面上看把人隔绝起来，实际上却把人通过法律规范的网络联系起来。法律规范包括构成性规范和调整性规范。调整性规范所调整的行为方式和社会关系在规范被指定出来前就存在，而构成性规范以该规范的规定作为某种行为产生的前提条件，所调整的行为在逻辑上依赖于该规范。调整型规范对社会具有直接的组织作用。例如，在税法颁布之前，不会产生合法的征税行为，也不会产生具体的税收法律关系。再如，没有诉讼程序方面的规定，也就不会产生诉讼活动中的权利和义务。[①] 此外，法律体系中还包含不少

① 公丕祥．法理学．上海：复旦大学出版社，2005：335．

冠以“组织法”名称的法律，也间接地说明了法律的社会组织作用。法律的组织、整合作用还突出体现在社会团结方面。它具有凝聚民众、树立权威，以保证共同完成集体目标的重要作用。从某种意义上讲，法律就像社会的黏合剂，使人们建立某种强有力的联系，从而把社会结合在一起。

（二）促进和激励社会发展

法律和习俗不同，习俗通常只具有保守的作用，而法律可以“移风易俗”。法律既维护社会秩序，又促进社会发展，它的实质是维护社会的理性动态平衡。法律既是向前看又是向后看的。从秩序的角度，法律无疑是向后看的，但是从正义、利益、自由和效率的角度，法律又是向前看的。法律肯定主体的自由，让人们具有做法律所允许的一切事情的权利，充分激发社会成员的最大潜能。一个有自由的人，有权决定自己思想、行为方式以及如何决策；一个有自由的人，对社会富有责任心，敢于为自己的行为承担责任；一个有自由的人，精神振奋，充满智慧和创造力，追求自身价值的最大实现。同时，法律还为社会主体提供自由选择自己行为的途径，减少了人们社会生活中的偶然性和盲目性，增加了可预测性，从而为主体自由选择自己行为提供必要的法律条件和制度保障。同时，现代法律还必然包含着以有利于提高效率的方式分配资源，并以权利和义务的规定保障资源的优化配置和高效使用的价值内涵。如法律确定和保护产权关系，鼓励人们为了效益的目的占有、使用和流转财产，以达到物尽其用的目的。此外，随着社会发展，为了使整个社会容纳更多的生产力，法律还起到确认、保护和创造最有效的经济运行模式的作用。

（三）协调社会各种利益关系

主体的需要产生利益，而需要究其本质来讲，是社会历史发展的产物，是由一定的社会物质生活条件决定的。人总是通过一定的社会形式和社会手段来满足其社会需要的。庞德指出：“我们给利益下一个定义，它是人类个别的或在集团社会中谋求得到满足的一种欲望或要求，因此，人们在调整人与人之间的关系和安排人类行为时，必须考虑到这种欲望或要求。”① 在现实社会中，人类的需求和利益是多种多样的，我们可以从不同的角度对利益进行分类。从主体角度来看，利益分为个人利益、社会利益和公共利益。从利益的领域来看，可划分为经济利益、政治利益、精神利益等。从利益的重要程度看，利益又可以分为根本利益和非根本利益等等。利益和法律有着千丝万缕的联系：社会利益的分化决定了

---

① ［美］罗斯科·庞德．通过法律的社会控制．沈宗灵，等，译．北京：商务印书馆，1984：83－84．

法的现象的产生，统治阶级的利益决定了法律的整体结构，社会利益关系的发展决定了法律的变化和发展，法律和利益息息相关。尽管法的现象不创造利益，但它对利益关系的协调整合具有重要的价值意义。法律确认、界定和分配各种利益，通过法律上权利义务的工具体系来确定主体的利益地位和利益范围。法律协调保障和促进利益的实现，排除利益实现的各种障碍。在一定条件下，良好的法律可以促使人们自觉追求新生利益的形成和发展。

（四）预防和解决社会纠纷

尽管法律在权衡各种利益的基础上明确划分了权利和义务、职权和责任，但是这无法保证人们完全依照此行事，出了纠纷解决不了，最后还是需要法律来处理。因此，没有纠纷也许就不会有法律的产生，法律的初始功能之一就是“定纷止争”。现代社会的法律是处理纷争的最后的手段，人们往往正是通过法律的这种外在强制作用来认识它的。一旦出现纠纷，人们可以通过诉讼、仲裁、复议等法律手段来维护自身权益，化解社会矛盾，维持社会秩序。法律既处理纠纷也预防纠纷。一定的法制宣传教育可以预防纠纷，同时通过法律的直接实施也可以预防纠纷，比如民法上的宣告失踪、宣告死亡制度以及财产权的确认等等。博登海默也说过这样的话：“最好的医疗方法是预防疾病的发烧，正如法律的真正益处在于它确保有序的平衡，而这种平衡能成功地预防纠纷。”①

三、法律与个人

法律发展到今天，从前资本主义社会维护人身依附和等级特权的义务本位法，到资产阶级所宣扬并写入宪法的“私有财产神圣不可侵犯”以及“法律面前人人平等”，再到社会主义法所提倡的促进社会共同富裕和人的全面发展，法律对个人权利的确认和保护可谓经历了一个曲折的发展历程。总体来说，法律所保障的主体的自由度和权利的范围，随着时代的进步发展，是在不断扩大和延伸的。这又回到马克思主义的基本观点，法律作为上层建筑的一部分，说到底是由社会物质条件所决定的，一定的经济基础之上产生一定的法律制度。这里，我们仅从法律对人们行为的影响角度，探讨法律和个人（包括各种社会组织）之间的关系。

（一）指引作用

法律对行为的指引是指法律通过对权利义务的规定，提供人们社会活动的一

---

① ［美］博登海默．法理学——法哲学与法律方法．邓正来，译．北京：中国政法大学出版社，1999：345－346．

系列行为模式，引导人们在社会活动中作出或不作出一定的行为。法律规范的种类包括授权性规范、禁止性规范和义务性规范，因此法律对行为的指引也分为三类：第一，授权性指引。即允许人们作出什么行为，并享有这种做或不做的自由。第二，义务性指引，指要求人们积极作出法律要求的行为，比如法律规定了公民纳税的义务，这就是一种积极的义务。第三，禁止性指引，即法律作出规定，禁止人们做一定的行为，刑法的规定基本上都是禁止性指引。法律的指引是一种普遍一般的指引，而不是个别指引。正如卢梭所说："我说法律的对象永远是普遍性的，我的意思是指法律只考虑臣民的共同以及抽象的行为，而绝对不考虑个别的人以及个别的行为"。①

（二）预测作用

法律的预测作用是指人们可以根据法律规范提供的行为模式，预测人们相互间会怎样行为以及行为的法律后果，并由此对自身行为作出合理的选择和安排。法律具有预测作用在于法律提供的理性的行为模式，使人们可以符合规范的行为，避免不可预见的后果的出现。对符合这种行为模式的行为，法律予以肯定和保护，对违反这种行为模式的行为法律予以否定，并进行法律制裁。

（三）评价作用

法律的评价作用是指法律作为一种评价制度，能够对人们的行为进行法律意义上的评价。法律评价作用的客体是人的行为。这里的人既包括自然人，也包含法人以及其他社会组织。评价的标准包括行为是否具有法律效力，或是合法、不合法以及违法、不违法。同时，法律通常反映了一个社会一定的价值观，所以，根据法律还能评价一种行为是否符合公平正义。在社会中，道德、宗教规则、风俗习惯等都是行为评价标准，但与法律相比，评价的结果并不和国家的强制力相联系，评价的标准也不具有普遍的效力以及很强的确定性。法律是人们刻意创制并与国家强制力联系在一起的，因此，法律是形式更为严格、更统一和更具有权威性的评价标准。

（四）制裁作用

法律的制裁作用是指法律能够运用国家强制力对违法者施加不利的法律后果，保障法律顺利实现。这种不利后果通常表现为剥夺一定的权利或追加一定的义务。法律的制裁作用是法律区别于其他社会规范的重要特征。法律的强制说到底是借用一定的国家暴力，通过警察、监狱、法庭等国家机器予以实现。法律对

① ［法］卢梭. 社会契约论. 何兆武，译. 北京：商务印书馆，1980：50.

行为的制裁是为了修复受损的社会关系，也是为了防止违法行为的再次发生。当然，法律的实现首先依赖公民的自觉守法，其次才依靠自身的强制作用。法律制裁是国家机构的一种专门性活动，它是国家通过专门机关和专门人员来实施的。

（五）教育作用

法律的教育作用是指法律不仅是具有强制力的社会的行为规范，同时也给社会确立了最低的道德标准和是非观念。它通过自身的规范和实践教育人们接受一定的行为方式，培养一定的行为习惯。法的教育作用不在于它的强制性，而在于其本身所具有的公正性。代表公平正义以及符合社会价值观念的法律规范能够更好地被人们接受，并通过自身的实践在民众的心灵中被进一步强化。从社会学的角度来看，人们的行为模式不是天生的，而是后天习得的。人的成长和社会化的过程，就是其所在社会的行为方式、价值观念等社会知识精神内化的过程。法律的教育作用建立在对人的尊重的基础之上，它把整个社会的需要和崇尚的价值观念引入法律之中，并以此作为法的目标。因此，法律也就超越了它本身的强制意义，成为人们自觉服从的行为准绳。

第二讲

法 系

第一节 法系概述

每一种文明都有其自身的独特性，可以说，文化多样性是人类文明最本质的特征，而法律作为人类文明的重要成果和组成部分，也有着丰富多样的表现形式。法律文明是人类进入阶级社会之后共有的社会现象，因此不同国家或民族的法律文明都有着一定的共性。但与此同时，每种法律文明都有其各自产生、形成、发展的社会条件以及民族、地域土壤。各种不同的法律文明都保持着自己的特色。

虽然世界上的法律文明多种多样，但是，大体看来，我们可以把它们划分为东方法律文明和西方法律文明两种基本类型。东方法律文明诞生于东方社会的文明之中，西方法律文明诞生于西方社会文明之中。东方社会和西方社会是两大不同的文明体系，东方社会不同于西方社会的特殊性受到了当今世界的广泛关注，并得到了普遍认可。法国启蒙思想家伏尔泰在分析了东西方法律与风俗的历史差异性之后，认为东方民族的品性好于西方民族。西方古典政治经济学的创始人亚当·斯密在其《国富论》中认为，东西方法律文明之间具有巨大的差异性：东方社会不具备正规的司法行政制度，人民对于自己的财产所有权没有安全感，对政府的公正没有信心；在西方社会，为了保障商业交易的自由，设置了一整套的法律制度，可以保障公民的权利和自由。当然，学者对于东西方差异的看法会因为其所处时代、立场和观点而存有很大差异。

马克思晚年对东方社会发展道路有过深入的研究，其中，对东方法律文明的独特性也进行了探讨。他认为，古代东方社会的法律起源过程和西方相比具有更加浓厚的血缘关系色彩。和东方社会的农耕文明相匹配，东方法律文明通常表现出伦理法或宗教法的特质，法律在整个社会调整体系中地位较低，和道德、宗教有千丝万缕的联系，缺乏显著的独立性。同时，这样的法律在社会调整中也难以形成至高无上的权威。而西方法律文明诞生于古代西方的海洋文明。海洋文明主要是指西方文明主要起源于海洋，如爱琴海文明、古希腊文明。与东方肥沃的大河平原不同，这里的土地十分贫瘠，山脉众多，不宜耕种。而正是因为其地理环境不适合农业生产，农产品必然无法满足自身的需求，使其不得不对外进行贸易以换取足够的生活资料。在古代西方文明真正的发源地希腊，星罗密布的海岛和崎岖的海岸线造就了得天独厚的天然海港，为其对外进行海洋贸易提供了便利。而正是因为许多生产资料是由对外贸易换取，而非像东方大河流域的人们那么依赖自己的土地和土地之上繁衍生息的家族，所以西方民族对自然界的崇拜和血缘的依赖没有东方民族那么强烈。西方法律文明产生于西方文明之中，带有西方文明的显著特征。美国著名法律史学家伯尔曼认为西方文明“被认为包括继承古希腊和古罗马遗产的全部文化，与‘东方文明’相对……”，“西方不是指古希腊、古罗马和以色列民族，而是指转而吸收古希腊、古罗马和希伯来典籍并以会使原作者感到惊异的方式对它们予以改造的西欧诸民族”。① 古希腊、古罗马和希伯来三种文明经过融合形成了西方文明的整体风格，构成了西方法律文明的基本精神，即它强调法的正义性、法的相对独立性、法具有约束政治权力的内在倾向。在东西方法律文明的基础上，我们可以根据法律传统的不同，进一步划分出若干法系。

一、法系的概念

（一）法系的定义

在法学研究中，人们将具有某种共性或共同传统和特征的法律归为一类，作为一个系统来观察分析，比较法学家们在进行这类研究时经常使用一个最基本的概念——“法系”。在现代法律话语体系中，法系无疑是法律人认知、理解和把握世界法律总体格局的重要理论工具。尽管各国法律极其繁多，但是就像法国比较法学家达维德所说，“正如神学家和政治科学家承认宗教或政体类型一样，比较法学家也可以将法律简化为少数几个系（families）。”② 在西方的语言文字中法系的用语并不统一，如英语中 legal genealogy、legal family 和 legal system 都可以译为法系，其中使用最多的还是 legal system，虽然这一术语本身是个多义词，还可翻译成法律体系和法律制度，但我国学者一般仍然习惯使用较为通用的“法系”这一术语。但也有学者愿意使用法律传统来表达与法系类似的意思，例如，美国学者梅里曼就使用法律传统代替法系。他说，“现代世界有三个主要法律传统：民法传统，普通法传统和社会主义传统。”③

我们认为法系是比较法学的核心概念，具体指根据法的历史传统和外部特征的不同，对法所做的分类。凡属于同一传统的法律就构成法系。“法系”最初是西方法学著作中提出的一个用于给法分类的概念。历史上，各民族都曾经将自己的法律制度视为具有普遍意义的法律制度。但是，19 世纪以来，随着主权的、

① ［美］H·J·伯尔曼．法律与革命．贺卫方，等，译．北京：中国大百科全书出版社，1993：1－3．

② 沈宗灵．比较法研究．北京：北京大学出版社，2002：53．

③ 刘兆兴．比较法学．北京：社会科学文献出版社，2004：53．

独立的民族国家的兴起，出现了广泛的立法活动，人们认识并开始承认法律具有一定的地域性，相应地，产生了对不同国家的法律进行比较研究的需要。然而，由于每一个国家都有自己的法，有时一个国家内部还实施不同的法，因此，比较就需要借助类型理论，需要对比较的对象进行进一步的分类。但是，法系也是一个充满各种争议的概念。在法律史上，学者们对于法系的分类应当遵循什么样的标准，世界上的法律体系可以分为哪些法系，各个法律体系应当属于哪个法系，一直争论不休。

对于法系的概念，这里有几点需要说明：首先，法系并不是一个国家的法律制度的总称，而是一个国家或地区的具有共同传统的法律所属类别的总称。其次，这些国家或地区的法律之所以能够成为一类，是因为从某种角度看来，它们具有某种共性或共同的传统。如西方两大法系中，民法法系是以罗马法为基础形成的一系列国家法律体系的总称，而普通法系则是指以英国中世纪普通法为基础形成的一系列国家法律的总称。除此之外，伊斯兰法通常是指以伊斯兰教教义为基础发展起来的具有共性的法律体系的总称。再次，法系和一个国家的社会制度并无直接必然的联系。在一个法系中，每个国家的法律体系都隶属于某种社会制度，如民法法系和普通法法系国家的法律一般都属于资本主义法律，但我们不能就此将法系和社会制度相等同。不同国家法律体系的比较和归类应该具有更加科学的标准，这样才有利于在认识到世界各国法律多样性的同时，把握某些国家的法律体系的共性，更好地促进世界各国法律的比较和交流。

（二）法系与其他概念的区别

要正确把握法系的概念，必须把法系同法律体系、法学体系、法律的历史类型等概念区分开来。

法律体系是指由一个国家内部各个现行法律部门所构成的有机统一的整体，它不包含国际法。法学体系指由法学的各个分支学科所组成的有机体系。法学体系是一种学科体系，是一种学理分类。而法系是各国法律状况按照传统进行的一种概括，是一种现实分类。它与法律既有一定的联系也有一定的区别。两者都具有一定的确定性，但是同时又具有一定的开放性和变化性。法律的历史类型，是对法律发展过程的历史阶段或形态所做的划分，划分的依据是历史上法律的阶级本质及其所依赖的阶级标准。与法系相比，前者侧重时间性，后者侧重地域性；前者侧重于实质特征，后者则侧重于形式特征。

二、法系的分类

由于世界法律文明的多样性以及人们对法律文化或传统的不同角度理解，导致了法学家们对世界法律体系持有不同的划分标准。有一种观点认为，世界上有多少种文明，就有多少种法律文化或法律体系，这是从文化角度出发的一种划分。早在1884年，日本东京大学法学名家穗积陈重就已在东京大学《法学协会杂志》第一卷第5期上发表关于法系分类的文章，他将世界各国法律划分为五族：印度法、中国法、回回法（伊斯兰法）、英国法和罗马法。后来，在1904年美国的一次国际会议上，穗积陈重将原来提出的五个法族增补为七大法系，增加了斯拉夫法和日耳曼法。穗积陈重对法系分类的贡献在于，他的理论和同时代的比较法学家相比，更加普遍地反映了这个世界法律的多元性和多样性，并给予东西方法律文明同样的重视。二战后，在法系划分理论上，影响较大的有法国法学家达维德和德国法学家茨威格特。达维德认为，当代世界有三个法系占据主要地位，分别是：罗马——日耳曼法系、普通法法系、社会主义法系，而这三者均为西方法系，在非西方还存在着诸如伊斯兰法、印度法、犹太法以及远东法（中国和日本）、撒哈拉沙漠以南非洲的法律。而茨威格特的分类和达维德有较大区别，他主张，可以分为以下八个法系：罗马法、日耳曼法、北欧法、普通法、社会主义法、伊斯兰法、远东法、印度法。

法系划分的理论依据主要是法的传统。依据这个标准，世界各国的法律就能够形成数目有限的不同类别。在历史上，世界各主要地区曾经存在过许多法系，诸如印度法系、中华法系、伊斯兰法系、民法法系和普通法系等等。当今世界上最有影响的是民法法系和普通法系。民法法系（Civil Law System）是指以古罗马法，特别是以19世纪初《法国民法典》为传统产生和发展起来的法律的总称。由于该法系的影响范围主要是在欧洲大陆国家，特别是法国和德国，且主要法律的表现形式均为法典，所以又称为大陆法系、罗马——德意志法系、法典法系。属于这一法系的除了欧洲大陆国家外，还有曾是法国、德国、葡萄牙、荷兰等国殖民地的国家及因其他原因受其影响的国家。例如，在非洲有埃塞俄比亚、南非、津巴布韦等；在亚洲有日本、泰国等；此外，还有加拿大的魁北克省、美国的路易斯安那州、英国的苏格兰等。可见，民法法系是一个影响非常广泛的法系。普通法系（Common Law System）是指以英国中世纪的法律，特别是以普通法为基础和传统产生与发展起来的法律的总称。由于它主要渊源于英国普通法，被称为普通法法系、英国法系，又由于它以判例法为法的主要表现形式，因而被称为判例法系，由于在现代它是由英国法与美国法两大分支构成，又称英美法系。这一法系的范围，除了英国以外，主要是曾为英国殖民地、附属国的许多国家和地区，如美国、加拿大、印度、新加坡、澳大利亚、新西兰以及非洲的个别国家、地区等。就我国法学界来看，公认的法系有五种：属于东方法律文明的中华法系、印度法系和伊斯兰法系；属于西方法律文明的民法法系（大陆法系）和普通法法系（英美法系）。[1]

第二节　当代西方两大法系

一、两大法系概述

（一）大陆法系

大陆法系，又称为民法法系、法典法系、罗马法系、罗马——日耳曼法系，它是以罗马法为基础而发展起来的法律的总称。罗马法是公元前6世纪罗马奴隶制国家建立至东罗马帝国灭亡时期法律制度的总称。它首先产生在欧洲大陆，后扩大到拉丁族和日耳曼族各国。后世学者所称的罗马法主要是指查士丁尼《民法大全》而言。罗马法在世界法制史上占有重要地位，正如恩格斯所指出："罗马法是资本主义前的商品生产的完善的法，但是它也包含着资本主义时期的大多数法律关系。"它是"商品生产者社会第一个世界性法律"。随着罗马帝国的灭亡，罗马法失去了国家法律效力，然而，作为人类重要文化遗产之一，它却仍然以其强大的魅力，影响着世界法制史发展的进程。现代西方两大法系——大陆法系和英美法系均在不同程度上继续借鉴和吸收着罗马法的精华。

罗马法关于公法和私法的划分以及人法、物法、诉讼法的体系一直成为大陆法系各国民事立法的依据。人法理论来源于古希腊斯多葛学派的自然法学说，然而罗马法学家却在先驱者提供的物质和精神财富的基础上创立了"自然人"和"法律人格"的理论，这一理论，奠定了"民事权利主体"和"法人"学说的基础。后世民法关于权利能力和行为能力的界定，在罗马法里早已得到了详尽的论证。

历史上的罗马法以民法为主要内容。法国和德国是该法系的两个典型代表，此外还包括过去曾是法、西、荷、葡四国殖民地的国家和地区以及日本、泰国、土耳其等国。大陆法系以1804年的《法国民法典》和1896年的《德国民法典》为代表形成了两个支流。

（二）英美法系

英美法系，又称普通法法系，是指以英国普通法为基础发展起来的法律的总

---

① 公丕祥. 法理学. 上海：复旦大学出版社，2005：155.

称。英国从1世纪到5世纪曾经是罗马帝国的殖民地，因此高度发达的古代罗马法对英国早期的法律制度有过影响，但是盎格鲁－撒克逊民族进入英伦三岛以后，罗马法就成了昨日黄花，烟消云散。盎格鲁－撒克逊人使用习惯法，这对于日后普通法的成长产生了不可估量的作用。1066年，法国北部的诺曼底公爵威廉跨海征服英格兰，成为英国国王——“征服者”威廉一世。威廉登基以后，即着手全国的政治统一计划，他把全国的土地以采邑的形式直接或间接地分封下去，采邑持有人获得了他们在欧洲大陆上并不明确得到的大部分统治权，但是国王保留了铸币、征收土地税和对重大刑事案件监督审理的特权。为了缓和民族矛盾，他宣布一项重要法令，即英国原有的习惯法依然生效，同时，威廉派出巡回法官到各地审理案件，收集、调查和整理各地的习惯法，力求习惯法在英国国内的法制统一。英国的第三任国王亨利一世继位以后，又做了重大改革，他在位35年，最伟大的贡献就是开启了王室法庭专业化的进程，同时还制定巡回法庭制度，由巡回法官作为国王的直接代表到全国各个地区负责司法事务。普通法正是在这样的政治制度环境中开始茁壮生长。当欧洲正被罗马法横扫逐步形成大陆法的时候，英国开始走他自己的路，英国普通法由此产生。

到18世纪至19世纪时，随着英国殖民地的扩张，英国法被传入并扩大到曾经是英国殖民地、附属国的许多国家和地区，包括美国、加拿大、印度、巴基斯坦、孟加拉、马来西亚、新加坡、澳大利亚、新西兰以及非洲的个别国家和地区。英美法系终于发展成为世界主要法系之一。当然，正如上文中指出的，英美法系的法律渊源也深受罗马法影响，尽管英格兰在中世纪没有经历过罗马法复兴运动的洗礼，但它也无一例外地接受了罗马法的影响。英王爱尔弗利特大帝（alfned the great，871－901）和爱德华（edward the confess，1043－1066）都以重视立法著称，爱尔弗利特曾于855年游历罗马，能阅读和书写拉丁文，从罗马法里学到很多知识。爱德华早年因逃避丹麦人入侵，大部分时间流亡法国，长期生活在诺曼底僧侣中间。他们的立法无不出自天主教僧侣的手笔，僧侣们都熟悉罗马法，自然会将罗马法的精神输入英国法律之中。爱德华回国时带了许多熟悉罗马法的诺曼底僧侣，委派他们担任法官和其他要职。14世纪中叶，英国还吸收了罗马外事裁判官，以所谓“公平”、“正义”的判决弥补“市民法”缺陷的经验创设了“衡平法院”，从而产生了英国的“衡平法”。衡平法的主要内容之一——信托（trust），吸收了罗马法的用益权和信托遗嘱的经验。其他如商法、海商法、遗赠、合伙、诈骗、抵押以及未成年人和心神丧失者的法律行为能力等，也大多渊源于罗马法。当然，罗马法对英国的影响，比起西欧大陆国家毕竟小得多。如果说欧陆国家到处都以罗马法为基础，从形式到内容全面接受了罗马法，那么，英国则只吸收了罗马法的基本原则和思想。英国接受罗马法重在实质而不追求形式。正如日本学者宫本正雄所说："无形而继受其思想，非有形而输入其制度"。英美法系中也存在两大支流，这就是英国法和美国法。它们在法律分类、宪法形式、法院权力等方面存在一定的差别。

二、两大法系的特征比较和发展趋势

大陆法系是以罗马法为基础建立和发展起来的法律体系，罗马法的思想方法和技术对于大陆法系的形成至关重要。大陆法系具有如下特征：强调成文法，以法典为法律主要渊源；不承认法官有创制法律的权力，否认判例的法律效力；提倡公法和私法的分类；在诉讼中，坚持法官的主导地位，奉行职权主义；法律观念抽象，倾向于"演绎式"的教育方法；立法机构具有绝对权威，法律规定概括抽象。

英美法系是在12世纪以来的英国法尤其是英国普通法的基础上形成的，受罗马法影响较少，它具有如下主要特点：以判例法作为主要的法律形式，许多法律概念和原则来源于司法习惯；在诉讼中，奉行当事人主义，法官是消极的裁判者，遵循先例，法律观念具体确定，在教育方式上注重比较实际的方法。

大陆法系和英美法系两者之间根本的不同在于是否具有共同的历史渊源以及在这种渊源基础上派生出来的不同特征。

（一）法律渊源方面的差别

大陆法系以制定法为主要的法律渊源，具体包括立法机关制定的各种规范性法律文件、行政法规及本国参加的国际条约。一个领域的法典可涵盖该领域中最基本的法律关系。《拿破仑法典》中规定的包括宪法、民法、刑法、商法、民事诉讼法和刑事诉讼法在内的"六法"，奠定了近代大陆法系的"六法"体系。从理论上来说，判例、学说和普遍原则不被认为是大陆法系的法律渊源，一般不具有普遍的法律约束力，但在实践中大陆法系国家也会有各类判例汇编，然而此类判例大多只具有说服力。在大陆法系国家普遍流行一条原则："审判不依照先例，而依照法律。"

不同于以制定法为主的大陆法系，在英美法系国家中，因为历史传统的关系，判例被认为是正式意义上的法律渊源之一，通俗来说，则指"上级法院的判例对下级法院在审判类似案件时具有法律上的约束力"。判例法在整个英美法系中占有重要地位。当然，除判例法之外，英美法系国家在某些领域中存在一定数量的法典。此类法典的结构不如大陆法系法典严谨、明确且大多深受判例法的影响，存在大量的判例法规则。

（二）诉讼程序的差别

从诉讼程序来看，大陆法系倾向于职权主义，突出法官的职能，以法官为中心，法官控制整个诉讼。法官不仅有权组织诉讼活动，并且有权直接询问当事人，并根据其职权进行事实的调查活动。法官审理案件的依据是高度概括的法典，并根据法典中隐藏的法律原理得出结论。另外，大陆法的程序法以立法机关制定为原则。

英美法系倾向于当事人主义，适用抗辩制。诉讼以原、被告及其辩护人和代理人为中心，法官只是双方当事人的仲裁人而不参与辩论。英美法系适用陪审团制度，陪审团负责作出事实和法律上的结论（即有罪或者无罪），法官再负责作出具体的判决。英美法的程序法大都由立法机关授权法院单独制定或者会同其他机关或人员制定。

（三）法律编纂的差别

关于法律编纂的逻辑思想、法典系统化的程度以及对待法典的态度，大陆法系和英美法系之间存在着很大的差异。

大陆法系的法律一般都采用系统的法典形式，因此大陆法系国家非常注重法典的编纂。法典的结构非常严谨，概念严密，条文的表述也非常明确，具有较强的逻辑性而且高度抽象、概括。法典是大陆法系中最具权威的法律渊源；与之相反，英美法系一般采取单行法律、法规的形式。近代的英美法系国家虽然也有借鉴大陆法系的制定法传统进行少量法典的编纂，但也只是对判例的汇集和修订，少有比较系统化的编纂活动，并且几乎没有一般性或者综合性的规定和原则，其法典范围也只局限于某一部门。

（四）法律分类的差别

大陆法系法律的基本分类是公法和私法，其法律基本结构就是在这种基础上建立起来的。公、私法的形成是基于不同的立法目的，并且适用不同的调整原则。

罗马法学家乌尔比安认为，公法是规定国家公务的法律，包括有关政府的组织、官吏的选任、公共财产的管理、宗教事务等；私法则是规定私人的利益，包括调整家庭、婚姻、继承、物权和债权等。① 传统意义上的公法有宪法、行政法、刑法以及诉讼法，而私法主要是民商法。公法涉及公共利益，是一种国家的行为，因此是强制性的规范，不允许随意更改；私法调整私人关系，只涉及私人

---

① 周枏．罗马法原论：上册．北京：商务印书馆，1994：83．

利益。近代大陆法系是在此基础上进一步地发展了公法和私法理论，但又根据时代的变化而变化，出现了私法公法化、公法私法化的现象，尤其20世纪还出现了如劳动法、经济法之类同时具备公法和私法性质的混合法。

英美法系法律的基本分类是普通法和衡平法，无传统意义上的公法私法之分。通常认为，普通法是代表立法机关的法律，衡平法主要代表审判机关的判例法，衡平法是对普通法的补充规则。不同于大陆法系，英美法系没有严格的部门法概念。比如，它没有独立的民法部门，而是以财产法、侵权行为法、契约法等形式出现；也没有独立的行政法院，自然没有公法和私法的划分基础。

（五）法律发展方式上的差异

在大陆法系，法官只有适用立法机构所颁布的法律的义务，而没有创制法律的权力。法律创制是国家立法机构的权力。在英美法系，虽然从理论上讲法官并不享有创制法律的权力，只能宣示或发现寓于先例中的法律，但实际上法官在法律的创制和发展之中具有重要作用。在无先例的场合法官可以创造先例，在有先例的场合法官也可通过区别技术对其进行扩大或限制解释，从而发展先例中的规则。这实质上就是创制和发展法律的过程。此外，制定法的适用也要受到法官解释的限制。所以，普通法也被称为“法官法”。

（六）法学教育模式的差别

大陆法系国家实行理性化的法律教育模式。对于律师和法官的职业教育都注重法学理论的培养、法律专业的教学内容，也更为注重对法律制度结构的了解，尤其是抽象的法律理论研究。教学方式采取教师讲授基本原理的方法，这也是大陆法系立法法典化的要求。因此大陆法系的法学家都侧重对学理的分析和了解，往往缺乏法律实务经验，学生考试及格之后必须在律师事务所学习，积累经验。

英美法系国家实行经验化的法律教育模式。法律职业教育注重处理案件的实际能力，最有名的是其“案例教学法”。比如，在美国的法学院，律师的培育资格是由律师学会控制，而不是联邦政府。法学院的教育都是围绕着如何打官司、如何胜诉等各种法律实务而开展，相对忽略了对法律理论的教育。英国也有相似的历史传统。“法律学员们在自己的法律学院一起住宿、用餐和学习，这些学员就是实际上的法律大学……，这里经常有法律实践经验丰富的律师演讲开办模拟法庭，使学员们对法律活动有感性的认识。这种教育通常要持续七年。”[①] 这是

---

① ［美］约翰·H·威格摩尔. 世界法系概览. 何勤华、李秀清，等，译. 上海：上海人民出版社，2004：1063－1069.

真实的描述。

对当代世界影响最大的法系是大陆法系和英美法系。两大法系在发展过程当中，相对独立并存在着种种差异。由于历史传统的不同，未来这两大法系之间的差异也必将继续存在。事实上，无论是大陆法系还是英美法系，同一法系的各国在相互传承和相互影响过程中，具体法律规范出现了诸多差异，尤其是在受本土历史因素的影响之后更加明显。进入20世纪后，随着世界各国各地区关系日益联系紧密，两大法系相互借鉴、融合的趋势不断加强，如制定法和判例法的融合、公私法界线日渐模糊等，两者互相渗透，差别也正日渐缩小。

三、两大法系对中国法治建设的影响

（一）中国法治建设概况

我国古代是一个神权、君权至上的封建色彩浓厚的国家，实行的是中央集权的专制统治，因此严谨统一的法典化法律系统与专制主义的要求是相一致的。就近代以来，法律的仿效、移植来说，对于实用功利主义色彩浓重的中国，大陆法系不失为最好的选择。因此，近代中国的法律具有大陆法系的特点，而且民国时期的法律就被认为属于大陆法系。古代中国封建思想占绝对统治地位，等级制度森严，君主权力高于一切，尽管法制建设较为完备，但是却不是实质意义上的法治国家。直到近代革命战争爆发，新中国成立，我国的社会主义法治建设才开始蓬勃发展。现代中国已进入法治发展的新阶段，为适应时代精神与世界潮流，1997年党的十五大把“依法治国，建设社会主义法治国家”确认为党领导人民治理国家的基本方略；1999年，该基本方略又被写入《宪法》。法治从作为治国工具与手段、策略，上升为价值目标，法治成为党的执政方式。

目前我国正处于由传统型社会向现代型社会转变的重要历史时期。建设现代法治秩序，实质的问题是如何“剔除家族制度、等级制度、封建旧思想、习惯等明显同时代进步相悖的落后因素”，这是我国特殊的国情和历史条件影响而遗留下来的进行法治建设所必须考虑的问题。目前，中国法治建设虽然有了很大的进步，但也存在诸多问题和弊端，如有法不依与执法不力、司法腐败等等，中国法治建设面临重大困难和严峻挑战。

（二）中国法治建设对两大法系的借鉴

在中国法律近代化过程当中，西方法律传统对我国法律的影响是不可否认的。建设社会主义法治国家，要从统一完备的法律体系、普遍有效的法律规则、严格公正的执法制度、专门化的法律职业等方面努力。两大法系经过漫长的发展完善过程，许多理论制度已经通过实践的考验，趋于成熟。

大陆法系与我国法律联系密切。事实上，我国的诸多法律理论和制度都带有大陆法系的色彩，如宪法模式和体系、民法和刑法体系及法典化的思路模式、司法体制和诉讼模式等。另外，以成文法为主的大陆法系制定法典的思想和技术非常成熟规范，对于我国建立完整统一的法律体系具有重大借鉴意义。英美法系认为法治国家应包括以下基本要素：在《宪法》中确立权力分立原则限制国家权力的集中；赋予保证公民免受他人侵犯或者国家非法干预的基本权利；行政机关依法办事；司法独立审判制度等。在司法制度方面，以判例法为主的英美法系中，法官对个案的判决结果对其下级法院及本院法官判决类似案件会有一定影响。这不仅要求法官遵循先例，还必须有相当的理解力和职业能力。我国虽然没有判例的法律渊源，但最高法院出台案例指导制度后，案例将成为重要的指导依据。

在近代历史发展过程中，中国选择了大陆法。但随着时代的发展进步，大陆法自身存在的弊端以及英美法对我国的影响，使我们已经充分认识到必须重新探索一条适合自身发展的法治道路。在坚持本国法律为主的基础上，对于大陆法系和英美法系中反映市场经济和社会发展客观规律以及时代精神的法律概念、法律原则等，要大胆吸收借鉴，从而为最终实现“建设有中国特色的社会主义法治国家”的目标而提供有利条件。我国的法治建设，始终要坚持从国情出发，在清楚认识到大陆法系和英美法系的优缺点的基础上，不盲目移植法律，以法典法为核心，以制定法为主体并辅以判例法等其他机制，走适合中国的法治之路。

第三讲

法律的渊源和体系

第一节 法律渊源

一、法律渊源的概念

“法律渊源”简称“法源”，语源来自罗马法的Fontes iuris，意即“法的源泉”，指法的来源、本源。在法律科学中，恐怕再没有一个法律概念像法律渊源一样易生歧义了。在中外法学著作中对法的渊源也有不同解释，主要有：(1) 法的历史渊源，即视法的历史发展和文化传统为法的渊源；(2) 法的本质渊源，认为法的渊源是指法的意志来源，即法来源于统治者的意志，或来源于人类的理性和正义，或来源于神的意志；(3) 法的思想理论渊源，即以某种哲学、法学、政治学或社会学等思想、理论作为法的渊源；(4) 法的文献渊源，即把权威性法学著作、重要的历史性法律汇编、法典等作为法的渊源；(5) 法的效力渊源，认为法的效力是指具有不同效力等级的各种法律形式。

不论古今中外的法学家关于法律的定义存在多大的差异，或是从何角度来思考法律，他们都有一个共同点，那就是法律的基本构成是法律规范。我们认为，法律渊源语义的选定应依据多数法学家所认同的意见，即法律渊源是指法律规范的效力来源，即指由不同国家机关制定或认可的，因而具有不同法律效力和法律地位的法的各种表现形式。对此，可从三个方面进一步理解：第一，法的渊源是法的各种表现形式的统一。无论是成文法还是不成文法形式，它们都以一定的内在联系构成一个协调统一的系统。第二，法的渊源是不同效力的法律规范的特殊载体。各种法律规范由于制定主体的不同而具有不同的法律效力和地位，它们分等有序地包容在法的渊源之中。第三，法的渊源与一国的立法权限体制有着密切联系，一国的立法权限体制在确认哪些国家机关有立法权的同时，也规定了这些国家机关不同的立法地位、立法范围，从而决定了各种法律形式的不同效力和等级。

我国也有学者把法律渊源分为实质意义上的渊源和形式意义上的渊源。实质意义上的渊源是指法的内容来源，即法律渊源于一定社会的物质生活条件，归根到底由一定的经济关系所决定。形式意义上的渊源一般是指法律的效力来源，包括法律规范的创制方式和外部表现形式。形式意义上的渊源又有直接渊源和间接渊源之分。直接渊源即指不同地位的国家机关制定的各种类别的规范性法律文件，如宪法、法律、行政法规、地方性法规等。这些法律法规效力不同，但均具有普遍约束力，即能够成为司法或执法的直接依据。间接渊源即指国家对社会上已经存在的某种习惯、宗教教规、法理、学说、判例等并未直接赋予其法律效力，但是这些规范、原则、理论学说或判例对司法和执法具有一定的参考价值和指导意义，故称其为法的间接渊源。

本书主要根据我国法制的实际情况，侧重研究法的直接渊源。即以成文法为基本范围，从法律效力渊源角度研究具有不同效力等级的各种规范性法律文件的表现形式。

二、法律渊源的主要形态

尽管法律渊源会受多种因素的影响和制约，而且在不同的国家、不同的时期有着不同的表现形式，但从历史的角度来分析，中外法律史上法律渊源的主要形态有：

（一）制定法

制定法是指由专门国家机关依照法定职权和程序制定颁布的各种规范性法律文件。它是现代国家法律的最主要的渊源。它不仅包括国家立法机关制定的法律、国家中央行政机关和地方国家权力机关及行政机关制定和发布的各种规范性文件，还包括在国家立法机关授权下享有立法权的各国家机关制定的法规、条例、决议和命令等。

（二）判例法

判例法制度最早产生于中世纪的英国。判例法是相对于大陆法系国家的成文法或制定法而言的，是英美法系国家的主要法律渊源。判例法是法官对案件的审理结果，可以说是司法者创造的，而非由专门的立法机构制定或由立法者创造。因此，有时也将判例法称为法官法或普通法。

所谓判例法，泛指可以作为先例据以决案的法院判决，通常与制定法相对而言。其基本思想是承认法律本身的不完备性，遇到具体案情时，法官应根据具体案情和法律条款的实质作出判定。其要求是“遵循先例”，即法院审理案件时，必须将先前法院的判例作为审理和裁决的法律依据；对于本院和上级法院已经生效的判决所处理过的问题，如果再遇到与其相同或相似的案件，在没有新情况和提不出更充分的理由时，就不得作出与过去的判决相反或不一致的判决，直到将来最高法院在另一个同类案件中作出不同的判决为止。

（三）习惯法

从人类产生开始，就有一些特定的习惯伴随着人类的成长和发展。某些被大众所认同的习惯取得了统治阶级的认可，具备了普遍的约束力，就演变成了习惯法。习惯法是独立于国家制定法之外，依据某种社会权威确立的，具有强制性和习惯性的行为规范的总和。它作为社会规范之一，存在于世界各地。

（四）法理和学说

法理是指构成法律基础的有关公平正义的法理念，或被一般社会的正义感所认同的法理或一般法理思想。学说一般是指专家对某一法律条文的解释，或者是对一个法律漏洞问题的创制性建议。不可否认，在很多时候，法理和学说在解释法律和实施法律时都具有很大的作用。但一般认为，法理和学说不构成直接的法源。

（五）国际协议

国际协议主要是指两国或两个以上国家缔结的对双方或多方都具有约束力的条约、公约或具有相似性质的文件。目前，它已逐步成为国际法的主要渊源，随着国际间政治、经济、文化等交流的增多，国际协议数量也会迅速增加。

（六）其他

如国家和有关社会组织的政策，道德规范、正义观念和宗教规范，乡规民约、社团规章以及其他民间合约性规则等等。

三、法律的分类

按照不同的标准、从不同的角度对法律作出分类，得出的结果自然不同。比较常见的分类主要有以下几种：

（一）实体法与程序法

在研究法律和法律现象的过程中，依据不同的标准，可以将法律分为不同的种类，实体法与程序法的划分就是其中的一种分类。一般而言，这是根据法律规定的实质性内容的不同来进行的划分。实体法是以规定和确认权利和义务以及职权和责任为主要内容的法律，如宪法、行政法、民法、商法、刑法等；程序法是以规定保证权利和职权得以实现、义务和责任得以履行的有关程序为主要内容的法律，如行政诉讼法、民事诉讼法、刑事诉讼法等。程序法有助于制约权力、实现实体权利平等，同时也有助于维护法律的权威。正如马克思指出的：“实体法却具有本身特有的必要的诉讼形式。例如中国法里面一定有笞杖，和中世纪刑律的内容连在一起的诉讼形式一定是拷问，以此类推，自由的公开审判程序，是那种本质上公开的、受自由支配而不受私人利益支配的内容所具有的必然属性。审判程序和法二者之间的联系如此密切，就像植物的外形和植物的联系，动物的外形和血肉的联系一样。审判程序和法律应该具有同样的精神，因为审判程序是法律的生命形式，因而也是法律的内部生命的表现。”① 实体法与程序法的划分是为了认识、分析和研究法律现象而进行的法理概括，在认识上和实践中，这种划分都不是绝对的，不能机械地、形而上学地理解两者的划分关系。

普通法系和大陆法系对于实体法和程序法的倾向性态度不尽一致。以英国和美国为代表的普通法系比较注重程序法规则，以致于提出了诸如“法律即程序”、“无程序即无救济”等著名法律格言，认为实体法上所规定的权利义务如果不经过具体的判决程序就只不过是一种主张或者“权利义务的假象”，只是在一定程序过程产生出来的确定性判决中，权利义务才得以实现真正意义上的实体化。以法国、德国等为代表的大陆法系则更加强调实体法，认为实体法居于主导地位，是主法；程序法是为了保证实现实体法的，具有手段和工具的性质，因而被称为“附带性规范”。一般认为，中国的传统是重实体、轻程序。

（二）根本法与普通法

按照地位、效力、内容和制定程序的不同，可以将法律分为根本法和普通法。这种分类通常只适用于成文宪法国家。根本法即宪法，它是指这样一种法律，即在一个国家中，规定国家的最根本的经济、政治和社会制度，公民的基本权利和义务以及国家机构组织和活动的基本原则，具有最高的法律地位和效力，制定修改需要经过特别的程序。普通法，其内容一般是调整某一或者某些社会关系，效力低于根本法，制定和修改必须符合根本法，是以根本法为前提和基础的，程序法较根本法简单。

（三）成文法与不成文法

根据法律创制机关和表现形式的不同，法律分为成文法和不成文法。成文法是由国家特定机关依照法定程序制定和公布实施，并以成文法形式出现的法律，有时也称其为制定法。不成文法指由国家认可其法律效力，但又不具有成文形式的法律，一般指习惯法。由于其没有经过特定的立法机关，由通常的立法程序制定，又称为非制定法。此外，不成文法还包括判例法。在当今世界，一般将英国作为不成文法国家的代表。然而，称其为不成文法国家，并不等于这些国家的所有法律都是不成文的，而仅指其中具有同等效力的一部分法律为不成文法。如一般将美国作为不成文法国家看待，但美国《宪法》却是世界上最著名的成文法典之一。

---

① 马克思恩格斯全集：第一卷. 第178页.

（四）一般法与特别法

按照效力范围的不同，可以将法律分为一般法与特别法。特别法是指针对特定地域、特定对象或特定时间适用的法，如战争时期的法。而一般法是普遍适用的法，如民法、刑法。按照相对论的理论，一般与特别本来就是相对的，作为根据这一区分划定的特别法与一般法自然也具有相对性。例如商法，它相对于民法而言，适用于民事主体中的特定部分商主体，因此对于民法来说属于特别法（主体特定）。刘凯湘教授在《论商法的性质、依据与特征》一文中指出："民法法系国家，尽管人们事实上已经意识到商法独立立法的意义及商法分立的必要性，并且事实上已经在民法典之外另立商法典，但在感情上与观念上仍不愿承认民法被'分割'的事实，仍视商法为民法特别适用的法律。"① 但商法相对于票据法来说又属于一般法。再如，法官法只适用于法官这一特殊的主体，从适用对象来说，就属于特别法，但它又适用于全国范围，在地域适用上来说具有一般性，因此在适用地域上是一般法。

从理论上来说，特别法优于一般法，在适用方面，优先适用特别法。但是如果一般法颁布在后且与特别法中的内容有冲突，那么在适用方面如果产生冲突的，优先适用后颁布的一般法中的规定。

（五）国内法与国际法

按照法律的创制主体和适用范围的不同，可以分为国内法与国际法。国内法与国际法关系历来存在争论，大致分为一元论与二元论者。一元论分为两类：一类认为国际法高于国内法，此类学者把国际法看成超国际法；第二类认为国内法高于国际法，把国际法看成国内法分支或补充。二元论认为，国内法与国际法是平等的。各国对于两者效力也有不同的看法，中国学者论述此问题，一般从辩证角度来看，认为国际法的原则、制度需要国内法确立，国内法的立法体现国际法原则；国际法的效力应是高于国内法的（但是，这一点也有学者提出过质疑）。

国际法是法律的一个部门，但它性质比较特殊。与国内法相比较，它具有三个特征：第一，国际法的主体与国内法的主体不同。在国内法中，法律的主体除了国家外，还有自然人和法人，而且主要是自然人和法人。但是，国际法的主体主要是国家，个人一般不是国际法主体。第二，国际法的制定或产生过程不同于国内法。从法律的制定过程来看，国内法是国家的立法机关根据需要，按照一定的程序来制定的。但国际法只能在国家之间平等协商的基础上以协议的方式制

① 刘凯湘．论商法的性质、依据与特征．现代法学，1997（5）．

定，也就是以缔结条约的方式制定。此外，国际法中还有一部分国际习惯法，是由各国在国际实践中反复适用，为各国承认为法律而确立的。第三，国际法的强制实施方式与国内法不同。强制力是法律的一个本质因素。国内法的强制力很明显，它是依靠有组织的国家强制机关，如军队、警察、法庭等来加以维护和保证实施的。但国际上没有也不应该有这样的有组织的超越于国家之上的强制执行机关。国际上虽说也有某种形式的国际法院和国际制裁，如联合国甚至还可以派出维和部队等，但无论从性质上和执行程序上，它们基本上都没有国家机关的那种强制力。因此，国际法的强制实施一般是依靠有关国家本身的行动。

四、当代中国法律渊源

中国现代法的源流比较复杂，此处主要研究当代中国大陆的法律渊源。目前，我国法律主要以制定法为主。当代中国法的渊源主要是以《宪法》为核心的各种制定法，包括宪法、法律、行政法规、地方性法规、经济特区的规范性文件、特别行政区的法律、法规、规章、国际条约、国际惯例等。

（一）宪法

《宪法》是我国社会主义法律的主要渊源，由全国人民代表大会制定，其法律地位和效力最高。它是国家最高权力的象征或标志，《宪法》的权威直接来源于人民。在我国，《宪法》是根本大法，也是我国法律最主要的渊源。我国现行《宪法》是1982年12月4日第五届全国人民代表大会第五次会议通过的《中华人民共和国宪法》。它由序言和4章内容组成，共138条。我国现行《宪法》规定了当代中国根本的社会、经济和政治制度，各种基本原则、方针、政策，公民的基本权利和义务，各主要国家机关的组成和职权、职责等，涉及社会生活各个领域的最根本、最重要的方面。《宪法》是由我国最高权力机关——全国人民代表大会制定和修改的，《宪法》的地位决定了其制定和修改的程序极其严格。《宪法》具有最高的法的效力，一切法律、行政法规和地方性法规都不得同《宪法》相违背或相抵触，否则不具备法律效力。在我国，全国人大监督《宪法》的实施，全国人大常委会解释并监督《宪法》的实施，对违反《宪法》的行为予以追究。

（二）法律

法律有广义、狭义两种理解。广义上讲，法律泛指一切规范性文件；狭义上讲，仅指全国人大及其常委会制定的规范性文件。我们这里仅用狭义的法律。在当代中国法的渊源中，法律的地位和效力仅次于《宪法》。法律由于制定机关的不同可分为两大类：一类为基本法律，即由全国人大制定和修改的刑事、民事、国家机构和其他方面的规范性文件，如刑法、刑事诉讼法等；另一类为基本法律以外的其他法律，即由全国人大常委会制定和修改的规范性文件，如文物保护法、商标法等。在全国人大闭会期间，全国人大常委会也有权对全国人大制定的法律在不同该法律基本原则相抵触的条件下进行部分补充和修改。我国的《立法法》规定，下列事项只能制定法律：国家主权的事项；各级人民代表大会、人民政府、人民法院、人民检察院的产生、组织和职权；民族区域自治制度、特别行政区制度、基层群众自治制度；犯罪和刑罚；对公民政治权利的剥夺、限制人身自由的强制措施和处罚；对国有财产的征收；民事基本制度；基本经济制度以及财政、税收、海关、金融和外贸的基本制度；诉讼和仲裁制度等。

全国人大及其常委会作出的具有规范性的决议、决定、规定、办法等，也属于“法律”类的法的渊源。当代中国在制定法律的同时，十分重视该法律的实施细则和配套法律的制定，因此，实施细则一般都比较详尽、具体。

（三）行政法规

行政法规是指国家最高行政机关即国务院所制定的规范性文件，其法律地位和效力仅次于宪法和法律。国务院所发布的决定和命令，凡属于规范性的，也属于法的渊源之列。目前我国行政法规的数量远远超过全国人大和全国人大常委会制定的法律的数量。国务院制定的行政法规，不得与宪法和法律相抵触。因此，全国人大常委会有权撤销国务院制定的同宪法、法律相抵触的行政法规、决定和命令。行政法规调整的范围包括为了执行法律而进行的国家行政管理活动中涉及的各种事项和《宪法》第 89 条规定的国务院行政管理职权的事项，如关于国家行政机关在行政管理活功中的职权、职责，国家行政机关在行政管理活动中同其他国家机关、社会组织、企业事业单位和公民之间的关系等，内容较为广泛。我国行政法规的名称，按照 2001 年 11 月国务院发布的《行政法规制定程序条例》第 4 条的规定为“条例”、“规定”、“办法”。

（四）地方性法规、民族自治法规、经济特区的规范性文件

这三类都是由地方国家机关制定的规范性文件。地方性法规是一定的地方国家权力机关，根据本行政区域的具体情况和实际需要，依法制定的在本行政区域内具有法的效力的规范性文件。根据《宪法》和《地方各级人民代表大会和地方各级人民政府组织法》、《立法法》的规定，省、自治区、直辖市以及省级人民政府所在地的市和经国务院批准的较大的市的人民代表大会及其常委会有权制定地方性法规。此外，地方各级国家权力机关及其常设机关、执行机关所制定的

决定、命令、决议，凡属规范性者，在其行政区域内，也都属于法的渊源之列。地方性法规及其他规范性文件，在不同《宪法》、法律、行政法规相抵触的前提下才有效。地方性法规可以就下列事项作出规定：为执行法律、行政法规的规定，需要根据本行政区域的实际情况做具体规定的事项；属于地方性事务需要制定地方性法规的事项。我国的地方性法规，一般采用“条例”、“规则”、“规定”、“办法”等名称。民族区域自治是我国的一项基本政治制度。根据《宪法》和《民族区域自治法》，民族自治地方的自治机关除行使《宪法》第三章第五节规定的地方国家机关的职权外，同时依照《宪法》和有关法律行使自治权。民族自治地方的人民代表大会有权依照当地民族的政治、经济和文化的特点，制定自治条例和单行条例，但应报全国或省级人民代表大会常委会批准之后才生效。自治条例是一种综合性法规，内容比较广泛。单行条例是有关某一方面事务的规范性文件，一般采用“条例”、“规定”、“变通规定”、“变通办法”等名称。民族自治法规只在本自治区域内有效。经济特区是指我国在改革开放中为发展对外经济贸易，特别是利用外资、引进先进技术而实行某些特殊政策的地区。1981年全国人大常委会授权广东省、福建省人大及其常委会制定所属经济特区的各项单行经济法规。1988 年全国人大授权海南省人大及其常委会制定在海南经济特区实施的法规。1992 年全国人大授权深圳市人大和深圳市政府分别制定在深圳经济特区实施的法规和规章。经济特区的这些规范性文件，是由全国人大及其常委会授权制定的，其法律地位和效力不同于一般的法规、规章。从理论上说，假如经济特区制定并适用的规范性文件与上一位阶的规范性文件有不同规定的，并不一定因此而被宣布无效或撤销。

（五）特别行政区的法律

《宪法》规定，国家在必要时得设立特别行政区，在特别行政区内实行的制度按照具体情况由全国人民代表大会以法律规定。这是“一个国家、两种制度”的构想在《宪法》上的体现。特别行政区实行不同于全国其他地区的经济、政治、法律制度，即在若干年内保持原有的资本主义制度和生活方式，因而在立法权限和法律形式上也有特殊性，特别行政区的法律、法规在当代中国法的渊源中成为单独的一类。全国人民代表大会已于 1990 年 4 月和 1993 年 3 月先后通过了《中华人民共和国香港特别行政区基本法》和《中华人民共和国澳门特别行政区基本法》。

（六）规章

规章是行政性法律规范文件，从其制定机关而言可分为两种：一种是由国务院组成部门及直属机构在它们的职权范围内制定的规范性文件，部门规章规定的事项应当属于执行法律或者国务院的行政法规、决定、命令的事项；另一种是省、自治区、直辖市人民政府以及省、自治区人民政府所在地的市和经国务院批准的较大的市和人民政府依照法定程序制定的规范性文件，地方政府规章可以就下列事项作出规定：为执行法律、行政法规、地方性法规的规定需要制定的事项及属于本行政区域的具体行政管理事项。规章在各自的权限范围内施行。

（七）国际条约、国际惯例

国际条约是指我国作为国际法主体同外国缔结的双边、多边协议和其他具有条约、协定性质的文件。条约生效后，根据“条约必须遵守”的国际惯例，对缔约国的国家机关、团体和公民就具有法律上的约束力，因而国际条约也是当代中国法的渊源之一。全国人大常委会于 1990 年通过了《中华人民共和国缔结条约程序法》，其中规定中央人民政府即国务院，同外国缔结条约和协定；全国人大常委会决定同外国缔结的条约和重要协定的批准和废除；中华人民共和国主席根据全国人大常委会决定，批准和废除同外国缔结的条约和重要协定。同时还规定加入多边条约和协定，分别由全国人大或国务院决定；接受多边条约和协定由国务院决定。国际惯例是指以国际法院等各种国际裁决机构的判例所体现或确认的国际法规则和国际交往中形成的共同遵守的不成文的习惯。国际惯例是国际条约的补充。我国国内法中还规定了国际条约和国际惯例的效力，如《民法通则》第 142 条规定：“中华人民共和国缔结或者参加的国际条约同中华人民共和国的民事法律有不同规定的，适用国际条约的规定，但中华人民共和国声明保留的条款除外。中华人民共和国法律和中华人民共和国缔结或者参加的国际条约没有规定的，可以适用国际惯例。”

需要指出的是，国家政策是当代中国法的非正式渊源之一。政策是国家或政党为完成一定时期的任务而规定的活动准则。根据我国《民法通则》第 6 条的规定，民事活动必须遵守法律，法律没有规定的，应当遵守国家政策，因此国家政策就成为我国法的渊源。在当代中国社会转型时期，政策有其特殊意义。此外，在法学上一般也认为，习惯应视为我国法的非正式渊源。习惯是指人们在长期的生产、生活中俗成或约定所形成的一种行为规范。我国幅员辽阔，历史悠久，各地有许多良好的习惯和传统。各民族特别是少数民族的习惯与现行法律、法规和社会公共利益不相抵触的，经国家认可部分就具有正式法的渊源的意义，其他部分则为我国法的非正式渊源。在当代中国，不采用判例法制度，判例不具有拘束力，不是法的正式渊源之一，但我国应当重视判例的作用。

第二节　法律体系

一、法律体系概述

（一）法律体系的概念

法律体系是指将一个国家在一定时期内的全部现行法律规范，按照一定的标准和原则，划分为各个法律部门而形成的内在一致的统一体。法是由法律规范构成的内在和谐一致的有机整体。法律规范是法的最基本的构成细胞，但法并不是法律规范的简单堆砌。我们把一个国家的法视为“法律体系”，就意味着把它看成一个有机统一体。法律体系的统一性决定于以下几种因素：

首先，国家主权的统一。法是国家意志的体现，在国家主权统一的情况下，各个立法主体创制的各种不同形式的法律渊源必然具有效力上的统一性。

其次，法所反映的经济基础的统一。虽然法所调整的社会关系可以划分为不同的领域，但它们之间是相互联系的，调整这些社会关系领域的法律规范在本质上是彼此联系的。

再次，共同原则的指导。任何国家的各种现行法律规范，虽然具有不同的内容和形式，但都是在共同原则指导下制定出来的，反映了相同的价值观念。

最后，法的功能的统一。法是社会成员行为的标准，它所包含的行为规范必须是和谐一致的。如果法所包含的行为规范之间彼此冲突，那么就无法得到正确适用和遵守，不仅不能成为社会正义和秩序的基础，反而会成为破坏秩序的原因。

一个国家的各种现行法律规范，既具有统一性，也具有差异性，呈现统一性基础上的差异性。因此，为了反映这种统一性和差异性，我们又进一步将法律体系划分为不同的法律部门、子部门和制度。这种结构关系的层次，正是我们认识法律规范之间的差异性和统一性的结果。例如，在法律体系下，我们可以划分出宪法、行政法、刑法、刑事诉讼法、民法、经济法、婚姻法、民事诉讼法等法律部门；在各个法律部门内部或几个法律部门之间，又包括各种法律制度，如所有权制度、合同制度、公开审理制度、辩护制度等。更进一步，法律制度是由一些在内容上具有内在联系的法律规范构成的。规范与规范之间，制度与制度之间，部门与部门之间，既存在差别，又相互联系，最终形成一个内在和谐一致的统一整体。

（二）法律体系与相关概念辨析

在法学理论中，存在法制体系、法学体系、法律部门、立法体系和法系等与法律体系相近似的概念，其间既有区别，又有联系，对其进行区分，有利于法学研究的深入进行。

1. 法律体系与法制体系

法制体系（法制系统）是指法制运行机制和运行环节的全系统，包括立法体系、执法体系、司法体系、守法体系、法律监督体系等。法律体系为静态的法律规范体系，而法制体系强调动态，为动态法律运行和操作的体系，法制体系比法律体系的内容要广泛，它应包括法律体系以及立法体系、司法体系、法律监督体系等。在整个法制体系中，法律体系是核心、是基础，立法和司法等体系的原则和主要内容应当以现行法律为依据。

2. 法律体系与法学体系

法学体系可以被称为法学理论体系或法律科学体系，是以理论法学为主导，以部门法学为基础而组成的一个有机联系的统一整体。法律体系也称法的体系或部门法律体系，通常指由一个国家现行的各个部门法构成的有机联系的统一整体。

法学体系与法律体系之间既有联系也有区别。联系主要表现在：（1）法律体系是法学体系赖以建立和发展的前提和基础，法学体系则是法律体系完善化的理论指导；（2）法律体系中的各个法律部门的划分是建立法学体系中各个部门法学的基本依据，如：法律部门划分为宪法、刑法、行政法、民法、经济法等，法学体系中就相应地建立了宪法学、刑法学、行政法学、民法学、经济法学等学科；（3）法律体系是法学体系发展的重要动力，法学体系也常常导致法律体系发生变化，如经济法的出现，导致了经济法学的产生和发展，反过来，经济法学的发展，又促进了经济法的进步和完善。

同时，法律体系与法学体系之间又有着明显的差别：（1）法律体系与法学体系的数量可能不同，一个国家只有一个法律体系，却可能有两个或者更多的法学体系；（2）法律体系与法学体系的构成要素与内部关系不同，法学体系中有理论法学、法律史学、边缘法学等，法律体系并无理论法学部门或理论法部门，也无法律史或法律史学部门；（3）法律体系一般是一个主权国家的表现形式，在该主权国家内发生效力，而法学体系则具有跨国性，多个不同的国家可能在法学体系方面具有相同性或相通性，相互间可以学习、交流和借鉴；（4）法学体系是一个国家有关法律的学科体系，属于社会科学范畴，具有意识形态和思想文化属性，而法律体系则是一国现行的法律规范体系，属于社会规范体系范畴，是社会及个人的行为准则，具有实际的法律效力，并产生实际的法律效果；（5）法律体系与法学体系的主导元素不同，法律体系的主导元素是宪法部门，法学体系的主导元素是理论法学或理论法学部门；（6）从法律发展史上说，是先有法律，而后才有法学，因此，法律体系应先于法学体系，反过来，法学体系又可以推动法律的产生，补充和调整原有法律体系的内容和结构，法学对“法律体系”的研究，也会打乱原有的法律体系布局和结构。

3. 法律体系与法律部门

法律体系是指一国的部门法体系，它主要具有四个特征：它是一国本国法律规范构成的体系；它是一国现行国内法所构成的体系；它是由一国现行的全部法律规范所组成的不同类别的部门法所构成的体系；它是由既相对独立而又具有内在联系的法律部门所构成的体系。

法律部门亦称部门法，是指根据一定的标准和原则对一国现行全部法律规范所做的分类。法律体系是由若干个法律部门组成的有机联系的整体，法律部门是构成法律体系的基本单位。中国法学界一般认为，划分法律部门的标准有两个：法律调整的对象和法律调整的方法。

4. 法律体系与立法体系

法律体系与立法体系之间有着密切的联系。首先，立法体系和法律体系都是现行法律规范的不同组合，只不过立法体系注重的是法律的形式，而法律体系注重的是法律的内容。其次，当立法体系是法典式的法律形式时，它同法律体系的法律部门所调整的社会关系是一致的，如民法典会成为调整民事法律关系的民法法律部门的主要载体，刑法典则会成为调整刑事法律关系的刑法法律部门的主要载体。

二者的区别主要表现在：（1）立法体系的组成要素是法律渊源即法律的外在表现形式，它是以规范性法律文件的不同分类组合而形成的一个统一体系；而法律体系的组成要素则是法律部类和法律部门，它是以法律部类和法律部门的分类组合而形成的一个有机联系的层级系统。（2）立法体系是以各法律规范的制定机关在整个国家法律创制中的地位以及与此相联系的法律规范的效力范围和效力等级为分类组合标准，而法律体系则是按照法律规范所调整的不同社会关系和不同调整方法作为划分该体系的组成要素的标准。（3）立法体系侧重于法律调整的外部形式，而法律体系侧重于法律调整的内在内容。讲到立法体系，人们首先想到的是宪法、法律、行政法规、地方性法规等法律的不同外部形式的组合；而讲到法律体系，人们想到的是公法、私法、社会法或者刑法、民法、经济法、行政法等法律的不同调整关系内容的组合。

5. 法律体系与法系

法律体系是指一国现行的全部规范分类组合成不同的法律部门，并由这些部门组成的有机联系的统一整体。而法系是指发源于某个地区，具有亲缘关系的众多国家和地区的法律的总称（比较法里的核心概念），是指依据法的历史渊源和传统以及由此产生的法律制度上的某些相似性而对各个国家和地区的法律所进行的分类。

二者的区别主要在于：（1）法系是由若干国家法律所组成，而法律体系由一国的法律所组成；（2）构成一定的法系的法律是跨历史时代的，不仅包括一定国家的现行法律，而且包括这些国家历史上的法律，而构成法律体系只是一国的现行法律。

（三）学习和研究法律体系的意义

学习和研究法律体系具有重大的理论意义和实践价值。首先，学习和研究法律体系，有助于国家更好地进行立法活动；其次，学习和研究法律体系，可以帮助我们更好地认识和理解法的本质和作用；第三，学习和研究法律体系，有助于我们在法治建设过程中学习和借鉴外国先进的法律和法学的经验；第四，学习和研究法律体系，有助于法学研究者研究工作的开展，有助于为国家培养合格的法律专门人才和国家进行法制宣传。

二、当代中国法律体系的基本结构

法律体系的基本结构，是指法律体系由哪几大部类法构成以及这几大部类法之间的关系。它是科学认识法律体系并对其结构进行科学组织和安排的前提条件。

（一）公法

即由一系列调整国家组织及其活动的法律部门组成的法律部类，主要包括宪法、行政法、刑法和诉讼法。

在现代社会，公法的主要任务是：确保国家组织的合法地位及其高效运转；通过民主政治的形式建立权力制约机制和人权保障机制，优化市场机制和市场秩序，增进社会公益，保持社会稳定与发展。

公法在近代资本主义国家的兴起并不是偶然的，它是人们试图规制国家政治权力即公权力的努力的结果，其产生目的在于限制国家权力，保护公民的正当权利和合法权利。权力是国家存在的象征，国家是权力的承担者和行使者。在政治社会中，权力的存在是必要的，它是维护公共利益的必要条件。当权力得到适当行使的时候，就会造福于人民。但国家是一种抽象的存在，具体行使国家权力的并不是国家本身，而是代表国家执行国家职能的官员或公务员。他们是以统治者的名义行事的代理人，当选的立法人员、法官、官僚以及在限制和规定公民自由的供选择的条件中进行选择的人。这些人并不是“圣人”或“完人”，他们可能利用手中的权力来谋取个人或集团的利益。因此，对于那些以国家名义从事公务的人所掌握的权力的行使，应当加以约束，防止他们滥用权力而损及社会成员的利益。与此同时，限制政治权力的目的在于保护社会成员的权利。在权力行使过程中，正常行使的权力对权利的限制是合理的，但不正常行使的权力是对权利的伤害。近代以来，公民的生命、自由、财产等权利的保障成为宪法、行政法、刑法、诉讼法等公法的立法目的，民主、法治的观念得到了立宪国家的承认，并成为近代公法的基本原则。

（二）私法

即关于市场经济主体制度、产权制度和交易规则的一个法律部类。主要包括民法、商法和知识产权法。

私法最初是相对于公法而言的，公法与私法的划分源自古罗马，它是在民法法系适用的一种法的分类。公法和私法的划分传统为当今各国普遍接受并被视为立法科学中的常识，并非偶然。这种划分传统是立法实践的历史的产物，也是立法实践的历史的选择。据考证，最早作出这种划分的是公元三世纪罗马法学家乌尔比安。他以法律维护的利益为标准，将法律加以区分：涉及个人福利的法为私法，而有关罗马国家稳定的法为公法。① 查士丁尼皇帝下令编写《法学总论》以后，从理论上把公、私法的划分确立下来。“公法涉及罗马帝国的政体，私法则涉及个人利益。”②

作为商品经济和市民社会生成的内部规则，私法经过商人运动，到近代逐渐构成市民社会的内在结构，并奠定了私法的基本精神，这就是私法自治和私域独立。“私法自治”的意思是：第一，私权神圣。即以财产权为主要表现形式的个人权利神圣不可侵犯，并受到法律的保护。私权神圣构成了市民社会的产权结构。第二，契约自由。即法律并不规定私法关系的具体内容和方式，而是赋予当事人以自由决定权。当事人行使这种自由权所产生的权利和义务，由法律予以承认并加以保护。有古罗马谚语云：“协议就是法律”。契约自由构成了市民社会的行为模式。第三，责任自负。即私法主体一般情况下都是自由、自律的个体，

---

① ［意］彼得罗·彭梵得．罗马法教科书．黄风，译．北京：中国政法大学出版社，1992：9.

② ［古罗马］查士丁尼．法学总论．张企泰，译．北京：商务印书馆，1993：5－6.

而自由、自律都意味着责任，即每个自由、自律的个体都要为自己独立作出的行为负责。责任自负构成了市民社会的纠错机制。"私域独立"的意思是：第一，私人领域独立于公共领域，公法、私法分别而治，互不干涉；第二，私法优位于公法，因为私域是整个社会的基础，私法则是整个法制的基础。

可以说，私法与市场经济的内部运行机制具有同一性，是市场机制的制度形式。因此，我国要建立社会主义市场经济体制，就要全面地建立与健全私法制度。正如市场在资源配置中起基础性作用一样，私法在市场经济法律体系中也处于基础性地位。没有体现意思自治原则的私法，就没有市场经济法律体系。

（三）社会法

20世纪以来，随着西方国家自由放任主义的削弱，福利国家观念的崛起，国家对经济和社会的干预得到加强，以"法的社会化"为特征的第三法域即"社会法"，介于公私法之间而崛起。这一法域主要包括反垄断法、反不正当竞争法、社会保障法、环境保护法、消费者保护法、劳工法等。

社会法的出现，主要是随着社会发展，传统个人主义、自由主义的利益达成之理想在现代社会中无法完全实现，从而对于社会中的弱者，法律需要通过社会化的手段加以切实保护。社会法的蓬勃发展，很大程度上突破了公法、私法分立的传统，使得私法与公法、民法与行政法、契约与法律之间的划分越来越趋于模糊。[①]

当代著名法学家德国人普罗斯基提出，应以三分法取代传统的二分法，把法分为私法、社会法和公法。在私法领域，个人在对全体成员都适用的法律的范围内，根据自己的利益判断来决定法律关系的形成；在公法领域，国家或其他依公法组织的团体通过其公务员决定法律关系的形成，公务员必须严格遵循上司的指示，上司又必须严格遵循法律和宪法；在社会法领域，某些自愿组合的团体（如工会、雇主联合会等）或通过选举产生的利益代表机构（如企业委员会）也在参与决定法律关系的形成。[②]

由于与市场经济具有内在的密切联系，目前，社会法已经具有相当规模并呈继续扩张趋势，其重要性不亚于公法或私法。在市场经济条件下，社会法的功能主要有三方面：一是建立合理的市场经济所必需的基本条件或基本制度，如统一的货币制度和度量衡制度以及银行、保险和运输等方面的制度；二是维护稳定的市场秩序，如反不正当竞争和反垄断制度；三是进行必要的社会协调和社会保

---

① ［德］拉德布鲁赫. 法学导论. 米健，朱林，译. 北京：中国大百科全书出版社，1997：77.

② ［德］梅迪库斯. 德国民法总论. 邵建东，译. 北京：法律出版社，2001：10－11.

障，如自然资源与生态环境保护、消费者权益保护、劳动保护、失业救济与养老保险等。①

三、法律体系与法律部门

（一）法律部门的概念和划分标准

1. 我国法律部门划分的标准

法律体系除了公法、私法和社会法这种划分方法之外，还可以进行更细的划分。这就是将法律体系按照法律所调整的不同社会关系（即调整对象）与法律调整方法两项标准分为不同的法律部门。

法律调整领域十分广泛，包括经济、政治、文化、民族、家庭等方面，要对这些复杂的领域作出较好的研究，就需要对其恰如其分地作出分类，法律调整对象即社会关系是划分法律部门的首要标准。比如民法部门是调整平等主体间财产与人身关系的法律，据此把所有调整这种社会关系的同类法律规范组合在一起成为民法部门。行政法部门虽然也涉及财产关系与人身关系，但是它不属于平等主体之间的社会关系，这样就把行政法部门与民法部门区分开来了。

仅仅根据法律调整对象所做的划分还不足以进行完全划分，还需要依据另一个标准即法律的调整方式进行划分。即使是针对同类社会关系，法律有时也会采用不同的调整方式。如前所述，法律调整方式表现为自行性调节、强制性干预和政策性平衡三种。当我们在具有相同调整对象的法律面前进行部门划分时，会碰到无法进行划分的情况。比如民法与刑法，它们都调整财产关系和人身关系。民法典里面涉及的财产关系在刑法典中也出现，如盗窃财产、抢劫财产等行为侵犯财产关系，这时仍然以调整对象作为划分标准显然不能区分民法与刑法两个部门。因此，法律调整方式就成为一项重要标准，民法以自行调节为主要方式，而刑法以强制干预为主要调整方式。这样，就能够把两个调整同一类社会关系的法律部门划分出来了。

在法律部门划分问题上，行政法与经济法的关系十分复杂，两者的调整对象有交叉和重叠，调整方式也存在共同之处。过去理论上认为两者调整对象不同，其实两者的调整对象有较多交叉和重叠。因此划分行政法与经济法，应当从双方的调整方式来进行。行政法主要是以强行干预为调整方式的，而经济法则是结合了私法的自行调节和公法的强行干预，形成政策平衡的独特调整方式。

① 胡旭晟，蒋先福. 法理学. 长沙：湖南人民出版社，2002：106.

在论述了法律所调整的不同社会关系（即调整对象）与法律调整方法两项标准之后，需要说明的一点是，法律部门划分的标准不是绝对的，而是相对的，各法律部门之间存在着相互联系、衔接和配套的关系，所以，在极少数情况下根据这两项标准还不足以进行法律部门的完全划分。因此，我们还应当注意法律部门划分的若干指导原则。

2. 法律部门划分的原则

我们的立法速度非常快，每一个法律法规的颁布，都意味着某一个法律部门的内容的扩充或变化，为了实施法律以及研究法律的方便起见，我们应当把该新法归纳于某一个部门法，从这个角度而言，涉及部门法的划分问题。在划分法律部门时仅依调整对象和调整方法这两个客观标准是不够的，还应考虑到某些原则，使法律部门的划分更加科学、合理。划分法律部门的原则①主要有这样几方面：

（1）主次原则。当遇到同一个法律、法规可以被划归不同的法律部门这种情况时，我们可以考虑依这一法律、法规的主导因素进行划分和归类。

（2）客观原则。对部门法的划分有相对稳定的客观依据，即社会关系，而非凭主观臆断进行。

（3）目的原则。划分法律部门的主要目的在于帮助人们了解和掌握本国现行法律。

（4）发展原则。法律部门的划分一般要以现行法律、法规为前提条件，然而，随着社会的不断进步，法律也会不断发展，法律部门就不可能一成不变。在社会发展的进程中，新的法律、法规不断出现，法律部门也需要与时俱进。因而我们在划分法律部门时，不但要考虑目前的法律、法规多少，还应考虑到法律、法规今后的发展，即考虑到即将制定和可能制定的法律、法规。

（5）协调原则。对法律部门进行划分的结果应该是粗细适当，多寡合适。

3. 法律部门的概念

法律部门，也称部门法，是指根据一定的标准和原则所划分的调整同类社会关系的法律规范的总和。法律部门与法律规范的关系是从属关系，因为我们是根据一定标准和原则把同类法律规范组合在一起，形成法律部门，非同类法律规范不可能组合成法律部门。每一个部门法中包含了许多法律制度，比如民法这个法律部门，包括所有权制度、合同制度、债权制度等等，法律制度是由若干个法律

---

① 关于此，存在多种不同的意见，如有种意见就认为法律部门划分的原则包括：第一，粗细恰当；第二，多寡合适；第三，主题定类；第四，逻辑与实用兼顾。

规范组成的，一般来说，法律制度的范围比法律部门要小。

法律部门的划分对于立法、执法和法学研究等都具有重要意义。首先，在立法方面，法律部门的划分有助于从立法上协调法律体系内部关系，从而完善法律体系；其次，在执法方面，划分法律部门有助于执法机关和执法人员明确各自的工作特点和职责任务，并能够更准确地适用法律；第三，在法学研究方面，法律部门的划分能够促使独立研究领域的形成，使法学学科分工专业化程度更高。

（二）当代中国主要法律部门

当代中国社会主义法律体系主要包括下列法律部门：宪法、行政法、民法、经济法、刑法、诉讼法、劳动法与社会保障法、环境法、军事法。

1. 宪法法律部门

《宪法》在我国社会主义法律体系中具有非常重要的地位，是整个法律体系的基础，是其他法律部门的立法依据，对整个法律体系的建设具有指导意义。《宪法》规定的是我国的各项根本制度、原则、方针、政策，公民的基本权利和义务，各主要国家机关的地位、职权和职责，等等。

宪法部门所包含的主要规范性法律文件是现行宪法，即1982年第五届全国人民代表大会第五次会议通过的《中华人民共和国宪法》和1988年、1993年、1999年、2004年先后四次通过的修正案以及关于《宪法》的解释。《宪法》作为根本法具有最高法律地位和效力，是其他一切立法的依据和准则，任何立法都不得与《宪法》相抵触。

除了《宪法》这一主要的、居于主导地位的规范性法律文件外，宪法部门还包括其他一些较低层次的附属法律部门，主要是：

（1）各主要国家机关组织法；

（2）各级人民代表大会选举法；

（3）各级人民代表大会代表法和议事规则；

（4）民族区域自治法；

（5）特别行政区基本法；

（6）授权法；

（7）国籍法、国旗法、国徽法和其他的公民权利法（如集会游行示威法）。

2. 行政法法律部门

在我国，行政法作为一个法律部门，是调整国家行政管理活动中各种社会关系的法律规范的总和。属于行政法部门的规范性法律文件除了主要由我国最高行政机关——国务院制定的以外，还包括由全国人大及其常委会和有关地方人大及其常委会制定的某些规范性法律文件。行政法有一般行政法和特别行政法之分。

一般行政法是指所有特别行政法共同适用的法律规范，内容主要涉及国家行政管理的基本原则、方针和政策；国家行政机关及其负责人的地位、职权和职责；作出行政决策、采取行政措施、进行行政裁决的方式和程序；国家行政机关及其工作人员在行使职权时同公民和其他组织之间的关系，以及他们违反行政法和失职行为的法律责任；有关国家公职人员的任免、考核、奖惩；行政体制改革、转变政府职能等方面的法律规范。我国一般行政法规范性法律文件十分缺乏，亟待完善。现已颁布的有：《中华人民共和国公务员法》（由中华人民共和国第十届全国人民代表大会常务委员会第十五次会议于 2005 年 4 月 27 日通过，自 2006 年 1 月 1 日起施行），《国家赔偿法》（于 1994 年 5 月 12 日颁布，自 1995 年 1 月 1 日起实施），《行政处罚法》（1996 年 3 月 17 日第八届全国人民代表大会第四次会议通过，1996 年 3 月 17 日中华人民共和国主席令第六十三号公布，1996 年 10 月 1 日起施行），《行政监察法》（由中华人民共和国第八届全国人民代表大会常务委员会第二十五次会议于 1997 年 5 月 9 日通过，自公布之日起施行），《行政复议法》（1999 年 4 月 29 日第九届全国人民代表大会常务委员会第九次会议通过，自 1999 年 10 月 1 日起施行），等等。

特别行政法是关于各专门行政职能部门管理活动的法律规范，如民政管理、公安管理、医疗卫生管理、科教文化管理、工商行政管理等。单从数量上而言，特别行政法远多于一般行政法，但就法律效力而言，特别行政法要受一般行政法的约束。无论一般行政法还是特别行政法，又都可以分为行政实体法和行政程序法。

3. 民法法律部门

民法部门是调整作为平等主体的公民之间、法人之间、公民和法人之间的财产关系和人身关系的法律规范的总和。我国民法部门主要由《民法通则》和单行民事法律组成，它们构成民法部门的主体。此外，还包括一些单行的民事法规。

我国《民法通则》是民法部门的基本法。它不仅规定了各种民商事法律共同适用的内容，而且对整个民法的内容做了概括性的规定，对其他民事立法具有指导意义。

民法部门所包含的单行民事法律主要有：《商标法》、《专利法》、《继承法》、《著作权法》、《票据法》、《担保法》、《保险法》、《物权法》、《侵权责任法》、《合同法》、《婚姻法》。

4. 经济法法律部门

广义的经济法泛指所有调整经济关系的法律、法规。狭义的经济法是调整国家在经济管理中发生的经济关系的法律规范的总称。作为法律部门的经济法是从狭义上来讲的。它主要包括宏观调控法（如中央银行法、财政预算法、计划法、税法、价格法等）和市场规制法（如反不正当竞争法、反垄断法、产品质量法、消费者权益保护法等）以及涉外经济法。

5. 刑法法律部门

刑法是规定犯罪和刑罚的法律规范的总和。刑法部门中，居主导地位的规范性法律文件是1997年新修订的《中华人民共和国刑法》。还包括一些单行刑事法律和法规、决定，如《中华人民共和国逮捕拘留条例》、全国人大常委会《关于严惩严重危害社会治安的犯罪分子的决定》、《关于严惩破坏经济的罪犯的决定》、《关于严惩走私罪的补充规定》、《关于惩治贪污罪贿赂罪的补充规定》等。此外，在某些有关经济、行政的法律、法规中，存有一些追究刑事责任的法律规范，这些规范也是刑法的组成部分。

6. 诉讼法法律部门

诉讼法又称诉讼程序法，是有关各种诉讼活动的法律规范的总和。我国的诉讼法主要由刑事诉讼法、民事诉讼法和行政诉讼法等基本法律构成。其内容主要包括：司法机关与诉讼参与人进行诉讼活动的原则、程序、方式和方法；司法机关与诉讼参与人间的权利和义务；检察与监督诉讼活动，特别是侦查、司法活动是否合法以及纠正错误的原则、程序、方式和方法；有关执行程序等方面的法律规定。其主要目的在于从诉讼程序方面保障实体法的正确实施，使违法犯罪行为得到应有的处罚，从而有效保护社会中的正当合法权益。

7. 劳动及社会保障法法律部门

劳动法是调整劳动关系以及与劳动关系有密切联系的其他社会关系的法律规范的总和。属于该法律部门的法律规范主要包括有关用工制度和劳动合同方面的法律规范；有关职工参加国有企业管理，工作时间和劳动报酬方面的法律规范；有关劳动安全和卫生规则的法律规范；有关劳动纪律和奖励办法的法律规范；有关劳动保障和生活福利制度的法律规范；有关职工培训办法的法律规范；有关处理劳动争议的程序和办法的法律规范；对年老、患病残疾人等实行的社会保障制度方面的法律规范以及有关劳动制度改革的法律规范。

8. 环境资源法法律部门

资源环保法，即自然资源和环境保护法，是关于保护环境和自然资源、防治污染和其他公害的法律规范的总称。其中自然资源法主要指对各种自然资源的规划、合理开发和利用以及治理和保护方法的法律法规。环境保护法是保护人类生存环境、防治污染和其他公害的法律法规。它可以敦促人们合理利用自然资源，从而达到可持续发展的目的。

9. 军事法法律部门

军事法是有关军事管理和国防建设方面的法律规范的总和。我国军事法部门主要包括由全国人大和全国人大常委会制定的规范性法律文件。例如《惩治军人违反职责罪暂行条例》、《兵役法》、《中国人民解放军军衔条例》、《中华人民共和国预备役军官法》等等。

第四讲

法律在现代社会中的运行

第一节　法律的创制

一、立法概述

（一）立法的定义

依照现代社会的法律实践，法律创制主要是指由特定主体依据一定职权和程序，运用一定技术，制定、认可和变动法律这一特定社会规范的专门性活动，简称为法律的立、改、废活动。[①] 法律创制在本质上是将一定阶级的意志上升为国家意志的活动，是对社会资源、社会利益进行第一次分配的活动。由于这种创制是创制者有意识的社会行为，因而充分反映了创制者的主观能动性和对社会关系的自觉调控。每一个阶级在掌握了国家政权之后，都要进行法律的创制工作，将自己的意志通过法律制度化，使其成为全社会成员共同遵守的行为准则。只不过在不同的社会制度下，制定法律的目的和方式有所不同而已。

一般而言，法律的创制又称为“立法”。我国法学界目前对立法的理解基本分为两类，即广义、狭义两种理解。广义上的立法概念泛指一切有权的国家机关依法制定各种规范性法律文件的活动，它既包括国家最高权力机关及其常设机关制定宪法和法律的活动，也包括有权的地方权力机关制定其他规范性法律文件的活动，还包括国务院和有权的地方行政机关制定行政法规和其他规范性法律文件的活动。狭义上的立法是国家立法权意义上的概念，仅指享有国家立法权的国家机关的立法活动，即国家的最高权力机关及其常设机关依法制定、修改和废止宪法和法律的活动。

（二）立法的特征

立法是国家机关的专有活动和基本职能，是随着国家的产生和发展而出现并发展起来的，且日益完善和制度化。立法具有以下特点：

第一，性质上，法的创制既是国家的一项专有活动，也是国家履行职能的主要方式之一。国家的职能主要分为三种：立法职能、行政职能、司法职能，其中立法职能主要通过法的创制来实现，并为其他两项职能提供依据。

第二，主体上，法的创制既包括有创制权的国家机关进行的法的创制活动，

---

① 公丕祥．法理学．上海：复旦大学出版社，2005：293.

也包括经授权的国家机关进行的法的创制活动。这就意味着非国家机关和不拥有法定立法职权或经过授权的组织不能创制法律。对于有创制权的两类主体来说：一是在法的创制活动中，有法定职权的法的创制居于主导地位，经授权的法的创制居于次要的辅助地位；二是授权立法要有严格的法律限制和充足的授权理由。

第三，方式上，法的创制既包括制定活动，也包括法的修改、补充、废除和认可活动。在这一点上要避免认识上的一个误区：法的创制活动并不仅仅指法的制定活动，还包括法的修改、补充、废除和认可活动，这样，才能构成一个完整的法的创制的概念和结构。

第四，依据与要求上，现代社会的法的创制活动是一种严格依照法定程序进行的活动。有没有科学的法定程序，是现代立法区别于专制社会立法的重要标准。

二、我国当代立法的基本原则

立法的基本原则是国家立法指导思想在实际立法活动中的具体化和体现，是对国家立法意图、目的、目标的总体的、系统的概括，对一国立法意义重大。一般来说，立法的基本原则凝集着一定社会共同体及其成员的权利、利益的期待和追求，体现着一个国家社会发展、建设和巩固政权的需要和要求，反映着一定社会所追求的法律精神、法律价值、法律理想和法律目的，浓缩了一定社会的法律理念和法律现实。在我国，以往的立法原则都是以观念化的形式存在的，近二十年来，我国的立法工作取得了很大的进展，并将立法的基本原则明文规定在《立法法》的总则之中，实现了我国立法基本原则的法律化和制度化，成为我国立法制度的一大特色。根据《立法法》第三条、第四条、第五条、第六条的规定，我国立法主要有合宪性原则、法制统一原则、民主原则和科学原则。

（一）合宪性原则

我国《立法法》第三条对《宪法》原则做了如下规定：“立法应当遵循《宪法》的基本原则，以经济建设为中心，坚持社会主义道路、坚持人民民主专政、坚持中国共产党的领导、坚持马克思列宁主义毛泽东思想邓小平理论，坚持改革开放。”

由此可以看出，我国立法的宪法原则更多地是体现在政治方面，即“一个中心两个基本点”。具体而言，我国宪法原则包括以下内容：一是立法必须服从一个大局，即以经济建设为中心。这就要求在立法实践中，应当积极制定经济方面的法律、法规，积极建设社会主义市场经济法律体系。经济立法优先于其他方面的立法，构建了我国市场经济的宏观框架。二是立法应当坚持四项基本原则，即坚持社会主义道路、坚持人民民主专政、坚持中国共产党的领导、坚持马克思列宁主义毛泽东思想邓小平理论，坚持改革开放。四项基本原则是我国的执政之基，立国之本，自然应当体现在立法活动之中，不可偏离。三是立法应当符合我国改革开放的基调，制定大量符合有利于改革开放的法律制度，使我国改革开放的国策能够更加顺利地执行。此外，应当将我国改革开放所取得的成果用法律的形式固定下来，尽量将相关的法律法规系统化，为我国改革开放的进一步发展提供良好的法治环境。

此外，我国宪法原则还包括立法的合宪性内容，即有立法权的立法机关在创制法律过程中，必须以《宪法》为基础和依据，必须同《宪法》相符合、相一致。它要求一切法律的创制都必须以《宪法》为统领，符合《宪法》的理念和要求，符合《宪法》的原则、精神、规范、规定。它包含职权的合宪性、内容的合宪性、程序的合宪性等方面。

（二）法制统一原则

我国《立法法》第四条对法治原则的规定是“立法应当依照法定的权限和程序，从国家整体利益出发，维护社会主义法制的统一和尊严”。这一原则的前半部分“立法应当依照法定的权限和程序”具体表现为，一切立法权的存在和行使都应当有法的根据，立法活动的绝大多数环节都依法运行，社会组织或成员以立法主体的身份进行活动，其行为应当以法律为规范，行使法定职权，履行法定职责。该部分也是世界法治原则的共性所在。该条后半部分关于维护社会主义法制的统一和尊严的规定，则具有中国特色。维护法制统一的内容表现为一切立法活动，都必须从国家整体利益出发，以最广大人民群众的根本利益为依归，不得以部门利益、地方利益等局部利益凌驾于国家整体利益之上，不得在立法中搞“上有政策，下有对策”。所有的法律、行政法规、地方性法规、自治条例和单行条例都不得同《宪法》相抵触，下位阶的法不得同上位阶的法相抵触，同位阶的法之间也要互相衔接和一致。

（三）民主原则

我国《立法法》第五条规定：“立法应当体现人民的意志，发扬社会主义民主，保障人民通过多种途径参与立法活动。”由此可知，立法的民主原则就是在整个立法过程中，国家坚持民主立法的价值取向，使社会公众参与和监督立法的全过程，建立充分反映民意、广泛集中民智的立法机制，推进法制建设的科学化、民主化，使法律真正体现和表达公民的意志，真正成为保护人民财产权利和人身权利的良法。

从现代民主原则的普遍性与本国民主原则的特色相结合的角度看，中国立法所应遵循的民主原则，其含义和内容应当包括以下三个要素：其一，立法主体是广泛的，人民是立法的主人，立法权在根本上属于人民，由人民行使。立法主体是多元化的，中央与地方、权力机关与政府机关应当有合理的立法权限划分体制和监督体制。其二，立法内容具有人民性，以维护人民的利益为宗旨，注意确认和保障人民的权利。而不是以政府的意志或少数人的意志为依归。其三，立法活动过程和立法程序是民主的，在立法过程中注重贯彻群众路线，使人民能够通过必要的途径，有效地参与立法，有效地在立法过程中表达自己的意愿。

（四）科学原则

科学原则是指在立法过程中必须以符合法律所调整事态的客观规律作为价值判断，并使法律规范严格地与其规制的事项保持最大限度的和谐，法律的制定过程尽可能满足法律赖以存在的内外在条件。此定义表明科学立法要符合它的内在条件，即与其规制的事项保持契合，立法要与外在条件保持一致，是各种内在与外在因素共同作用的结果。我国《立法法》第六条“立法应当从实际出发，科学合理地规定公民、法人和其他组织的权利与义务、国家机关的权力与责任。”为科学原则提供了一个标准。

在我国，科学原则的内容要求立法必须从调整社会关系的客观实际出发，符合实际需要。坚持立法从实际出发，最根本的是坚持从我国的国情出发。我国地域辽阔、人口众多，各地经济、文化发展不平衡，正处于并将长期处于社会主义初级阶段，改革开放将是一项长期的方针政策，这就是我们的基本国情。在立法中，必须从我国的国情出发，落实科学发展观，认真总结自己的经验，将经过实践证明行之有效的成功做法和经验上升为法律。外国的经验只能起参考借鉴作用，决不能照抄照搬。坚持立法从实际出发，要落实到科学、合理地规范社会关系。一方面，要科学、合理地规定公民、法人和其他组织的权利与义务，做到权利与义务相统一；另一方面，要科学、合理地规定国家机关的权力与责任，做到权力与责任相一致。只有这样，才能提高法律、法规、规章的质量和效能。

三、立法体制

（一）立法体制的概念

立法体制，又称为法律创制体制，是指由于法律创制的权限划分所形成的制度和结构，它既包括中央和地方关于法的创制权限的划分制度和结构，也包括中央国家机关之间及地方各国家机关之间关于法的创制权的划分制度和结构。法律创制体制解决的是如何分配国家立法权的问题。

立法权是一定的国家机关依法享有的制定、修改、废止法律等规范性文件的权力，是国家权力体系中最重要的、最核心的权力。享有立法权是立法的前提，立法是行使立法权的过程和表现。从广义上讲，根据享有立法权的主体和形式的不同，立法权可以划分为国家立法权、地方立法权、行政立法权、授权立法权等。国家立法权是由一定的中央国家权力机关行使的，用以调整基本的、具有全局性的社会关系，在立法体系中居于基础和主导地位的最高立法权。地方立法权是由有权的地方国家权力机关行使的立法权。享有地方立法权的地方权力机关可以是单一层次的，也可以是多层次的。行政立法权是源于《宪法》、由国家行政机关依法行使的、低于国家立法权的一种独立的立法权，包括中央行政立法权和地方行政立法权。地方行政立法权又可分为不同的层次。授权立法权，又称委托立法权或委任立法权，是有关的国家机关由于立法机关的授权而获得的，在一定期限和范围内进行立法的一种附属立法权。

（二）我国现行的立法体制

立法体制的性质是与国家的性质相一致的，立法体制的形式则是与国家的结构形式和管理形式密切联系的。由于国情的不同，世界各国的立法体制呈现出多样化现象，主要有一元制、二元制两类。当代中国是单一制国家，根据我国《宪法》的规定，我国的立法体制是一元性的立法体制，全国只有一个立法体系，同时又是多层次的。在我国，根据《宪法》的规定，全国人民代表大会及其常委会行使国家立法权，制定法律；国务院根据《宪法》和法律制定行政法规，国务院下属的部委根据法律和行政法规，制定规章；省、直辖市的人民代表大会及其常委会在不同宪法、法律、行政法规相抵触的前提下，可以制定地方性法规；民族自治地方的人民代表大会有权依照当地民族地区的政治、经济和文化的特点，制定自治条例和单行条例；省、自治区的人民政府所在地的市和经国务院批准的较大的市的人民代表大会及其常务委员会根据本市的具体情况和实际需要，在不同宪法、法律、行政法规和本省、自治区的地方性法规相抵触的前提下，可以制定地方性法规；省、自治区、直辖市人民政府及省、自治区的人民政府所在地的市和经国务院批准的较大的市的人民政府，可以根据法律和国务院的行政法规，制定规章。此外，按照“一国两制”的原则，特别行政区实行的制度（包括立法制度），由全国人民代表大会以法律的形式规定。

四、立法程序

（一）立法程序的概念

立法程序即法的创制程序，是指有法的创制权的国家机关在制定、修改、补充或废止等法的创制活动过程中所采用的法定步骤和方法。

现代世界各国由于国情不同，法的传统及法的创制体制的不同，按照法的创制的种类，有两种类型的立法程序，即权力机关的立法程序和行政机关的立法程序。目前我国有关立法程序方面的法律有：1987 年 11 月 24 日第六届全国人大第 23 次常委会通过的《全国人大常务委员会议事规则》，1989 年 4 月 4 日第七届全国人大第二次会议通过的《中华人民共和国全国人民代表大会议事规则》以及 2000 年 3 月 15 日第九届全国人大第三次会议通过的《立法法》。

（二）我国立法的基本程序

由于世界各国法的创制体制不同，立法程序也呈现出较大的差异性。以下主要以我国最高权力机关及其常设机关的立法程序为例，分析立法的一些基本程序。我国的立法大约有以下几个基本程序，即法律议案的提出、法律草案的审议、法律议案的通过、法律的公布等四个阶段：

第一，法律议案的提出。法律议案的提出是指依法享有专门权限的国家机关或个人向立法机关提出的有关法律议案或关于制定、修改、补充、废止某项法律的建议。根据我国《宪法》的规定，全国人民代表大会代表、全国人民代表大会常务委员会、国务院等有关国家机关有提出法律议案的权利。

第二，法律草案的审议。法律草案的审议是指立法机关对已列入立法日程的法律议案进行审查和讨论。我国对法律草案的审议分为专门委员会的审议和立法机关全体会议的审议两个阶段。法律草案是否进入审议，要通过专门的程序才能确定。

第三，法律议案的通过。法律议案的通过是指立法机关对于经过审议的法律议案进行表决，正式表示同意或不同意的活动。在整个的立法活动中，法律议案的通过是最具有决定意义的一个步骤和阶段。根据我国《宪法》规定，法律由全国人民代表大会全体代表的半数通过，《宪法》的修改则由全国人民代表大会全体代表的三分之二以上的多数通过。

第四，法律的公布。法律的公布是指立法机关将获得通过的法律依法定形式公之于众（社会）的一个法定程序。按照我国《宪法》第 80 条规定，中华人民共和国主席根据全国人民代表大会的决定和全国人民代表大会常务委员会的决定，公布法律。也就是说，我国法律的公布是由国家主席来行使的。此外，我国法律公布的法定书面形式是在全国人大常委会公报上全文公布，同时相关媒体也可转载。

第二节 法律的实施

一、法律实施的概念

（一）法律实施的概念

法律实施，也叫作法的实施，是指法在社会生活中被人们实际施行。法是一种社会规范，法在制定出来后实施前，只是一种书本上的法律，处在应然状态；法的实施，就是使法律从书本上的法律变成行动中的法律，使它从抽象的行为模式转变成为人们的具体行为，从应然的状态进入到实然状态，由可能性转变为现实性。

立法是从社会关系上升为法，把具体的社会要求转变为抽象的、一般的法律规范的过程；而法的实施则是一个相反的过程，是把法律规范中的统治阶级意志转化为现实关系，是从抽象到具体、精神变为物质的过程。

（二）法律实施的意义

首先，法律的实施是实现法的作用和目的的条件。法的实施是实现立法者的立法目的、实现法的作用的前提，是实现法的价值的必由之路。其次，法的实施是建立法治国家的必要条件。法治国家的要义在于法律的权威高于个人权威，依法而治。因此，遵守规范制度而且是严格遵守规范制度，乃是法治社会的一个必备条件。法的实施可以分为法的遵守（守法）、法的执行（执法）和法的适用（司法）以及法律监督。

二、守法

（一）守法的含义

守法，是指国家机关、社会组织和公民个人依照法律的规定，行使权利（权力）和履行义务（职责）的活动。依法办事包括两层含义：一是依法享有并行使权利，二是依法承担并履行义务。在法律运行过程中，守法是法律实施和实现的基本途径。在社会主义国家，一切组织和个人都是守法的主体。在通常的使用中，守法的含义大多限于不违法，不做法律所禁止的事情或做法律所要求做的事情。这是消极的、被动的守法。但这里所说的守法，不仅包括这种消极、被动的守法，还包括根据授权性法律规范积极主动地去行使自己的权利，实施法律。

（二）守法的构成

守法的构成要素有守法主体、守法范围、守法内容等。

守法的主体，即要求谁来守法，这与法律的本质、政体的性质、社会力量对比关系、历史及文化传统有着直接的关系。《管子·任法》里说："有生法，有守法，有法于法。夫生法者，君也；守法者，臣也；法于法者，民也。君臣上下贵贱皆从法，此谓为大治。"现代社会，要求所有的公民包括官员都要严格遵守法律。在当今的中国，所有人都是守法主体，所有组织都有义务守法；各政党，包括共产党，都要遵守《宪法》和法律，都要在《宪法》和法律的范围内活动。守法的范围，即所要遵守的法律的种类及范围。在我国，它不仅包括《宪法》和全国人民代表大会及其常委会制定的基本法律和非基本法律，而且包括与《宪法》和法律相符合的行政法规、地方性法规、行政规章等。守法内容包括行使法律权利和履行法律义务，两者密切联系，不可分割。守法是行使法律权利和履行法律义务的有机统一。

三、执法

（一）执法的含义

在广义上，法律执行是指国家机关及其公职人员，在国家和公共事务管理中依照法定职权和程序，贯彻和实施法律的活动。在狭义上，法律执行则是指国家行政机关执行法律的活动，也被称为行政执法。行政执法是法律实施和实现的重要环节。在我国，大部分的法律法规都是由行政机关贯彻执行的。在法律运行中，行政执法是最大量、最经常的工作，是实现国家职能和法律价值的重要环节。

行政执法的主体通常是国家行政机关及其公职人员。在我国，行政执法的主体大体分为两类：一类是中央和地方各级政府，包括国务院和地方各级人民政府；另一类是各级政府中享有执法权的下属行政机构。此外，法律授权的社会组织、行政机关依法委托的社会组织可以在一定范围内执行法律。

（二）执法的特点

执法作为法的实施的特殊形式，是行政机关最主要的行为，它有别于法的实施的其他形式，具有下列特征：

首先，执法主体的特定性。执法主体必须是国家行政机关及其公职人员或经国家行政机关授权、委托的社会组织的工作人员。《宪法》及法律明确规定了国家各级行政机关的地位、作用和任务，使之享有法定的执法权。中央人民政府、地方各级人民政府及其职能部门都是行使执法权的主体，例如，公安机关对社会治安的管理、工商管理机关对市场秩序的调控。法律规定由行政机关授权、委托的社会组织也可成为执法权的主体，例如，在金融活动中发现假货币，获授权的金融机构有权依法收缴。总之，国家各级行政机关及其公职人员依法从事行政管理的同时，也就是执行、实施法律的过程。同时，法律也规定某些管理社会公共事务的社会组织或行业性组织经国家行政机关授权以后，亦可成为执法的主体。

其次，执法内容的广泛性。执法是行政机关以国家名义对社会实行全方位组织和管理，它涉及的社会生活领域十分广泛，内容纷繁复杂。其活动直接关系到人民群众的切身利益。行政法内容散见于不同层次和种类的规范性法律文件之中，其数量和内容居各法律部门之首，是仅次于宪法的重要法律部门。行政法这一特征决定了执法内容的广泛性。在我国，执法活动领域已不限于公安、工商、税收和海关管理等方面，而是扩展到了政治、经济、外交、国防、财政、科学、文化、教育、体育、卫生、社会福利、公用事业等社会生活的各个方面，行政机关的工作范围越来越广泛，执法范围也日益扩大，在广泛的社会领域内发生的社会关系均需要通过行政执法活动加以调整。

再次，执法活动的主动性和单方面性。行政机关在执法活动中一般是处于积极主动，而不是消极被动的状态，这是行政权的性质决定的。在行政法律关系中，行政机关既是当事人，又是执法主体，其单方面的意志和行为对行政法律关系有决定意义。行政机关在执行职务和对社会事务进行组织、管理时，应当提高效率，主动及时解决纠纷，维护社会秩序，这是行政机关对社会和公众承担的义务，也是行政机关必须履行的职责和法律赋予行政机关的职权。

最后，执法活动的灵活性。执法活动涉及的社会关系往往处在不断变化之中，为了适应社会关系的复杂性和社会发展的不平衡性，执法活动必须具有较大的灵活性，以满足社会对执法活动的基本要求。而行政执法的自由裁量权就是执法活动灵活性的体现。行政机关在执法过程中，在法律规定的范围内，享有选择、判断的权力。这种权力给行政机关快捷有效地执法创造了条件，但也应当看到，自由裁量权的滥用也会侵犯公民、法人和其他社会组织的合法权益。我们既赋予行政机关充分的执法权，加强执法力度，又要求行政机关严格依法行政，防止执法权的滥用。

（三）执法的基本原则

第一，依法行政原则，是指行政机关的一切执法活动必须以法律为依据，严格执行法定权限、法定程序，越权无效。违法的行政机关和责任人员都必须承担相应的法律责任。这是现代国家行政活动的一个基本原则，也是法治原则在执法活动中的具体体现，亦称执法合法性原则。由于行政执法涉及范围广泛，与公民、法人和其他社会组织的利益密切相关，行政执法权的任意行使容易构成对公民、法人和其他社会组织的合法权益的威胁，一旦行政执法权被滥用就会造成对公民、法人和其他社会组织的合法权益的侵害。贯彻依法行政原则就能促使行政机关正确行使执法权，克服行政执法活动本身容易产生的任意性和偶然性，防止行政机关滥用权力，预防违法的行政执法行为产生。同时，贯彻依法行政原则可以在行政管理活动中保护公民、法人和其他社会组织的合法权益，保证国家稳定和社会发展。

第二，执法合理原则。执法合理原则，是指行政机关的执法活动应当客观、适度，在法律规定的范围内体现公平正义的要求。执法合理原则和依法行政原则是一致的，执法行为仅仅合法并不能完全体现法律的精神和实现行政管理的职能，它还必须具有合理性，即不但要求执法行为必须符合法律文本上的规定，而且要符合法律精神和宗旨，符合社会理性，做到在执法过程中实现法律与理性的统一。执法合理原则的存在具有一定的客观基础和必然性。由于社会生活的纷繁复杂，法律对行政执法的一切行为不可能面面俱到地规定。面对社会生活的多样性和复杂性，法律需要在一定范围内授予行政执法机关一定的自由裁量权。执法合理原则就是针对规范行政执法机关的自由裁量权而提出的。

第三，执法效率原则是指行政机关在执法活动中，在一定的时期内执法总投入与执法总产出的比率，即成本——效益关系。所谓执法效率提高，就是指投入或消耗尽可能少的人力、财力、物力和时间，完成一定数量和质量的执法任务；或者是投入或消耗相同量的人力、财力、物力和时间，更多更好地完成执法任务。执法效率是指有益于社会的效率，是在执法活动符合预期的目标并会给社会带来有利结果的情况下的效率。反之，执法活动远离了法律预期设定的目标，或者给社会带来不利或有害的影响，这种情况下，效率越高，社会效果就越差。这就要求执法活动不能以损害社会公众利益为代价去实现执法效率，也不能因可能会侵犯社会公众利益的理由而放弃执法效率，而是应在充分考虑公众利益和社会公正的背景下追求执法高效率。

第四，执法应急性原则。执法应急性原则是指行政机关在特殊情况下可以采取没有法律规定甚至与法律相抵触的行政行为，以符合国家安全和社会稳定的根本要求。一般认为，只要在出现紧急状态的情况下，国家的社会秩序、法律秩序受到严重破坏，正常的社会生活无法开展时，行政机关才能采取必要的紧急措施，在这种紧急情况下，执法机关的行为即使没有法律规定或授权，也应该视为有效。但是，执法应急性的措施不能随意使用，一般要符合以下几个要求：首先是国家确实出现非常危险紧急的情况，非应急性的措施无法排除该项危害，两害相比取其轻，是不得已而为之；其次是采取了应急性措施的行政机关在事后必须由法定国家机关及时确认并加以有效的监督；最后是行政机关在采取应急性的措施时，要尽量避免或减少对社会各方面的影响和损害，把对社会不利的影响和危害因素控制在最小范围内。

四、司法

（一）司法的含义

司法是指国家司法机关及其司法工作人员依照法定职权和法定程序，具体运用法律处理案件的专门活动。它是在法的实现过程中体现国家司法权的活动，亦称法律适用。司法是实施法律的一种方式，对实现立法目的、发挥法律的功能具有重要的意义。

（二）司法的特点

司法是国家的一项重要权能，是各国法律适用的重要方式，也是国家运用法律调整社会关系、维护社会秩序的重要手段。司法不同于国家行政机关的执法活动以及社会公众的守法活动，有其自身的一些特点。

第一，主体的专门性。

司法活动是由特定的国家机关及其公职人员，依据法定职权实施法律的专门活动，具有专门性。在任何国家，司法机关都由国家法律来加以规定，其他国家机关、社会组织不可以成为司法机关。在《布莱克维尔政治学百科全书》中，司法机关被解释为“一种拥有解决法律冲突权力的政府机构。在大多数国家中，司法机构或法院被赋予或成功地保持着一种与众不同的独立作用。在理想的观念模式中，司法机构常常被界定为旨在以一种确保对争诉各方都公平和正当的方式使冲突解决制度化的专门组织。”①

司法权力是国家的专有权力，只能由享有司法权的国家机关及其人员行使。在我国，司法机关仅指人民法院和人民检察院。人民法院是国家的审判机关，行使国家的审判权；人民检察院是国家的法律监督机关，行使国家的检察权。

---

① ［英］戴维·米勒，韦农·伯格丹诺．布莱克维尔政治学百科全书．北京：中国政法大学出版社，1992：6.

第二，权限的法定性。

司法职权，即承担国家司法职能、行使国家司法权力的职责和权力。司法机关的司法活动应该在法定权限范围内进行。首先，不同种类的司法机关行使不同性质的司法权，如人民检察院行使的检察权、人民法院行使的是审判权。其次，不同层级的司法权限由法律规定。例如，我国设立最高人民检察院、地方各级人民检察院和专门人民检察院，不同层级的人民检察院的检察权限由《人民检察院组织法》以及诉讼法加以规定。不同层级的人民法院的审判权限也遵守法律规定。我国设立有最高人民法院、地方各级人民法院和专门人民法院，各法院的审判权限由《人民法院组织法》和诉讼法加以规定。

第三，程序的严格性。

司法活动是严格按照诉讼程序进行的，程序性是司法活动最重要的特征，有学者形容“程序是法律的心脏”。诉讼程序是司法机关审理案件过程中的步骤、方法、时限的总和，包括送达程序、起诉程序、审理程序、上诉程序、抗诉程序、申诉程序、拘捕程序以及管辖制度、辩护制度、陪审制度、回避制度、举证制度等。此外，拘留的时间、逮捕的时间、审判的时间等，也都有法律的严格规定。

司法的具体程序由我国《民事诉讼法》、《刑事诉讼法》、《行政诉讼法》这三大诉讼法加以规定，不同性质的案件需要适用不同的程序。而且，司法活动的程序性要求比一般的法律活动都要明确和严格。遵守程序法的规定，不仅要求司法权力得到正确运用，而且要求审判公正、公开、民主，保障诉讼过程中当事人的各项诉讼权利，遵守法律规定的时间要求，预防或纠正某些不该发生的司法错误，做到司法过程的合法、合理、公正。

第四，裁决的权威性。

司法是司法机关以国家强制力为后盾实施法律的活动，具有国家强制性和权威性。司法是国家权力的运用，司法机关通过其享有的侦查权、审判权、裁决权、批捕权、法律解释权、强制执行权等，发挥调整法律关系、救济法律权利、解决法律纷争、制止社会冲突、制裁违法犯罪的作用。

享有司法权的司法机关依靠国家强制力作为后盾。这种强制力不仅表现为司法过程的国家权力的彰显，而且表现为裁决结果的国家权力的保障。这是因为，司法有表明法律适用结果的法律文书，如判决书、裁定书和决定书等，而这些司法文书具有极大的国家权威性和强制性。司法机关依照法定权限与程序作出的裁决，具有法律效力，任何组织和个人都必须执行，不得违抗。

司法是以国家的名义运用法律于案件的活动。人们崇信法律，因为人们了解它具有不可抗拒的威严。反之，如果司法活动失去了威严，就失却了自身价值，法律就变成了“无焰的火，不亮的光”。从这个意义上说，中国的法治建设进程在很大程度上依赖于司法的有效推进。

（三）当代中国司法的要求和原则

严格依法办事，有法必依，执法必严，违法必究，是依法治国，建设社会主义法治国家的必然要求。为了保证法律的正确适用，我国《宪法》和法律规定了司法机关适用法律必须遵循的原则。这些原则主要是：

第一，司法公正。司法公正是社会正义的一个重要组成部分，它既包括实质公正，也包括形式公正，其中尤以程序公正为重点。司法公正的重要意义在于：首先，公正司法是法的精神的内在要求。其次，公正对司法的重要意义也是由司法活动的性质决定的。人们之所以委托司法机关裁决纠纷并信任其决断，就是因为其公正和不偏不倚。公正与裁判，既是一种里表关系，又是一种唇齿相依关系。再次，司法机关公正司法，是其自身存在的合法性基础。如果司法机关不能保持其公正性，司法机关也就失去了自身存在的社会基础。虽然社会生活的所有方面都应当公正，但是公正对司法有着特殊的意义。公正是司法的生命。

第二，公民在法律面前一律平等。公民在法律面前一律平等，既是我国公民的一项基本权利，也是我国法的适用的一条基本原则。在法的适用领域，“公民在法律面前一律平等”的基本含义是：第一，在我国，法律对于全体公民，不分民族、种族、性别、职业、社会出身、宗教信仰、财产状况等，都是统一适用的，所有公民依法享有同等的权利并承担同等的义务。第二，任何权利受到侵犯的公民一律平等地受到法律保护，不能歧视任何公民。第三，在民事诉讼和行政诉讼中，要保证诉讼当事人享有平等的诉讼权利，不能偏袒任何一方当事人；在刑事诉讼中，要切实保障诉讼参加人依法享有的诉讼权利。第四，对任何公民的违法犯罪行为，都必须同样地追究法律责任，依法给予相应的法律制裁，不允许有不受法律约束或凌驾于法律之上的特殊公民，任何超出法律之外的特殊待遇都是违法的。

要在法制实践中充分贯彻这项原则，第一，应坚决反对封建特权思想，与形形色色的违背社会主义平等原则的封建残余作不懈的斗争。第二，要看到我国法律适用中的公民在法律面前一律平等与资产阶级的法律面前人人平等原则的区别与联系。一方面，社会主义法律适用的平等原则与资产阶级法律平等原则存在着历史联系并在形式上相同；另一方面，二者在法律的本质上有着根本区别。第三，要看到适用法律的平等原则与我国社会主义法的性质是一致的。我国社会主义法是全国人民共同意志和根本利益的体现。贯彻平等原则就是实现体现在法律中的全国人民的共同意志和根本利益。第四，在司法工作中，必须忠实于事实、忠实于法律、忠实于人民，严格依法办事，绝不能看人办案、因人而异，不能由于责任人的家庭出身或过去的功绩等而对其的裁判偏离甚至违背法律的要求。

以事实为根据，以法律为准绳。我国在几部诉讼法中都规定了以事实为根据，以法律为准绳的原则。这项原则的基本含义是：第一，以事实为根据，就是指司法机关审理一切案件，都只能以与案件有关的客观事实作为根据，而不能以主观臆想做依据，应当认真查清事实真相，使法律适用能够做到"有的放矢"。第二，以法律为准绳，要严格依照法律规定办事，切实做到有法必依、执法必严、违法必究。司法机关在工作中，要符合法律所规定的规格或要件，遵照法律所规定的权限划分并严格按照司法程序办理案件；同时，在法律适用中坚持法制统一性的要求，根据我国的法律渊源体系适用法律。

为了贯彻这项原则，在司法工作中应当坚持实事求是、从实际出发的思想路线，重证据，重调查研究，不轻信口供；坚持维护社会主义法律的权威和尊严，不仅严格依照实体法的规定，而且严格执行程序法的各项规定；正确处理依法办事与坚持党的政策指导的关系。

司法机关依法独立行使职权。我国《宪法》、人民法院组织法、人民检察院组织法、刑事诉讼法、民事诉讼法、行政诉讼法都对司法机关依法独立行使职权作出了明确的规定。根据我国《宪法》和有关法律，这项原则的基本含义是：第一，司法权的专属性，即国家的司法权只能由国家各级审判机关和检察机关统一行使，其他任何机关、团体和个人都无权行使此项权利；第二，行使职权的独立性，即人民法院、人民检察院依照法律独立行使自己的职权，不受行政机关、社会团体和个人的非法干涉；第三，行使职权的合法性，即司法机关审理案件必须严格依照法律规定，正确适用法律，不得滥用职权，枉法裁判。

要贯彻司法机关依法独立行使职权的原则，需要解决好以下几个问题：第一，要正确处理司法机关与党组织的关系。第二，在全社会进行有关树立、维护司法机关权威，尊重、服从司法机关决定的法制教育。第三，积极推进司法改革，从制度上保证司法机关依法独立行使审判权和检察权。

五、法律监督

（一）法律监督的概念

法律监督有广义和狭义两种理解。狭义的法律监督是指有关国家机关依法定职权和程序对立法、执法、司法等法制运作过程的合法性进行的监察和督促。广义的法律监督是指一切国家机关、政治或社会组织和公民对法的全部运作过程的合法性所进行的监察和督促。本书在广义上使用法律监督概念。

（二）法律监督的构成

一般来说，实现法律监督必须具备下列五个要素：第一，法律监督的主体是指由谁来实施监督。在我国，监督主体具有广泛性和多元性。第二，法律监督的客体是指监督谁或者说谁被监督。在我国，所有国家机关、政党、社会团体、社会组织、大众传媒和公民既是监督的主体，也是监督的客体。第三，法律监督的内容包括与监督客体行为的合法性有关的所有问题。第四，法律监督的权力与权利是指监督主体监视、察看、约束、制约、控制、检查和督促客体的权力与权利。第五，法律监督的规则包括法律监督的实体规则与程序规则两部分。上述五个要素缺一不可，共同构成一个完整的法律监督机制。

（三）法律监督体系

国家法律监督体系。国家机关的监督，包括国家权力机关、行政机关和司法机关的监督。我国《宪法》和有关法律明确规定了国家监督的权限和范围。这类监督都是依照一定的法定程序，以国家名义进行的，具有国家强制力和法的效力，是我国法律监督体系的核心。

社会法律监督体系。社会监督，即非国家机关的监督，指由各政党、各社会组织和公民依照《宪法》和有关法律，对各种法律活动的合法性所进行的监督。由于这种监督具有广泛性和人民性，因此在我国的法律监督体系上具有重要的意义。根据社会监督的主体不同，可以将它分为以下几种：中国共产党的监督、社会组织的监督、公民的监督、法律职业群体的监督和新闻舆论的监督等。

第三节 法律推理

一、法律推理的概念

所谓推理，是指由一个或几个已知判断，依据一定的逻辑形式和规则，推导出一个未知的新判断的思维形式、过程或方法。在推理中，用作推理出发点和根据的一个或几个已知判断叫作前提，经过推理得到的新判断叫作结论。当推理用于法律，成为一种法律方法时，就是法律推理。美国国父杰斐逊曾说过，推理的艺术在民主法治国家是首要的，因为公民是通过正当化的推理被说服的，而不是通过武力被征服的。

法律推理是法律方法的一个重要的具体体现，有广义、狭义之分。广义的法律推理是指从含有法律观点的一定论据中，推导出法律意义上的主张或结论的思维活动或方法。从这个意义上看，它包括司法过程中的法律规范推理、法律事实推理和司法判决推理三种。狭义的法律推理则仅指司法判决推理，是指以已经确认的具体案件事实和援用的法律规范这两个已知判断为前提，运用有效的逻辑形式，推导出具有法律意义的结论的一种思维活动或方法。本节所讨论是狭义的法律推理。

二、法律推理的种类

法律推理的方法有两种，即形式逻辑方法和辩证逻辑方法。以这两种方法为标准，法律推理可以相应地划分为法律形式推理和法律辩证推理两大类。

（一）形式推理

法律形式推理，又称法律分析推理，是指依照形式逻辑的规则或方法进行的法律推理，包括运用演绎、归纳或类比的方法所进行的推理。法律形式推理包括法律演绎推理、法律归纳推理和法律类比推理三种类型，它们都是将抽象的法律规范与复杂而具体的案件事实相互联系起来的方式。

法律演绎推理是指从一般的法律规定到个别的特殊行为的推理。其特点是结论寓于前提之中，即结论和前提之间具有蕴涵关系，因此是必然性的推理。只要前提真实，推理形式正确，结论就一定是真实的。但作为法律推理的演绎推理，要确保其结论的真实性存在一定的难度。演绎推理常见于成文法国家的司法活动中，但非成文法国家的司法活动有时也使用演绎推理，所不同的是，其推理的大前提不一定是成文法，有时是通过归纳推理所得出的一般性规则。在法律规定明确、事实十分清楚的情况下，演绎推理简单而有效。但实际情况常常是，作为大前提的法律规范和作为小前提的案件事实并非总是清晰明了，而是需要进一步的发现和认定。一方面需要从法律规范去认定事实，另一方面亦需要从案件事实去探求法律规范，剖析规范所规定的构成要件，来回穿梭于二者之间。而且，必须达到案件事实完全符合法律规范的要件，从而确定当事人之间的权利义务关系时，法律适用的工作才告完成。演绎推理最主要和最简单的表现形式是三段论推理。所谓三段论，指借助一个共同的概念把两个直言判断联结起来，从而推导出一个新的直言判断的推理形式，它是典型的演绎推理。法律演绎推理的典型形式是司法三段论，它由大前提、小前提和结论三个部分组成：大前提是可供适用的法律规则或法律原则；小前提是经过认定的案件事实；结论是针对具体案件作出的具有法律效力的判决或裁定。共同的法律概念将演绎推理的大、小前提联系在一起。以法律概念为核心的法律规则和法律原则预设了作为大前提的某种行为模式及其法律后果；案件事实经过法庭调查认定符合概念所指称的行为或事件，就构成了小前提；法官将两者联系起来所做的判决就是结论。

法律归纳推理，是指运用归纳的方法从特殊案例中推导出一般性原则或规则的推理。法律归纳推理被典型地运用于判例法国家的司法活动中。在判例法国家，当法官面对个案发现没有任何法律或既定规则可以指导审判工作时，可以通过对过去一系列具有先例价值的案件的比较，推导出一个能够适用于当下案件和将来同类案件的规则或原则，这就是典型的归纳推理。法律归纳推理解决了无法律规范可供适用的难题，同时也体现了同样事情同样处理的司法公正原则。但法律归纳推理也存在一些缺点。例如，因依赖于先前的个案，这种推理使用范围比较狭窄。再者，法律归纳推理的技术难度较大，掌握不好会造成法律规则的混乱。当然，随着法官法律技术的不断完善，这些缺点也可在一定程度上得到弥补。

法律类比推理也称类推适用和比照适用，是指在法律没有明确的文字规定的情况下，比照相应的最相类似的法律规定加以处理的推理形式。它是填补法律漏洞通常采取的方法之一。这种推理的前提是：该法律条文虽然没有明确规定，但该法律条文赖以存在的基本原理和原则却可以包含某一行为或事件。所以，对一个规则进行类推，是以一定的政策、公理和衡平的需要为基础的，而不是以法律的明文规定为依据的。但相比法律规则，法律原则或法律原理具有弹性，法官据此推理也难以把握准确度。正因为如此，在刑事司法领域，许多国家明文禁止使用类推的方法，认为它有悖于“罪刑法定”所隐含的正义精神。在民事领域，为维护有关当事人的合法权益，一般允许类推，但总的来看，这种法律推理方法在许多国家是不受鼓励的。

综上所述，法律形式推理是有前提的，规则是客观的，但推理结果却取决于法律内容的稳定性和确定性，也依赖于法律体系的完整、协调和统一。当法律本身不完备甚至对处理同一情形存在规则的冲突时，形式推理就显得无能为力。加之形式推理一般采取三段论式的推理方式，具有机械性、教条性，限制了法官的自由裁量权。所以，法律形式推理尽管是解决法律问题的重要方法，但它的功能作用同样具有一定的局限性。这些也正是我们需要进一步学习“法律辩证推理”的原因所在。

（二）辩证推理

法律辩证推理又称法律实质推理，是指当作为推理的前提为两个或两个以上相互矛盾的法律命题时，运用辩证思维从中选出最佳命题，以解决法律问题的法律推理。侧重对法律规定和案件事实的实质内容进行价值评价或者在相互冲突的利益之间进行选择的推理。

在司法审判过程中使用法律辩证推理的情形主要有：（1）法律无明文规定，而对如何处理该问题存在两种对立的理由。（2）法律虽有明文规定，但过于原则或模糊，以致于根据同一法律规定可以提出两种对立的法律见解。（3）法律规定自身矛盾，或存在两种相互对立的法律规定。（4）合法与合理之间存在矛盾。

第四节　法律解释

一、法律解释的概念

（一）法律解释的含义与特点

法律解释是法律适用的前提。“法律不是摆在那儿供历史性地理解，而是要通过被解释而变得具体有效。”在这个意义上说，法律的生命力在于解释和适用之中，没有对法律的解释，也就无所谓法律的适用。[①] 所谓法律解释，是指在一定的法律适用场合，有权的国家机关或个人遵循法定的权限和程序，按照一定的原则和方法对法律文本所进行的阐释。这一概念包含着四层意思：其一是谁来解释（即法律解释的主体）；其二是谁要解释（即法律解释的对象）；其三是解释什么（即法律解释的范围）；其四是怎么解释（即法律解释的原则和技术）。从主体上划分，法律解释可以有广狭二义，广义的法律解释既包括学理解释也包括法定解释，即任何人都可以对法律从学理上进行理解和解释，在这一点上解释主体应具有普遍性。狭义的法律解释仅指有权机关或个人所做的解释，也称有效解释或有权解释。这里主要是从后一种意义上使用法律解释的概念。

（二）法律解释的种类

法律解释由于解释主体和解释效力的不同可以分为正式解释和非正式解释。所谓正式解释，通常也叫法定解释，是指由特定的国家机关、官员或其他有解释权的人对法律作出的具有法律上约束力的解释。正式解释有时也称有权解释。根据解释的国家机关的不同，法定解释又可以分为立法、司法和行政三种解释。有权作出法定解释的机关、官员和个人，在不同的国家或不同的历史时期都有所不

---

① ［德］默尔．真理与方法．郑戈．法律解释的社会构造//梁治平．法律解释问题．北京：法律出版社，1998：65．

同，通常是由法律规定或是由历史传统决定的。

非正式解释，通常也称学理解释，一般是指由学者或其他个人或组织对法律规定所做的不具有法律约束力的解释。这种解释是学术性或常识性的，不被作为执行法律的依据。虽然如此，非正式解释在法律适用、法学研究、法学教育、法制宣传以及法律发展方面还是有着很重要的意义。

二、法律解释的权限体制

把法律解释设定为是有权机关或个人对法律规定作出的解释，必然涉及一个权限划分的问题。现行体制将法律解释分为立法解释、司法解释、行政解释和其他解释（如地方立法机关的解释）等等。但学术界并不完全认同这种权限划分，分歧集中表现在：其一，立法解释究竟是一种立法权还是一种解释权；其二，法律解释究竟是一种针对普遍性问题的抽象解释，还是仅仅针对具体案件的个案解释。我们认为，针对个案的具体适用而作出的相应法律解释似乎更符合解释学意义上解释的本意。纵观世界各国的法律制度，可知所谓法律解释主要就是指法院或法官对法律的解释。然而我国目前受现行法律体制所限，只存在广泛意义上的抽象的解释。我国现行法律解释体制的内容包括：

1. 法律解释权属于全国人民代表大会常务委员会。凡属法律规定需要进一步明确具体含义的或者法律制定后出现新的情况，需要明确适用法律依据的，由全国人大常委会解释，是为立法解释。

2. 凡属于法院审判工作具体应用法律法令的问题，由最高人民法院进行解释，为审判解释；凡属于检察院检察工作中具体应用法律法令的问题，由最高人民检察院进行解释，为检察解释（两者又合称为司法解释）。最高人民法院和最高人民检察院的解释如果有原则性的分歧，报请全国人大常委会解释或决定。

3. 不属于审判和检察工作中的其他法律法令如何具体应用的问题，由国务院及其主管部门进行解释。

4. 凡属于地方性法规条文本身需要进一步明确界限或作出补充规定的，由制定法规的省、自治区、直辖市人大常委会进行解释或作出规定。凡属于地方性法规如何具体应用的问题，由省、自治区、直辖市人民政府主管部门进行解释。

此外，香港、澳门特别行政区的法律解释权分属全国人大常委会和香港、澳门特别行政区法院。全国人大常委会行使对香港《基本法》的解释权。香港法院的解释权有两部分：经全国人大常委会授权在审理案件时对《基本法》关于香港自治范围内的条款自行解释，对《基本法》其他条款可有条件地进行解释，《基本法》以外的其他法律由特别行政区法院解释。

从上述法律解释体制的框架来看，有突出的几个特点：

一是立法主导性。现行法律解释体制带有强烈的立法主导的色彩，立法部门（全国人大常委会）居于支配地位。尽管在数量上，并非由其实际承担解释的任务。由此造成的结果是：（1）立法权与解释权混杂，“谁立法，谁解释”这种违背解释学原理的体制继续得以存在；（2）解释的主体、内容、对象都不是针对具体案件，如作为解释主体的法院、法官在法律上并未被授予解释权，造成绝大部分解释不是针对具体案件寻找大前提的司法作业而是立法式的事前规设，因而完全是换种名称、换一个部门的立法而已。

二是缺乏制约性。从现行的法律解释文件而言，许多所谓的法律解释（司法解释）实际已超出被解释的法律规定以外，成为事实上的法律规范。同样，法律解释成为一种被争夺的权力资源，各级司法机关（同时也包括行政解释领域）都在随意制定一些带有解释性质的规定，如意见、办法、会议纪要等。而这些“非法”的解释都在实际的司法活动中起着相当具有规范效力的作用，因而在法律解释领域实际造成了体制上虽不允许各下级法院解释，但各级法院甚至基层法院都经常在解释法律的奇怪现象。

三是政策诠释性。长期以来，政策一直是我国法律的主导者，在法律解释中也不例外。我国的许多法律解释并非严格意义上针对法律展开的解释，而是对当前政策的注释。解释者探究的不是立法原意、立法意图、立法目的，而是政策性内容，追求所谓政治效果和社会效果。

第五讲

法律的作用及局限

第一节 法律调整和道德调整

一、道德的涵义

笼统地说，一提起道德，人们毫无疑问地会将它与善良、高尚、正义、光荣等联系起来。道德和法律一样，也是调整社会关系的一种方式，它通过社会风俗、舆论以及人们的内心信念来实行。

道德作为一个完整的概念，根源于风俗和习惯。在原始社会，人们生活在以血缘关系为基础的氏族社会中，氏族成员之间主要靠风俗习惯调整，从食物分配到婚姻缔结，都体现了风俗习惯的积极作用。然而随着社会生活的复杂化，社会关系也变得愈加复杂，单纯地靠风俗和习惯已不可能完全调整，因此道德便产生了。所以道德的产生并不是抽象的来源于人们的内心，更不是来源于宗教神学，而是在一定的物质基础上产生的。随着生产力的发展，以习惯风俗和道德去调整全部的社会关系已不可能，社会需要更有力，更广泛的标准和规范去调整人与人之间的关系，法律便应运产生。但法律的出现，并不是意味着社会关系的调整不再需要依靠道德。法律在调整方式、调整范围上也有着局限性，道德仍是调整社会关系的重要手段。法律与道德彼此都对社会关系的调整具有重要作用。

道德作为调整社会关系的一种方式，与其内容和特征是分不开的。单从其内容上讲，道德具有价值性。价值，即善、美、正义、光荣、公正等，这是道德最高层次的内容，也是评价人们意愿和行为的最高标准。西方法学中，自然法学派以价值分析的方法研究法律、探寻法律时，便更多地将其与道德联系起来，可见道德对法律的评价也具有重要的作用，这也是道德与习惯的重要区别，看二者是否有价值评价的作用。

道德除有价值性以外，还具有以下特征：第一，道德具有阶级性。不同的阶级具有不同的道德，比如，美国的独立宣言所表达的北美资产阶级对英国统治的道德批判，共产党宣言所表达的工人阶级对资产阶级的道德批评等，都深刻地体现了不同阶级的道德对立。第二，道德具有物质制约性。前面提到道德的产生和物质基础是分不开的，它是由社会物质基础决定的，物质基础变更与发展，道德的性质与内容也相应发展和变更。第三，道德具有共同性。主要体现其内容上，因为道德所具有的正义、善良等内容符合人们的价值观，能够为人们所普遍接受，比如尊重人的尊严与平等、保护环境、拾金不昧、互相帮助等。随着人们在经济、政治、文化等各领域交往日益密切，道德的共同性也会更加地集中。

概而言之，道德根源于一定的物质生活条件。恩格斯讲："一切以往的道德论归根到底都是当时的社会经济状况的产物。而社会直到现在还是在阶级对立中运动的，所以道德始终是阶级的道德。"这表明道德的内容最终由经济条件决定，并伴随经济的发展而有相应的变化；基于不同物质生活条件的不同社会集团，有着不同的道德观，阶级社会中的道德具有阶级性。因此，我们可以把道德简单地概括为：道德是生活在一定物质生活条件下的自然人关于善与恶、光荣与耻辱、正义与非正义、公正与偏见、野蛮与谦逊等观念、原则以及规范的总合，或者说是一个综合的矛盾统一体系。

二、法律的道德价值基础

道德和法律作为调整社会关系的两种手段，各有其特征和作用。道德是由社会舆论、传统习惯和内心信念来保证实施的行为规范的总和。它与法律、政策、宗教和其他社会现象一样，也具有调整人们行为和思想的特征，但它与法律各具特色，并且在一定程度上相互重合，这决定了道德法律化既有必要性，又有可能性。道德与法律虽然属于两种不同的调整社会关系方式，但经过立法，基本道德标准已经确定，这个标准应该作为评价一个事件和一个行为的唯一标准。我们可以说既是道德标准，又是法律标准，这就是说道德标准已经融入了法律中，变成了法律标准。之所以如此，除了考察法律的发展历史，法律是基于道德发展起来的以外，法律与道德还具有重合性。虽然法律和道德是规律性的或观念性的，直接或者间接地作用于人的行为（前已述及），但它们之间具有一种重合性。这种重合性表现在：一是它们各自通过自己不同的方式作用于人的行为，对人的行动和行为发生影响，这就决定了它们都属于广义的社会规范体系，具有规范属性和功能；二是两者所调整的对象在内容上可能发生交叉重合关系，有些对象既属于法律调整的事物，也属于道德调整的事物。比如，不许杀人，既是一种道德要求也是一种法律要求；诚实信用、买卖公平，既是市场交易中的道德要求，也是市场交易中的法律要求。在道德与法律重合的地方，立法者将这种公认的道德要求确认为法律，成为受国家保护的一种必须为之而不是可为可不为的行为标准。这就是我们常讲的法律与道德之间的相互渗透。

实现社会的正义与公平，是西方自然法学派赋予法律的神圣任务，也是良法应该具有的社会功能。在实证主义法学派中，认为法律就是由当政者制定的调整社会关系的行为规范，人们都应该无条件地遵从；而自然法学派却认为法律之上还存在一个评判法律好坏的标准，那就是正义、公平等一系列的观念。这些观念是一种高层次的道德观念。道德在实现社会正义与公平中起着巨大的作用。博登海默认为，“就社会意义而言，道德通过减小过分的自私，减少作出危害他人的行为，减少相互残杀的斗争以及减少其他潜在的、分裂社会生活的力量的影响范围，来增进社会的和谐。”而作为维护社会秩序为基本目的的法律，必须承认和反映这些为社会存续所必要的价值，否则，“皮之不存，毛之焉附”，社会极度动荡、混乱，法律也就没有了存在的空间。任何一种法律体系的建立，都离不开一定的伦理道德基础，法律必须具备一定的道德基础和道德目的或者说必须获得道德支持，缺乏道德支持的法律就会与社会价值相互冲突，就会遭到人们的反对，就会丧失其存在的意义，最终就会变成无用的法律。作为良法，即合乎道德价值要求的法律，一般要求体现以下几方面的道德价值观：第一，追求正义的实现。正义，通常指被认为是法律应该达到的道德价值。正义要求人们认识到自己的行为接受法律约束，正义是法律上的善良和行为的尺度，可以根据正义对行为进行评论和评价。第二，追求人类生活的幸福。道德最崇高的理想就是追求人类生活的幸福。法律以道德为基础，自然有此客观性和目的性。第三，道德作为法律的源头引导着法治的合理化进程。道德和法律都是制约和引导人们的原则、准则和规范，但是在二者的关系中，法律制度必须是合乎道德的。道德是源，法律制度实质上只不过是道德的一种极端形式，是道德要求在一定条件下不能得到有效的实现所产生的。因此，法制产生于道德之后，道德从最初产生的意义上说，也就是道德要求的一种社会保证。从根本上讲，法律、制度的产生过程也就是道德的功能和使命向法制转化的过程。

三、法律调整和道德调整的辩证关系

法律与道德的关系问题是法哲学之永恒主题与难解之谜。法律与道德犹如鸟之两翼不可分离。法与道德属于上层建筑的不同范畴。法律属于制度的范畴，而道德则属于社会意识形态的范畴。法律规范的内容主要是权利与义务，强调两者的平衡；道德强调对他人、对社会集体履行义务、承担责任。法律规范的结构是假定、处理和制裁或者说是行为模式和法律后果，而道德规范并没有具体的制裁措施或者法律后果。法由国家的强制力保证实施，而道德主要凭借社会舆论、人们的内心观念、宣传教育以及公共谴责等诸手段来贯彻。法是按照特定的程序制定的，主要表现为有关国家机关制定的各种规范性文件或者是特殊判例；而道德通常是潜移默化的。法必然要经历一个从产生到消亡的过程，它最终将被道德所取代，人们将凭借自我道德观念来实施自我行为。

（一）法律调整和道德调整的区别

道德与法律是社会规范最主要的两种存在形式，是既有区别又有联系的两个范畴。二者的区别至少可归结为：

第一，产生的条件不同。原始社会没有现代意义上的法律，只有道德规范或宗教禁忌，或者说氏族习惯。法律是在原始社会末期，随着氏族制度的解体以及私有制、阶级的出现，与国家同时产生的。而道德的产生则与人类社会的形成同步，道德是维系一个社会的最基本的规范体系，没有道德规范，整个社会就会分崩离析。

第二，表现形式不同。法律是国家制定或认可的一种行为规范，它具有明确的内容，通常要以各种法律渊源的形式表现出来，如国家制定法、习惯法、判例法等。而道德规范的内容存在于人们的意识之中，并通过人们的言行表现出来。它一般不诉诸文字，内容比较原则、抽象、模糊。

第三，调整范围不同。从深度上看，道德不仅调整人们的外部行为，还调整人们的动机和内心活动，它要求人们根据高尚的意图行为，要求人们为了善而去追求善。法律尽管也考虑人们的主观过错，但如果没有违法行为存在，法律并不惩罚主观过错本身，即不存在“思想犯”；从广度上看，由法律调整的社会关系，一般也由道德调整。当然，也有些由法律调整的领域几乎不包括任何道德判断，如专门的程序规则、票据的流通规则、政府的组织规则等。在这些领域，法律的指导观念是便利与效率，而非道德。

第四，作用机制不同。法律是靠国家强制力保障实施的；而道德主要靠社会舆论和传统的力量以及人们的自律来维持。

第五，内容不同。法律是以权利义务为内容的，一般要求权利义务对等，没有无权利的义务，也没有无义务的权利。而道德一般只规定了义务，并不要求对等的权利。比如说，面对一个落水者，道德要求你有救人的义务，却未赋予你向其索要报酬的权利。向被救起的落水者索要报酬往往被视为不道德。

（二）法律调整和道德调整的联系与共通性

道德与法律又是相互联系的。它们都属于上层建筑，都是为一定的经济基础服务的。它们是两种重要的社会调控手段，自人类进入文明社会以来，任何社会在建立与维持秩序时，都不能不同时借助于这两种手段，只不过有所偏重罢了。两者是相辅相成、相互促进、相互推动的。其关系具体表现在：

第一，法律是传播道德的有效手段。道德可分为两类：第一类是社会有序化要求的道德，即社会要维系下去所必不可少的“最低限度的道德”，如不得暴力伤害他人、不得用欺诈手段谋取利益、不得危害公共安全等；第二类包括那些有助于提高生活质量、增进人与人之间紧密关系的原则，如博爱、无私等。其中，第一类道德通常上升为法律，通过制裁或奖励的方法得以推行。而第二类道德是较高要求的道德，一般不宜转化为法律，否则就会混淆法律与道德的界限，取得不了良好的效果。法律的实施，本身就是一个惩恶扬善的过程，不但有助于人们法律意识的形成，还有助于人们道德观念的培养。因为法律作为一种国家评价，对于提倡什么、反对什么，有一个统一的标准，同时法律所包含的评价标准与大多数公民最基本的道德信念是一致或接近的，因此法的实施对社会道德的形成和普及起了重大作用。

第二，道德是法律的评价标准和推动力量，是法律的有益补充。首先，法律应包含最低限度的道德。没有道德基础的法律，是一种"恶法"，是无法获得人们的尊重和自觉遵守的。其次，道德对法的实施有保障作用。"徒善不足以为政，徒法不足以自行"。执法者的职业道德的提高，守法者的法律意识、道德观念的加强，都对法的实施起着积极的作用。再次，道德对法有补充作用。有些不宜由法律调整的，或本应由法律调整但因立法的滞后而尚"无法可依"的，道德调整就起了补充作用。

第三，道德和法律在某些情况下会相互转化。一些道德，随社会的发展，逐渐凸现出来，被认为对社会是非常重要的并有被经常违反的危险，立法者就有可能将之纳入法律的范畴。反之，某些过去曾被视为不道德的，因而需用法律加以禁止的行为，则有可能退出法律领域而转为道德调整。

总之，法律与道德是相互区别的，不能相互替代、混为一谈，也不可偏废，所以单一的法治模式或单一的德治模式不免有缺陷。同时，法律与道德又是相互联系的，在功能上是互补的，都是社会调控的重要手段，这就使得德法并治模式有了可能。

法律的出现暂时地缓和了冲突着的道德斗争，并把这种冲突限制在秩序允许的范围内。可是只要有不同利益个体或群体存在，法律就无论如何都不能消除整个社会的道德冲突。相反的是，它在调整的过程中被这个冲突着的旋涡卷入其中，与道德发生着碰撞。随着社会的发展、人类的进步以及个体自我意识和社会意识的增强，它们的冲突也在不断地加强。脱胎于原始道德观念的初始法律，并没有剪掉"脐带"，以此跟道德划清界限成为一个完全独立的实体。相反法律继承了道德固有的优越性，并克服了它固有的缺陷，它是对道德本身的扬弃。正是这种继承和发展才使法律与道德随着时间的推移逐渐地暴露出不和谐的一面。

法律和道德的冲突实质上是多元化价值体系的内部斗争，是价值冲突在现实社会中的反映。物质资料的极快增长，加剧了利益的分化，利益的分化必然导致分配的不公。由于人们对他们的合作所产生的更大利益如何分配的问题不是漠不关心，这就产生了利益冲突，因为为了追求自己的利益，他们每个人都想得到较大的一份，而不是较小的一份。从而最终的结果是利益冲突更加激烈。法律和道德站在各自的立场上体现着不同的价值趋向，所以不可避免地发生着碰撞。

这种在价值冲突支配下的社会现象，由于失去了一元化价值体系，并且这种一元化价值体系已不可能再恢复，因此，它将永久伴随着人类社会。因为一元化价值体系存在的基础是单一的物质经济生活条件和同一的利益关系。而在现代社会中，这种现实的基础早已不复存在。现实的物质生活条件的多样性已然呈现于我们面前，利益的不断分化更加促使不同价值观念如雨后春笋般涌现，从而使多元化价值体系在现代社会中的牢固地位不可动摇。因此，价值冲突是不可避免的。

法律和道德作为两种不同的社会调整手段，在调整社会关系时的作用是不同的。而多元化价值体系又使这种作用程度的差别性更加明显，并且出现此消彼长的局面。就整个法律规范和道德规范的内容而言，一方面当某些法律规范的道德基础失去其赖以存在的物质条件时，它应就此消亡。但是道德规范的消亡是自发的，而法律规范的删除是人为的。法律制度的特征是新法律规则的引入和旧法律规则的改变或废止，相反，道德规则或原则却不能以这样的方式引入、改变或撤销。所以，如果这种失去道德基础的法律规范，仍旧在法典中存在并且被司法官员不断地援引，危害结果将会毫不犹豫地出现在我们面前。总之，法律与道德是一对既矛盾又统一的整体，这种矛盾还会伴随着人类社会继续存在下去。

第二节　法律的局限性

法律发展到今天，自身仍存在许多悬而未决的问题，种种弊端与矛盾凸显。我国现有法律 300 多部、行政法规 800 多部、地方性法规 1 200 多部和众多的规章，这些法律规范在调整社会关系、调整人与人之间的关系、推进依法治国的进程和市场经济发展等方面起到了巨大的作用，走依法治国之路已经成为国人的基本共识，法治为市场经济提供了广阔的空间和制度上的保证。有法可依、有法必依已经成为千千万万“奉法者”的准则。法律的作用是显而易见的。但是，作为一个有着几千年传统文化和法治虚无主义传统的泱泱大国来说，社会的方方面面是否必须经过法律才能调整，法律调整的空间是否已经充盈，法律是否是解决社会百病的良方？如果我们说是，还为时尚早，那样我们就会陷入法律万能主义的泥潭，就会对法律的弱点和局限性视而不见。

按照辩证法的观点，法律当然也不例外地具有两重性，当我们依托法律来调整我们的行为时，我们必须认识到法律也有它自身的弱点和局限性，如果对这个问题缺乏深刻的认识，就会对法治产生误解，因为依法治国不是不要政策，也并不排斥运用法律以外的手段来治理国家。对此，我们“法律人必须保持清醒的头脑和足够的认识，这样才能从“法律万能”的意识中走出来，实现法律的回归。

一、法律调控范围的局限

法作为调整社会生活众多规范中的形式之一，它的作用是其他规范不能代替的，但作为规范它又不是唯一的，因为社会规范除了法律以外，还有道德、习惯、政策、教规、纪律、乡规民约等；法律只是处理各种社会问题众多方法中的一种，除法律方法，还有行政、思想教育、宗教、舆论等方法。对社会的整体而言，虽然法律是处理社会问题的主要方法，但就某些社会关系和生活领域而言，法并不是最主要的方法，也不是最佳的方法。这表现在以下几个方面：

首先，人们的思想、认识、信仰领域不宜或不能由法律来调整。我们先从法律的作用来看：法律是调整社会关系的规范，而社会关系是人与人之间的关系，人与人之间的关系是由人的行为而产生的。因此法要作用于社会关系必定要通过人的行为来完成，也就是说，法律对社会关系的调整是通过人的行为这个中介而进行的外部调整。因此只有某人的思想外化为行为后法律才可能作出评价。如果强行调整，那法律就会沦为恣意妄为、主观臆断、滥施淫威的恶法。因此法律调不调整人的思想是区分法律先进与落后的重要标志。比如，在刑法理论中我们对犯罪的主、客观方面一并研究，是因为犯罪的主观方面只有依托于客观方面才有价值，脱离客观行为的主观思想是没有意义的。虽然当事人的主观心理在司法实践至关重要，但是法律在无法进入人的内心而起作用的前提下，所有对主观心理的探知必须通过两条途径进行：一是通过犯罪者的自白，二是通过外部行为的推定。因此古代的或落后的司法强调口供，现代的司法强调证据。古代司法更信奉：人是苦虫，不打不成；现代的司法更信奉重证据、重调查研究、不轻信口供。基于此，法律对问题的处理是外观主义的。

其次，人们的私生活领域法律不宜调整。现代法治理论所解决的一个重要问题就是私权利和公权力的矛盾问题。为了解决这一矛盾，近现代政治学和法学将人类社会分为政治国家和市民社会，市民社会是区别于政治国家而存在的典型私人领域。国家的公权力主要作用于政治国家，公民的私权利主要存在于市民社会。市民社会强调自治、自主、自律，不允许国家公权力随意进入。整体来讲，法律是由国家强制力保证实施的，是典型的公权力的表现形式，因此法律对市民社会必须保持一定的距离，市民社会中的纯私人生活领域，如家庭生活领域、朋友之间的友谊关系，即使是司法也不允许介入。西方古代有这样的谚语“上帝的当归上帝，凯撒的当归凯撒，该隐的当归该隐”，这就是说精神的属于精神的，国家的属于国家的，私人的属于私人的，各有定位，不得僭越。也就是说：“风能进，雨能进，国王不能进”。穷人的寒舍即使在风雨中飘摇，风可以吹进它，但国王和他的千军万马绝不能踏进它。因为它虽然为寒舍，却为私人所有，私人财产神圣不可侵犯。所以侵犯他人住宅普遍受到现代国家法律的惩处，隐私权普遍受到各国法律的保护。

再次，法律不能强人所难。法律是由人而定，为人服务的规范，它规范人的行为，指引人的行动。它归根结底要靠人来实施，如果法律规定的内容超出人的能力，根本违背人的本性，最终必然受到人们的抵制。普遍受到人们抵制的法律的实施效果是可想而知的。在人类历史上许多国家、许多时代都颁布过禁烟和禁酒的法律，比如美国和前苏联都做过这方面的尝试，但最终都失败了，不但没有禁得了烟和酒，而且还助长了黑市贸易。再比如，一天你的亲属犯了罪跑到你那里去，你该如何处理？如果去报案，将受到良心的谴责，如果包庇了他，你将失去工作和正常的生活。有人说你包庇罪犯，你是对得起你的亲属了，可你对得起被害人吗？但让普普通通的平民百姓对其所亲近和有血缘关系的人做到大义灭亲是不现实的，超越了他的能力。西汉时的“春秋决狱”，法官就是用的孔子《春秋》中的“父为子隐，子为父隐，直在其中”来代替包庇罪的法律条文，唐代时正式规定了“亲亲相隐”的法律原则，亲属之间可以就“十恶大罪”以外的罪互相包庇。我们再看现代的西方国家，西方国家刑法中有期待可能性理论，它也缓解了这一矛盾。如澳大利亚有这么一个案子，著名游泳教授图雷斯基因涉嫌在家中私藏兴奋剂被法院传讯，就案情来说，如果此案能得到他妻子的证词，法院便能对他定罪处刑。但法官明确表示如果他妻子的证词足以威胁到其家庭的稳定，法庭将不予采信。为什么要这样做，法律不能强人所难。

二、法律实施条件的局限性

古人云：“徒法不能以自行”，法律的实施需要许多配套的条件，当这些条件不具备时，法不可能充分发挥作用。这表现在以下几个方面：

第一，法律的实施需要相应的精神条件和文化氛围。在某种意义上说法律是一种观念，是一种多数人头脑中的观念性的共识。因此只有民众头脑中有这种观念，法才能落到实处。如果人们头脑中观念与法的内容背道而驰，法的施行效果可想而知。比如就交通规则而言，红灯停、绿灯行，如果人人都这样做，规则就存在，人人都不这样做，规则就没有。成语“法不责众”正是说明这个道理。正如伯尔曼所说：“法律必须被信仰，否则它将形同虚设。”我国法律实施效果差与法律工具主义文化传统有关，如果是工具的话，法律总是游离于法律人之外，不能变成一种思想和信仰。而西方法制社会的构建与他们的法律信仰主义的传统也不无关系。

第二，法律的实施效果要依赖适用法律的人的素质。法律作为一种普遍性的规则，它不是针对具体的人和事，而是针对某一类人和事，因此法律中的任何规则必然是抽象的、概括的和普遍的。因此法律规则与现实生活之间不是一一对号入座的关系，比如故意杀人罪的规定，《刑法》当中只规定了“犯故意杀人罪的，判死刑、无期徒刑，情节较轻的判 3 年以上 10 年以下徒刑。”但是在现实生活中，故意杀人的情形因时间、地点、主体、心理动机、实施手段等不同表现为多种形式。有义愤杀人的、有防卫过当的、有见财起意的等等，但规则可就这一条。因此，抽象的规则与具体的案件结合起来，必须依靠法官的大脑，发挥法官的主观能动性，法官运用法律的过程同样是创造性说理的过程。在法官自由裁量的情况下，这种创造性就更为明显。韦伯所说设想的自动售货机式的司法，永远也不会实现。既然法律的使用必须经过法官这个中介，所以在现实中我们所感受到的法往往不是法学家们立的那个法，而是法官们加工创造后的法。这样，法官的素质在法律的实施中就起到了关键性的作用。好的法官就会使法律实施得更精彩、更准确。素质不高的法官则会使法律变得呆板，甚至成为谋取个人私利的手段。中国古人云，歪嘴和尚念错经，就是这个道理。

第三，法律的实施还需要相应的物质条件。法律的实施依赖科技手段，比如侦破手段、精密仪器。古代刑讯逼供之所以发达，是因为没有其他的审讯手段，只能深化口供。如果没有刑讯逼供，在古代可能没有冤假错案，但会有更多的悬案。经济是根本，发展是硬道理，法律的实施依赖于执法者的正常生活得到保障。为什么西方国家有高薪养廉的制度？让执法者在极度贫困的情况下保持自身的廉洁是很困难的。当手里有权而无钱时，当被管理者有钱而无权时，两者的交易不可避免。这就是权利寻租现象。法制的发展离不开法学研究的推动。但法学研究是要靠经济基础做后盾的，学术积累需要支付成本，但如果连书都买不起，怎么搞科研。西方著名的法学家、哲学家很多都是贵族，像霍布斯、洛克、托克威尔亚等等。亚里士多德是亚历山大国王的老师，国王专门给他建个园子，供他搞试验。孟德斯鸠将伯尔多郡议长的职务卖出去，从而周游列国，写出不朽著作《论法的精神》。

三、法律形式主义与社会现实存有一定差距的局限性

用法律处理问题与其他方式相比，其优势在于它有一套处理问题的程序。因

此只有满足一定形式的要求，法律的正义才能体现出来。法律强调的是形式上的正义，民众要求的是实质上的正义，这两种正义一般情况下是重合的，但有时也存在着差距。当程序正义与实质正义发生矛盾的时候，法制倾向于形式正义，从而不得不放弃实质正义。表现在以下几个方面：

第一，法律强调外在形式，内在方面往往被忽略。因为法律遵从外观主义，所以强调外部处理，不太强调内心改造。比如一个人因盗窃而入狱，被判三年徒刑，到期后预测他出去后可能还会偷，也得把他放出去。而道德则强调内心的改造，只要内心改造好了，不需要非得坐三年牢。因此中国古代重视道德教化，相对轻视法律的惩处。认为法只能治标而不能治本，道德才能治标也能治根。因此说，法治和德治是一对共同体。孔子说："道之以政，齐之以刑，民免而无耻，道之以德，齐之以礼，有耻且格。"比如，两个人的婚姻应以爱情为基础，不以爱情为基础的婚姻是不道德的。社会的正义要求法律促成有感情的人自由地结合。但是法律因为遵循特定的程序，不问两个人是否有感情，关键看两个人是否有不宜结婚的病史，是否有三代以内的血缘关系，是否达到法定婚龄。结果就出现这样的现象：有感情的结不了婚，结了婚的未必有感情。

第二，法律强调法律真实，法律真实不一定是客观真实。诉讼中的事实是能用证据证明或以法律规则推导出来的事实，如果不能用证据证明或法律规则推导，哪怕是真的"事实"也不能算作法律上的"事实"。正是基于此，"谁主张谁举证"、"以事实（即证据）为根据，以法律为准绳"才成为现在司法的根本原则。法律的魅力在于做到诉前设立一套认定事实、判决胜负的规则，符合规则者胜，不合规则者败，规则对一切人都平等，机会为每个人都开放。这样才能做到在这既定的制度下，给诉讼双方平等充分的发言、举证和适用规则的机会，即形式上的平等。所以西方有谚语：法律女神的眼睛是蒙着的。

第三，法律强调形式往往还会造成处理问题效率低下。通过法律解决问题必须遵守程序。程序的适用往往会耽误很长时间，造成问题处理的低效率。法治往往包含着民主的内容，民主要有很多人参与，耗费的资源较多，效率较低。因此在战争或紧急状态下，集权或专制有时比民主和法制效果更好。二战时德国起初的胜利和他的独裁有关，苏联之所以能反败为胜和他的集权体制有关；法国迅速灭亡与他的民主、法制的体制有关，所以二战后法国改革了自己的政治体制，改纯议会共和制为半总统制，道理就在于此。

四、法律本身具有滞后性、不周严性和保守性的局限

首先，法律具有滞后性。为什么说法律有滞后性，马克思说：无论是政治的

立法还是市民的立法都只是表明和记载经济关系的要求而已。这句话是在说，法律和它所调整的经济生活应该同步对应，与经济生活不能同步对应的法律不能很好的发挥作用。但从本质上说，法律和经济生活本身是一对矛盾。法律作为一种社会规范本质要求它必须稳定，它必须给人一种预期，因为只有稳定的立法，人们才能以法律的内容安排自己的生活，调整自己的行为，否则，法律朝令夕改，人们将无所适从，这样将极大地损害法律的严肃性和权威性，不严肃和无权威的法律对社会的危害比无法更甚。另一方面，社会是发展的，现实生活是变动不居的，这样，越是稳定的法律其滞后性、保守性就越明显。这也正如萨维尼所指出的："法律自制定公布之时起，即逐渐与时代脱节"。一部法律特别是一部法典，它的制作需要高超的立法技术，它的施行要经过很多程序。而且法典讲求形式的优美、体系的完整、逻辑的严谨、内容的科学，所以制定一部法律和一部法典要耗费很长的时间，花费很大的成本。制定一部法律并非易事，因此一旦法律出台即使其内容有瑕疵，也要尽量维护它的稳定。

其次，从客观上看，法律的制定具有不周严性。法律实际上是人的理性的反映，这种理性是立法者的理性。理性是哲学上非常重要的一个概念。理性是指人类把握事物本质的能力。17 世纪号称理性的时代，唯理论哲学获得了极大的发展。唯理论哲学最大的贡献在于对科学和法律的推动，理性主义者认为借助理性、通过试验，人们能够发现世界上普适的规律，这就是后来的科学主义。理性主义者还认为借助人的理性可以制定出包容无遗、涵盖万物、能够解决所有问题的大的法典，这就是后来的法典主义，也就是从那个时代起西欧各国纷纷制定大的法典，诸如《普鲁士普通邦法》、《法国民法典》、《德国民法典》、《瑞士民法典》等等。然而任何人的认识都要受到时间、空间、物质载体、自身条件、所在职业等方面的限制，因此，人的理性必然是不周严的，因此科学家不能发现一个包容所有问题的自然规律，法学家也不能制定出一部天衣无缝、包罗无遗的法典。科学家和法学家在这点上任务是相同的，都是在试图找出解决问题的大前提，前者在于找到处理人与自然的大前提，后者在于找到处理人与人关系的大前提。由于人的理性的不周严，普适的大前提是找不到的。正如我们可以说有的乌鸦是黑的，但不能说所有的乌鸦都是黑的，所以卡尔波普说：历史的发展是不断证伪的过程，不是不断证明的过程。任何法律都存在着一定的规则真空和立法空白。

再次，法律具有保守性。法律是作为约束人的感性的理性形式而存在的，它对人的行为更多表现为一种约束。通俗地说，法律就是给人立规矩，无规矩就不成方圆，因此，法律更多地表现为一种义务性的规定。法律对人的行为、社会生活不可避免地具有一定的限制性，这种限制性如果被强化，社会还有可能趋于僵化。如果考察历史，我们就会发现这样的现象：往往法律越多，经济越不发展、社会越不活跃。比如秦朝奉行法治，秦朝的法律制度非常健全，“繁于秋荼，密于凝脂”，但是秦朝二世的灭亡与这种过严、过重的法律不是没有关系。汉初为了挽救羸弱的经济，统治者实行约法省禁，休养生息，无为而治，反而出现了后来的“文景之治”。过严过重的法律，危害后果有二：一是破坏生产力，二是破坏既定秩序。老子说：“法令滋彰，盗贼多有。”就是这个道理。正是因为法律有这样的保守性，所以许多历史上的进步往往都是通过规避法律的方法取得的。比如20世纪70年代末，安徽凤阳县小岗村在当时国家法律和政策都不允许的情况下，率先实行了农村土地承包责任制，拉开了我国土地改革的序幕。

法律没有我们想象中的那么高尚，也没有我们想象中的那样神圣，法律只是社会规范中的一种，法治只是社会治理模式中的一种。法律不是万能的，法律的作用是有限的，法律的优势不是凭空产生的，法律只有在适合的土壤和环境中才能发挥其应有的作用。法治的发展需要几代人、十几代人或几十代人的努力。既然法律不是包治百病的良方，我们对待法律就应让它有所为、有所不为。法律不能强人所难，我们也不能强法律所难。法治虽好但它并不是完美无缺的，它只是人类的一种折中的选择，是两权相较取其轻的结果。只有充分地意识到这些局限，我们在法律的运行中才能采取措施补救，力求把负面影响减少到最小；只有充分意识到这些局限，我们才能以一种平常心看待法律，才能不对法律求全责备，才能客观地看待法律的不能；只有充分意识到了这些局限，才能在法律不能达到我们预期的理想境界时，不悲观、失望或陷入法律虚无主义的泥潭。

第六讲

宪 法

第一节　宪法基本原理

一、宪法的概念

“宪法”一词无论在中国还是在西方国家均古已有之，但它们的含义却与近现代的“宪法”迥然不同。在中国古代的典籍中，曾出现过“宪”、“宪法”、“宪令”、“宪章”等词语，然而，这些都与近现代宪法的含义完全不同。在我国，将“宪法”一词作为国家根本法始于19世纪80年代，当时的近代改良主义思想家基于国内外形势，明确提出了“伸民权”、“争民主”、“立宪法”、“开议院”的政治主张，从而揭开了中国近代民主宪政运动的序幕。其中，郑观应在《盛世危言》中首次使用“宪法”一词，要求清朝政府制定宪法、开设议院、实行君主立宪政治。从此，“宪法”一词日渐被作为专门表述国家根本法的法律术语。

在古代西方，“宪法”一词也是在多重意义上使用的：一是指有关规定城邦组织与权限方面的法律。古希腊思想家亚里士多德曾在《政治学》一书中对158个城邦的政体进行研究，并根据法律的调整范围、作用及性质将城邦的法律分为宪法和普通法律。二是指皇帝的诏书、谕旨，以区别于市民会议制定的普通法规。古罗马皇帝查士丁尼的《法学总论》一书，仅在序言中就多处使用“宪令”一词。三是指有关确认教会、封建主以及城市行会势力的特权以及他们与国王的相互关系的法律。如1164年，英王亨利二世颁布的规定英王与教士关系的《克拉伦敦宪法》，1215年英王约翰颁布的规定英王与英国贵族、诸侯与僧侣关系的《大宪章》等等。同样，这些用法都与近现代宪法的含义不同。17、18世纪欧洲文艺复兴时期人文主义思潮产生了巨大影响，“宪法”词义发生了质的飞跃。随着近代资产阶级革命的不断发展，近现代意义的宪法最终形成。

基于当今中国法学界对宪法的认知，我们可以把“宪法”定义为：宪法是规定国家根本制度和根本任务、集中表现各种政治力量对比关系、保障公民基本权利的国家根本法。

二、宪法的特征

宪法作为特定国家法律体系中的重要组成部分，当然具有同行政法、刑法、民法、经济法、诉讼法等一般法律共同的特征，即它们都是统治阶级意志和利益的表现，都是具有国家强制力的行为规范，都是实现阶级统治的重要工具，它们的内容都主要地取决于社会的物质生活条件。然而，与其他一般法律相比，宪法又有自身的基本特征。主要表现在：

（一）宪法是国家的根本大法

宪法作为国家的根本法是宪法在法律上的特征，也是宪法与普通法律最重要的区别之一。宪法的根本法地位取决于三个方面的因素：首先，在内容上，宪法规定国家最根本、最重要的问题。诸如国家的性质、国家的政权组织形式和国家的结构形式、国家的基本国策、公民的基本权利和义务、国家机构的组织及其职权等最重要的问题，都在宪法中作出了明确规定。其次，在法律效力上，宪法的法律效力最高。所谓法律效力，是指法律所具有的约束力和强制力。国家的任何法律都应具有法律效力，但在成文宪法的国家中，宪法的法律效力高于一般的法律，在国家法律体系中处于最高的法律地位。我国现行《宪法》在序言中明确规定："本宪法以法律的形式确认了中国各族人民奋斗的成果，规定了国家的根本制度和根本任务，是国家的根本法，具有最高的法律效力。"宪法的最高法律效力主要包括两个方面的含义：首先，宪法是制定普通法律的依据，任何普通法律、法规都不得与宪法的原则和精神相违背。其次，宪法是一切国家机关、社会团体和全体公民的最高行为准则。对此，我国《宪法》规定，"全国各族人民、一切国家机关和武装力量、各政党和各社会团体、各企业事业组织，都必须以宪法为根本的活动准则，并且负有维护宪法尊严、保证宪法实施的职责。"再次，在制定和修改的程序上，宪法比其他法律更加严格。

（二）宪法是公民权利的保障书

尽管对宪法是治国安邦的总章程这一点人们都较为熟悉，但这一结论却主要是从国家管理的角度而言，因而与宪法的核心价值取向并不完全统一。事实上，宪法最主要、最核心的价值在于保护人权。从这种意义上讲，宪法是公民权利的保障书。1789 年的法国《人权宣言》就明确宣布，凡权利无保障和分权未确立的社会就没有宪法。列宁也曾指出：宪法就是一张写着人民权利的纸。由此可见，宪法与公民权利之间存在着极为密切的联系。而且，这也可以从宪法的发展历史和宪法的基本内容中得到证明。

从历史上看，宪法或者宪法性文件最早是资产阶级在反对封建专制制度的斗争中，为了确认取得的权利以巩固胜利成果而制定出来的。英国在 17 世纪资产阶级革命时期，曾于 1679 年通过了《人身保护法》，1689 年通过了《权利法案》，以确认和保障公民的权利和自由；1791 年的法国第一部宪法则把《人权宣言》作为宪法的序言。世界上第一部社会主义宪法是 1918 年的《苏俄宪法》，也将《被剥削劳动人民权利宣言》列为第一篇，可见社会主义宪法也同样具有权利保障书的意义。从宪法的基本内容来看，尽管作为国家根本法的宪法涉及国家生活的各个方面，但其基本内容仍然可以分为两大块，即国家权力的正确行使和公民权利的有效保障。然而，这两大块并非地位平行的两部分，就它们之间的相互关系来说，公民权利的有效保障居于支配地位。因此，在国家法律体系中，宪法不仅是系统全面规定公民的基本权利的法律部门，而且其基本出发点就在于保障公民的权利和自由。

（三）宪法是民主制度法律化的基本形式

宪法作为国家根本法是法律形式上的特征，宪法就其实质而言，是民主制度法律化的基本形式。从历史发展看，宪法与民主是密不可分的，宪法产生与存在的前提之一是民主事实的存在。因此，我们说近代意义的宪法是资产阶级革命取得胜利，有了民主事实以后才出现的。宪法与民主紧密相连，民主主体的普遍化或者说民主事实的普遍化，是宪法得以产生的前提。而且，基于宪法在整个国家法律体系中的根本法地位以及宪法确认的基本内容主要是国家权力的正确行使和公民权利的有效保障，可以说，宪法是民主事实法律化的基本形式。正如毛泽东同志指出，世界上历来的宪政，不论是英国、法国、美国或者是苏联，都是在革命成功有了民主事实以后，颁布一个根本大法，去承认它，这就是宪法。当然，不同性质的宪法确认不同性质的民主制度。我国《宪法》规定的人民民主专政制度、人民代表大会制度、选举制度及其公民的基本权利和义务等内容，实际上是对我国民主制度的确认。

三、中国宪法的历史发展

（一）旧中国宪法的历史发展

中国是一个专制历史特别漫长的国家，几千年来的封建统治使得中国既无民主传统，又无民主政治基础，所以，中国古代历史上缺乏民主宪法成长的土壤。直到鸦片战争后，中国逐步沦为半殖民地半封建社会，当时许多有志之士在向西方学习的过程中，日渐认识到宪政制度的优越性，纷纷要求实行立宪政体，以实现中国的救亡图存。特别是在列强侵略和国内各种革命运动风起云涌的压力下，清政府内外交困、四面楚歌，为了挽救摇摇欲坠的统治，不得不于1908年颁布以“君上大权”为核心的《钦定宪法大纲》，它是中国历史上第一个宪法性文件。但清朝政府的立宪骗局进一步激起了人民的愤怒，最终导致1911年辛亥革命的爆发。慑于革命的压力，宣统皇帝下诏“罪己”，仅用三天时间就出台了一部宪法性文件《重大信条十九条》，并宣布立即实行，但旋即被革命的浪潮所淹没。这是清朝政府最后一部宪法性文件。

辛亥革命胜利后，中华民国南京临时政府成立，并于1912年3月11日由临时大总统孙中山颁布了《中华民国临时约法》。它是中国历史上唯一的一部资产阶级共和国性质的宪法性文件。随后，辛亥革命的成果被袁世凯所窃取，从而使中国进一步陷入了战乱，直到新中国成立。在这一期间所出现的宪法性文件主要有1913年的“天坛宪草”、1914年的“袁记约法”、1923年的“贿选宪法”、1925年的《中华民国宪法草案》、1931年的《中华民国训政时期约法》、1936年的“五五宪草”和1946年的《中华民国宪法》以及新民主主义革命时期人民革命根据地的《中华苏维埃共和国宪法大纲》、《陕甘宁边区施政纲领》和《陕甘宁边区宪法原则》等等。

（二）新中国宪法的产生与发展

在中国共产党领导下，1949年中国人民终于推翻了三座大山，建立了自己的国家政权。为了巩固人民革命的胜利成果，确立国家最根本、最重要的问题，1949年9月召开了具有广泛代表性的中国人民政治协商会议，制定了起临时宪法作用的《中国人民政治协商会议共同纲领》。1954年，第一届全国人民代表大会第一次全体会议在《共同纲领》的基础上制定了我国第一部社会主义类型的宪法——1954年《宪法》。1975年颁布的第二部《宪法》是一部内容很不完善并有许多错误的宪法。1978年颁布的第三部《宪法》，虽经1979年和1980年两次局部修改，但从总体上说仍然不能适应新时期的需要。因此，1982年12月4日，第五届全国人民代表大会第五次会议通过了新中国的第四部《宪法》，即现行的1982年《宪法》。

（三）现行宪法的修正

现行宪法颁布实施后，对于促进我国的政治体制改革和经济体制改革，推动我国社会主义现代化建设和改革开放事业的进行，建立健全社会主义民主法制等都发挥了重要作用。但由于现行《宪法》是在改革开放初期颁布的，随着政治经济形势的不断发展变化，其中有些规定已不能适应时代发展的要求。因此对现行《宪法》中的个别条文进行修改也势在必行。

1988年第七届全国人民代表大会第一次会议对现行《宪法》进行了第一次修正。该修正案的内容主要有两个方面：一是在第11条增加规定“国家允许私营经济在法律规定的范围内存在和发展。私营经济是社会主义公有制经济的补充。国家保护私营经济的合法权利和利益，对私营经济实行引导、监督和管理”；

二是删去第10条第4款中不得出租土地的规定，增加规定“土地的使用权可以依照法律的规定转让”。

1993年第八届全国人民代表大会第一次会议对现行《宪法》进行了第二次修正。这一修正案以党的十四大精神为指导，突出了建设有中国特色社会主义理论和党的基本路线，根据十多年来我国社会主义现代化建设和改革开放的新经验，着重对经济制度的有关规定做了修改和补充。主要内容包括以下几方面：(1) 明确把“我国正处于社会主义初级阶段”、“建设有中国特色社会主义”、“坚持改革开放”写进《宪法》，使党的基本路线在《宪法》中得到集中、完整的表述；(2) 增加了“中国共产党领导的多党合作和政治协商制度将长期存在和发展”；(3) 把家庭联产承包责任制作为农村集体经济组织的基本形式确定下来；(4) 将社会主义市场经济确定为国家的基本经济体制，并对相关内容做了修改；(5) 把县级人民代表大会的任期由3年改为5年。

1999年第九届全国人民代表大会第二次会议对现行《宪法》进行了第三次修正。主要内容包括：(1) 明确把“我国将长期处于社会主义初级阶段”、“沿着建设有中国特色社会主义的道路”、在“邓小平理论指导下”、“发展社会主义市场经济”写进《宪法》；(2) 明确规定“中华人民共和国实行依法治国，建设社会主义法治国家”；(3) 规定“国家在社会主义初级阶段，坚持公有制为主体、多种所有制经济共同发展的基本经济制度，坚持按劳分配为主体、多种分配方式并存的分配制度”；(4) 规定“农村集体经济组织实行家庭承包经营为基础、统分结合的双层经营体制”；(5) 将国家对个体经济和私营经济的基本政策合并修改为“在法律规定范围内的个体经济、私营经济等非公有制经济，是社会主义市场经济的重要组成部分”。“国家保护个体经济、私营经济的合法的权利和利益。国家对个体经济、私营经济实行引导、监督和管理”；(6) 将镇压“反革命的活动”修改为镇压“危害国家安全的犯罪活动”。

2004年十届全国人大二次会议对《宪法》进行了第四次修正。修改的主要内容包括：(1) 在《宪法》序言中增加“三个代表”重要思想这一指导思想；(2) 在《宪法》序言关于爱国统一战线组成结构的表述中增加“社会主义事业的建设者”；(3) 将国家的土地征用制度修改为：“国家为了公共利益的需要，可以依照法律规定对土地实行征收或者征用并给予补偿”；(4) 将国家对非公有制经济的规定修改为：“国家保护个体经济、私营经济等非公有制经济的合法的权利和利益。国家鼓励、支持和引导非公有制经济的发展，并对非公有制经济依法实行监督和管理”；(5) 将国家对公民私人财产的规定修改为：“公民的合法的私有财产不受侵犯。国家依照法律规定保护公民的私有财产权和继承权。国家为了公共利益的需要，可以依照法律规定对公民的私有财产实行征收或者征用给予补偿”；（6）增加规定：“国家建立健全同经济发展水平相适应的社会保障制度”；（7）增加规定：“国家尊重和保障人权”；（8）将全国人大代表的产生方式修改为：“全国人大由省、自治区、直辖市、特别行政区和军队的代表组成。各少数民族都应当有适当名额的代表”；（9）将全国人大常委会、国务院对戒严的决定权改为对紧急状态的决定权；相应地，国家主席对戒严的宣布权也改为对紧急状态的宣布权；（10）将乡镇人大的任期由3年改为5年；（11）在《宪法》中增加关于国歌的规定。

现行《宪法》颁布实施以来的四次修正，如实地反映了我国改革开放和现代化建设的现实状况，体现了在新的历史时期我国社会主义建设对宪政制度提出的新要求，总结了有中国特色社会主义建设的新经验，从而不仅巩固了我国改革和发展的成果，而且从政治、经济、思想等方面为今后的改革和发展提供了宪法依据，因此具有十分重要的意义。

第二节　国家的基本制度

国家制度是一个国家的统治阶级通过宪法、法律规定的有关国家性质和国家形式等方面的制度的总称。在一个国家的宪法中，国家制度居于极为重要的地位。它不仅表明国家政权特定的阶级本质，而且为国家政权的运转、国家职能的实现提供保障。

一、我国的国体——人民民主专政制度

国体亦称国家性质，是指社会各阶级在国家生活中的地位和作用。马克思主义认为，国家是阶级矛盾不可调和的产物和表现，是实现阶级统治的重要工具，因而国家的实质是一个阶级对另一个阶级的专政。因此，国体表明了在一国之中，哪些阶级是统治阶级，哪些阶级是被统治阶级，各阶级之间的关系如何等问题。社会主义宪法公开写明无产阶级专政这一阶级本质，并确认和保护生产资料的社会主义公有制以及广大人民群众在政治上、经济上的统治地位。

（一）人民民主专政

我国现行《宪法》规定：“中华人民共和国是工人阶级领导的、以工农联盟为基础的人民民主专政的社会主义国家。”工人阶级领导的、以工农联盟为基础的人民民主专政，实质上即无产阶级专政。《宪法》的这一规定充分表明：我国的国体是人民民主专政，其与无产阶级专政在精神实质和核心内容上是根本一致

的，具体说来表现在以下几方面：首先，工人阶级掌握国家政权、成为领导力量，是无产阶级专政和人民民主专政的根本标志。其次，无产阶级专政和人民民主专政的国家政权都以工农联盟为阶级基础。由于我国是农业人口占多数的国家，因此，农民问题不论是在民主革命时期，还是在社会主义革命和建设时期，始终都是我国革命和建设的根本问题。再次，无产阶级专政和人民民主专政的国家职能是相同的。最后，无产阶级专政和人民民主专政的历史使命也是一样的，都是为了建设社会主义，消灭剥削，消灭阶级，最终实现共产主义。

由上述四个方面我们可以看出，人民民主专政与无产阶级专政存在着根本上的一致性，因此人民民主专政实质上即无产阶级专政。

（二）共产党领导的多党合作与中国人民政治协商会议

尽管人民民主专政实质上即无产阶级专政，但人民民主专政毕竟只是无产阶级专政的一种模式。因此，人民民主专政具有自己的特点。共产党领导的多党合作与爱国统一战线就是我国人民民主专政的主要特色。

中国共产党领导的多党合作制度是中国共产党领导中国人民长期奋斗的成果和历史选择，是我国人民民主专政的突出特点和优点，它在根本上区别于西方国家的两党制和多党制，也有别于前苏联等社会主义国家的一党制，在这种制度体系中，中国共产党是社会主义事业的领导核心，是执政党；各民主党派是接受中国共产党领导的，同中国共产党通力合作、共同致力于社会主义事业的亲密友党，是参政党；坚持中国共产党的领导，坚持四项基本原则，是中国共产党同各民主党派合作的政治基础；长期共存、互相监督、肝胆相照、荣辱与共是中国共产党同各民主党派合作的基本方针。

统一战线是我国新民主主义革命和社会主义革命时期，中国共产党为取得革命和建设的胜利，而与各阶级组成的政治联盟，它是我国人民民主专政的又一主要特色。我国新时期的爱国统一战线是由中国共产党领导的，由各民主党派和各人民团体参加的，包括全体社会主义劳动者、社会主义事业的建设者、拥护社会主义的爱国者和拥护祖国统一的爱国者的广泛的政治联盟。它的任务主要有：一是为把我国建设成为富强、民主、文明的社会主义现代化国家而努力奋斗；二是发展和加强中华民族大团结、大统一；三是为维护世界和平作出新的贡献。它的组织形式是中国人民政治协商会议，简称“政协”。它是在我国政治体制中具有重要地位和影响的政治性组织，是在我国政治生活中发扬社会主义民主和实现各党派之间互相监督的重要形式。

（三）以公有制为主体，多种所有制经济共同发展的基本经济制度

宪法与经济制度有着密切关系，经济制度是宪法的基础，宪法的基本功能之一是确认和保护经济制度。我国《宪法》第6条规定：中华人民共和国的社会主义经济制度的基础是生产资料的社会主义公有制，即全民所有制和劳动群众集体所有制。社会主义公有制消灭人剥削人的制度，实行各尽所能、按劳分配的原则。国家在社会主义初级阶段，坚持公有制为主体、多种所有制经济共同发展的基本经济制度，坚持按劳分配为主体、多种分配方式并存的分配制度。根据《宪法》的规定，国有经济是社会主义经济基础的重要组成部分，掌握和控制国家的经济命脉，对关系国民经济命脉的重要行业和关键领域占支配地位。集体经济也是公有制经济的重要组成部分，对实现共同富裕具有重要意义。在我国经济制度中除公有制经济外，还包括非公有制经济。非公有制经济是社会主义市场经济的重要组成部分，对充分调动社会各方面的积极性、加快生产力发展起着重要作用。

二、我国的政体——人民代表大会制度

（一）政权组织形式的概念与种类

政权组织形式是指掌握国家权力的阶级组织国家机关以实现其阶级统治的形式，是形成和表现国家意志的方式。由于各国具体历史条件的差异，不同的国家，其政权组织形式也各不相同，但大致可分为资本主义国家的政权组织形式和社会主义国家的政权组织形式。

社会主义国家的政权组织形式都是人民代表制。这种单一化的政权组织形式是由社会主义国家的一切权力属于人民决定的。人民代表制的主要特征在于，由选民选举代表组成行使国家权力的人民代表机关，各级国家行政机关和其他国家机关由同级人民代表机关选举产生，对它负责，受它监督；人民代表机关在整个国家机关体系中居于主导地位，因而不可能与其他国家机关存在分权与制衡关系。然而，各社会主义国家的历史传统、现实状况、民族因素等方面的差异，决定了人民代表制在具体运用过程中并不相同，但这些差异都只是形式上的、局部的差异，其根本宗旨都在于切实保证广大劳动人民真正享有当家做主、管理国家的权利。

（二）人民代表大会制度是我国的政权组织形式

我国《宪法》明确规定，国家的一切权力属于人民；人民行使国家权力的机关是全国人民代表大会和地方各级人民代表大会；国家行政机关、审判机关和检察机关都由人民代表大会产生，对它负责，受它监督。我们可以从四个方面对人民代表大会制度进行分析。

第一，国家的一切权力属于人民是人民代表大会制度的逻辑起点。国家的一

切权力属于人民既是人民代表大会制与资产阶级议会制的根本区别，也是人民代表大会制得以建立和运行的逻辑起点，因而是人民代表大会制度概念中最重要的环节。第二，选民民主选举代表是人民代表大会制度的前提。我国《宪法》规定，人民行使国家权力的机关是全国人民代表大会和地方各级人民代表大会。这样，由选民通过民主选举程序选举产生人大代表，由他们代表人民，组成各级人民代表大会，行使国家权力，也就构成了人民代表大会制度的前提和基础。第三，以人民代表大会为基础建立全部国家机构是人民代表大会制度的核心。国家机构是国家为实现其职能而建立起来的国家机关的总和。我国人民通过人民代表大会行使国家权力主要通过两大途径来实现：一是由人民代表大会直接行使宪法和法律赋予各级人民代表大会的职权，这些职权在国家政治生活中具有决定性的意义；二是由人民代表大会选举产生国家行政机关、审判机关和检察机关，这些国家机关行使宪法和法律赋予的职权，并对人民代表大会负责，受人民代表大会监督。由此可见，无论在国家机构的建立还是运行过程中，我国的人民代表大会始终处于主导地位。第四，对人民负责、受人民监督是人民代表大会制度的关键。否则，人民代表大会就可能脱离人民，违背人民的意志和利益，从而使人民代表大会制度改变性质。因此，对人民负责、受人民监督处于最为关键的环节。

根据上面的分析，我们可以把人民代表大会制度的概念归纳为：人民代表大会制度是指拥有国家权力的我国人民根据民主集中制原则，通过民主选举组成全国人民代表大会和地方各级人民代表大会，并以人民代表大会为基础，建立全部国家机构，对人民负责，受人民监督，以实现人民当家做主的政治制度。

三、我国的选举制度

选举制度是一国统治阶级通过法律规定的关于选举国家代议机关代表与国家公职人员的原则、程序与方法等各项制度的总称。选举制度作为近现代民主制度的重要组成部分，既是资产阶级学者提出天赋人权学说、人民主权学说在资产阶级政治实践中的产物，也是资产阶级反对封建等级授职制的结果。在现代社会中，选举制度已成为调整国家权力活动的基本途径。根据我国《宪法》和《选举法》的规定，我国选举制度的基本原则主要有以下几项：

（一）选举权的普遍性原则

选举权的普遍性是就享有选举权的主体范围而言的，是指一国公民中能够享有选举权的广泛程度。根据我国《宪法》和《选举法》的规定，凡年满18周岁的中华人民共和国公民，除依法被剥夺政治权利的人以外，不分民族、种族、性别、职业、家庭出身、宗教信仰、教育程度、财产状况和居住期限，都享有选举权和被选举权。

（二）选举权的平等性原则

选举权的平等性是指每个选民在每次选举中只能在一个地方享有一个投票权，不承认也不允许任何选民因民族、种族、职业、财产状况、家庭出身、居住期限的不同而在选举中享有特权，更不允许非法限制或者歧视任何选民对选举权的行使。这是“公民在法律面前一律平等”原则在选举制度中的具体体现。

（三）直接选举和间接选举并用的原则

所谓直接选举是指由选民直接投票选举国家代表机关代表和国家公职人员的选举。间接选举则是指由下一级国家代表机关，或者由选民投票选出的代表（或选举人）选举上一级国家代表机关代表和国家公职人员的选举。我国《选举法》规定，不设区的市、市辖区、县、自治县、乡、民族乡、镇的人民代表大会代表，由选民直接选出；全国人民代表大会代表，省、自治区、直辖市、设区的市、自治州的人民代表大会代表，由下一级人民代表大会选出。由此可见，我国在选举中采取的是直接选举和间接选举并用的原则。

（四）秘密投票原则

秘密投票亦称无记名投票，它与记名投票或以起立、举手、鼓掌等公开表示自己意愿的方法相对立，是指选民不署自己的姓名、亲自书写选票并投入密封票箱的一种投票方法。现行《选举法》规定：“全国和地方各级人民代表大会代表的选举，一律采用无记名投票的方法。选民如果是文盲或者因残疾不能写选票的，可以委托他信任的人代写。”

四、区域民族自治制度

我国现行《宪法》序言规定：“中华人民共和国是全国各族人民共同缔造的统一的多民族国家。”尽管我国是多民族国家，但历史传统和民族状况却决定了我们必须采取单一制的国家结构形式。并通过宪法和法律，将民族区域自治制度确立为我国单一制国家结构形式下解决民族问题的基本制度。

民族区域自治制度是指在国家的统一领导下，以少数民族聚居区为基础，建立相应的自治地方，设立自治机关，行使自治权，使实行区域自治的民族的人民自主地管理本民族地方性事务的制度。

民族自治地方是指实行民族区域自治的行政区域。根据现行《宪法》第30条的规定，民族自治地方包括自治区、自治州和自治县。根据《宪法》规定，自治区、自治州、自治县的人民代表大会常务委员会中应当有实行区域自治的民族的公民担任主任或副主任。自治区主席、自治州州长、自治县县长由实行区域自治的民族的公民担任。人民政府的其他组成人员以及自治机关所属工作部门的干部，也要尽量配备实行区域自治的民族和其他少数民族的人员。

为了坚持和完善民族区域自治制度，党和国家采取了一系列政策和措施，以维护和发展各民族的平等、团结、互助关系，保障少数民族的合法权益；大力帮助少数民族地区发展经济和文化；禁止对任何民族的歧视和压迫，禁止破坏民族团结和制造民族分裂；反对大民族主义，主要是大汉族主义，也反对地方民族主义。

五、特别行政区制度

特别行政区是指在我国版图内，根据我国《宪法》和《基本法》的规定而设立的，具有特殊的法律地位，实行特别的政治、经济制度的行政区域。尽管特别行政区与一般行政区一样，都是中华人民共和国不可分离的一部分，都是中华人民共和国的地方行政区域单位，但特别行政区的“特”有以下几个方面：第一，特别行政区享有高度的自治权。第二，特别行政区保持原有资本主义制度和生活方式50年不变。第三，特别行政区的行政机关和立法机关由该地区永久性居民依照基本法的有关规定组成。第四，特别行政区原有的法律基本不变。原有法律基本不变是指除属于殖民统治性质或带有殖民色彩以及同基本法相抵触或经特别行政区立法机关作出修改外，原有法律予以保留。

特别行政区是中华人民共和国的一部分，是地方一级行政区域；特别行政区政权是中华人民共和国的一级地方政权，直辖于中央人民政府；中央人民政府与特别行政区的关系是在单一制国家结构形式内中央与地方之间的关系；特别行政区享有高度自治权，但它不享有国家主权，没有外交和国防方面的权力，根据基本法的规定，特别行政区涉及外交、国防等国家主权方面的事务由中央人民政府管理。特别行政区不是一个独立的政治实体，其法律地位相当于省、自治区和直辖市。但是，特别行政区实行高度自治，享有广泛的自治权，包括行政管理权、立法权、独立的司法权和终审权、自行处理有关对外事务的权力等。

第三节　公民的基本权利与义务

一、公民基本权利与义务概述

公民是指具有一国国籍的自然人。我国现行《宪法》规定：“凡具有中华人民共和国国籍的人都是中华人民共和国公民。”由此可见，公民和国籍密不可分。公民的基本权利也称宪法权利或者基本人权，是指由《宪法》规定的公民享有的主要的、必不可少的权利。公民的基本义务也称“宪法义务”，是指由宪法规定的公民必须遵守和应尽的根本责任。公民的基本义务是公民对国家具有首要意义的义务，它构成普通法律所规定的义务的基础。

二、我国公民的基本权利体系

（一）平等权

平等权是我国《宪法》赋予公民的一项基本权利，是公民其他一切权利实现的基础，也是我国社会主义法制的一个基本原则。平等权是指公民依法平等地享有权利，不受任何差别对待，要求国家给予同等保护的权利。

我国现行《宪法》规定：“中华人民共和国公民在法律面前一律平等。”这一规定的含义有三：一是任何公民不分民族、种族、性别、职业、家庭出身、宗教信仰、教育程度、财产状况、居住期限，都一律平等地享有宪法和法律规定的权利，平等地履行宪法和法律规定的义务；二是任何人的合法权利都一律平等地受到保护，对违法行为一律依法予以追究；三是在法律面前，不允许任何公民享有法律以外的特权，任何人不得强制任何公民承担法律以外的义务，不得使公民受到法律以外的处罚。

（二）政治权利和自由

政治权利是指公民依据《宪法》和法律的规定，参与国家政治生活的自由和权利，其内容包括两个方面：选举权与被选举权；言论、出版、集会、结社、游行与示威自由。

选举权是选民依法选举代议机关代表和国家机关公职人员的权利；被选举权是指选民依法被选举为代议机关代表和国家机关公职人员的权利。

言论、出版、集会、结社、游行与示威自由是宪法规定的政治自由。言论自由是公民有权通过各种语言形式宣传自己的思想和观点的自由；出版自由是公民有权依照法律规定的形式，通过公开发行的出版物自由地表达对公共事务的看法；结社自由是指公民为了达到一定目的，依照法律规定程序而结成某种社会团体的自由。《中华人民共和国集会游行示威法》对公民行使集会、游行与示威自由规定了具体的形式与程序。

（三）宗教信仰自由

我国现行《宪法》第36条第1款规定：“中华人民共和国公民有宗教信仰自

由。”宗教信仰自由是指公民依据内心的信念，自愿地信仰宗教的自由。其含义包括：公民有信教或者不信教的自由，有信仰这种宗教或者那种宗教的自由，有信仰同宗教中的这个教派或那个教派的自由，有过去信教现在不信教或者过去不信教而现在信教的自由。

《宪法》第 36 条第 3 款规定：“国家保护正常的宗教活动”，但“任何人不得利用宗教进行破坏社会秩序、损害公民身体健康、妨碍国家教育制度的活动。”这就表明，公民一方面享有《宪法》和法律赋予的宗教信仰自由，另一方面则必须承担《宪法》和法律规定的有关义务，否则宗教信仰自由就失去了其合法基础。《宪法》第 36 条第 4 款还规定：“宗教团体和宗教事务不受外国势力支配。”因此，宗教团体必须坚持自主、自办、自传的“三自”原则。我国宗教团体可以与其他国家的宗教界保持宗教的学术文化交流，但不允许外国宗教势力干涉我国内部的宗教事务，我国宗教团体也不去干涉我国以外的宗教问题，以防止国际上的宗教势力干涉、控制、支配我国的宗教团体和宗教事务。

（四）人身自由

人身自由包括狭义和广义两方面。狭义的人身自由主要指公民的身体不受非法侵犯，广义的人身自由则还包括与狭义人身自由相关联的人格尊严、住宅不受侵犯、通信自由和通信秘密等与公民个人生活有关的权利和自由。人身自由是公民所应享有的最起码的权利，我国现行《宪法》第 37 条第 1 款规定：“中华人民共和国公民的人身自由不受侵犯。”然而，人身自由与其他自由一样并不是绝对的，在必要时，国家可以依法采取搜查、拘留、逮捕等措施，限制甚至剥夺特定公民的人身自由。

人格尊严是指公民作为平等的人的资格和权利应该受到国家的承认和尊重，包括与公民人身存在密切联系的名誉、姓名、肖像等不容侵犯的权利。人格尊严的法律表现是公民的人格权。我国现行《宪法》第 38 条规定：“中华人民共和国公民的人格尊严不受侵犯。禁止用任何方法对公民进行侮辱、诽谤和诬告陷害。”住宅不受侵犯是指任何机关、团体的工作人员或者其他个人，未经法律许可或未经户主等居住者的同意，不得随意进入、搜查或查封公民的住宅。我国现行《宪法》第 39 条规定：“中华人民共和国公民的住宅不受侵犯。禁止非法搜查或者非法侵入公民的住宅。”住宅是公民日常生活、工作学习的场所，因此保护了公民的住宅不受侵犯，也就保护了公民的居住安全和生活安定，也就进一步保护了公民的人身自由权利。同时，我国现行《宪法》第 40 条规定：“中华人民共和国公民的通信自由和通信秘密受法律的保护。除因国家安全或者追查刑事犯罪的需要，由公安机关或者检察机关依照法律规定的程序对通信进行检查外，任何组织或者个人不得以任何理由侵犯公民的通信自由和通信秘密。”通信自由是指公民与其他主体之间传递消息和信息不受国家非法限制的自由。

（五）社会经济、文化教育方面的权利

社会经济权利是指公民依照宪法规定享有的具有物质利益的权利，是公民实现其他权利的物质上的保障。社会经济权利的基本特点是：它是一种综合性的权利，表现人们在物质生活方面的需求；它以国家权力积极而适度干预为条件；它是宪法遵循社会正义的具体体现。由于各国经济发展水平与宪法文化的不同，社会经济权利的具体内容的规定也不尽相同。社会经济权利具体包括劳动权、休息权与物质帮助权。

文化教育权利是公民在教育与文化领域享有的权利与自由。文化教育权利作为公民的基本权利，主要包括有关教育方面的权利和文化活动方面的权利，主要表现为受教育权、科学研究自由与文艺创作自由等权利。

（六）监督权

监督权是指公民监督国家机关及其工作人员活动的权利，其基本特点是：监督权是人民主权的具体体现；监督权的客体是国家机关及其工作人员的活动；监督权是一种综合性的权利体系，由不同形式的具体监督权组成，公民根据监督权客体的实际情况，自行选择合适的方式行使监督权。我国《宪法》第 41 条规定：中华人民共和国公民对于任何国家机关和国家工作人员，有提出批评和建议的权利；对于任何国家机关和国家工作人员的违法失职行为，有向有关国家机关提出申诉、控告或者检举的权利，但不得捏造或者歪曲事实进行诬告陷害。

除上述公民的基本权利外，我国《宪法》还对特定主体的权利保护问题作出了特殊规定，包括妇女、母亲、儿童、老人、疾病或者丧失劳动能力者、离退休人员、烈军属、残疾人、归侨、侨眷等。

三、我国公民的基本义务

（一）维护国家统一和民族团结

我国现行《宪法》第 52 条规定：“中华人民共和国公民有维护国家统一和全国各民族团结的义务。”国家统一和民族团结是我国社会主义革命和建设取得胜利的根本保证，也是推进改革开放、建设有中国特色社会主义的根本前提。因此，全体公民必须自觉维护国家的统一和各民族的团结，坚决反对任何分裂国家和破坏民族团结的行为。维护国家统一是指维护国家的主权独立和领土完整。任何人都不能以任何方式分裂国家、接受外国势力支配、割让领土、服从外国势力

或要求外国干涉中国内政，必须坚决反对外来侵略或危害国家政权统一的行为。维护民族团结的义务是指每个公民都有责任维护各民族间的平等、团结和互助关系，同一切破坏民族团结和制造民族分裂的言行做斗争。全国各族人民都把维护民族团结作为自己的崇高责任，任何人都不得以任何形式制造民族矛盾和民族冲突。

（二）遵守宪法和法律，保守国家秘密，爱护公共财产，遵守劳动纪律，遵守公共秩序，尊重社会公德

我国现行《宪法》第53条规定："中华人民共和国公民必须遵守宪法和法律，保守国家秘密，爱护公共财产，遵守劳动纪律，遵守公共秩序，尊重社会公德。"维护宪法和法律的尊严是每个公民对国家和社会应尽的神圣职责。国家秘密关系到国家的安全和利益，因而严守国家秘密是关系到国家安危的大事。公共财产是巩固国家政权、使国家日益繁荣富强的物质基础，因而所有公民都必须爱惜和维护国家和集体的财产。公民遵守劳动纪律，对于保证社会化大生产的正常进行，提高劳动效率，保护劳动者的生产安全具有重要意义。公共秩序和社会公德也是保证人民正常生活和工作，谋求社会正常运行的重要条件，因此遵守公共秩序和尊重社会公德是公民的基本义务。

（三）维护祖国的安全、荣誉和利益

我国现行《宪法》第54条规定："中华人民共和国公民有维护祖国的安全、荣誉和利益的义务，不得有危害祖国的安全、荣誉和利益的行为。"国家安全是中国公民生产生活、安居乐业的必要条件；国家的荣誉也就是国家和民族的尊严；国家的利益则是相对于外国国家利益的国家整体利益。毫无疑问，如果国家不安全，公民的工作和生活也就无法正常进行；国家的荣誉和利益受到破坏也就是中国人自己的荣誉和利益受到损害。因此，任何公民都不可为了一己之私利或小集团的利益而危害国家的安全、荣誉和利益。否则，将依法追究其法律责任。

（四）保卫祖国、依法服兵役和参加民兵组织

我国现行《宪法》第55条规定："保卫祖国、抵抗侵略是中华人民共和国每一个公民的神圣职责。依照法律服兵役和参加民兵组织是中华人民共和国公民的光荣义务。"国家的主权独立、领土完整是我国现代化建设和其他事业能够顺利进行的关键，它不仅关系到祖国的前途和命运，而且关系到人民生活的安定和幸福。因此，保卫祖国、依法服兵役和参加民兵组织是每一个中华儿女的崇高职责。根据《义务兵役法》的规定，我国公民不分民族、种族、职业、家庭出身、宗教信仰和教育程度，都有服兵役的义务，但依法被剥夺政治权利的人除外。

（五）依法纳税

我国现行《宪法》第56条规定："中华人民共和国公民有依法纳税的义务。"税收是国家筹措资金的重要方式和国民收入的重要来源。公民履行纳税义务在性质上属于公民对国家社会主义现代化建设的支援。为保证公民纳税义务的履行，国家颁布了一系列的税收法规。因此，每个公民都应自觉遵守和执行各种税收法规，对偷税漏税行为，国家将依法追究其法律责任。

（六）其他基本义务

除了上述所列义务外，《宪法》第49条第2款规定了"夫妻双方有实行计划生育的义务"；第3款规定了"父母有抚养教育未成年子女的义务，成年子女有赡养扶助父母的义务"。计划生育、控制人口增长，是我国的一项基本国策，是保证国家繁荣富强、子孙万代永享幸福的千秋大计。父母抚养教育未成年子女和成年子女赡养扶助父母，是我国公民家庭关系的基本准则。父母遗弃和虐待未成年子女、成年子女虐待父母的行为，不仅要受到舆论的谴责，严重的还要受到法律的惩处。此外，我国现行《宪法》规定，劳动和受教育既是公民的权利，又是公民的义务。

第四节 我国的国家机构

一、国家机构的概念和分类

国家机构是国家为实现其职能而建立起来的一整套有机联系的国家机关的总和。国家是阶级矛盾不可调和的产物，作为国家组成要素及其存在形式的国家机构，其本质取决于国家的本质。在剥削阶级专政的国家里，国家权力掌握在剥削者手中，为它服务的国家机构则成为对劳动阶级进行政治压迫和经济剥削的工具。在社会主义国家，人民当家做主，掌握国家权力，他们通过自己的国家机构加强无产阶级专政和组织经济、文化建设。可见，国家机构实际上是掌握国家权力的阶级实现其阶级统治的工具。

根据我国《宪法》的规定，我国国家机构从行使权力的属性来看，可分为国家权力机关、国家元首、国家行政机关、国家军事机关、国家审判机关和检察机关。中央国家机构包括全国人民代表大会及其常务委员会、国家主席、国务院、中央军事委员会、最高人民法院和最高人民检察院。地方国家机构则包括地方各级人民代表大会及其常务委员会、地方各级人民政府、地方各级人民法院和地方各级人民检察院以及民族自治地方的自治机关和特别行政区的各种地方国家机关。

二、我国国家机构的组织和活动原则

国家机构是国家机关体系的总和。我国的国家机构分为中央国家机构和地方国家机构。中央国家机构包括全国人民代表大会及其常务委员会、国家主席、国务院、中央军事委员会、最高人民法院和最高人民检察院。地方国家机构包括地方各级人民代表大会及其常务委员会、地方各级人民政府、地方各级人民法院、地方各级人民检察院、民族自治地方的自治机关和特别行政区的国家机关。

我国的国家机构在组织和运作体系上遵循民主集中制原则、法治原则、责任制与效率原则、联系群众、为人民服务的原则。民主集中制是国家机构活动的总体原则，体现了国家权力来自人民，由人民依法组织国家机构的精神。在制定法律和决定重大问题上，由权力机关充分讨论，民主决定。在整个国家机构活动中，国家权力机关处于核心的地位。法治原则是国家机构活动的基础和保障，其内容具体包括：依法组织和建立国家机关及其职能部门，所有国家机关的职权都有明确的法律依据；国家权力机关要加强法律监督，保证同级其他国家机关在《宪法》和法律范围内活动。责任制与效率原则是指根据《宪法》规定，一切国家机关都实行精简的原则，实行工作责任制，实行工作人员的培训和考核制度，不断提高工作质量和工作效率，反对官僚主义。责任制的形式有集体责任制与个人责任制。

三、中央国家机关

（一）全国人民代表大会

我国现行《宪法》规定："中华人民共和国的一切权力属于人民"，"人民行使国家权力的机关是全国人民代表大会和地方各级人民代表大会"，"全国人民代表大会是最高国家权力机关"，"全国人民代表大会和全国人民代表大会常务委员会行使国家立法权"。这些表明了全国人大的性质和地位，即最高国家权力机关和最高国家立法机关。根据《宪法》规定，全国人民代表大会行使职权有：修改宪法、监督宪法实施；制定和修改基本法律；选举、决定和罢免国家机关的重要领导人；决定国家重大问题；行使最高监督权以及其他应当由它行使的职权。

（二）全国人大常委会

全国人大常委会是全国人大的常设机关，是最高国家权力机关的组成部分，是在全国人大闭会期间经常行使国家最高权力的机关，也是行使国家立法权的机关。全国人大常委会对全国人大负责并报告工作，接受其监督；在全国人大闭会期间，国务院、最高人民法院、最高人民检察院对全国人大常委会负责并报告工作。全国人大常委会通过的决议、制定的法律，其他国家机关和全国人民都必须遵守执行。全国人大常委会由委员长、副委员长若干人、秘书长和委员若干人组成。现行《宪法》规定，委员长、副委员长连续任职不得超过两届。

现行《宪法》对全国人大常委会职权的规定，较之以往有所扩大，使常委会的地位进一步加强。现行《宪法》规定，全国人大常委会的职权主要有以下几个方面：解释《宪法》，监督《宪法》的实施；根据《宪法》规定的范围行使立法权；解释法律；审查和监督行政法规、地方性法规的合宪性和合法性；对国民经济和社会发展计划以及国家预算部分调整方案的审批权；监督国家机关的工作；决定、任免国家机关领导人员；国家生活中其他重要事项的决定权等等。

（三）中华人民共和国主席

中华人民共和国主席是我国国家机构的重要组成部分，是一个独立的国家机关，对内对外代表国家。国家主席是我国的国家元首，依法行使《宪法》规定的国家主席职权。中华人民共和国主席、副主席由全国人民代表大会选举产生。被选为主席、副主席的基本条件是：具有中华人民共和国国籍的中国公民；有选举权和被选举权；年满 45 周岁。国家主席根据全国人大和全国人大常委会的决定公布法律，任免国务院总理、副总理、国务委员、各部部长、各委员会主任等。在外交方面，国家主席代表中华人民共和国接受外国使节，派遣和召回驻外全权代表，批准和废除同外国缔结的条约和重要协定。

（四）国务院

中华人民共和国国务院，即中央人民政府，是最高国家权力机关的执行机关，是最高国家行政机关。它统一领导各部、各委员会以及地方各级行政机关的工作。执行和行政表明了国务院的性质，即国务院是通过在全国范围内进行一系列的组织活动和行政管理活动，执行最高国家权力机关各项决议的国家机关。国务院对全国人大负责并报告工作。在全国人大闭会期间，对全国人大常委会负责并报告工作。国务院实行总理负责制，总理领导国务院的工作。根据我国《宪法》第 89 条的规定，国务院行使广泛的职权，主要有：行政立法权，国务院有权制定行政法规，发布决定和命令；行政管理权；监督权；提出议案权等。

（五）中央军事委员会

中华人民共和国中央军事委员会是国家的军事领导机关，它统率全国的武装力量。1982 年 12 月 4 日全国人民代表大会通过的《中华人民共和国宪法》规定：中华人民共和国设立中央军事委员会，领导全国武装力量。中国的武装力量包括人民解放军、武装警察部队和民兵。中华人民共和国中央军事委员会由主席、副主席和委员组成。

（六）最高人民法院和最高人民检察院

最高人民法院是最高国家审判机关，由全国人民代表大会产生，向它负责，受它监督。最高人民法院监督地方各级人民法院和专门人民法院的审判工作。最高人民检察院是最高国家检察机关，由全国人民代表大会产生，对它负责，受它监督。最高人民检察院领导地方各级人民检察院和专门人民检察院的工作。

四、地方国家机关

（一）地方各级人民代表大会

地方各级人民代表大会是地方国家权力机关。地方国家行政机关、审判机关和检察机关由本级人民代表大会选举产生，在本行政区域内对它负责，受它监督。地方各级人民代表大会由人民代表组成，其主要职权是：在本行政区域内保证《宪法》和法律的实施；选举和罢免本级地方国家机关组成人员；决定重大的地方性事务；监督其他地方国家机关的工作等。

（二）县级以上地方各级人民代表大会常务委员会

县级以上地方各级人大常委会是本级人民代表大会的常设机关，它从属于本级人大，对它负责并报告工作。其主要职权是：在本行政区域内，保证《宪法》和法律、行政法规的遵守和执行；主持选举和召集会议；决定重大的地方性事务、人事任免权；监督其他国家机关的工作等。

（三）地方各级人民政府

地方各级人民政府是地方各级国家权力机关的执行机关，是地方各级国家行政机关。作为地方各级人大的执行机关，地方各级人民政府要执行本级人大及其常委会通过的决议，执行经本级人大及其常委会审查和批准的本行政区域内的国民经济和社会发展计划、预算；地方各级人民政府作为地方国家行政机关，对上一级国家行政机关负责并报告工作。全国地方各级人民政府都是国务院统一领导下的同家行政机关，都服从国务院领导。

（四）地方各级人民法院和地方各级人民检察院

人民法院是国家的审判机关，依法独立行使审判权。地方各级人民法院包括基层人民法院、中级人民法院和高级人民法院。专门人民法院是为专门审理特种类型案件而设立的，如军事法院、铁路法院等。人民法院实行四级两审终审制。

地方各级人民检察院分为省、自治区、直辖市人民检察院；省、自治区、直辖市人民检察院分院，自治州和省辖市人民检察院；县、市、自治县和直辖区人民检察院。人民检察院的职权主要包括法纪监督、侦查监督、支持公诉与审判监督等。

第七讲

刑　法

第一节 刑法概述

一、刑法的概念和任务

刑法是掌握国家政权的统治阶级，为了维护本阶级的利益，根据本阶级的共同意志，以国家的名义颁布的规定犯罪及其后果（主要是刑罚）的法律规范的总称。我国刑法是为了维护国家、社会与人民的利益，根据广大人民群众的共同意志，以国家的名义颁布的规定犯罪及其法律后果的法律规范的总称。

我国刑法的任务是保持良好的社会秩序，使人民安居乐业，这也是全面建设小康社会的重要目标。要实现这一目标，必须发挥刑法在打击各种犯罪活动、加强社会治安综合治理等方面的重要作用。具体来说，刑法的任务包括四个方面：一是保卫国家安全，惩罚危害人民民主专政的政权和社会主义制度的犯罪行为；二是保护社会主义的经济基础，惩罚破坏社会主义市场经济秩序的犯罪行为；三是保护公民的各项权利，惩罚侵犯公民人身权利、民主权利和其他权利的犯罪行为；四是维护良好的社会秩序，惩罚破坏社会秩序的犯罪行为。一句话，刑法的任务就是惩罚犯罪，保护人民。

二、刑法的基本原则

刑法的基本原则，是指刑法特有的在刑法的立法、解释和适用过程中所必须普遍遵循的具有全局性、根本性的准则。刑法明文规定了三个基本原则：

（一）罪刑法定原则

罪刑法定原则的经典表述是，“法无明文规定不为罪”，“法无明文规定不处罚”。《刑法》第 3 条明文规定了罪刑法定原则，这一原则已逐渐成为一项公认的法治原则，在绝大多数国家的刑事立法中得到了确认。罪刑法定原则产生的思想渊源是三权分立学说与心理强制说，但该原则的思想基础则是民主主义与尊重人权主义。民主主义要求什么是犯罪，对犯罪如何处罚，必须由人民群众决定，具体表现为由人民群众选举产生的立法机关来决定；尊重人权主义要求为了保障公民的自由，必须使得公民能够事先预测自己行为的性质与后果，故什么是犯罪，对犯罪如何处罚，必须在事前明文规定。我国《刑法》第 3 条规定：“法律明文规定为犯罪行为的，依照法律定罪处刑；法律没有明文规定为犯罪行为的，不得定罪处刑。”这便是罪刑法定原则在我国《刑法》中的体现。

（二）平等适用刑法原则

这是《宪法》中确立的“法律面前人人平等”原则在《刑法》上的具体化。《刑法》第4条明文规定：“对任何人犯罪，在适用法律上一律平等。不允许任何人有超越法律的特权。”即指任何人犯罪，不论其社会地位、民族、性别、职业、宗教信仰、财产状况如何，在适用法律上一律平等，任何人不得有任何超越法律的特权。

（三）罪刑相适应原则

《刑法》第5条规定：“刑罚的轻重，应当与犯罪分子所犯罪行和承担的刑事责任相适应。”这就是说，罪行的轻重是决定刑罚轻重的依据，犯多大的罪，处多重的刑，重罪重判、轻罪轻判、罪刑相当、罚当其罪。

案例： 2008年3月31日广州市中级法院对许某作出重审判决，认为许某盗窃金融机构数额特别巨大，依法本应适用无期徒刑或者死刑，但鉴于许某恶意取款是在发现银行自动柜员机出现异常后的行为，采用持卡非法窃取金融机构经营资金的手段，其行为与有预谋或者采取破坏手段盗窃金融机构的犯罪有所不同。从犯罪具有一定的偶然性看，许某犯罪主观恶性不是很大。根据本案具体的犯罪事实、犯罪情节和对社会造成的危害程度，对许某可在法定刑以下判处刑罚。最终法院判处许某有期徒刑5年，并处罚金2万元。

三、刑法的效力范围

刑法的适用范围，也称刑法的效力，是指刑法在什么空间、时间内具有适用效力。

（一）刑法的空间效力

刑法的空间效力是指刑法对地域和对人的效力，所要解决的是国家刑事管辖权的范围问题。按照《中华人民共和国刑法》的规定：“凡在中华人民共和国领域内犯罪的，除法律有特别规定的以外，都适用本法。”同时《刑法》还规定：“犯罪的行为或者结果有一项发生在中华人民共和国领域内的，就认为是在中华人民共和国领域内犯罪。”

中国公民在中国领域外犯中国《刑法》规定之罪的，都适用中国《刑法》，如果所犯之罪的法定最高刑为3年以下有期徒刑的，可以不予追究。这里所说的“可以不予追究”并不是一律不追究，而是根据实际情况来决定是否需要追究刑事责任。至于在中国领域外的中国国家工作人员和军人，由于他们属于《刑法》所规定的特殊主体，不论犯什么罪，也不论刑罚的轻重，都必须适用中国《刑法》，追究刑事责任。中国公民在中国领域外犯罪，按照中国《刑法》的规定应当负刑事责任的，即使经过了外国的审判，仍然可以适用中国《刑法》予以追究，但是在国外已经受过刑罚处罚的，可以免除或者减轻处罚。

外国人在中国领域外对中国国家或者中国公民犯罪的，如果中国《刑法》所规定的法定最低刑为3年以上有期徒刑的，可以适用中国《刑法》，但是按照犯罪地的法律不受处罚的除外。

对于中国缔结或者参加的国际条约所规定的罪行，中国在所承担义务的范围内行使刑事管辖权，适用中国《刑法》。

（二）刑法的时间效力

我国《刑法》是1979年7月1日由第五届全国人民代表大会通过，同年7月6日颁布，1980年1月1日起施行；1997年3月14日修订颁布，同年10月1日起施行。我国《刑法》施行以后，对于其生效之前未经审判的行为，如果适用，《刑法》就有溯及力，如果不适用，《刑法》就没有溯及力，在这个问题上，我国《刑法》采用了从旧兼从轻的原则。按照我国《刑法》的规定，中华人民共和国成立以后，《刑法》施行以前的行为，如果当时的法律不认为是犯罪，适用当时的法律；如果当时的法律认为是犯罪，按照现行《刑法》的规定应当予以追诉的，按照当时的法律追究刑事责任，但是如果现行《刑法》不认为是犯罪或者处刑较轻的，则不适用当时的法律而适用现行《刑法》。

此外，根据最高人民法院、最高人民检察院2001年12月7日《关于适用刑事司法解释时间效力问题的规定》，司法解释自发布或者规定之日起施行，效力适用于法律的施行期间；对于司法解释实施前发生的行为，行为时没有相关司法解释，司法解释施行后尚未处理或者正在处理的案件，依照司法解释的规定办理；对于新的司法解释实施前发生的行为，行为时已有相关司法解释，依照行为时的司法解释办理，但适用新的司法解释对犯罪嫌疑人、被告人有利的，适用新的司法解释；对于在司法解释施行前已办结的案件，按照当时的法律和司法解释，认定事实和适用法律没有错误的，不再变动。

第二节 犯　罪

一、犯罪的概念和特征

我国《刑法》从形式与实质的辩证统一角度，对犯罪概念作出了界定。《刑法》第13条规定："一切危害国家主权、领土完整和安全，分裂国家、颠覆人民民主专政的政权和推翻社会主义制度，破坏社会秩序和经济秩序，侵犯国有财产或者劳动群众集体所有的财产，侵犯公民私人所有的财产，侵犯公民的人身权利、民主权利和其他权利以及其他危害社会的行为，依照法律应当受刑罚处罚的，都是犯罪，但是情节显著轻微危害不大的，不认为是犯罪。”这一犯罪概念是对各种犯罪现象的理论概括，它不仅揭示了犯罪的法律特征（刑事违法性），而且阐明了犯罪的实质内容（社会危害性），从而为区分罪与非罪的界限提供了原则标准，是一个比较完整的犯罪概念。

此外，《刑法》第 13 条明确规定“情节显著轻微危害不大的，不认为是犯罪”，这是从反面强调何种行为不是犯罪。这里的“不认为是犯罪”是指情节显著轻微危害不大的，立法上不认为其构成犯罪，司法上自然就不能将其作为犯罪处理。根据《刑法》第 13 条的规定以及刑法理论，犯罪是具有社会危害性、刑事违法性与应受刑罚处罚性的行为。据此，犯罪具有以下三个特征：

第一，犯罪是严重危害社会的行为，具有严重的社会危害性。所谓犯罪的社会危害性，是指犯罪行为侵害了国家和社会公众的利益，给国家和社会公众造成了实际的危害或者可能造成危害，具有社会危害性是犯罪行为最本质的特征，也是衡量某一行为是否构成犯罪的根本标准。但是，并非一切具有社会危害性的行为都是犯罪，只有社会危害性达到一定严重程度的行为才是犯罪行为。有的行为虽然也具有社会危害性，例如一般的交通违章行为、小偷小摸行为，但尚未达到犯罪的严重程度，则属于一般违法行为，不能作为犯罪处理。

第二，犯罪是触犯刑律的行为，具有刑事违法性。刑事违法性与严重的社会危害性是密切联系的。严重的社会危害性是刑法规范确定犯罪的基本依据。刑法只把那些具有严重社会危害性的行为规定为犯罪，而刑法一旦将某一行为规定为犯罪，刑法的规定便成为判定罪与非罪的最直接的外在标准。因此，一切犯罪行为必然是违反刑法的行为，必然具有刑事违法性。刑法是判定某一行为是否构成犯罪的唯一依据，即“法无明文规定不为罪，法无明文规定不处罚”。

第三，犯罪是应受刑罚惩罚的行为，具有应受刑罚处罚性。应受刑罚处罚性，是指依照刑法的规定，应对犯罪行为人给予刑事处罚。行为的社会危害性和刑事违法性是应受刑罚处罚性的前提条件。应受刑罚处罚性是行为的社会危害性和刑事违法性的必然后果。给予犯罪人以刑事制裁，是犯罪人对其犯罪行为所应付出的代价。

犯罪的上述三个基本特征，是密切联系，不可分割的。其中最根本的是犯罪的社会危害性，后面的两个特征都是由它决定的。正是因为犯罪行为具有严重的社会危害性，刑法才将其作为犯罪加以规定，并规定给予刑罚处罚。

二、犯罪构成

（一）犯罪构成的概念

犯罪构成理论是刑法理论的基石、核心、灵魂，正是由于以其作为基础，刑法理论体系才得以构筑成型。所谓犯罪构成，是指我国《刑法》所规定的，确定某种行为构成犯罪所必须具备的主客观要件的总和。犯罪行为是具体的、纷繁复杂的，构成具体犯罪的要件也各不相同。通过对各种具体犯罪构成要件的研究，将各种具体犯罪构成要件中都存在的共同的东西抽象出来，加以综合概括，便是犯罪构成的共同要件。犯罪构成的共同要件，包括犯罪客体、犯罪的客观方面，犯罪主体和犯罪的主观方面。这四个方面是一切犯罪构成的必备要件，任何一种行为必须同时具备这四个共同要件才能构成犯罪，缺少其中任何一个要件都不能构成犯罪。犯罪构成是分清罪与非罪、此罪与彼罪界限的具体标准。

（二）犯罪构成的要件

按照法律规定，任何一种犯罪的成立都必须具备四个方面的构成要件，即犯罪客体、犯罪客观方面、犯罪主体、犯罪主观方面。

1. 犯罪客体

犯罪客体是指我国刑法所保护而为犯罪行为所侵犯的社会主义社会关系。社会关系就是人们在生产和共同生活活动过程中所形成的人与人之间的相互关系。社会关系有物质的社会关系和思想的社会关系之分，它们都有可能受到犯罪行为的侵犯而成为犯罪客体。政治、经济、思想、道德、文化等方面都存在人与人之间的关系。但是作为犯罪客体的社会关系不是一般的社会关系，而是《刑法》第 13 条明确规定的那些社会关系，它们一旦为犯罪行为所侵犯，就成为犯罪客体。

需要注意犯罪客体与犯罪对象不是同一个范畴。犯罪对象是指《刑法·分则》条文规定的犯罪行为直接指向的具体人或者具体物，而犯罪客体则是犯罪行为所侵害的《刑法》所保护的某种社会关系。犯罪客体是抽象的，它总是通过一定的载体表现出来，这一载体就是犯罪对象。犯罪对象是指犯罪行为直接作用的物或者人。犯罪分子的行为作用于犯罪对象，是通过犯罪对象来侵犯一定的社会关系的。如果只看到犯罪行为对之起作用的人或物，而看不到它的背后所体现的具体的社会关系，就不能正确地定罪量刑。由此可见，犯罪客体与犯罪对象是两个既有联系又有区别的概念。

2. 犯罪的客观方面

犯罪的客观方面，是犯罪活动的客观外在表现，具体是指某种犯罪是通过什么样的行为、在什么样的条件下对《刑法》所保护的社会关系进行侵犯，以及这种侵犯造成了什么样的后果的事实特征。犯罪客观方面包括危害行为、危害结果和犯罪的时间、地点、方法以及危害行为与危害结果之间的因果关系等。

（1）危害行为，即犯罪构成客观方面的行为，是指由行为人意识和意志支配的违反《刑法》规定的危害社会的身体动静。人的身体动静不限于四肢的举动，还包括诸如以目光指示、语言教唆、默示等有意义的动作。现代刑法只把行为作为惩罚对象。但是，缺乏人的意识和意志支配的身体动静即使在客观上造成了损害后果，也不属于刑法意义上的危害行为。

危害行为的具体表现形式多种多样，但概括起来无非是两种基本形式，即作为和不作为。作为，即积极的行为，是指以积极的身体举动实施刑法所禁止的行为。作为是危害行为的主要形式，在我国《刑法》中绝大部分犯罪以作为的形式实施，许多犯罪只能以作为形式实施。作为不仅指利用自己身体实施的积极举动，还包括利用他人、利用物质工具、利用动物乃至利用自然力实施的举动。不作为，即消极的行为，是指不实施其依法有义务实施的行为。需要注意的是，不作为犯并不是指行为人没有实施任何积极的举动，而只是指行为人没有实施法律要求其实施的积极举动。构成不作为犯必须以行为人负有特定义务为前提。特定义务的来源有以下几种情况：法律明文规定的义务；职务或业务上要求承担的义务；先行行为引起的义务以及基于法律行为承担的义务。

（2）危害结果。危害结果是指危害行为对犯罪客体即刑法所保护的社会关系所造成的实际损害或现实危险。危害结果虽然不是一切犯罪的必要要件，但它是绝大多数犯罪的共同要件，对定罪、量刑均有重要意义。犯罪的危害结果分为物质性和非物质性两类。物质性的危害结果是可以计量的，如贪污公款、贿赂钱财、盗窃财物等，非物质性的危害结果是无形的、不能计量的，如侵犯公民人身权利的侮辱罪、诽谤罪等。危害行为具体形式和犯罪直接客体具体种类的多样性，决定了危害结果也是多种多样的。

（3）危害行为与危害结果之间的因果关系。刑法中的因果关系是指危害行为与危害结果之间引起与被引起的合乎规律的联系。根据罪责自负原则，一个人只对自己的危害行为所造成的危害结果承担刑事责任，因此，查明某一危害结果与某一危害行为之间是否存在因果关系，是决定行为人对该结果是否负刑事责任的客观依据。

刑法中的因果关系与哲学上的因果关系是个别与一般、特殊与普遍的关系。

研究刑法中的因果关系，既不能脱离哲学上因果关系对它的指导意义，也不能忽视它自身所具有的特殊性。刑法上的因果关系，是指危害社会的行为与危害结果之间的内在的、合乎规律的联系。也就是说，危害行为是危害结果产生的原因，危害结果是危害行为所造成的结果。行为人的危害行为与危害结果之间有因果关系存在，是行为人对危害结果负刑事责任的客观根据。但是，因果关系与刑事责任不能简单地等同起来。行为与结果之间有因果关系存在，只说明行为人具备了负刑事责任的客观基础，至于行为人是否必须负刑事责任，还要看行为人是否具备负刑事责任的主体资格和主观方面的要件。

3. 犯罪主体

根据我国《刑法》的规定，犯罪主体分为自然人犯罪主体和单位犯罪主体两类。自然人犯罪主体是由自然人犯罪而构成的主体，指达到了法定责任年龄、依法能够承担刑事责任并且实施了危害社会行为的自然人。自然人犯罪主体是犯罪主体中最普遍的、最基本的、最主要的部分。单位是一种特殊的犯罪主体，仅限于《刑法》明确规定的一些犯罪。因此，单位犯罪主体是犯罪主体中比重相对较小的部分。在单位犯罪主体中，主要是法人犯罪主体，即依法成立，具有民事权利能力和民事行为能力，能够独立承担民事责任的组织所构成的犯罪主体，同时也包括不具备法人资格的其他组织所构成的犯罪主体。

自然人犯罪主体须具备如下条件：

（1）达到刑事责任年龄。刑事责任年龄是指《刑法》规定购自然人对自己的危害社会的行为承担刑事责任所必须达到的年龄。达到刑事责任年龄，是自然人承担刑事责任的前提条件之一。一个人只有达到一定年龄，有了辨别和控制自己行为的能力，才具备承担刑事责任的能力。我国《刑法》把刑事责任年龄分为三种类型：不满 14 周岁的人实施危害社会行为不负刑事责任，为无刑事责任能力年龄；已满 14 周岁不满 16 周岁的人犯故意杀人、故意伤害致人重伤或者死亡、强奸、抢劫、贩卖毒品、放火、爆炸、投放危险物质罪的，应负刑事责任，为相对刑事责任年龄；已满 16 周岁，对一切犯罪行为都须负刑事责任，为完全刑事责任年龄。对因不满 16 周岁的青少年实施违法行为不追究刑事责任，并不意味着任其所为，虽不追究刑事责任，但可以责令其家长或监护人加以管教，必要时也可以由政府收容教养。

（2）具有刑事责任能力。刑事责任能力，是指行为人对自己的行为能够辨别和控制并因此能够承担刑事责任的能力。所谓辨别能力是指一个人认识自己行为的性质、意义和后果的能力，即意识力；所谓控制能力是指一个人能够按照自己的意志支配自己行为的能力，即意志力。具有刑事责任能力也是构成自然人犯罪主体的前提条件之一。一个正常的自然人，其刑事责任年龄和刑事责任能力是一致的，达到了法定的刑事责任年龄就意味着具备了刑事责任能力，就应当对自己危害社会的行为负刑事责任。但是，由于生理和精神上存在缺陷，使某些人的责任能力与其责任年龄并不相称，法律要求这些生理上和精神上有缺陷的人与正常人一样承担刑事责任是不公平的。因此，我国《刑法》规定精神病人在不能辨认或者不能控制自己行为的时候造成危害结果的，不负刑事责任；间歇性的精神病人在精神正常的时候犯罪，应当负刑事责任；聋哑人或者盲人犯罪，可以从轻、减轻或者免除处罚；醉酒的人犯罪应当负刑事责任。

自然人作为犯罪主体，可分为一般主体与特殊主体。具备以上三个条件的犯罪主体，即为一般主体。如果除了具备以上三个条件外，还要求行为人必须具备某种特殊身份或者其他条件才能构成的犯罪主体，即为特殊主体。例如，贪污罪的犯罪主体必须是国家工作人员，枉法裁判罪的犯罪主体必须是司法人员，等等。

4. 犯罪的主观方面

犯罪的主观方面，是指行为人对其所实施的犯罪行为及其危害结果主观存在的心理状态。犯罪的主观方面是犯罪构成的必备要件之一，也是行为人对自己的危害行为负刑事责任的主观基础。

(1) 犯罪人的心理态度。罪过是行为人对自己所实施的危害社会的结果所持的一种故意或过失的心理态度。罪过有两种表现形式，即故意和过失。

首先，所谓犯罪的故意是指行为人明知自己的行为会发生某种危害社会的结果，并且希望或者放任这种结果发生的心理状态。在这个概念中，包含了犯罪故意的两种具体情形，即直接故意和间接故意。直接故意是指明知自己的行为必然或者可能会发生危害社会的结果，并且希望这种结果发生的心理状态。也就是说，行为人对于危害结果的发生抱有积极追求的态度，并通过自己的积极行动去促使危害结果的发生。多数故意犯罪人的主观方面都表现为直接故意，如故意杀人、故意伤害、抢劫、强奸、盗窃、诈骗、投毒、放火等犯罪，行为人的主观心理状态都是直接故意。间接故意是指明知自己的行为可能会发生危害结果，并且放任这种结果发生的心理状态。所谓放任危害结果发生，是指行为人虽然并不希望、追求这种结果发生，但也不积极去防止这种结果发生，而是持有一种无所谓的态度，任凭危害结果的发生，危害结果发生了也并不违背行为人的意愿。例如某甲意图杀害妻子某乙，在早餐食物里放了剧毒农药。他明知儿子也可能会吃，但他抱无所谓的态度，结果妻子、儿子都中毒死亡，某甲致其儿子的死亡就是间接故意杀人。直接故意与间接故意的相同点是两者都明知自己的行为会发生危害社会的结果，不同之处是，直接故意是希望并积极追求结果的发生，间接故意是放任结果的发生。一般说来，直接故意犯罪比间接故意犯罪的主观恶性大。

其次，所谓犯罪的过失，是指行为人应当预见自己的行为可能发生某种危害社会的结果，因为疏忽大意而没有预见，或者已经预见而轻信能够避免，以致发生这种结果的心理状态。在这个概念中，包含了犯罪过失的两种具体情形，即疏忽大意的过失和过于自信的过失。疏忽大意的过失，是指应当预见自己的行为可能发生某种危害社会的结果，因为疏忽大意而没有预见，以致发生这种结果的心理状态。应当预见的前提是能够预见，如果根本不能预见，就谈不上应当预见了。过于自信的过失，是指已经预见到自己的行为可能发生某种危害结果，但轻信能够避免，以致发生这种结果的心理状态。例如一猎手在山上打猎，当他向野兔瞄准时，发现野兔左前方有一人在割草。猎手自信枪法很准，不会打着割草人，而开枪之后却把割草人打死了。这就是过于自信的过失致人死亡罪。过于自信的过失与间接故意有相同之处，即都预见到了发生危害结果的可能性，但二者对于危害结果的发生所持的心理态度有着根本区别。过于自信的过失，行为人是不希望危害结果发生，并且主观上轻信能够避免危害结果的发生，结果的实际发生是违背行为人意愿的；而间接故意的行为人对危害结果的发生是抱漠不关心的放任态度，结果发生与否对他来说是无所谓的，因此，结果的发生并不违背他的意愿。

从整体上说，故意犯罪行为人的主观恶性比过失犯罪行为人的主观恶性大，因此，刑法对于故意犯罪和过失犯罪的处罚规定有较大的差别。

（2）犯罪的目的和动机。犯罪目的，就是犯罪人实施犯罪所希望达到的结果。如故意杀人的目的是非法剥夺他人的生命，盗窃的目的是非法占有他人的财产等等。犯罪动机，就是促使犯罪行为人实施犯罪的内心动因，例如盗窃犯罪，有的是为了维持生计或为了给家人治病，有的是为了挥霍。

犯罪的目的并非所有犯罪构成的必要要件，仅是某些犯罪构成的必备要件，如不以营利为目的的赌博行为不构成赌博罪。犯罪动机在大多数情况下是犯罪人主观方面的选择要件。但是，犯罪的目的和动机都是犯罪主观方面的重要内容，都在一定程度上反映出犯罪行为人主观恶性的大小，这对于量刑有着重要的影响。需要指出，犯罪目的只存在于直接故意犯罪之中，间接故意犯罪和过失犯罪都不存在犯罪的目的问题。

三、排除社会危害性的行为——正当防卫和紧急避险

（一）正当防卫

《刑法》第二十条明确规定："为了使国家公共利益、本人或者他人的人身

财产和其他权利免受正在进行的不法侵害，而采取的制止不法侵害的行为，对不法侵害人造成损害的，属于正当防卫，不负刑事责任”。因此，正当防卫是指为了防止公共利益，本人或他人的人身和其他权利免受正在进行的不法侵害而采取的制止不法侵害并对不法侵害者所实施的不明显超过必要限度的损害行为。成立正当防卫，必须具备以下条件：

1. 起因条件——必须有不法侵害行为发生。正当防卫必须针对不法行为，对合法行为不能实施防卫。不法侵害行为必须是真实存在的，而不是假想的。没有不法侵害，行为人误以为有不法侵害发生而实施所谓的防卫，称为假想防卫。假想防卫，是看行为人主观上有无罪过而确定行为人是否承担刑事责任。不法侵害行为通常应是人的不法行为。

2. 时间条件——不法侵害行为正在进行。即不法侵害已经开始，尚未结束。如果不符合这个时间条件的防卫，称为防卫不适时。防卫不适时有两种：不法侵害尚未开始就实施防卫，叫事前防卫；不法侵害行为已经结束实施的防卫，叫事后防卫。防卫不适时属于故意犯罪。

3. 对象条件——只能对不法侵害者本人实施。如果对第三者实施，属于故意犯罪。

4. 主观条件——防卫意图。即行为人必须有正当的防卫意图，是为了保护公共利益、本人或者他人的权益，而决意制止不法侵害。如果没有防卫意图的防卫挑拨、互相斗殴、为保护非法利益而实行的防卫都不是正当防卫。

5. 限度条件——防卫行为不能明显超过必要限度造成重大损害。要求行为人的防卫行为是制止不法侵害行为所必需的，同时防卫的手段、强度同侵害行为的手段、强度之间，防卫人对侵害人所造成的后果同侵害行为可能造成的危害结果之间基本相适应，不能明显超过必要限度，造成重大损害。如果符合其他四个条件，但是超过了必要限度的防卫行为，称为防卫过当。根据防卫过当的行为人主观上的罪过形式，确定其行为构成何罪。其罪过形式一般为过失，也可以为间接故意。防卫过当的，应当减轻或者免除处罚。

此外，《刑法》第二十条第三款作出无限度防卫的规定：“对正在进行行凶、杀人、抢劫、强奸、绑架以及其他严重危及人身安全的暴力犯罪，采取防卫行为，造成不法侵害人伤亡的，不属于防卫过当，不负刑事责任。”这是关于正当防卫制度的特殊规定，即在特定情况下公民可以进行无限度防卫。如何确定《刑法》第二十条第三款暴力犯罪的本质特征，确定其范围，是适用该条法律的前提。

（二）紧急避险

紧急避险，是为了使国家利益、社会公共利益、本人或者他人的人身、财产和其他权利免受正在发生的危险，不得已而采取的损害法律所保护的另一较小利益的行为。因紧急避险造成损害的，不负刑事责任。但紧急避险必须遵循一定的条件，超出一定的条件，就变成了危害社会的行为，就要负刑事责任。紧急避险应当符合下列条件：

1. 必须具有正当的避险目的。避险的目的必须是为了保护国家利益、公共利益、本人或者他人的人身、财产权利和其他权利。为了保护非法利益免遭正在发生的危险，不是紧急避险。

2. 必须是在国家利益、公共利益、本人或者他人的人身和其他权利受到危险的情况下实施的行为。但是，避免本人危险的规定，不适用于职务上、业务上负有特定责任的人。他们本人遇到上述危险情况时，不能以保全个人的人身或其他权利为理由，而逃避履行自己应尽的义务。

3. 必须是实际面临正在发生的紧急危险。实际面临的危险，是指危险实实在在地存在，而不是主观想象和推测。正在发生的危险，是指危险已经发生并且尚未过去。这是实行紧急避险的时间条件。

4. 必须是在迫不得已的情况下实施的行为。由于紧急避险是为了保护一个合法利益而损害另一个较小合法利益的行为，因此只能在迫不得已的情况下，即没有其他方法可以排除危险的情况下才能实行紧急避险。

5. 不能超过必要限度。必要限度的标准是避险所造成的损害必须轻于所要避免的损害。前者大于或者等于后者，都不符合紧急避险的条件。具体的衡量标准，一般是人身权重于财产权、生命权重于健康权、公共利益重于个人利益、他人利益重于本人利益，并且任何时候都不容许牺牲他人生命来保全自己的生命。超过必要限度造成不应有损害的，叫做避险过当，应当负刑事责任，但应当减轻或者免除处罚。

四、故意犯罪过程中的犯罪形态

犯罪的预备、未遂和中止，是直接故意犯罪过程中可能出现的几种不同的犯罪状态。在过失犯罪和间接故意犯罪的情况下，不存在犯罪的预备、未遂和中止的问题。犯罪之所以有预备、未遂和中止的区分，都是以犯罪的既遂为标准的。所谓犯罪既遂，是指犯罪人实施的犯罪行为已经具备了某种犯罪构成的全部要件。凡犯罪未达既遂状态，便可能是犯罪的预备、未遂或者中止的状态。

（一）犯罪预备

为了犯罪，准备工具、制造条件的，是犯罪预备。犯罪预备是犯罪行为人尚未着手实施犯罪以前的犯罪形态，还不可能对犯罪所指向的客体造成实际的危害。但是，犯罪的预备行为对社会构成了威胁，是具有社会危害性的行为。所以，《刑法》规定对犯罪预备行为要予以必要的处罚，可以比照既遂犯从轻、减轻处罚或者免除处罚。

（二）犯罪未遂

已经着手实行犯罪，由于犯罪人意志以外的原因而未得逞的，是犯罪未遂。犯罪未遂的成立应具备三个条件：

1. 行为人已经着手实行犯罪。这是犯罪未遂与犯罪预备的主要区别，所谓“着手实行”，是指行为人已经开始实行《刑法》规定的具体犯罪构成客观要件的行为。

2. 犯罪未得逞。即犯罪人着手实施犯罪行为后没有达到既遂状态而停顿下来。犯罪未得逞的标志是犯罪行为没有具备《刑法·分则》规定的某一犯罪的全部构成要件，这中间可能是犯罪构成的要件行为没有完成，法定的犯罪结果没有发生或者法定的危险状态没有造成等。

3. 犯罪未得逞，是由于行为人意志以外的原因。犯罪未达既遂状态而停顿是为外部原因所迫，不得已而停顿的。对于未遂犯，可以比照既遂犯从轻或者减轻处罚。

（三）犯罪中止

在犯罪过程中，犯罪人自动放弃犯罪或者自动有效地防止犯罪结果发生的，是犯罪中止。犯罪中止成立的条件是：

1. 必须是在犯罪过程中进行中止。即犯罪中止必须发生在犯罪预备阶段或实行阶段，在犯罪既遂之前。犯罪既遂之后不再存在犯罪中止问题，例如盗窃犯盗走财物后，又将被盗财物送回原处，不是犯罪中止行为。

2. 必须是自动中止。这是说，行为人在犯罪过程中，自动放弃犯罪意图，中止犯罪行为，或者有效地防止犯罪结果的发生。“自动中止”表明，犯罪行为人在犯罪过程中认为自己完全可以把犯罪进行到既遂状态，但他放弃了继续完成犯罪的意图，使本可以继续进行的犯罪停顿下来，或者有效地阻止了危害结果的发生。

3. 必须是彻底中止。这是指行为人必须彻底放弃正在进行的犯罪的犯罪意图。如果认为犯罪时机不好，等以后有机会再继续而暂时停止犯罪，不是犯罪的中止。对于中止犯，没有造成损害的，应当免除处罚；造成损害的，应当减轻处罚。

五、共同犯罪

（一）共同犯罪的概念和条件

共同犯罪是指两人以上共同故意犯罪；两人以上共同过失犯罪，不是共同犯罪。共同犯罪的构成条件是：

1. 主体条件：必须是两人以上。从理论上说，这里的“人”包括自然人和法人，两个自然人以上和两个法人以上共同故意犯罪都构成共同犯罪。单就自然人而言，共同犯罪必须是两个以上达到刑事责任年龄、具有刑事责任能力的人共同故意犯罪。在数人参加的犯罪中，如果仅有一人达到法定刑事责任年龄，具有刑事责任能力，不能构成共同犯罪。

2. 主观条件：必须具有共同的犯罪故意。共同的犯罪故意，是指支配共同犯罪人实施共同的犯罪行为的心理态度。它表明共同犯罪人不仅认识到自己在实施犯罪，而且认识到自己是在和他人一起实施共同的犯罪，对自己与他人实施的行为的性质及可能造成的危害结果也有明确的认识，并且对共同实施的行为将要引起的危害结果抱有希望或者放任的态度。

3. 客观条件：必须有共同的犯罪行为。行为的共同性在于，各个共同犯罪人的行为都共同指向相同的犯罪客体，诸行为共同形成某一犯罪发生的原因，都同某一犯罪的危害结果之间存在因果关系。

以上三个条件必须同时具备，才能构成共同犯罪。

（二）共同犯罪人的分类

1. 主犯。主犯指组织、领导犯罪集团进行犯罪活动的或者在共同犯罪中起主要作用的犯罪分子。主犯应包括以下三种犯罪分子：组织、领导犯罪集团进行犯罪活动的首要分子；在聚众性犯罪中起组织、策划、指挥作用的首要分子；在犯罪集团或者一般共同犯罪中起主要作用的犯罪分子。根据《刑法》第25条规定，对组织、领导犯罪集团的首要分子，按照集团所犯的全部罪行处罚；对于其他主犯，应当按照其所参与的或者组织、指挥的全部犯罪处罚。

2. 从犯。从犯指在共同犯罪中起次要或者辅助作用的犯罪分子。从犯包括两种情况的犯罪分子：在共同犯罪中起次要作用的实行犯和在共同犯罪中帮助他人实行犯罪的帮助犯。注意：帮助犯一般是从犯，但未必都是从犯，因为《刑法》有个别分则条文把某种帮助行为单独规定为犯罪，对该帮助行为通常不再适用从犯的一般规定。例如《刑法》第358条第1款规定有组织卖淫罪，第3款同时单独规定有“协助组织卖淫罪”并规定了比组织卖淫罪较轻的处罚。因此对于帮助他人组织卖淫的，对帮助者不再按照组织卖淫罪的从犯（共犯）定罪处罚，而是直接以协助组织卖淫罪单独定罪处罚。《刑法》第27条规定：“对于从犯，应当从轻、减轻处罚或者免除处罚。”

3. 胁从犯。胁从犯指被胁迫参加犯罪的犯罪分子，即犯罪人是在他人的暴力强制或者精神威逼之下被迫参加犯罪的。犯罪人虽有一定程度选择的余地，但并非自愿。注意：被诱骗参加犯罪的人，不是胁从犯。如果知情的，一般属于共犯中的从犯；如果不知情的，因为缺乏共同犯罪故意，不成立共同犯罪。《刑法》第28条规定：“对于胁从犯，应当按照他的犯罪情节减轻处罚或者免除处罚。”从犯与胁从犯的共同点：都只起到了较小的作用。不同点：从犯是自愿、主动参加犯罪的；而胁从犯是不自愿或不完全自愿参加犯罪的，具有一定的被动性。

4. 教唆犯。教唆犯指教唆他人实行犯罪的人。教唆犯的基本特点是，教唆他人实行犯罪而自己并不参加犯罪的实施，是使他人产生犯罪意图的人。教唆犯的成立条件有：（1）主观上具有使他人产生犯罪意图和决心的故意；（2）在客观上实施了教唆他人犯罪的行为。对于教唆犯的处罚，《刑法》未做单独规定，而是根据他在共同犯罪中所起的作用处罚。在共同犯罪中起主要作用的，按照主犯的处罚原则处罚；在共同犯罪中起次要作用的，则按照从犯的处罚原则处罚。一般地说，教唆犯在共同犯罪中都是起主要作用的，因此，教唆犯一般都是打击的重点。《刑法》还规定，教唆不满18周岁的人犯罪的，应当从重处罚。如果被教唆的人没有犯被教唆的罪，为“教唆未遂”，对于教唆未遂的教唆犯，可以从轻或者减轻处罚。

第三节 刑 罚

一、刑罚的概念和目的

（一）刑罚的概念

刑罚是掌握国家刑罚权的统治者用以惩罚犯罪的最为严厉的制裁措施，是统治阶级为了维护自己的统治，以国家的名义，强制剥夺犯罪人的人身自由、财产、生命和其他权利的强制方法。从刑罚的一般概念可以看出，刑罚和犯罪是紧密联系的。任何国家刑法的主要内容都包括两部分：一个是规定统治阶级确认的犯罪，另一个是规定惩罚犯罪的刑罚方法。世界上没有一部刑法只规定犯罪，而不规定惩罚犯罪的刑罚方法，因为那样的刑法只能是一纸空文。

（二）刑罚的目的

刑法的目的是国家制定刑罚及对犯罪分子适用、执行刑罚所期望达到的结果。它集中体现着统治阶级制定刑罚、运用刑罚、执行刑罚的方针、政策和指导思想，决定着刑罚种类和体系的确立，是整个刑罚制度赖以建立的出发点和最终归宿。惩罚性是刑罚最基本的属性，但是刑罚惩罚的目的不是为了报复，惩罚本身不是刑法的目的。我国刑法的目的是为了预防犯罪，进而控制、减少犯罪。预防犯罪分为一般预防和特别预防。

所谓特殊预防，是预防犯罪分子本人重新犯罪。其方法有二：一是对一些罪大恶极、不堪教化的犯罪分子，采取从肉体上消灭的方法，使他们不能再危害社会；二是对绝大多数犯罪分子，包括被判处死刑缓期执行的犯罪分子，通过刑罚的惩罚、威慑、教育、改造、感化的功能，迫使他们改过自新，不再犯罪。

所谓一般预防，是预防社会上有犯罪意图的不稳定分子走向犯罪歧途。其方法主要是通过对已经犯罪的人适用刑罚，警戒、威慑社会上有可能犯罪的人，使他们产生畏惧，不敢以身试法。

特殊预防与一般预防是密切配合、相辅相成的。当然，要达到预防犯罪、减少犯罪的目的，单纯依靠刑罚是远远不够的，还必须动员全社会的力量，进行社会治安综合治理，才能最终实现预防犯罪的目的。

二、刑罚的种类

刑罚种类可以根据两种方法加以区分。一是学理分类，即以刑罚所剥夺或者限制犯罪分子的权利和利益的性质为标准，将刑罚方法分为生命刑、自由刑、财产刑、资格刑四类。二是刑法中的分类，即以某种刑罚方法只能单独适用还是可以附加适用为标准，将刑罚分为主刑与附加刑两类。根据我国《刑法》第 32 条、第 33 条、第 34 条的规定，刑罚分为主刑和附加刑两大类。主刑有管制、拘役、有期徒刑、无期徒刑、死刑五种，附加刑有罚金、剥夺政治权利、没收财产三种。此外，《刑法》第 35 条还规定，对于犯罪的外国人可以独立适用或者附加适用驱逐出境。据此，驱逐出境也是一种附加刑。

（一）主刑

1. 管制。管制是对犯罪人不予关押，但限制其一定自由，在当地公安机关的管束下进行教育改造的刑罚。管制的期限为 3 个月以上 2 年以下，数罪并罚时最长不能超过 3 年。

2. 拘役。拘役是短期剥夺犯罪人人身自由，就近进行强制劳动改造的刑罚。拘役的期限为 1 个月以上 6 个月以下，数罪并罚最长不能超过 1 年。

3. 有期徒刑。有期徒刑是在一定期限内剥夺犯罪分子的人身自由，强制其进行劳动改造的刑罚。有期徒刑的期限一般为 6 个月以上 15 年以下，数罪并罚，或者判处此刑缓期执行减为有期徒刑，或者判处无期徒刑减为有期徒刑的，最长可以达到 20 年。

4. 无期徒刑。无期徒刑是终身剥夺犯罪分子人身自由，实行强制劳动改造的刑罚。

5. 死刑。死刑是剥夺犯罪分子生命的刑罚。在死刑的执行上，有立即执行和缓期 2 年执行两种执行制度。

（二）附加刑

1. 罚金。罚金是强制犯罪分子向国家缴纳一定数额金钱的刑罚。罚金的数额，应当根据犯罪的情节确定。

2. 剥夺政治权利。剥夺政治权利是剥夺犯罪分子参加国家管理和政治活动的权利的刑罚。剥夺政治权利的范围包括：选举权和被选举权；言论、出版、集会、结社、游行、示威等自由权利；担任国家机关职务的权利；担任国有公司、企事业单位和人民团体领导职务的权利。剥夺政治权利的期限：一般为 1 年以下 5 年以上；判处死刑和无期徒刑的，剥夺政治权利终身；死缓和无期徒刑减为有期徒刑的，剥夺政治权利的期限为 3 年以上 10 年以下。凡附加判处剥夺政治权利的，在主刑执行期间当然地剥夺政治权利，但判处管制附加剥夺政治权利的，剥夺政治权利的刑期与管制的刑期同时起算。

3. 没收财产。没收财产是把犯罪分子个人所有的财产的一部分或全部强制无偿收归国有的刑罚。

三、刑罚的具体运用

（一）量刑

量刑是人民法院根据犯罪事实、犯罪情节和犯罪性质，依据《刑法》决定对刑事被告人适用刑罚的活动。人民法院刑事审判工作有两个基本环节：一是定罪，二是量刑。人民法院量刑应遵循的基本原则是：以犯罪事实为根据，以《刑法》的规定为准绳。正确量刑，是实现刑罚目的的基本保证。只有正确量刑，才能体现《刑法》的威严，才能真正使犯罪分子认罪伏法，并使社会上的不稳定分子受到震慑，真正收到预防犯罪的效果，得到广大人民群众的拥护。

（二）量刑情节

量刑的情节就是决定对犯罪人是否处刑以及处刑轻重的犯罪事实根据。量刑情节可分为法定量刑情节和酌定量刑情节。

1. 法定量刑情节。法定量刑情节是指由刑法明文规定的应当或者可以从重、从轻、减轻处罚或免除处罚的情节。

从轻处罚，是指在法定刑范围内判处较轻的刑罚。减轻处罚，是指判处低于法定最低刑的刑罚。免除处罚，是指对犯罪人做有罪宣告，但免除刑罚处罚。从重处罚，是指在法定刑限度内判处较重的刑罚。

量刑的法定情节，《刑法·总则》做了原则性规定。如未成年人犯罪应当从轻或者减轻处罚；又聋又哑的人犯罪或者盲人犯罪，可以从轻、减轻或者免除处罚；累犯应当从重处罚等等。《刑法·分则》对于具体犯罪的量刑法定情节做了具体规定。

2. 酌定量刑情节。酌定量刑情节是指法定情节以外的由审判人员灵活掌握的对犯罪人量刑轻重也有重要影响的情节。

酌定量刑情节主要包括犯罪动机、犯罪手段、犯罪的时间和地点、犯罪对象、犯罪后的态度、犯罪人的一贯表现等。这些情节从不同侧面反映出犯罪的社会危害性和犯罪人的人身危险性，因此审判人员在对犯罪人量刑时应当予以考虑。

（三）累犯

所谓累犯，是指受一定刑罚处罚，在刑罚执行完毕或者赦免以后，在法定期限内又犯一定之罪的犯罪人。累犯是法定的从重处罚情节，并且不适用缓刑，也不得假释。累犯分普通累犯和特殊累犯两种。

1. 普通累犯。普通累犯是指被判处有期徒刑以上刑罚，在刑罚执行完毕或者赦免以后，在5年内再犯应当判处有期徒刑以上刑罚之罪的犯罪分子。普通累犯的构成条件是：第一，前罪和后罪都是故意犯罪，过失犯罪不能构成累犯；第二，前罪所判处的刑罚和后罪应当判处的刑罚均为有期徒刑以上；第三，后罪发生在前罪刑罚执行完毕或者赦免以后5年以内；第四，前后各罪均是或者有其一是危害国家安全罪以外的犯罪。同时具备这四个条件便构成普通累犯。

2. 特殊累犯。特殊累犯是指犯危害国家安全罪，在刑罚执行完毕或者赦免以后，在任何时候再犯危害国家安全罪的犯罪人。特殊累犯的构成条件是：第一，前罪和后罪都是危害国家安全罪；第二，不受前后两罪相隔时间长短的限制；第三，前罪所判刑罚和后罪应判刑罚的轻重不受限制。

（四）自首和立功

自首和立功是法定从轻、减轻或免除处罚情节。自首，是指犯罪以后自动投案，如实供述自己的罪行的行为。被采取强制措施的犯罪嫌疑人、被告人和正在服刑的罪犯，如实供述司法机关还未掌握的本人其他罪行的，以自首论。对于自首的犯罪人，可以从轻或者减轻处罚，其中，犯罪较轻的，可以免除处罚。

犯罪人揭发他人犯罪行为，查证属实的，或者提供重要线索，从而得以侦破其他案件的，是立功。对于有立功表现的犯罪人，可以从轻或者减轻处罚，有重大立功表现的，可以减轻或者免除处罚，犯罪后自首又有重大立功表现的，应当减轻或者免除处罚。

（五）数罪并罚

数罪并罚，是指一人犯有数罪，人民法院对其所犯各罪分别定罪量刑以后，再依照法定的原则决定应执行的刑罚。我国《刑法》对数罪并罚基本上采取限制加重的原则，即先将所犯各罪分别定罪量刑，然后在数刑中的最高刑期以上，总和刑期以下决定应执行的刑罚。同时兼采吸收原则、并科原则。吸收原则是重刑吸收轻刑的原则，如数刑中有一个是死刑或无期徒刑，就执行一个死刑或一个无期徒刑，其他刑罚被死刑或无期徒刑吸收。并科原则是分别执行的原则。《刑法》规定了三种数罪并罚的情况：

1. 判决宣告以前一人犯数罪的，除判处死刑和有期徒刑的以外，应当在总和刑期以下，数刑中最高刑期以上，酌情决定执行的刑期，但是管制最高不能超过3年，拘役最高不能超过1年，有期徒刑最高不能超过20年。如果数罪中有判处附加刑的，附加刑仍须执行。

2. 判决宣告以后，刑罚执行完毕以前，发现被判刑的犯罪分子在判决宣告以前还有其他罪没有判决的，应当对新发现的罪作出判决，把前后两个判决所判处的刑罚，按照第一种情况的并罚方法，决定执行的刑罚。已经执行的刑期，应当计算在新判决决定的刑期以内。

3. 判决宣告以后，刑罚执行完毕以前，被判刑的犯罪分子又犯罪的，应当对新犯的罪作出判决，把前罪没有执行的刑罚和后罪所判处的刑罚，依照第一种情况的并罚方法，决定执行的刑罚。

（六）缓刑、减刑、假释

1. 缓刑

缓刑是附条件不执行原判刑罚的制度。其特点是，在宣告刑罚的同时宣告暂不执行，但又在一定时间内保留执行的可能性，适用缓刑的条件是：（1）应是被判处拘役和 3 年以下有期徒刑的犯罪分子；（2）必须不是累犯；（3）根据犯罪分子的犯罪情节和悔罪表现，适用缓刑确实不致再危害社会。

凡适用缓刑都有缓刑考验期，拘役的缓刑考验期限为原判刑期以上 1 年以下，但是不能少于 2 个月。有期徒刑的缓刑考验期限为原判刑期以上 5 年以下，但是不能少于 1 年。被宣告缓刑的犯罪分子在缓刑考验期内，既未犯新罪，也没有发现判决宣告以前还有未判决的其他罪，同时也没有严重违反法律、行政法规或缓刑期间的监管规定，缓刑考验期满，原判的刑罚就不再执行。否则，应当撤销缓刑，根据不同情况，或者执行原判刑罚，或者依照数罪并罚的规定，重新决定执行的刑罚。

2. 减刑

被判处管制、拘役、有期徒刑、无期徒刑的犯罪分子，在执行期间，如果认真遵守监规，接受教育改造，确有悔改表现的，或者有立功表现的，可以减刑；有重大立功表现的，应当减刑。减刑以后实际执行的刑期，判处管制、拘役、有期徒刑的，不能少于原判刑期的 1/2；判处无期徒刑的，不能少于 10 年。

3. 假释

假释，是指被判处有期徒刑或无期徒刑的犯罪分子，在刑罚执行一定时间以后，确有悔改表现，不致再危害社会，司法机关将其附条件提前释放的制度。假释和减刑一样，都是为了鼓励犯罪分子改过自新。适用假释的条件是：（1）适用对象是被判处有期徒刑和无期徒刑的犯罪分子；（2）被判有期徒刑的，应执行原判刑期 1/2 以上，被判无期徒刑的实际执行 10 年以上。但是，特殊情况除外；（3）确有悔改表现，假释后不致再危害社会；（4）累犯及因杀人、爆炸、抢劫、强奸、绑架等暴力性犯罪被判处 10 年以上有期徒刑、无期徒刑的犯罪分子，不得假释。这是适用假释的排除条件。

凡假释都有假释考验期。有期徒刑的假释考验期限为没有执行完毕的刑期；无期徒刑的假释考验期限为 10 年。被假释的犯罪分子，在假释考验期限内犯新罪，或者发现被假释的犯罪分子在判决宣告以前还有其他罪没有判决，应当撤销假释，依照《刑法》的规定实行数罪并罚。被假释的犯罪分子，在假释考验期限内，有违反法律、行政法规或者国务院公安部门有关假释的监督管理规定的行为，尚未构成新的犯罪的，应当撤销假释，收监执行未执行完毕的刑罚。被假释的犯罪分子，在假释考验期限内，如果没有发生上述情况，假释考验期满，就认为原判刑罚已经执行完毕。

（七）刑罚的免除

刑罚的免除，是指国家司法机关对犯罪人停止行使刑罚权。我国《刑法》规定了追诉时效和赦免两种刑罚免除制度。

1. 追诉时效。追诉时效，是指对已超过法律规定期限的刑事犯罪不得追诉的法律制度。我国《刑法》是根据犯罪的社会危害性的大小来确定追诉时效期限的长短的。这样既可以防止罪行严重的犯罪分子轻易逃避刑罚惩罚，又可以避免罪行较轻的犯罪分子过长地处于刑罚威慑之下。

我国《刑法》对追诉时效的期限分别做了规定：（1）法定最高刑为不满5年有期徒刑的，经过5年，不再追诉；（2）法定最高刑为5年以上不满10年有期徒刑的，经过10年，不再追诉；（3）法定最高刑为10年以上有期徒刑的，经过15年，不再追诉；（4）法定最高刑为无期徒刑、死刑的，经过20年，不再追诉。如果20年以后认为必须追诉的，须报最高人民检察院核准。

此外，《刑法》还规定了不受追诉时效限制的情况：（1）在人民检察院、公安机关、国家安全机关立案侦查或者在人民法院受理案件以后，逃避侦查或者审判的，不受追诉时效期限的限制；（2）被害人在追诉期限内提出控告，人民法院、人民检察院、公安机关应当立案而不予立案的，不受追诉时效期限的限制。

2. 赦免。赦免，是指国家元首或者国家最高权力机关以发布命令的形式，对犯罪人免予追诉，或者免除执行全部或部分刑罚的法律制度。赦免分为大赦和特赦。我国《刑法》所称的赦免仅指特赦，即由国家元首或者国家最高权力机关发布命令，对已受罪刑宣告的特定犯罪人，免除其刑罚一部分或全部的执行。

第四节 《刑法·分则》概述

我国《刑法·分则》根据犯罪所侵犯的同类客体和社会危害性程度，将四百多种具体的犯罪归纳为十类，科学完整地构成了我国《刑法·分则》的体系，分述如下：

一、危害国家安全罪

危害国家安全罪，是指故意危害国家主权、分裂国家、破坏国家领土完整和安全、颠覆国家政权，或者侵害国家其他的根本利益、危害中华人民共和国国家安全的行为。

危害国家安全罪主要包括背叛国家，分裂国家，武装叛乱，颠覆国家政权，投敌叛变，资助危害国家安全活动，叛逃，间谍，为境外机构、组织、人员窃取、刺探、收买、非法提供国家秘密或情报，战时资敌等具体犯罪。

二、危害公共安全罪

危害公共安全罪，是故意或者过失地实施危害不特定多数人的生命、健康或重大公私财产安全的行为，侵犯的客体是社会公共安全。犯罪主体多数为一般主体，只有少数犯罪是特殊主体。其主观方面既可以是故意，也可以是过失。

危害公共安全罪包括的具体犯罪主要有：放火罪，决水罪，爆炸罪，投放危险物质罪，以危险方法危害公共安全罪，破坏交通设备罪，破坏易燃易爆设备罪，破坏通讯设备罪，劫持航空器罪，劫持船只、汽车罪，非法制造、贩卖枪支罪，非法携带危险物品进入公共场所或者公共交通工具罪以及交通肇事罪，重大责任事故罪等。

三、破坏社会主义市场经济秩序罪

破坏社会主义市场经济秩序罪，是指违反国家经济管理法律、法规，破坏社会主义市场经济秩序，情节严重的行为。该罪侵犯的客体是社会主义市场经济秩序。其犯罪主体，多数为一般主体，少数犯罪是特殊主体。在犯罪的主观方面，只能是故意，并以营利或者获取其他非法利益为目的。

破坏社会主义市场经济秩序罪是《刑法》打击的重点，因此，《刑法·分则》规定这一类罪的条文超过了《分则》全部条文的1/4，具体又分为八类：生产、销售伪劣商品罪，走私罪，妨害对公司、企业的管理秩序罪，破坏金融管理秩序罪，金融诈骗罪，危害税收征管罪，侵犯知识产权罪，扰乱市场秩序罪。

四、侵犯公民人身权利、民主权利罪

侵犯公民人身权利、民主权利罪，是指故意或者过失侵犯公民人身权利、民主权利的行为。侵犯的客体是公民的人身权利和民主权利，犯罪的主体多为一般主体，少数为特殊主体，在主观方面，除过失致人死亡和过失重伤罪外，其他犯罪都只能由故意构成。

《刑法·分则》规定的侵犯公民人身权利、民主权利罪具体包括：故意杀人罪，故意伤害罪，强奸罪，绑架罪，非法拘禁罪，诬告陷害罪，刑讯逼供罪，强制职工劳动罪，过失致人死亡罪，过失致人重伤罪，拐卖妇女儿童罪，非法侵入住宅罪，等等。

五、侵犯财产罪

侵犯财产罪，是指故意非法占有、挪用公私财物，或者故意毁坏公私财物，破坏生产经营的行为。

《刑法·分则》规定的侵犯财产罪具体包括盗窃罪、诈骗罪、抢夺罪、侵占罪、聚众哄抢罪、挪用特定款物罪、职务侵占罪、挪用资金罪、抢劫罪、勒索罪、故意毁坏财物罪、破坏生产经营罪等 12 种罪名。

六、妨害社会管理秩序罪

妨害社会管理秩序罪，是指妨害国家机关的社会管理活动，破坏社会正常秩序，情节严重的行为。侵犯的客体是社会管理秩序，其犯罪主体多为一般主体，在主观方面，只能是故意，过失不能构成此类犯罪。

《刑法》规定的妨害社会管理秩序罪具体又分为九类：扰乱公共秩序罪，妨害司法罪，妨害国（边）境管理罪，妨害文物管理罪，危害公共卫生罪，破坏环境资源保护罪，走私、贩卖、运输、制造毒品罪，组织、强迫、引诱、容留、介绍卖淫罪，制作、贩卖、传播淫秽物品罪。

七、危害国防利益罪

危害国防利益罪，是指危害国防利益应受刑罚处罚的行为。犯罪侵害的客体是我国国防建设、军队建设、军事设施等国防方面的利益；犯罪主体既可以是自然人，也可以是单位；在自然人犯罪主体中，多为一般主体，个别为特殊主体；在犯罪的主观方面，大多数是故意犯罪，也有个别犯罪既可以由故意也可以由过失构成。

《刑法·分则》规定的危害国防利益罪具体包括：阻碍军人执行职务罪，阻碍军事行动罪，破坏武器装备、聚众扰乱军事管理区秩序罪，煽动军人逃离部队罪，故意提供不合格武器装备罪，雇用逃离部队军人罪，聚众冲击军事禁区罪。

八、贪污贿赂罪

贪污贿赂罪，是指国家工作人员利用职务上的便利，非法占有、挪用公共财物以及损害国家工作人员职务廉洁性的行为。

贪污贿赂罪基本特征是：侵犯的客体主要是国家工作人员职务的廉洁性；客观方面表现为利用职务上的便利，实施了非法占有、挪用公共财物以及损害国家廉洁制度，情节严重的行为；犯罪主体大多数是特殊主体，即国家工作人员，少数是一般主体；主观方面只能出于直接故意，过失不构成这类犯罪。

《刑法·分则》规定的贪污贿赂罪具体包括贪污罪、挪用公款罪、受贿罪、单位受贿罪、行贿罪、对单位行贿罪、介绍贿赂罪、单位行贿罪、巨额财产来源不明罪、隐瞒境外存款罪、私分国有资产罪、私分罚没财物罪等12个罪名。

九、渎职罪

渎职罪，是指国家机关工作人员违背公务职责，滥用职权、玩忽职守或者徇私舞弊，妨害国家机关正常职能活动，致使国家和人民利益遭受严重损失的行为。

《刑法·分则》规定的渎职罪具体包括：滥用职权罪，玩忽职守罪，徇私枉法罪，枉法裁判罪，环境监管失职罪，放纵走私罪，商检失职罪，国家机关工作人员签订合同失职罪，动植物检疫徇私舞弊罪。

十、军人违反职责罪

军人违反职责罪，是指军人违反职责，危害国家军事利益，依照法律应当受刑罚处罚的行为。

第八讲

行 政 法

第一节　行政法概述

一、行政法的概念和特征

行政是国家行政主体对国家事务和社会事务，即公共事务进行管理的活动。行政并非行政主体的一切活动，仅仅是国家行政主体对国家事务和社会事务进行管理的活动，属于公共行政的范畴。所谓行政法，是指行政主体在行使行政职权和接受行政法制监督过程中，与行政相对人、行政法制监督主体之间发生的各种关系，以及行政主体内部发生的各种关系的法律规范的总称。它由规范行政主体和行政权设定的行政组织法、规范行政权行使的行政行为法、规范行政权运行程序的行政程序法、规范行政权监督的行政监督法和行政救济法等部分组成。其重心是控制和规范行政权，保护行政相对人的合法权益。

行政法律规范有以下几个重要特征：

首先，行政法尚没有统一完整的实体行政法典，这是因为行政法涉及的社会领域十分广泛，内容纷繁丰富，行政关系复杂多变，因而难以制定一部全面而又完整的统一法典。行政法散见于层次不同、名目繁多、种类不一、数量可观的各类法律、行政法规、地方性法规、规章以及其他规范性文件之中。凡是涉及行政权力的规范性文件，均存在行政法规范。重要的综合性行政法律在我国和国外主要有：行政组织法、国家公务员法、行政处罚法、行政强制法、行政许可法、行政程序法、行政公开法、行政复议法、行政诉讼法、国家赔偿法等。

其次，行政法涉及领域十分广泛，内容十分丰富。由于现代行政权力的急剧膨胀，其活动领域已不限于外交，如国防、治安、税收等领域，而是扩展到了社会生活的各个方面。因此，这就决定了各个领域所发生的社会关系均需要行政法调整，现代行政法适用的领域更加广泛，内容也更加丰富。

再次，行政法具有很强的变动性。行政法与其他部门法由于社会生活和行政关系复杂多变，因而作为行政关系调节器的行政法律规范也具有较强的变动性，但值得指出的是，这里所谓行政法规范的易变性，仅仅是指它与民法典、刑法典相比变动较多较快，并不是说这种易变性意味着朝令夕改。作为法，行政法规范不同于政策，依然是有相对稳定性等基本特征。

二、行政法的基本原则

行政法的基本原则，又称行政法治原则，是指贯穿行政领域法律关系始终，调整和决定行政法主体的行为，指导行政法实践全过程的原理和准则，是国家行政管理活动中必须遵循的共同准则。它是反映行政法本质和具体制度规则内在联系的共同性规则。

（一）合法行政原则

“合法行政”是行政法的首要原则，其他原则可以理解为这一原则的延伸。合法行政原则主要由三层意思构成：第一，行政机关实施行政管理要严格依法进行。换句话说，行政机关实施的管理行为是由法律事先设定好了的，行政机关只能按法律的规定去办事，而不能随意超越法律规定，否则就构成行政违法。第二，合法行政中的“法”，其法律渊源表现为法律、法规和规章。即行政机关实施行政管理，应当依照法律、法规和规章的规定进行。此外，在处理法律、法规和规章的关系时还应当坚持法律优位和法律保留原则，法律优位是指上位阶的法律规范的效力高于下位阶法律规范的效力，各层级的法律规范之间必须保持统一与和谐；法律保留是指凡属于宪法、法律规定只能由法律规定的事项，或者只能由法律作出规定，只有在法律有明确授权的情况下，行政机关才有权在其所制定的行政规范中作出规定。第三，行政机关必须遵守“法无明文规定即禁止”。即没有法律、法规、规章的规定，行政机关不得作出影响公民、法人和其他组织合法权益或者增加公民、法人和其他组织义务的决定。从这一角度来看，合法行政原则实际上是公民权利本位观、政府义务本位观在行政法上的具体展现。

（二）合理行政原则

合理行政原则，即行政机关作出的行政行为内容要客观、适度、符合理性，合理行政属于实质行政法治的范畴，尤其适用于裁量性行政活动。合理行政原则产生的主要原因是行政自由裁量权的存在与扩大。自由裁量权指行政机关的自行决定权，即对具体行政行为的方式、范围、种类、幅度等的选择权。尽管从机关性质上来说，行政机关应当是执行法律的机关，其行为皆应依法实施，但由于行政事务的复杂性，立法机关不可能通过严密的法律规范完全约束行政行为，故不得不在事实上和法律上承认行政机关的一定程度的行为选择权，即自由裁量权。诚然，为了执行公务的需要，行政裁量权必须存在，但与此同时，由于行政裁量权较少受到法律的约束，因而常常产生滥用的事实或出现行政处罚显失公正的后果。无论行政裁量权的滥用或行政裁量显失公正，都是对行政法治的破坏。因此，我们既应当承认自由裁量权的作用，又应当加强对自由裁量权的控制。合理行政原则包括：第一，公平公正。第二，符合法律目的地考虑相关因素并排除不相关因素的干扰。第三，符合比例。比例原则的基本涵义是指行政主体实施行政行为时应当兼顾行政目标的实现和保护行政相对人的合法权益，如果为了实现行政目标可能对相对人权益造成某种不利影响时，应使该不利影响限制在尽可能小的范围和限度，使二者处于适度的比例。“合理行政”原则是对行政机关的执法水平和执法能力的较高要求，真可谓“合法诚可贵，合理价更高”。

（三）程序正当原则

正义不仅应当实现，而且应当以人们看得见的方式实现，而这个看得见的方式就是“程序正义”。所谓程序的正义就是对程序施加了道德标准和要求，符合一定的道德标准的程序才能叫做符合程序正义的程序。就行政执法来讲，程序正当原则应当至少包括以下内容：第一，政府信息公开。行政机关实施行政管理，除涉及国家秘密和依法受到保护的商业秘密、个人隐私的外，应当公开。如果政府有关信息不公开，那么，相对人的听证权和参与权就会形同虚设，因为相对人会因不知情而无法有效参与，从而导致法律由少数人垄断，形成法治上的霸权主义。第二，听取意见。即在作出行政决定前，要注意听取公民、法人和其他组织的意见。如果行政机关不注重听取意见，行政决定势必会导致片面和武断，因此行政机关在作出行政决定前要有“兼听则明、偏听则暗”的气度和胸怀。第三，要遵循回避原则。行政机关工作人员履行职责，与行政管理相对人存在利害关系时，应当回避。这是“任何人都不能当自己案件的法官”在行政执法中的必然要求。第四，要保障行政管理相对人、利害关系人的知情权、参与权和救济权。

（四）高效便民原则

在行政管理中，行政行为的过分迟延会严重牺牲公平和正义。这就要求行政机关必须高效便民。高效便民是指行政机关能够依法高效率、高效益地行使职权，最大程度地方便人民群众。高效便民，是衡量行政机关工作质量的重要标准，也是决定行政机关能否真正落实服务于民宗旨的重要环节。

（五）诚实守信原则

我们知道，市场经济是法治经济。在市场经济条件下，为了保证交易稳定性、安全性，法律要求市场主体要讲求诚信。由于我国行政法治历史较短，长期以来，行政机关是否诚信执法游离于法律规制之外，缺乏法律责任的硬性规定。伴随着中国行政法治化的进程，我国《行政许可法》第一次以法律的形式确立了行政机关的诚信原则，也就是我们常说的信赖利益保护原则。

（六）权责统一原则

权责统一原则要求行政机关在享有法定职权时，同时要承担相应的法律责任。具体而论，权责统一原则应当包括以下内容：第一，有权必有责。就现行法律制度来讲，我国法律对行政机关确立了国家赔偿责任、依法补偿责任、监督检查责任和其他违法责任制度，对于执法人员来说，主要法律责任有刑事责任、行政责任、国家赔偿追偿责任、执法过错责任，可以说，我国行政法对行政机关及其执法人员的法律责任规定已日趋完善。第二，权责必须对称统一。即有多大的权力，就必须承担多大的责任。否则，如果权力过大责任过小，则虽有责任但不足以约束权力，反之责任过大权力过小，则职业风险太大导致人人都不愿涉足行政管理领域，公共利益将无法得到有效保障。第三，用权受监督。杰斐逊说：“在权力问题上，不要谈论对人的信任，而是要用锁链限制他们，防止他们作出伤害人的事情”。这表明对权力实施监督的重要性。没有监督的权力，即使法律责任设定得尽善尽美，也将导致腐败。第四，违法要追究。违法要追究是保障权力运行规范正确、责任落实到位的最后手段，只有违法行为得到追究，才能确保“合法行政、合理行政、程序正当、高效便民、诚实守信”原则落到实处。

第二节 行政主体和行政相对人

一、行政主体

（一）行政主体概述

我们可将行政主体定义为，依法享有国家行政权力，能以自己的名义实施国家行政管理活动，并对由此产生的行为后果独立承担法律责任的组织。对此，我们可以分解为“权”、“名”、“责”三个要素来理解。权，即自己享有并行使行政管理职权；名，即以自己名义实施行政管理活动；责，即必须能够独立承担因行政活动而产生的法律责任。

行政主体的角色主要由国家行政机关担任，但行政机关并非在任何场合都是行政主体，当行政机关以机关法人的平等身份参与民事活动时，不作为行政主体看待；在某些情况下，某一行政机关还可能成为另一机关的管理对象，此时前一行政机关处于行政相对人而非行政主体的地位。同时，行政机关以外的组织和行政机关内部的某些机构在得到法律、法规或规章授权时，也可以成为行政主体。

依据不同的标准，可对行政主体作出不同分类，主要划分标准和类型有：

1. 职权性行政主体和授权性行政主体

根据行政主体资格取得的法律依据的不同，可将行政主体划分为职权性行政主体和授权性行政主体。职权性行政主体是指根据《宪法》和《行政机关组织法》的规定，在机关依法成立时就拥有相应行政职权并同时获得行政主体资格的行政组织，它只能是国家行政机关，包括各级人民政府及其职能部门以及县级以上地方人民政府的派出机关。授权性行政主体是指根据《宪法》和《行政机关组织法》以外的单行法律、法规、规章的授权规定而获得行政主体资格的组织，包括行政机构、公务组织和社会组织。

2. 行政机关、行政机构、公务组织和社会组织

根据行政主体的组织构成与存在的形态不同，可将行政主体分为行政机关、行政机构、公务组织和社会组织。作为行政主体的行政机关，是依照《宪法》和《行政机关组织法》设立并同时取得行政主体资格的行政组织；作为行政主体的行政机构，是设置于行政机关内部的通过授权方式取得行政主体资格的行政组织；作为行政主体的公务组织，是国家依法设立的专门从事某种公共职能事务活动的通过授权方式取得行政主体资格的组织；作为行政主体的社会组织，是通过授权取得行政主体资格的企业、事业单位和社会团体。

3. 单独行政主体与共同行政主体

以行政行为的相应划分（单独行政行为与共同行政行为）为基础，可将行政主体划分为单独行政主体与共同行政主体。应该说，每一个行政主体都是单独行政主体，但当两个以上的行政主体共同作出行政行为时，它们便成为共同行政主体。

（二）行政机关和行政机构

行政机关，是指按照《宪法》和有关组织法的规定而设立的依法行使国家行政职权、对国家各项行政事务进行组织和管理的国家机关。它具体指从中央到地方的各级人民政府及其他具有法人资格、能以自己的名义行使行政权并承担因此而产生的法律责任的行政单位。行政机关具有行政主体资格，可以成为行政法律关系中的一方特定主体。

行政机构，是行政组织的构成要素之一，是行政机关根据工作的需要，在机关内设立的若干工作机构，其按照内部分工办理或协助处理该机关的各项行政事务。它是构成国家行政机关的内部各单位，它是为行政机关行使行政权服务的，行政机关是各行政机构有机构成的综合体。只有在法定授权的情况下，行政机构才能成为行政主体。

而我们通常所说的行政组织，不是准确的法律用语，它是指由国家按照《宪法》、《组织法》和其他有关法律规定的条件和程序设立并负责国家行政事务管理的特殊社会组织，包括行政机关和行政机构，是一切行政机关与行政机构的综合体。

国家行政机关的设置一般从两个方面考虑：一是管理的实际需要，二是现代

行政管理的功能。随着经济和社会的发展，国家行政管理的内容日益增多，范围不断扩大，行政管理从决策、执行混而为一的单一功能，向决策、执行、咨询、监督等健全的多功能发展。因此，必须科学地设置行政机关。我国行政机关的设置应当遵循以下原则：

1. 适应需要原则。在行政机关的设置上，必须适应社会主义市场经济体制和民主法制发展的需要，转变政府职能，进行政府机构改革，并根据现代市场经济和法治行政的新需求对行政机关的设置不断作出调整。

2. 精简原则。精兵简政是中国共产党的优良传统，当前和今后仍要遵循这一原则，力争用最少的人办最多最好的事。尽管经济和社会发展使管理机构和行政工作人员有不断增加的趋势，但现代行政管理又要求机构职责分明、层次简化、人员精干。

3. 高效原则。行政上的高效率，是指用最少的时间来完成最多的工作，以最少的消耗获得最大的效益。是否达到行政上的高效率，由三个标准来衡量，即节约、迅速和有效性。

4. 依法设置原则。任何一个行政机关要想合法地存在并得以充分地发挥其固有的功能，必须具备两个基本前提：一是必须由具有批准设置该行政机关权限的机关，在法定权限许可的范围内批准才能成立；二是必须依照法定程序进行，由有权设置、变更和撤销的机关，在其职权范围内设置、变更和撤销。为了真正做到依法设置行政机关，必须建立健全有关行政组织的法律规范。

（三）中央行政机关与行政机构

中央行政机关与机构主要包括：国务院、国务院组成部门、国务院直属单位、国务院组成部门管理的机构、国务院办公机构、国务院办事机构、国务院议事协调机构、国务院部门的内设机构。

国务院即中央人民政府，是最高国家权力机关的执行机关，是最高国家行政机关。根据《宪法》和《国务院组织法》的规定，国务院享有领导和管理全国行政事务的职权，制定行政法规、规定行政措施、发布决定和命令的职权，领导各级行政机关并可以改变或者撤销其违法或不适当的命令、指示、规章和决定的权力，以及最高国家权力机关授予的其他职权。

国务院组成部门俗称中央部委，在名称上可能称为某某部（如农业部、科技部）、某某委员会（如国家发展与改革委员会）、某某行（即中国人民银行）、某某署（即国家审计署）等。国务院组成部门的设立、增加、减少、合并，必须经过全国人大或其常委会决定，这些部门的正职领导人是国务院全体会议的组成人员。

国务院直属单位与部委基本相似，但地位上略低于部委，其设立、增加、减少、合并，无须经过全国人大或其常委会同意，国务院可以自行决定；这些部门的正职领导也不是国务院全体会议的组成人员。

（四）地方行政机关与行政机构

地方行政机关与行政机构的主要类型包括：地方各级政府，地方政府的工作部门与直属单位，地方政府的派出机关，地方政府的办公机构、办事机构、议事协调机构，中央在地方上的派出机构与分支机构，地方行政机关的派出机构与内设机构。

我国地方政府分为省级（包括省、自治区、直辖市），地级（包括设区的市、自治州），县级（包括县、自治县、旗、县级市、市辖区），乡级（包括乡、民族乡、镇）。各级人民政府均是行政主体，其法定职权主要是：执行权，决定、命令的发布权和规章的制定权，领导和管理权，法律纠纷裁决权。

地方各级政府的工作部门与直属单位与国务院的组成部门与直属单位基本上存在着对应关系。一般来讲，国务院的上述单位中具备行政主体资格的，地方政府中与其对应的单位也就具有行政主体资格；反过来结果也一样。值得注意的是，只有县级以上（含县级）人民政府才设立这些部门与单位，乡镇一级政府不设工作部门。

在历史上，我国中央政府与地方政府都曾设立过派出机关，但中央政府的派出机关如今已不复存在，而地方政府的派出机关仍普遍存在。具体而言，派出机关包括：省级人民政府派出的地区行政公署（事先必须得到国务院批准），县级人民政府派出的区公所（事先必须得到省级政府批准），市辖区或县级市政府派出的街道办事处（事先必须得到其上一级政府批准），以及某些地方政府往当地开发区派出的管理委员会。这些派出机关在地位上类似于一级地方人民政府，具有行政主体资格。派出机关的法定职权主要有：（1）就辖区内行政事务作出决定权；（2）对本区域内行政事务的管理权；（3）行政公署作为省级人民政府的派出机关，还拥有对所辖职能部门和下级人民政府的领导和监督权。

（五）行政授权

行政授权实际上是指法律、法规、规章将某方面或某项行政职权授予行政机关以外的组织，被授权者以自己的名义实施行政管理活动和行使行政职权，并由自己对外承担行政活动的相应法律责任。

国家行政权力由行政机关行使，并由行政机关工作人员即公务员具体实施，但行政机关及其工作人员不是国家行政权力唯一的具体行使者。在特定条件下，其他组织和个人也能实施行政管理行为，成为国家行政权力的具体行使者。

国家行政机关与国家公务员以外的其他行政活动实施者的权力来源主要有两种：一是行政授权；二是行政委托。

关于行政授权，我们认为，它是指法律、法规、规章将某方面或某项行政职权授予行政机关以外的组织，被授权者以自己的名义实施行政管理活动和行使行政职权，并由自己对外承担行政活动的相应法律责任。这里所说的“行政机关以外的组织”，既包括非政府组织，也包括行政机关的内设机构和派出机构。

被授权的组织是指在行政管理活动中，通过法律、法规、规章将某些行政职权授予企事业单位、社会团体和群众性自治组织以及行政机关的内设机构和派出机构，来独立地行使行政职权并承担相应职责的法律行为。被授权的组织在行政法上具有独立的行政主体的法律地位。因为被授权组织享有法律、法规、规章所明确授予的行政职权，并能以自己的名义实施行政行为，独立承担法律责任。

二、行政相对人

行政相对人（简称相对人，也称行政相对方）是行政法和行政法学中一个重要和常用的概念，其基本含义就是指行政机关的行为所指向的，与行政机关相对应的一方。包括作为公民的自然人，具有法人资格的企事业单位和其他组织形态。

（一）行政相对人的法律地位

首先，行政相对人是行政主体行政管理的对象。

其次，行政相对人也是行政管理的参与人。在现代社会中，行政相对人不只是被动的管理对象，同时也积极地参加行政管理，如通过批评、建议、信访、听证会、意见征求会等形式参与行政立法和其他各种行政规范性文件的制定；通过告知、听取意见陈述、申辩、提供证据、听证、辩论等行政程序参与其行政行为的实施。

再次，行政相对人在行政救济法律关系和行政法制监督关系中可以转化为救济对象和监督主体。

（二）行政相对人的权利和义务

行政相对人的法律地位具体体现为相对人的权利和义务。行政相对人的权利同时也构成行政主体的义务，它是《宪法》赋予当事人的基本权利在行政管理领域的具体化。

1. 行政相对人的权利

行政相对人的权利主要有：（1）申请权。如申请办理许可证照；申请取得抚恤金、补助金、救济金；在合法权益受到侵害时、申请获得法律保护等。（2）参与权。行政相对人依法有权参与行政管理。（3）知情权。行政相对人有权通过行政公示、告知、询问等渠道了解行政机关管理活动的依据和程序等等。（4）陈述、申辩权。行政相对人在行政主体作出与自身权益有关、特别是不利的行为时，有权陈述自己的意见，提供有关证据材料，进行说明和申辩。（5）批评、建议权。（6）申诉、控告、检举权。（7）申请行政复议权。（8）提起行政诉讼权。（9）请求行政赔偿权。（10）抵制违法行政行为权。

2. 行政相对人的义务

行政相对人的义务主要是：（1）服从行政管理的义务。（2）协助公务的义务。比如配合行政主体的调查，为执行公务提供便利条件和设施等等。（3）维护公益的义务。（4）接受行政监督和调查的义务。包括接受行政主体依法实施的检查、鉴定、登记、统计、审计等。（5）提供真实信息的义务。如申请许可证应当提供真实准确的信息资料。（6）遵守行政程序的义务。以上这些义务并不是行政法律关系中行政相对人所要承担的全部义务，实际上现实生活中行政相对人承担的义务是非常多样化的，行政主体也可以在法律的框架内为行政相对人设定一定的义务，但必须符合法律保留原则，即这种义务的设定不能侵害行政相对人的合法权益。违反程序中的协助义务主要会产生以下几种法律效果：（1）作出对其不利的行政决定；（2）直接课以行政处罚；（3）行政强制。

第三节　行政行为

一、行政行为的概念和特征

（一）行政行为的概念

行政行为是指行政主体行使行政职权，作出的能够产生行政法律效果的行为。行政行为的概念包括以下含义：首先，行政行为是行政主体所为的行为；其次，行政行为是行使行政职权，进行行政管理的行为；再次，行政行为是行政主体实施的能够产生行政法律效果的行为。

不具有行政权能的组织所做的行为，具有行政权能的组织非运用行政权所做的行为，或者非针对行政相对人所做的行为，以及不具有法律意义的事实行为，一般都不属于行政行为的范围。

（二）行政行为的特征

行政行为与民事行为和其他国家机关的行为相比较，主要具有下述特征：

1. 行政行为是执行法律的行为，具有从属法律性。即行政行为是执行法律的行为，从而必须从属于法律。

2. 行政行为具有一定的裁量性。这是由立法技术本身的局限性和行政管理的广泛性、变动性、应变性所决定的。行政行为虽然必须依法而行，必须有法律根据，但是这并不意味着行政机关只能机械地按照法律预先设计的具体路线、途径、方式行事，而不能有任何的自行选择、裁量和主动性参与其间。行政行为的自由裁量性与从属法律性不是截然对立的，而是矛盾的对立统一。

3. 行政主体在实施行政行为时具有单方意志性。行政行为是行政主体行使国家行政权的行为。行政主体实施行政行为，只要是在行政组织法或法律、法规的授权范围内，即可自行决定和直接实施，而无需与行政相对方协商和征得相对方的同意。

4. 行政行为具有效力先定性。所谓效力先定，是指行政行为一经作出后，就事先假定其符合法律规定，在没有被国家有权机关宣布为违法无效之前，对行政机关本身和相对方以及其他国家机关都具有拘束力，任何个人或团体都必须遵守和服从。

5. 行政行为具有强制性。行政行为是行政主体代表国家，以国家名义实施的行为，故其以国家强制力作为实施的保障，带有强制性，行政相对方必须服从并配合行政行为。行政行为的强制性与单方意志性是紧密联系的。

二、行政行为的分类

（一）抽象行政行为与具体行政行为

所谓抽象行政行为，是指以不特定的人或事为管理对象，制定具有普遍约束力的规范性文件的行为，如制定行政法规和行政规章的行为。抽象行政行为包括两类：一类是行政立法行为，即有权行政机关制定行政法规和行政规章的行为；另一类是制定不具有法源性的规范文件的行为，即有权行政机关制定或规定除行政法规和规章以外的具有普遍约束力的其他规范性文件的行为。

所谓具体行政行为，是指在行政管理过程中，针对特定的人或事所采取具体措施的行为，其行为的内容和结果将直接影响某一个人或组织的权益，具体行政行为最突出的特点，就是行为对象的特定性和具体化，即针对某个个人或组织，或者某一具体社会事项。具体行政行为一般包括行政许可与确认行为、行政奖励与行政给付行为、行政征收行为、行政处罚行为、行政强制行为、行政监督行为、行政裁决行为等。

（二）羁束行政行为与自由裁量行政行为

行政行为以受法律规范拘束的程度为标准，可分为羁束行政行为和自由裁量行政行为。

羁束行政行为，是指法律规范对其范围、条件、标准、形式、程序等做了较详细、具体、明确规定的行政行为。自由裁量行政行为，是指法律规范仅对行为目的、行为范围等作出原则性规定，而将行为的具体条件、标准、幅度、方式等留给行政机关自行选择、决定的行政行为。

羁束行政行为与自由裁量行政行为的划分则决定了在此范围内人民法院监督行政行为的程度和深度。人民法院审理行政案件是对具体行政行为的合法性进行审查，对行政行为是否适当原则上不予审理。对于羁束行为，相对方不服，可以向法院提起行政诉讼；而对于自由裁量行为，如果不是显失公正，人民法院不予受理。

（三）依职权的行政行为与依申请的行政行为

以行政机关是否可以主动作出行政行为为标准，行政行为可分为依职权的行政行为和依申请的行政行为。

依职权的行政行为，指行政机关依据法律赋予的职权，无须相对方的请求而主动实施的行政行为。依申请的行政行为，是指行政机关必须有相对方的申请才能实施的行政行为。

对依职权和依申请的行政行为进行分类研究的意义在于明确二者的不同规则，有助于法院对行政行为的审查判断。对依职权的行政行为，法院审查判断的标准应是该行为是否违法，对于合法的行政行为，应维持判决，对于违法的行政行为，应作出撤销判决。对依申请的行政行为，由于是针对行政机关不作为的行为，所以，法院最终的判决则是指向行政机关是否应当作为，是否履行职责的判决。

（四）要式行政行为与非要式行政行为

以行政行为是否应当具备一定的法定形式为标准，行政行为可分为要式行政行为与非要式行政行为。

所谓要式行政行为，是指必须具备某种法定的形式或遵守法定的程序才能成立生效的行政行为。所谓非要式行政行为，是指不需一定方式和程序，无论采取何种形式都可以成立的行政行为。

划分要式行政行为与非要式行政行为的意义在于：要式行政行为就其形式而言是一种羁束性要求，若不具备相应的形式，就会因形式违法而被宣布无效；而非要式行政行为就其形式上讲，是一种自由裁量性规定，采取哪种方式或形式，行政主体有选择余地，原则上不发生因形式而违法的问题，但同样可能发生不公正或不合理的问题。

（五）作为行政行为与不作为行政行为

以行政行为是否以作为方式来表现为标准，行政行为可分为作为行政行为和不作为行政行为。

所谓作为行政行为，是指以积极作为的方式表现出来的行政行为，如行政奖励、行政强制行为。所谓不作为行政行为是指以消极不作为方式表现出来的行政行为。

划分作为方式与不作为方式的行政行为，有利于明确行政行为的范围，也有利于行政职责的履行和对相对方权益的保护，真正体现行政法的精神。

（六）行政立法行为、行政执法行为与行政司法行为

这是以行政权作用的表现方式和实施行政行为所形成的法律关系为标准所做的划分。

所谓行政立法行为，是指行政主体依法定职权和程序制定带有普遍约束力的规范性文件的行为，它所形成的法律关系是以行政机关为一方，以不确定的行政相对方为另一方。

所谓行政执法行为，是指行政主体依法实施的直接影响相对方权利义务的行为，或者对个人、组织的权利义务的行使和履行情况进行监督检查的行为。它形成的法律关系是以行政主体为一方，以被采取措施的相对方为另一方的双方法律关系。具体包括行政许可、行政确认、行政奖励、行政处罚、行政强制、行政合同、行政监督等行为。

所谓行政司法行为，是指行政机关作为争议双方之外的第三者，按照准司法程序审理特定的行政争议或民事争议案件并作出裁决的行为，它所形成的法律关系是以行政机关为一方，以发生争议的双方当事人各为一方的三方法律关系，具体包括行政裁决、行政复议等行为。

将行政行为划分为行政立法行为、行政执法行为与行政司法行为，有助于对因行政权不同作用方式而形成的不同的行政关系进行法律调整，从而规范行政行为。

三、行政立法

（一）行政立法的概念

行政立法是指一定范围内的国家行政机关依法定权限和程序制定和发布行政法规、规章等抽象行为规则的活动，类似一些西方国家所称的委任立法。它通常具有两方面的内容：一是国家行政机关接受国家立法机关的委托，依照法定程序制定具有法律效力的规范性文件的活动。二是国家行政机关依照法定程序制定有关行政管理规范性文件的活动，亦称“准立法”。按照《中华人民共和国立法法》的规定，有权实施行政立法的机关包括：国务院及其各部委和部分直属机构，省、自治区、直辖市和较大的市的人民政府。

（二）行政立法的权限

行政立法的权限是指行政机关在哪些事项上可以进行职权立法，哪些事项非经特别授权不得进行立法的界限，也即行政机关与权力机关在立法上的分工。

1. 中央行政机关的行政立法权限

中央行政机关的行政立法权限包括：（1）国务院根据《宪法》和法律制定行政法规，可就下列事项作出规定：为执行法律的规定需要制定行政法规的事项；《宪法》第 89 条规定的国务院行政管理职权的事项。（2）国务院各部委和部分具有行政管理职能的直属机构，可根据法律和国务院的行政法规、决定、命令，在本部门的权限范围内制定部门规章，其规定的事项应当属于执行法律或者国务院的行政法规、决定、命令的事项。

2. 地方行政机关的行政立法权限

省、自治区、直辖市和较大的市的人民政府，可以根据法律、行政法规和本省、自治区、直辖市的地方性法规，制定地方政府规章，就下列事项作出规定：（1）为执行法律、行政法规、地方性法规的规定需要制定规章的事项；（2）属于本行政区域的具体行政管理事项。

四、行政许可、行政处罚与行政强制

行政执法是行政主体依法行使行政权力、实施行政管理、落实法律规范并引起有关行政相对人权利义务变化的活动，它是行政实务中运用得最多、最广泛和问题最突出的具体行政行为。这里着重讨论若干最常见的行政执法行为。

（一）行政许可

1. 行政许可的概念

行政许可，是行政主体根据行政相对人的申请，按照一定的程序，通过颁发许可证、执照等形式，依法赋予行政相对人从事某种活动的法律资格或实施某种行为的法律权利的行政行为。

2. 行政许可的设定事项

我国《行政许可法》规定，下列事项可以设定行政许可：

（1）直接涉及国家安全、公共安全、经济宏观调控、生态环境保护以及直接关系人身健康、生命财产安全等特定活动，需要按照法定条件予以批准的事项；

（2）有限自然资源开发利用、公共资源配置以及直接关系公共利益的特定行业的市场准入等，需要赋予特定权利的事项；

（4）直接关系公共安全、人身健康、生命财产安全的重要设备、设施、产品、物品，需要按照技术标准、技术规范，通过检验、检测、检疫等方式进行审定的事项；

（5）企业或者其他组织的设立等，需要确定主体资格的事项；

（6）法律、行政法规规定可以设定行政许可的其他事项。

以上事项通过下列方式能够予以规范的，可以不设行政许可：

（1）公民、法人或者其他组织能够自主决定的；

（2）市场竞争机制能够有效调节的；

（3）行业组织或者中介机构能够自律管理的；

（4）行政机关采用事后监督等其他行政管理方式能够解决的。

（二）行政处罚

1. 行政处罚的概念

行政处罚是指享有行政处罚权的行政主体，对实施违反行政管理法律规范，尚未构成犯罪，且应当承担行政法律责任的公民、法人或者其他组织依法进行的行政法律制裁。

2. 行政处罚的基本原则

（1）行政处罚法定原则；（2）行政处罚公正、公开原则；（3）一事不再罚原则；（4）行政处罚与教育相结合的原则；（5）保障权利的原则；（6）行政处罚与违法行为相适应原则；（7）行政处罚不得以罚代刑原则；（8）行政处罚不免除民事责任原则；（9）行政处罚权分离原则；（10）行政处罚监督原则。

3. 行政处罚的种类

（1）警告；（2）罚款；（3）没收违法所得、没收非法财物；（4）责令停产停业；（5）暂扣或者吊销许可证、暂扣或者吊销执照；（6）行政拘留；（7）法律和行政法规规定的其他行政处罚。

4. 行政处罚的程序

行政处罚的程序主要分为行政处罚决定程序和行政处罚执行程序。其中行政处罚决定程序有：简易程序，一般程序，听证程序；行政处罚执行程序有：裁决与执行分离程序，当场收缴程序，执行处罚程序。

（三）行政强制

1. 行政强制的概念

所谓行政强制措施，是指行政机关在行政管理过程中，为制止违法行为、防止证据损毁、避免危害发生、控制危险扩大等情形，依法对公民的人身自由实施暂时性限制，或者对公民、法人或者其他组织的财物实施暂时性控制的行为。根据《中华人民共和国行政强制法》（2012 年 1 月 1 日起施行）的规定，行政强制包括行政强制措施和行政强制执行。

所谓行政强制执行，是指行政机关或者行政机关申请人民法院，对不履行行政决定的公民、法人或者其他组织，依法强制履行义务的行为。

2. 行政强制行为的种类和方式

根据《中华人民共和国行政强制法》第九条的规定，行政强制措施的种类包括：（1）限制公民人身自由；（2）查封场所、设施或者财物；（3）扣押财物；（4）冻结存款、汇款；（5）其他行政强制措施。

根据《中华人民共和国行政强制法》第十二条的规定，行政强制执行的方式有：（1）加处罚款或者滞纳金；（2）划拨存款、汇款；（3）拍卖或者依法处理查封、扣押的场所、设施或者财物；（4）排除妨碍、恢复原状；（5）代履行；（6）其他强制执行方式。

五、行政复议

行政复议是指行政相对人认为行政主体的具体行政行为侵犯其合法权益，依法向行政复议机关提出复核该具体行政行为的申请，行政复议机关依照法定程序对被申请的具体行政行为进行合法性、适当性审查，并作出行政复议决定的法律制度。行政复议的目的是为了纠正行政主体作出的违法或者不当的具体行政行为，以保护行政相对人的合法权益。行政复议的对象是具体行政行为。

（一）行政复议的性质

1. 行政复议是具有一定司法性的行政行为。其司法性是指拥有行政复议权的行政机关借用人民法院审理案件的某些方式来审查行政争议。行政复议机关作为第三人对行政机关和行政相对人之间的行政争议进行审查并作出裁决。行政复议机关与作为被申请人的行政机关之间没有特别的利害关系，可以保持必要的相对独立性和公正性，但是行政复议机关的复议行为仍是行政行为。

2. 行政复议是行政机关内部监督的一个重要环节，因此它不同于司法审查制度。这种监督行政的法律程序是因行政相对人提起申请而启动的，因而它又不同于如行政监察等监督行政的制度，行政监察是由行政机关主动提起的。

3. 行政复议是国家行政救济机制的重要环节。行政机关纠正自己的错误，对于相对人来说无疑是一种救济。

（二）行政复议的特征

1. 行政复议所处理的争议是行政争议，不解决民事争议。这里的行政争议是指行政主体在行政管理过程中因实施具体行政行为而与相对人发生的争议。

2. 行政复议以具体行政行为为审查对象，并附带审查部分抽象行政行为，但不审查行政法规和规章。相对人如认为行政法规和规章违法，应当通过其他行政法制监督途径解决。

3. 为了提高行政效率，行政复议主要采用书面审查的方式通过听证的方式审理。

4. 行政复议一般不具有终局性。行政复议与行政诉讼共同构成解决行政争议的两大法律制度，二者有着共同的目标和类似的功能，发挥着互为补充、相辅相成的作用。但是，与行政诉讼相比，行政复议更加强调专业性和效率要求，行政复议程序相对于司法程序更加简约，行政复议机构的独立性保障也远逊于行政诉讼。因此，相对人如果对行政复议决定不服，应当赋予其向法院提起行政诉讼的机会，这就是司法最终的原则。

（三）行政复议的基本制度

1. 一级复议制度。其基本内容是：（1）行政相对人不服具体行政行为的，只能行使一次行政复议申请权。如果行政相对人对行政复议决定不服的，只有向人民法院提起行政诉讼。（2）行政复议机关对一个被申请的具体行政行为只能作出一个行政复议决定，复议决定一旦作出，意味着复议机关的上一级机关已无权对该被申请的具体行政行为再做一个决定。但是，对错误的复议决定，如果相对人不提起行政诉讼，复议机关或上一级机关可依职权撤销。

2. 书面复议制度。行政复议一般只进行书面审理，不采用开庭形式互相对质和抗辩。当然，行政复议机关认为必要（如审理重大、复杂的行政复议案件），也可以采用开庭形式。

（四）行政复议程序

行政复议程序是行政复议申请人向行政复议机关申请行政复议，由行政复议机关作出复议决定的各项步骤、形式、顺序和时限的总和。行政复议程序是行政复议行为的重要环节，也是行政复议合法、高效进行的重要保证。

1. 复议申请

申请人自应当知道具体行政行为之日起60日内提出行政复议申请。

2. 复议受理

复议机关对复议申请进行形式审查，并在5日内作出是否受理决定。对不符合行政复议法规定的行政复议申请，决定不予受理，并书面告知申请人；对符合行政复议法规定的，但不属于本机关受理的行政复议申请，告知申请人向有关复议机关提出；对符合行政复议法规定的，且属于本机关受理的行政复议申请，自收到复议申请之日起即为受理。

3. 审理与决定

（1）审理方式。以书面审理为主，其他方式为辅。其他方式是指开庭、听证等。

（2）审理依据。以法律、行政法规、地方性法规、规章以及上级行政机关依法制定和发布的具有普遍约束力的决定、命令为依据。

（3）举证责任。根据行政诉讼举证责任的规定，应当由被申请人承当举证责任，提供作出具体行政行为的事实依据和法律依据，以证明其行为的合法性和合理性。

（4）复议决定。复议机关应当在受理复议申请之日起60日内作出复议决定，法律另有规定的除外。

（5）送达复议决定。行政复议机关作出复议决定后，应当依法在法定期间送达当事人。申请人如不服行政复议决定，可依法提起行政诉讼。法律规定复议为终局决定的，复议决定一经送达即发生法律效力，当事人收到复议决定后，如既不提起行政诉讼，又不履行复议决定，超过法定期限，复议决定即具有强制执行的法律效力。

第九讲

民 法

第一节 民法概述

一、民法的概念

民法是大陆法系特有的术语，是人类对法律体系，尤其是部门法学科认识的产物。在法律体系中，民法属于实体部门法，是与刑法、行政法并列的，仅次于宪法的实体部门法。

民法起源于罗马私法，是调整社会普通成员之间关系的法律。在这个法律中，以个人利益为核心，以人的平等和自治为理念，当事人之间处于平等的地位。与私法判然有别的是公法，它是以国家利益为核心，体现公共秩序、政治管理的法律。在这个法律中，当事人之间是命令与服从关系，处于不平等的地位。中华人民共和国成立后，于1986年公布并施行了《民法通则》，概括规定了民事法律的基本制度，有准民法典的性质。在2002年12月召开的第九届全国人大常委会第三十一次会议上，《民法典（草案）》被列入正式议程进行审议。2007年3月16日，第十届全国人民代表大会第五次会议通过了《中华人民共和国物权法》(以下简称《物权法》)。可以预见，一部新的民法典不久将可问世。据此，可将民法定义为：调整自然人或法人之间人身关系和财产关系的法律规范体系的总称。广义的民法就是指所有的私法规范，包括调整人身关系、财产关系、亲属关系、知识产权关系以及商事关系的法律规范；狭义的民法，仅仅指调整人身关系和财产关系的法律，通常不包括亲属法、知识产权法和商事法等法律规范。

二、民法的调整对象

民法调整的对象是平等主体之间的人身关系和财产关系。

民法调整的人身关系是自然人的人格权关系和身份权关系。人格关系是自然人基于彼此的人格或者人格要素而形成的关系。人格要素是与自然人人身不能分离的，没有直接经济内容的，包括生命、身体、健康等物质性要素和姓名、肖像、名誉、荣誉、隐私等精神性要素。人格在法律上不得抛弃、不得转让并不得褫夺。身份关系是自然人基于彼此的身份形成相互关系，包括父母子女、兄弟姐妹、祖父母、外祖父母等亲属关系。身份关系仅存在于自然人之间，也不得抛弃和转让。

财产关系是人们基于财产的支配和交易而形成的社会关系。民法调整的财产关系是发生于平等主体之间的。发生于上下级之间或与国家之间的调拨、没收、税收、罚款等具有服从性质的财产关系，不由民法调整。不能被支配的资源，如日月星辰、气流风暴，不能作为财产。人身的物质要素不能作为财产，如人的器官、血液。平等主体之间的财产关系，可分为支配型与流转型。支配型财产关系表述的是财产归何人控制的状态，回答财产"是谁的"或"由谁利用"这样的问题。在支配型财产关系中，对物的支配，民法上谓之物权关系；对智力成果的支配，民法谓之知识产权。流转型财产关系反映的是商品交换中的财产关系，表述财产在交易中即财产因买卖、租赁、借贷、承揽等行为而发生的移转状态。流转型财产关系民法上谓之债的关系。

三、民法的基本原则

（1）平等原则。平等是指主体的身份平等，即不论其自然条件和社会处境如何，其法律资格亦即权利能力一律平等。《民法通则》规定：当事人在民事活动中的地位平等。任何自然人、法人在民事法律关系中平等地享有权利，其权利平等地受到保护。

（2）自愿原则。自愿就是在民事活动中当事人的意思自治，即当事人可以根据自己的判断去从事民事活动，国家一般不干预当事人的自由意志，充分尊重当事人的选择。

（3）公平原则。公平是指在民事活动中以利益均衡作为价值判断标准，在民事主体之间发生利益关系摩擦时，以权利和义务是否均衡来平衡双方的利益。

（4）诚实信用原则。诚实信用是指要求按照市场制度的互惠性行事。在缔约时，诚实并不欺不诈；在缔约后，守信用并自觉履行。

（5）禁止权利滥用原则。禁止权利滥用是指民事主体在进行民事活动中必须正确行使民事权利，如果行使权利损害同样受到保护的他人利益和社会公共利益时，即构成权利滥用。

四、民事法律关系

民事法律关系是由民法规范调整的，以权利义务为内容的社会关系，它包括人身关系和财产关系。

民事法律关系的要素包括主体、客体、内容。

民事法律关系的主体，简称民事主体，是指民事法律关系中享受权利、承担义务的参与者、当事人。民法承认的民事法律关系的主体主要是自然人和法人。自然人是因出生而获得生命的人类个体，是与法人相对应的概念；法人是法律拟制的"人"，是具有民事权利能力和民事行为能力，依法独立享有民事权利和承担民事义务的组织。

民事法律关系的客体，即民事主体得以结成相互关系的利益对象，依利益的表现形式，可分为物、行为、智力成果三类。物是能满足人的需要，能够被人支配或控制的物质实体或自然力。行为特指能满足债权人利益的行为，通常也称给付。智力成果是人脑力劳动创造的精神财富，是知识产权的客体，包括文学、艺术、科技作品、发明、外观设计以及商标等。

民事法律关系的内容，指民事主体之间基于客体所形成的具体联系，即民事权利和民事义务。民事权利是民法赋予民事主体实现其利益所得实施行为的界限。民事义务是当事人为实现他方的权利而受行为限制的界限。违反约定或者法定义务所产生即产生民事责任。

五、自然人

自然人，是依自然规律出生而取得民事主体资格的人。自然人的民事权利能力取得始于出生，终于死亡。我国《民法通则》规定：公民从出生时起到死亡时止，具有民事权利能力，依法享有民事权利，承担民事义务。18 周岁以上的公民是成年人，具有完全民事行为能力，可以独立进行民事活动，是完全民事行为能力人。16 周岁以上不满 18 周岁的公民，以自己的劳动收入为主要生活来源的，视为完全民事行为能力人。对年满 10 周岁以上的未成年人，认定其为限制民事行为能力人，采取年龄主义，不满 10 周岁的未成年人和不能辨认自己行为的精神病人是无民事行为能力人。

六、法人

法人是享有民事权利能力和民事行为能力，能以自己名义享有民事权利和负担民事义务的团体。我国《民法通则》规定的法人，既可以作为民事主体享受权利、负担义务，又可以以独立财产承担责任，即出资人负担有限责任。法人成立的法律要件有四项：依法成立，有必要的财产或者经费，有自己的名称、组织机构和场所以及能够独立承担民事责任。《民法通则》按法人的功能、设立方式以及财产来源的不同把法人分为四类，即企业法人、机关法人、事业单位法人、社会团体法人。

《民法通则》规定：法人的民事权利能力和民事行为能力，从法人成立时产生，到法人终止时消灭。在我国，企业法人和社会团体法人，成立之时是法人营业执照或法人登记证所注的日期；机关法人和事业单位法人的成立之时，是主管机关批准法人设立之日。法人民事权利能力的终期，应是法人清算完结登记注销之日。

法人机关是指根据章程或法律规定，对内形成法人意思、对外代表法人为民事法律行为的自然人或自然人团体。法人机关无独立人格，其行为即是法人的行为，如董事会的行为即所依附之法人的行为。法人只要存在，法人机关不可变更，但法人机关的具体担任人可以变更，如董事、董事长、监事长等可以换人，但不等于董事会、监事会发生了变更。

法人分支机构是以法人财产设立的相对独立活动的法人组成部分。在某些情况下，为了便于拓展业务，法人可以设立分支机构，独立活动的法人分支机构也需要进行登记，如企业法人分支机构要进行营业登记。但法人分支机构仍属于法人的组成部分，主要表现在其目的事业须在法人范围之内，其行为的效果仍由法人承担，不具有独立责任能力。

七、民事法律行为

民事法律行为是由自然人、法人等私主体作出的行为。

民事法律行为的生效条件包括意定条件和法定条件，意定条件即当事人约定附条件或附期限。法定条件有相应的规定，即行为人具有相应的民事行为能力，意思表示真实，不违反法律或者社会公共利益。

无效民事行为是指欠缺法律行为根本生效要件，自始、确定和当然不发生行为人意思之预期效力的民事行为。下列民事行为无效：行为人不具有行为能力实施的民事行为、无民事行为能力人实施的行为；意思表示不自由的行为，如按《合同法》的规定，一方以欺诈、胁迫、乘人之危的手段订立损害国家利益的合同，则应属无效；恶意串通，损害国家、集体或者第三人利益的行为；以合法形式掩盖非法目的的行为；违反法律或者社会公共利益的行为。对无效民事行为所约定的义务尚未履行，那么就无须再去履行；所约定的义务正在履行之中，那么即应中止履行；对于业已履行的部分，可按照返还财产、赔偿损失、追缴财产的原则去处理。

可变更、可撤销民事行为简称可撤销行为，是因行为有法定的重大瑕疵而须以诉讼变更或者撤销的民事行为。民事行为如果意思表示有缺陷，不符合民事法律行为生效要件的，按理都是无效的。但民法基于意思自治原则，对于只涉及当事人而不涉及国家或第三人利益的意思有缺陷的民事行为，其有效还是无效的选择权被赋予行为人自己，即赋予当事人撤销权或变更权。可撤销民事行为的类型有：重大误解；显失公平；乘人之危；欺诈、胁迫。

八、代理

代理是指代理人以被代理人（又称本人）的名义，在代理权限内与第三人（又称相对人）实施民事行为，其法律后果直接由被代理人承受的民事法律制度。代理具有下列基本特征：代理行为是能够引起民事法律后果的民事法律行为；代理人一般应以被代理人的名义从事代理行为；代理人在代理权限范围内独立为意思表示；代理行为的法律后果直接归属于被代理人。

代理权是能够据之进行代理并使行为的效力直接归属于被代理人的权限。无权代理本身不具有法律效力。产生无权代理的原因很多，如未经授权、代理行为超越代理权限的范围中超越部分的代理、原代理权已消灭等。无权代理如经被代理人追认时有追溯力，代理自始有效，无权代理即成为有效代理；如未经被代理人追认，则无权代理人应自己承担法律后果。未经追认的无权代理行为所造成的损害，由无权代理人承担赔偿责任。

代理权的滥用指代理人利用代理权损害被代理人的利益。滥用代理权的情况有：代理人与第三人恶意串通，损害被代理人利益的行为，代理人应当承担民事责任，第三人和代理人负连带责任；代理人和被代理人知道代理事项违法的行为；代理人以被代理人名义与自己进行民事活动的行为；同一代理人代理双方当事人进行同一项民事活动的行为。

九、诉讼时效与期限

诉讼时效是指民事权利受到侵害的权利人在法定的时效期间内不行使权利，当时效期间届满时，人民法院对权利人的权利不再进行保护的制度。在法律规定的诉讼时效期间内，权利人提出请求的，人民法院就强制义务人履行所承担的义务。而在法定的诉讼时效期间届满之后，权利人行使请求权的，人民法院就不再予以保护。值得注意的是，诉讼时效届满后，义务人虽可拒绝履行其义务，权利人请求权的行使仅发生障碍，权利本身及请求权并不消灭。当事人超过诉讼时效后起诉的，人民法院应当受理。受理后查明无中止、中断、延长事由的，判决驳回其诉讼请求。

诉讼时效分为一般诉讼时效和特别诉讼时效。一般诉讼时效指在一般情况下普遍适用的时效。我国《民法通则》规定的：向人民法院请求保护民事权利的诉讼时效期限为二年，法律另有规定的除外。特殊时效指针对某些特定的民事法律关系而制定的诉讼时效，特殊时效优于普通时效，我国《民法通则》规定："法律对时效另有规定的，依照法律规定。"

期限是民事权利义务关系发生、变更、消灭的时间，可分为期日与期间。期日，是指不可分或视为不可分的特定时间，如某日、某月或某年。期间，是指从起始的时间到终止时间所经过的时之区间。

第二节 物权概述

一、物的概念

物是能满足人的需要，并为人能够支配的物体或自然力。民法上的物等同于狭义上的财产。

二、物的分类

（一）动产与不动产

以物能否移动和移动后是否会损害物的价值为标准划分。动产是能够移动并且不因移动损害价值的物，如家具、金银等；不动产是不能够移动或虽可移动但却会因移动损害价值的物，如土地、房屋等。

（二）特定物与种类物

以物是否有特征或是否被特定化而对物所做的区分。特定物是独具特征或被特定化并且无从替代的物。特定物既包括独一无二的物，如鲁迅某书手稿、刘海粟的画等，也包括经当事人指定后被特定化的种类物，如经挑选的家具等。种类物是以品种、规格、质量或度量衡确认的一类具有共同特征的物，如1吨煤、20公斤大米等。

（三）可分物与不可分物

依物能否被分割为标准而对物做的区分。可分物是指可以分割并且不因分割而损害其价值或性能的物，如一袋米可分为若干份，并不改变效用与性质；不可分物是分割后会改变性能或价值的物。

（四）消耗物与不可消耗物

依物能否重复使用而做的区分。消耗物是仅一次性有效使用就灭失或品质发生变化的物，如食物因吃而消灭，货币因使用而丧失所有权，原材料经加工变为产品。不可消耗物是可反复使用，通过使用逐渐磨损其效用的物，如车辆、电器、服装、房屋等。

（五）主物与从物

根据两个独立存在的物在法律效力中的主从关系做的划分，只有属于同一个所有人的两个独立存在的、要相互结合才能发挥效用的物，才构成主物与从物的关系。

（六）原物与孳息

依产生收益的物与所生收益之间的关系而对物做的区分。原物是指依自然属性或法律的规定能够产生收益的物，如能结果实的果树、生幼畜的母畜、出租屋、生息的本金等。

孳息物是原物产生之物。依自然属性产生的孳息称天然孳息，依法律规定产生的孳息称法定孳息。

三、物权的概念和特征

物权是指权利人依法对特定的物享有直接支配和排他的权利，包括所有权、用益物权和担保物权。物权具有以下法律特征：物权是支配权，即物权是权利人直接支配的权利；物权是绝对权，物权的权利主体是特定的，具有对抗第三人的效力；物权是排他权，物权的权利人可以对抗一切不特定的人，同一物上不许有内容不相容的物权并存；物权是优先权，物权优于债权，先设定的物权优于后设定的物权；物权是追及权，物权成立后，其标的物不论辗转于何人之手，物权的权利人均可追及物的所在，行使其直接支配物的权利。

四、物权的类型

因社会经济制度和历史文化传统的不同，各国民法上规定的物权种类参差不一，一般归纳为：所有权、用益物权、担保物权、占有。

在学理上根据不同的分类标准，通常对物权做以下的分类：自物权与他物权、动产物权与不动产物权、本权与占有、主物权与从物权。

五、物权的变动

（一）物权变动的类型

物权的变动，是指物权的产生、变更和消灭。物权的产生，即物权人取得物权，它在特定的权利主体与不特定的义务主体之间形成了物权法律关系，并使特定的物与物权人相结合。物权的变更，即物权的内容或者客体的变更，内容变更是指在不影响物权整体属性的情况下物权的范围、方式等方面的变化，如抵押权所担保的主债权的部分履行，物权客体变更是指物权标的物所发生的变化，如抵押权的客体因一部灭失而有所减少。物权的消灭，即物权的丧失，可以分为绝对的消灭与相对的消灭。绝对的消灭是指物权本身不存在了，即物权的标的物不仅与其主体相分离，而且他人也未取得其权利，如所有权、抵押权因标的物灭失而消灭。相对的消灭则是指原主体权利的丧失和新主体权利的取得，如因出卖、赠与等行为，使一方丧失所有权而另一方取得所有权。

（二）物权的变动的原因

引起物权变动的法律事实就是物权变动的原因。原因可分为民事法律行为、法律行为以外的事实与事件、公法上的行政行为及司法行为三类。其中，民事法律行为是物权变动的最重要、最常见的原因。

（三）物权的公示

基于物权的法律特性，物权的产生、变更、消灭，必须以一定的可以从外部查知的方式表现出来，这就是物权的公示。

动产的交付。交付即移转占有，动产交付是指将动产的占有移转给受让人的法律事实。我国民事法律，对动产交付在立法上采取的是交付要件主义，即以转移占有为物权变动的生效要件。《物权法》规定：动产物权的设立和转让，自交付起发生效力。

不动产的登记。登记作为不动产物权的公示方法，是指经权利人或利害关系人申请，由国家专职部门将有关不动产物权及其变动事项记载于不动产登记簿的事实。相比于动产而言，不动产具有价值大、稀缺性较高的特点，单凭占有不足以表征不动产上的权利归属关系，因而需要通过不动产登记保护交易安全。根据我国《物权法》第 9 条的规定，不动产物权的设立、变更、转让和消灭，经依法登记，发生效力；未经登记，不发生效力。依法属于国家所有的自然资源，所有权可以不登记。

（四）物权的保护

物权的保护，是指通过法律规定的方法和程序保障物权人在法律许可的范围内对其财产行使占有、使用、收益、处分权的制度。物权同一切权利一样，必须要由国家强制力保障其不受侵犯。

依据《民法通则》及其他民事法律、法规的规定，我国民法对物权的保护有以下的特殊方法：

确认产权。在财产的归属、内容问题发生争议而处于不确定状态的时候，当事人可以向法院提起诉讼，请求确认产权。确认产权只能由当事人向法院提出，并通过民事诉讼程序解决。

恢复原状。物权人的财产因受非法侵害遭到损坏时，权利人可以请求修理、重做、更换或者恢复原状。

返还原物。物权人在其所有物被他人非法占有时，可以向非法占有人请求返还原物，或请求法院责令非法占有人返还原物。只要能够返还原物的，就必须返还原物，不能用其他的方法如金钱赔偿来代替。

排除妨碍、消除危险。物权人虽然占有其物，但由于他人的非法行为致使物权人无法充分地行使占有、使用、收益、处分权能时，物权人可以请求侵害人排除妨碍，或者请求法院责令侵害人排除妨碍。

赔偿损失。对不法侵害造成的财产的毁损、灭失，依原物的价值折合货币进行赔偿。因侵害人的侵权行为而致财产不能要求返还或全部毁损的，侵害人就要依财产的全部价值予以赔偿。财产受到侵害，但在现有情况下仍有使用的可能，侵害人按照财产减损的价值进行赔偿。

六、所有权

1. 所有权的概念

所有权是所有人在法律规定的范围内，对自己的物以占有、使用、收益、处分等方式进行完全支配，并排除他人干涉的权利。

2. 所有权的内容

所有权的内容，是指财产所有人在法律规定的范围内，对于其所有的财产可以行使的权能。所有权的权能包括占有、使用、收益和处分。占有，是所有权人对于财产实际上的占领、控制；使用是依照物的性能和用途，并不毁损其物或变更其性质而加以利用；收益，就是收取所有物的利益；处分是决定财产事实上和法律上命运的权能。

3. 国家所有权、集体所有权、私人所有权

国家所有权是全民所有制在法律上的表现，它是国家享有的对国家财产的占有、使用、收益、处分的权利。国有财产由国务院代表国家行使所有权，国家机关对其直接支配的不动产和动产，享有占有、使用以及依照法律和国务院的有关规定处分的权利。国家举办的事业单位对其直接支配的不动产和动产，享有占有、使用以及依照法律和国务院的有关规定收益、处分的权利。国家出资的企业，由国务院、地方人民政府依照法律、行政法规规定分别代表国家履行出资人职责，享有出资人权益。

集体所有权又称劳动群众集体组织所有权，是集体组织对其不动产和动产享

有的占有、使用、收益、处分的权利。集体所有的不动产和动产包括：法律规定属于集体所有的土地和森林、山岭、草原、荒地、滩涂；集体所有的建筑物、生产设施、农田水利设施；集体所有的教育、科学、文化、卫生、体育等设施；集体所有的其他不动产和动产。

私人所有权是私人对其不动产和动产享有占有、使用、收益、处分的权利。私人所有权的主体是以所有制为标准划分的，私人所有权的主体不仅是自然人个人，还包括私人投资设立的具有法人资格的独资企业，还有两个以上的自然人及私有法人企业共同出资设立的合伙企业。私人对其合法的收入、房屋、生活用品、生产工具、原材料等不动产和动产享有所有权。

4. 业主的建筑物区分所有权

建筑物区分所有权，指的是权利人即业主对于一栋建筑物中自己专有部分的单独所有权、对共有部分的共有权以及因共有关系而产生的管理权的结合。

专有部分是在一栋建筑物内区分出的独立的住宅或者经营性用房等单元。该单元须具备构造上的独立性与使用上的独立性。业主对其建筑物专有部分享有占有、使用、收益和处分的权利，但业主行使权利不得危害建筑物的安全，不得损害其他业主的合法权益。

共有部分是指区分所有的建筑物及其附属物的共同部分，即专有部分以外的建筑物的其他部分。其包括建筑物基本构成部分如支柱、屋顶、外墙等，也包括楼房的共同部分及附属物，如楼梯、煤气管道等，还包括建筑用地。《物权法》规定，业主对建筑物专有部分以外的共有部分享有权利并承担义务，但不得以放弃权利为由不履行义务。共有部分为相关业主所共有，均不得分割，也不得单独转让。业主转让建筑物内的住宅、经营性用房，其对建筑物共有部分享有的共有权和共同管理的权利一并转让。业主依据法律规范、合同以及业主公约，对共有部分享有使用、收益、处分权，并按照其所有部分的价值，分担共有部分的修缮费以及其他负担。

业主的管理权是指基于区分所有建筑物的构造，业主在建筑物的权利归属以及使用上形成了不可分离的共同关系，并基于此共同关系而享有管理权。该管理权的内容为：业主有权设立业主大会并选举业主委员会；业主有权决定区分建筑物的相关事项；业主可以自行管理建筑物及其附属设施，也可以委托物业服务企业或者其他管理人管理；业主有权请求公布、查阅应当向业主公开的情况和资料。

5. 相邻关系

相邻关系是指两个或两个以上相邻不动产的所有人或使用人，在行使占有、使用、收益、处分权利时因给对方提供必要便利而发生的权利义务关系。不动产相邻关系，从本质上讲是一方所有人或者使用人的财产权利的延伸，同时又是对他方所有人或者使用人的财产权利的限制。

相邻关系发生在两个以上的不动产相邻的所有人或使用人之间，相邻关系的客体一般不是不动产和动产本身，而是由行使所有权或者使用权所引起的和相邻人有关的经济利益或者其他利益，相邻关系的发生常与不动产的自然条件有关，即两个以上所有人或者使用人的财产应当是相邻的。

物权法规定，不动产的相邻权利人应当按照有利生产、方便生活、团结互助、公平合理的原则正确处理相邻关系。

6. 所有权取得的特别规定

善意取得，是指无处分权人转让标的物给善意第三人时，善意第三人一般可取得标的物的所有权，所有权人不得请求善意第三人返还原物。根据《物权法》的规定，善意取得不限于所有权，其他物权也可以善意取得。善意取得制度作为所有权保护的一种例外，是无权处分的特别规定，是对所有权的效力的一种限制，它是法律在所有权的保护与交易的安全和快捷之间予以平衡的结果。善意取得须具备以下的条件：（1）第三人受让该不动产或者动产时是善意的；（2）以合理的价格转让；（3）转让的不动产或者动产依照法律规定应当登记的已经登记，不需要登记的已经交付给受让人。

遗失物，是指基于占有人自己的意思而丧失占有的动产。拾得遗失物，应当返还失主。拾得人应当及时通知失主领取，或者送交公安等有关部门。失主领取遗失物时，应当向拾得人或者有关部门支付保管遗失物等支出的必要费用。失主悬赏寻找遗失物的，领取遗失物时应当按照承诺履行义务。遗失物如果通过转让被第三人占有的，权利人有权向无处分权人请求损害赔偿，或者自知道或应当知道受让人（第三人）之日起2年内向第三人请求返还原物，但第三人通过拍卖或者向具有经营资格的经营者购得该遗失物的，权利人请求返还原物时应当支付第三人所付的费用。权利人向第三人支付所付费用后，有权向无处分权人追偿。

主物、从物及孳息。《物权法》规定，主物转让的，从物随主物转让，但当事人另有约定的除外。天然孳息，由所有人取得；既有所有人又有用益物权人的，由用益物权人取得。当事人另有约定的，按照约定。法定孳息，当事人有约定的，按照约定取得；没有约定或者约定不明确的，按照交易习惯取得。

七、用益物权

1. 用益物权

用益物权是对他人所有的物，在一定范围内进行占有、使用、收益、处分的他物权。我国现行民法与民法学理论中，主要有土地承包经营权、建设用地使用权、宅基地使用权、地役权。

2. 土地承包经营权

土地承包经营权是承包人（个人或单位）因从事种植业、林业、畜牧业、渔业生产或者其他生产经营项目而承包使用，收益集体所有或者国家所有的土地或者森林、山岭、草原、荒地、滩涂、水面的权利。

承包经营权的取得，有基于民事行为，也有非基于民事行为。土地承包经营权的创设取得，主要是指承包人与发包人通过订立承包经营合同而取得承包经营权，分为家庭承包与以招标、拍卖、公开协商等方式进行的承包。土地承包经营权的移转取得，是指在土地承包经营权的流转过程中，受让人通过转包、互换、转让等方式，依法从承包人手中取得土地承包经营权。

3. 建设用地使用权

建设用地使用权是因建筑物或者构筑物及其他附属设施而使用国家所有的土地的权利。建设用地使用权是存在于国家所有的土地上的物权，是以保存建筑物或者构筑物及其他附属设施为目的的权利，是使用他人土地的权利。

建设用地使用权的取得主要包括：

划拨。即土地使用人只需按照一定程序提出申请，经主管机关批准即可取得建设用地使用权，而不必向土地所有人交付租金及其他费用。可以通过划拨方式取得的建设用地包括：国家机关用地和军事用地；城市基础设施用地和公益事业用地；国家重点扶持的能源、交通、水利等基础设施用地；法律、行政法规规定的其他用地。

出让。即国家以土地所有人身份将建设用地使用权在一定期限内让与土地使用者，并由土地使用者向国家支付建设用地使用权出让金的行为。建设用地使用权出让有三种形式：协议、招标和拍卖。协议是由市、县人民政府土地管理部门（代表国家作为出让方），与土地使用人按照平等、自愿、有偿的原则协商一致后，签订建设用地使用权出让合同。招标和拍卖，应当先由市、县土地管理部门发出招标、拍卖公告，通过招标、拍卖程序，签订建设用地使用权出让合同。根据我国《物权法》的规定，工业、商业、旅游、娱乐和商品住宅等经营性用地以及同一土地有两个以上意向用地者的，应当采取拍卖、招标等公开竞价的方式出让。

我国法律、法规中对于地上权的期限，是根据不同种类的建设用地使用权进行规定的。通过土地划拨及乡（镇）村建设用地程序取得的建设用地使用权，是无期限的。通过建设用地使用权出让取得建设用地使用权的，根据《城镇国有土地使用权出让和转让暂行条例》规定，按照土地的不同用途，土地使用权出让的最高年限为：（1）居住用地70年；（2）工业用地50年；（3）教育、科技、文化、卫生、体育用地50年；（4）商业、旅游、娱乐用地40年；（5）综合或者其他用地50年。每一块土地的实际使用年限，在最高年限内，由出让方和受让方双方商定。

4. 宅基地使用权

宅基地使用权指的是农村集体经济组织的成员依法享有的在农民集体所有的土地上建造个人住宅的权利。根据我国《物权法》的规定，宅基地使用权人依法对集体所有的土地享有占有和使用的权利，有权利用该土地建造住宅及其附属设施。

5. 地役权

地役权是以他人土地供自己土地便利而使用以提高自己不动产效益的权利。所谓“便利”，泛指开发、利用需役地的各种需要，其内容只要不违反法律的强制性规定，不违背社会公共利益，可以由当事人根据实际情况约定。一般分为：以供役地供使用，如通行地役权；以供役地供收益，如用水地役权；避免相邻关系的任意性规范的适用；禁止供役地为某种使用，如禁止在邻地建高楼。

地役权具有从属性和不可分性。地役权的成立必须是需役地与供役地同时存在。地役权不得被分割为两个以上的权利，也不得使其一部分消灭。

地役权的取得，大都是根据设定地役权的合同，即双方通过书面合同的方式设定地役权。其他还有继承方式取得地役权，但该通过继承取得的地役权，非经登记，不得处分。

八、担保物权

1. 担保物权

担保物权是为了保证债权的实现，由债务人或第三人提供特定的物或者权利作为担保，当债务人到期不履行债务时，担保物权人可以通过对担保物的折价、拍卖或者变卖等手段行使优先受偿权，使债权得到实现。担保物权包括抵押权、质权和留置权。

2. 抵押权

抵押权是对于债务人或者第三人不转移占有而供担保的不动产或其他财产，债权人得优先清偿其债权的权利。抵押权是抵押权人直接对物享有的权利，可以对抗物的所有人及第三人，因此抵押权是一种物权，但其目的在于担保债的履行，而不在于对物的使用和收益。

抵押权的标的物是债务人或者第三人提供担保的不动产或其他财产。抵押物主要是不动产，也可以是动产。抵押权不转移标的物占有。抵押人不必将抵押物的占有转移给领权人（抵押权人），而由自己继续对抵押物进行使用、收益、处分，发挥物的效用。

抵押权是就抵押物优先受偿的权利。抵押权人在债务人不履行债务时，有权依法律以抵押物折价或者从抵押物的变卖价金中优先得到清偿，即抵押权人得排除无抵押权的债权人就抵押物优先受偿；次序在先的抵押权人比次序在后的抵押权人优先受偿。

抵押权依抵押行为而设立。抵押行为是当事人（主债权人和主债务人或第三人）以意思表示设定抵押权的双方民事行为，其具体表现形式为抵押合同。根据我国《物权法》的规定，设立抵押权，当事人应当采取书面形式订立抵押合同。

抵押权的实现必须具备以下要件：抵押权有效存在，债务已届清偿期。债务人不履行到期债务或者发生当事人约定的实现抵押权的情形，抵押权人可以与抵押人协议以抵押财产折价或者以拍卖、变卖该抵押财产所得的价款优先受偿。抵押权人与抵押人未就抵押权实现方式达成协议的，抵押权人可以请求人民法院拍卖、变卖抵押财产。抵押财产折价或者变卖的，应当参照市场价格。

3. 质权

质权是指为了担保债权的履行，债务人或者第三人将其动产或者权利移交债权人占有，当债务人不履行债务时，债权人有就其占有的财产优先受偿的权利。质权是为担保债权的履行而设定的，它是从属于主债权的担保物权。在债务人不履行债务时，质权人可以就质物优先受偿。

根据标的物的类别不同，质权可分为动产质权和权利质权。

动产质权，是以动产为其标的物的质权。动产质权的设立，通常都是以合同进行的。当事人签订的质权合同应采用书面形式。质押关系的当事人是质权人和出质人。质物一般是各类动产。质权所担的范围包括主债权及利息、违约金、损害赔偿金、质物保管费用和实现质权的费用。

权利质权，是为了担保债权清偿，就债务人或者第三人所享有的权利设定的质权。权利质权除了一些特殊问题外，准用动产质权的规定。因此，权利质权是一种准质权。能够作为权利质权的标的的权利，在性质上必须具有下列特点：是财产权，是可让与的财产权，是不违背质权性质的财产权。可以作为权利质权的标的的权利，如汇票、本票、支票、债券、存款单、仓单、提单、应收账款等。

4. 留置权

留置权是债权人按照合同约定占有债务人的财产，在债务人逾期不履行债务时，有留置该财产以迫使债务人履行债务，并在债务人仍不履行债务时就该财产优先受偿的权利。留置权是以动产为标的物的担保物权。留置权的作用，在于担保债权受偿，而不在于对物的使用、收益，因此留置权是一种担保物权。

留置权的取得，是基于法律规定，只有在符合法律规定的条件下，债权人才能取得留置权。这些条件可以分为积极要件和消极要件。积极要件包括：债权人占有债务人的动产，债权已届清偿期，债权的发生与该动产有牵连关系。消极条件包括：对动产的占有不是因侵权行为取得，对动产的留置不违反公共利益或者善良风俗，对动产的留置不得与债权人的义务相抵触。

七、占有

占有是对物在事实上的占领、控制。占有人可以是依法有权占有不动产或者动产，如根据租赁合同在租期内占有对方交付的租赁物。占有人也可能是无权占有他人的不动产或者动产，如借他人的物品，过期不还。

占有是一种法律保护的事实状态。占有不是一种权利，只是一种事实状态。这种事实状态就是一种对物的实际控制。物权法对其规定，并对这种事实状态予以法律保护，使其具有准物权的性质。

占有的对象仅限于物。按照《物权法》的规定，占有的对象仅限于物，包括动产和不动产，但须注意的是这里的物并非必须是独立的物，对某一独立物的某一部分亦可成立占有。

占有是对物具有事实上的管领力。这种管领力，就是对物具有实际的控制和支配能力。空间、时间和法律上的结合是判断事实上管领力的标准。空间上的结合表明特定物在特定人的控制下，时间上的结合要求这种控制有一定的连续性，法律上的结合强调控制的效力而非直接控制。

第三节　债的概述

一、债的概念和特征

债是按照合同的约定或者依照法律的规定，在当事人之间产生的特定的权利和义务关系。债是特定当事人之间请求为一定给付的民事法律关系。在债的关系中，一方享有请求对方为一定给付的权利，即债权，该当事人称为债权人；另一方负有向对方为一定给付的义务，即债务，该方当事人称为债务人。债的关系则是一种受法律保障的权利义务关系，债务的违反将产生法律责任。

债权具有以下特征：债反映财产流转关系，债为特定主体之间的法律关系，债的客体是债务人的特定行为，债的目的须通过债务人的特定行为实现，债是能够以金钱衡量评价的财产法律关系。

债的要素，包括债的主体、债的内容和债的客体。债的主体也称债的当事人，是指参与债的关系的双方当事人，即债权人和债务人。债的内容，是指债的主体所享有的权利和负担的义务，即债权和债务。债的客体也称债的标的，是指债务人依当事人约定或法律规定应为或不应为的特定行为，统称为给付。

二、债的发生

债的发生，是指基于一定的民事法律事实，民事主体之间形成债的关系。债的发生原因主要有以下几种：合同，即平等主体的自然人、法人、其他组织之间设立、变更、终止民事权利义务关系的协议；单方允诺，即表意人向相对人作出的为自己设定某种义务，使对方取得某种权利的意思表示；侵权行为，即不法侵害他人的合法民事权益的行为；无因管理，即没有法定的或约定的义务，为避免他人利益受损失而为他人管理事务或提供服务的行为；不当得利，即没有合法根据而获得利益并使他人利益遭受损失的事实。

三、债的履行

债的履行指债务人按照合同的约定或法律的规定全面履行自己所承担的义务的行为。

债的履行主体是债务人，履行标的因债的关系的不同而存在差异，如交付财物、移转权利、提供劳务、完成工作等。

债的履行应当贯彻以下原则：适当履行原则，即当事人按照法律规定或者合同约定的标的以及其质量、数量，由适当的主体在适当的履行期限、履行地点，以适当方式，全面完成债务的履行原则；协作履行原则，即当事人不仅应当适当履行自己的债务，而且应基于诚实信用原则的要求，在必要的限度内，协助对方当事人履行债务的履行原则；经济合理原则，即债务履行时讲求经济效益，付出最小的成本，取得最佳利益；事情变更原则，即合同依法成立后，因不可归责双方当事人的原因发生了不可预见的事情变更，致使合同的基础丧失或者动摇，若继续维持合同原有效力则显失公平，而允许变更或者解除合同的原则。

四、债的保全

债的保全是指法律为防止因债务人的责任财产不当减少给债权人的债权带来

损害，允许债权人代债务人之位向第三人行使债务人的权利，或者请求法院撤销债务人与第三人的法律行为的法律制度。

在现代民法上，债的保全表现为两种制度：代位权和撤销权。代位权是指当债务人怠于行使其对第三人享有的到期债权而对债权人的债权造成损害的，债权人为保全自己的债权，可以向人民法院请求以自己的名义代位行使债务人的债权的权利。撤销权是指债权人对债务人所为的危害债权的行为，可以申请法院予以撤销的权利。其中，前者设立的目的是为了保持债务人的责任财产，适用于债务人的财产应增加且能增加、因债务人的懈怠未增加的情形；后者设立的目的是为了恢复债务人的责任财产，适用于债务人的财产不应减少、因债务人的处分不当减少的情形。债的保全，体现的是债权人因与债务人的债权债务关系而产生的与第三人的关系，属于债的对外效力的范畴。

五、债的担保

债的担保是指为确保债权得到清偿而设立的各种法律措施。债的担保有一般担保与特别担保之分。债的一般担保，是指债务人必须以其全部财产作为履行债务的总担保。它不是特别针对某一项债务，而是面向债务人成立的全部债务。此种担保在保障债权实现方面有明显弱点，即在债务人没有责任财产或责任财产不足的情况下，债权人的债权便全部不能或不能全部实现。所谓特别担保，即通常所言之担保，在现代法上包括人的担保、物的担保和金钱担保。

六、债的移转和消灭

债的移转是指债的主体发生变更，即由新的债权人、债务人代替原债权人、债务人，而债的内容保持同一性的法律事实。

债的移转原因有：法律行为，一般情况下债的移转须有让与人与受让与人之间的合意才能发生，如合同行为；法律的直接规定，因法律直接规定而发生的债的移转，在法定移转时，一般只能是债权债务为财产的一部分移转于他人承受。如在法定继承中，被继承人的全部债权债务均由法定继承人承受，因企业法人的分立或合并而发生的债的移转等；法院的裁决，基于法院的裁决而发生债的移转也称为裁判上的移转。

债的消灭是指债的关系在客观上不复存在。债的消灭原因有：基于当事人的意思，如免除、解除；基于债的目的，如不能履行、清偿；基于法律的规定。

七、合同的订立和履行

1. 合同

合同是指平等主体的双方或多方当事人（自然人或法人）关于建立、变更、终止民事法律关系的协议。合同具有以下特征：合同是一种民事法律行为，合同以设立、变更、终止民事权利义务关系为目的，合同是当事人意思表示一致的协议。

2. 合同的订立

合同的订立是指两方以上当事人通过协商而在互相之间建立合同关系的行为。一般有以下程序：

要约。要约又称发盘、出盘、发价、出价、报价，是订立合同的必经阶段。从一般意义上说，要约是一种订约行为，发出要约的人称为要约人，接受要约的人称为受要约人或相对人。我国《合同法》第 14 条规定，要约是希望和他人订立合同的意思表示，该意思表示应当具备以下要件：要约是由特定人作出的意思表示；要约必须有订立合同的意图；要约必须向要约人希望与之订立合同的受要约人发出；要约的内容必须具体、确定。

承诺。承诺是受要约人同意要约的意思表示。承诺须具备以下要件：承诺必须由受要约人作出；承诺必须在合理期限内向要约人发出；承诺的内容必须与要约的内容相一致。

其他特殊形式。悬赏广告，指通过广告形式声明对完成广告中规定的特定行为的任何人给予广告中标明的报酬的行为；招标投标，是指由招标人向数人或公众发出招标通知或公告，在诸多投标中选择自己认为最优的投标人并与之订立合同的方式；拍卖，是指以公开竞价的形式，将特定物品或者财产权利转让给最高应价者的买卖方式。

3. 合同的成立

合同成立是指当事人之间形成合意，产生了合同关系。《合同法》规定：当事人采用合同书形式订立合同的，自双方当事人签字或者盖章时合同成立。当事人采用合同书形式订立合同，但并未签字盖章，意味着当事人的意思表示未能最后达成一致，因而一般不能认为合同成立。双方当事人签字或者盖章不在同一时间的，最后签字或者盖章时合同成立。合同生效的地点为合同成立的地点。采用数据电文形式订立合同的，收件人的主营业地为合同成立的地点；没有主营业地的，其经常居住地为合同成立的地点。当事人另有约定的，按照其约定。

4. 合同的内容和解释

合同的内容，在实质意义上是指合同当事人的权利义务，在形式意义上即为合同的条款。《合同法》第 12 条第 1 款规定：合同的内容由当事人约定，一般包括以下条款：（1）当事人的名称或者姓名和住所；（2）标的；（3）数量；（4）质量；（5）价款或者报酬；（6）履行期限、地点和方式；（7）违约责任；（8）解决争议的方法。这是《合同法》对合同条款的倡导性规定。以上（1）至（3）项为合同必须具备的条款，若欠缺该条款，合同便不能成立。

合同的解释，是指对合同条款及其相关资料所做的分析和说明。合同解释有广义和狭义之分。对合同条款及其相关资料的含义加以分析和说明，任何人都有权进行，即广义的合同解释。狭义的合同解释专指有权解释，即受理合同纠纷的法院或仲裁机构对合同及其相关资料所做的具有法律拘束力的分析和说明。

5. 合同的变更和解除

合同的变更指合同内容的变更。合同变更须具备以下条件：原已存在有效的合同关系；合同内容发生局部变化；经当事人协商一致，或根据司法裁判；法律、行政法规规定变更合同应当办理批准、登记等手续。

合同的解除指合同有效成立后，在一定条件下通过当事人的单方行为或者双方合意终止合同效力或者溯及地消灭合同关系的行为。合同解除有以下法律特征：合同解除是对有效合同的解除；合同的解除必须具有解除事由；合同解除必须通过解除行为实现；合同解除的效果是使合同关系消灭。《合同法》规定，有下列情形之一的，当事人可以解除合同：因不可抗力致使不能实现合同目的；在履行期限届满之前，当事人一方明确表示或者以自己的行为表明不履行主要债务；当事人一方迟延履行主要债务，经催告后在合理期限内仍未履行；当事人一方迟延履行债务或者有其他违约行为致使不能实现合同目的。

6. 合同责任

违约责任。违约责任是指合同当事人一方不履行合同义务或履行合同义务不符合合同约定所应承担的民事责任。《合同法》规定：当事人一方不履行合同义务或者履行合同义务不符合约定的，应当承担继续履行、采取补救措施或者赔偿损失等违约责任。继续履行也称强制实际履行，是指违约方根据对方当事人的请求继续履行合同规定的义务的违约责任形式。采取补救措施是指矫正合同适当履行（质量不合格）、使履行缺陷得以消除的具体措施。赔偿损失是指违约方以支付金钱的方式弥补受害方因违约行为所减少的财产或者所丧失的利益的责任形式。

八、不当得利和无因管理

不当得利是指无法律上的原因而受利益，致使他人受损失的事实。不当得利的成立要件为：一方取得财产利益；一方受有损失；取得利益与所受损失间有因果关系；没有法律上的根据。一方取得财产利益是指因一定的事实结果而获得了或增加了财产或利益上的积累。一方受有损失，包括现有财产或利益的减少，也包括应增加而未增加（可得利益）利益的丧失。受益人取得利益与受损人所受损失间的因果关系，是指受损人的损失是由于受益人受益所造成的。没有法律上的根据是指利益的取得无法律上的根据。不当得利作为债的发生根据之一，在受益人与受损人之间发生不当得利返还的债权债务关系，受损人具有不当得利返还请求权，受益人具备返还义务。

无因管理是指没有法律规定或者约定的义务而为他人管理事务。管理事务的人称为“管理人”，该他人称为“本人”。民法着眼于社会生活的连带关系，为鼓励互相帮助、见义勇为的崇高精神与道德，特规定无因管理制度，赋予无因管理行为以阻却违法性的效力，并在管理人与本人之间形成债权债务关系，使无因管理成为债的发生根据之一。《民法》规定：没有法定的或者约定的义务，为避免他人利益受损失进行管理或者服务的，有权要求受益人偿付由此而支付的必要费用。无因管理的成立要件有：管理他人事务，违法事务、非经本人授权不得办理的事务、本人专属的事务不包括在内；为他人利益的意思，即管理人知道他所管理的是他人的事务，并具备通过自己的管理行为增加本人利益或避免本人发生损失的主观意图；无法律上的原因，即没有法律规定的或者约定的义务。

第四节　侵权行为的民事责任

一、侵权行为的概念和特征

侵权行为是指民事主体违反法定义务，侵害他人民事权益，依法应当承担民事责任的行为。《侵权责任法》第六条规定，行为人因过错侵害他人民事权益，应当承担侵权责任。根据法律规定推定行为人有过错，行为人不能证明自己没有过错的，应当承担侵权责任。行为人损害他人民事权益，不论行为人有无过错，法律规定应当承担侵权责任的，依照其规定。

侵权行为具有以下特征：侵权行为是违反法定义务的行为；侵权行为侵害的对象是他人合法的民事权益；侵权行为是应当承担侵权责任的行为。

二、侵权行为归责原则

侵权行为归责原则，是指据以确定行为人承担侵权责任的根据和标准。侵权行为归责原则贯穿并统领整个侵权责任法规范，决定着侵权责任的构成要件、举证责任的分担、免责事由、损害赔偿的方法等各个方面。我国侵权行为归责原则主要包括过错责任原则和无过错责任原则。

过错责任原则是指行为人的过错是侵权责任的必备条件的归责原则。《侵权责任法》规定，行为人因过错侵害他人民事权益，应当承担侵权责任。只要法律没有明确规定不以过错为要件的，过错便是行为人承担侵权责任的要件。在适用过错责任原则时，第三人过错和被侵权人过错对责任承担有重要影响。如果数人基于共同故意实施侵权行为，应承担连带赔偿责任；如果损害是因受害人故意造成的，行为人不承担责任；如果被侵权人对损害的发生也有过错，可以减轻侵权人的责任。

无过错责任原则是指行为人损害他人民事权益，不论其主观上有无过错，根据法律规定均应承担侵权责任的归责原则。《侵权责任法》规定，行为人损害他人民事权益，不论行为人有无过错，法律规定应当承担侵权责任的，依照其规定。随着工业化的发展和危险事故的增多，继续坚持过错责任原则，会增加受害人证明行为人过错的难度，同时行为人也会力图寻找各种无过错的理由以免除自己的责任。为了实现社会公平和正义，无过错责任原则成为一项独立的归责原则。

三、侵权行为构成要件

侵权行为一般构成要件包括违法行为、损害事实、因果关系和主观过错四个要件。

1. 违法行为

违法行为是指行为人实施的行为违反了法律的规定，具体表现为作为的违法行为和不作为的违法行为。作为的违法行为，是指法律禁止实施某种行为，行为人违反法律而作为。不作为的违法行为，是指法律要求行为人在某种情况下必须实施某种行为，而负有这种义务的人不履行其义务，就构成不作为的违法行为。如法律规定，宾馆、商场、银行、车站、娱乐场所等公共场所的管理人或者群众性活动的组织者应履行安全保障义务，否则因此造成他人损害的，需要承担侵权责任。

2. 损害事实

损害事实是指行为人的行为对受害人的民事权益造成的不利后果，包括财产损害、人身损害和精神损害。

3. 因果关系

因果关系是指行为人的行为与损害事实之间存在引起与被引起的客观联系。

在现实生活中，侵权行为越来越多样化和复杂化，有的一因多果，有的多因一果，有的多因多果，因此需要准确判断行为与损害之间是否存在因果关系。

4. 主观过错

过错可分为故意和过失。故意是指行为人预见到自己的行为可能导致某一损害结果而希望或者放任其发生的一种主观心理状态。过失是指行为人因疏忽大意或者过于自信而使自己未履行应有注意义务的一种主观心理状态。

四、侵权责任

侵权责任是指侵害民事权益后应当承担的民事责任。依据《侵权责任法》的规定，侵害民事权益，应当依照本法承担侵权责任。所谓民事权益，包括生命权、健康权、姓名权、名誉权、荣誉权、肖像权、隐私权、婚姻自主权、监护权、所有权、用益物权、担保物权、著作权、专利权、商标专用权、发现权、股权、继承权等人身、财产权益。

侵权责任方式是指行为人对其侵权责任应当承担的法律后果，它是落实侵权责任的具体形式。我国《侵权责任法》规定了侵权责任的方式，包括：

停止侵害，是指受害人针对侵权人正在继续实施的侵权行为，有权请求人民法院责令行为人承担停止侵害的责任方式。

排除妨碍，是指行为人实施的行为使受害人无法行使或者不能正常行使人身、财产权益的，受害人可以要求行为人排除妨碍权益实施的障碍。行为人不排除妨碍的，受害人可以请求人民法院责令其排除妨碍。

消除危险，是指行为人的行为对他人人身、财产权益造成现实威胁的，他人有权要求行为人采取有效措施消除这种现实威胁。

返还财产，是指受害人对行为人无权占有的财产，有权要求行为人予以返还。适用返还财产责任方式的前提是该财产还存在，如果该财产已经灭失，则不能适用该责任方式，受害人只能要求赔偿损失；该财产虽然存在，但已经损坏的，权利人可以根据自己的意愿，请求返还财产、恢复原状或者赔偿损失等责任方式。

恢复原状，是指法院判令行为人通过修理等手段使受到损坏的财产恢复到损坏前状况的一种责任方式。采用恢复原状需要符合两个条件，一是受到损坏的财产仍然存在且恢复原状有可能；二是恢复原状有必要，即受害人认为恢复原状是必要的且具有经济上的合理性。

赔偿损失，是指行为人向受害人支付一定数额的金钱以弥补受害人损失的责任方式。赔偿损失是运用最为广泛的责任方式，包括人身损害赔偿、财产损失赔偿和精神损害赔偿。

赔礼道歉，是指行为人通过口头、书面或者其他方式向受害人进行道歉，以取得谅解的一种责任方式。赔礼道歉主要适用于侵害名誉权、隐私权、姓名权、肖像权等人格权益的情形。

消除影响、恢复名誉，是指人民法院根据受害人的请求，责令行为人在一定范围内采取适当方式消除对受害人名誉的不利影响以使其名誉得到恢复的一种责任方式。消除影响、恢复名誉主要适用于侵害名誉权的情形。

侵权责任的方式各具特点，受害人可以单独采用一种方式，也可以同时采用多种方式。

五、各类侵权行为与责任

1. 无民事行为能力人、限制民事行为能力人致人损害的侵权行为与责任

无民事行为能力人、限制民事行为能力人造成他人损害的，由监护人承担侵权责任。如果监护人能够证明其尽到监护责任的，可以减轻其侵权责任，但是不能免除。

2. 完全民事行为能力人对自己的行为暂时没有意识或者失去控制致人损害的侵权行为与责任

完全民事行为能力人对自己丧失意识或者失去控制存在过错，对因此造成人损害的，应当承担侵权责任。

3. 用人单位的工作人员致人损害的侵权行为与责任

用人单位的工作人员因执行工作任务造成他人损害的，由用人单位承担侵权责任。

4. 个人之间形成劳务关系的，提供劳务一方致人损害以及自己受到损害的侵权行为与责任

个人之间形成劳务关系，提供劳务一方因劳务造成他人损害的，由接受劳务一方承担侵权责任。提供劳务一方因劳务自己受到损害的，根据双方各自的过错承担相应的责任。

5. 网络用户、网络服务提供者致人损害的侵权行为与责任

网络用户利用网络服务实施侵权行为的，被侵权人有权通知网络服务提供者采取删除、屏蔽、断开链接等必要措施。网络服务提供者接到通知后未及时采取必要措施的，对损害的扩大部分与该网络用户承担连带责任。网络服务提供者知道网络用户利用其网络服务侵害他人民事权益，未采取必要措施的，与该网络用户承担连带责任。

6. 公共场所的管理人、群众性活动的组织者致人损害的侵权行为与责任

公共场所的管理人、群众性活动的组织者必须对他人负担安全保障义务。宾馆、商场、银行、车站、娱乐场所等公共场所的管理人或者群众性活动的组织者，未尽到安全保障义务，造成他人损害的，应当承担侵权责任。

7. 幼儿园、学校或者其他教育机构的侵权行为与责任

无民事行为能力人在幼儿园、学校或者其他教育机构学习、生活期间遭受人身损害的，幼儿园、学校或者其他教育机构应当证明自己已经尽到教育管理职责，对该无民事行为能力人的人身损害没有过错，否则应当承担责任。

8. 帮工活动中的侵权行为与责任

为他人无偿提供劳务的帮工人，在从事帮工活动中致人损害的，被帮工人应当承担赔偿责任。被帮工人明确拒绝帮工的，不承担赔偿责任。帮工人存在故意或者重大过失，赔偿权利人请求帮工人和被帮工人承担连带责任的，人民法院应予支持。

9. 承揽关系中的侵权行为与责任

承揽人在完成工作过程中对第三人造成损害或者造成自身损害的，定作人不承担赔偿责任。但定作人对定作、指示或者选任有过失的，应当承担相应的赔偿责任。

10. 见义勇为中的侵权行为与责任

因防止、制止他人民事权益被侵害而使自己受到损害的，由侵权人承担责任。侵权人逃逸或者无力承担责任，被侵权人请求补偿的，受益人应当给予适当补偿。

第十讲

商 法

第一节　商法概述

一、商法的概念和特征

（一）商和商法

“商”的一般含义为买卖或交易行为，而商事是指商品交易的活动，或者说买卖活动，直观地表现为商人的活动。从经济学角度来看，商是特指社会总生产过程中的一个特定的环节即商品流通。它被严格界定为既非生产活动，也非消费活动，而是指沟通生产与消费的流通领域的活动。商即为产品由工农业生产者的手中流转到消费者手中的渠道、桥梁和中介。

商法，起源于中世纪地中海沿岸的商业城市。那时，上述地区商业繁荣，形成了不少记载交易条件的商事习惯，同时也形成了商人这一特殊阶层。为了保护自身利益，商人通过自己的自治组织，如行业协会，来认可商事习惯，并且不断创造新的交易规则，这些便构成了最早的商法。由于这时的商法只适用于商人阶层，故又称“商人法”。随着资产阶级革命的胜利、封建等级制度的废除以及商品经济的进一步发展，这种以商人阶层为适用对象的商人法已不能适应形势的需要。由于“商”的法律涵义是一切营利性营业活动和事业的总称，而企业是以营利为目的的经济组织，因此，商法就由过去的商人法逐渐演变成了以企业的内部关系及对外关系为主要调整对象的法律规范。也就是说，凡是具有营利性的有偿法律行为，都可以纳入商事的范畴，而不仅仅是单纯的商品交易行为。现代意义上的商法，可以定义为调整商事交易主体在进行商事交易活动中所产生的财产关系及其他关系的法律规范的总和。

商法有广义和狭义之分，狭义的商法仅仅指商法典及其附属法规，如商法典及其施行法等等。广义的商法包括全部商事法律部门，不仅包括商法典，即商人身份法和商行为法等内容，而且包括与全部商事经济活动密切相关的各种法律，如公司、票据、银行、保险、运输、代理、信托、消费者保护、工商权利保护等法律。总而言之，商法是指调整商事交易主体在其商行为中所形成的法律关系，即商事关系的法律规范的总称。

（二）商法的特征

商法的特征是商法区别于其他法律部门的主要标志，是商法本质的外在表现形式。一般认为，商法具有以下特征：

1. 商法的兼容性

商法的兼容性首先体现在作为私法的商法兼有公法的性质。在大陆法系国家，法律被划分为公法和私法。商法作为调整商事交易主体关系的法律，作为民法的特别法，从根本上说属于私法的范畴。但是，广义商法包括商事公法和商事私法。这就是说，以私法规范为核心法的商法，同时包含有大量的公法条款，即国家通过立法形式而干预商事交易活动的规范。其次，商法的兼容性还体现在它兼有任意法与强制法的性质。商法作为私法规范，其中必然有大量的任意性规范，尤其体现在商事行为法方面。然而，商法中也有不少强制性规定，例如商业登记、公司之机关、票据的种类及票据的行为的方式、企业破产的清偿秩序以及保险中的某些法定保险等，都不能依当事人的意思而定。

2. 商法的技术性

民法、刑法等法律，由于其所调整的社会关系及功能作用所决定，其条款绝大多数偏重于理性规范。商法则不同，它最初属于“商人法”，从它产生时起就具有专门性及职业性，而后虽然由“商人法”发展成为“商行为法”，但由于“商行为”的专门性，这就决定了其内容包含了大量的技术规范。商法的技术性既体现在其组织法上，也体现在其行为法中。离开了大量的技术规范的间接调整作用，商法的具体立法目的就难以实现。

3. 商法的营利性

营利乃是“商”的本质。商事主体从事商事活动，其直接和主要目的就在于营利，这是被各国商法所确认的。从这一角度而言，商法也可称为“营利法”。正是基于这种理念，商主体身份之确立、商行为之界定、商活动之目的及商立法和司法之原则，无不与营利有关。商法中一些重要制度之构造以及商行为中的一些重要规则之确定，都必须考虑营利性特征。但是，商法并不是单纯地只讲营利。商法只是鼓励和保护通过正当交易手段和合法投资途径去获取经济利益，它是营利法，绝不是投机法。

4. 商法的国际性

商法最初起源于商事交易习惯，而商事交易本身是一种跨国界的活动。因此，在人类社会早期阶段，商法主要是一种跨国商事交易习惯和惯例，这种状况一直延续到中世纪。西方社会进入资本主义阶段之后，贸易在各国经济生活中的地位日益提高，国家开始重视对贸易的管制，便纷纷制定本国商法。这样，商法才开始成为一种典型的内国法。本世纪以来，随着贸易全球化趋势愈益加强，商法国际化呼声日益高涨，最终导致国际商事立法得到加强，制定和缔结了大量的国际商事法律、国际条约、国际惯例。并且各国不断修改本国商法规则，使其相互之间以及与国际商事法律、惯例之间更为协调。正因如此，当今世界各国商法都带有较强的国际性色彩。

二、民法与商法的关系

在民法与商法的关系问题上，大陆法系国家有两种不同做法：一是民商分立，即在民法典之外再制定商法典，形成商法与民法相并列的两个独立的法律部门；二是民商合一，即只有一个统一的民法典，商法包含在民法之中。从我国的现行立法来看，我国采取的是民商合一制。我国的民法是广义的民法，包括商法在内，所以也可称之为民商法。由于商法有其相对特殊性，不可能全部由民事基本法加以规范。因此，在我国，有关商法的内容大多是通过单行法的形式来规定的，如公司法、合同法、票据法、海商法、保险法、破产法等。

商法与民法既有联系，又有区别。其联系表现在：首先，两者均属于私法范畴；其次，民法的某些基本原则，如平等原则、意思自治原则、诚实信用原则等，同时也是商法的基本原则；再次，民法中关于民事活动的基本制度，如民事主体制度、权利制度、民事法律行为及代理制度、民事责任制度以及时效制度等，或者直接适用于商法，或者对商法起指导作用。可见，两者的联系是极为密切的。

当然，它们也存在着显著的区别：第一，调整对象的种类及范围不同。商法所调整的商事关系几乎都是财产关系，而民法的调整对象则既包括财产关系，也包括人身关系；第二，主体不同。商法的主体必须是以营利为目的的。包括商法人、商个人和商合伙，而民法的主体则是所有社会成员，包括一切公民、法人和其他组织；第三，内容不同。商法所规定的规则，是仅适用于商事领域的特殊规则，而民法所规定的规则，则是民商事生活共同适用的一般规则；第四，表现形式不同。商法主要通过单行法的形式加以体现，而民法则主要通过基本法的形式予以表现。总而言之，在我国现行的民商合一体制下，民法与商法是普通法与特别法的关系。依“特别法优先于普通法”的原则，在商法有规定时，适用商法的规定，如关于公司的设立条件，即应适用公司法的规定；在商法没有特殊规定时，即应适用民法的规定，如关于民事责任的规定。

三、商法的基本原则

（一）规范商事主体原则

规范商事主体原则集中体现在对商事主体严格法定上，商法以大量的强行性规范对商事主体设立事宜进行详尽规定。这主要表现在商事主体类型法定、商事主体标准法定和商事主体程序法定等三个方面的内容。

（二）确认营利、保护营利原则

商事主体从事商事活动讲究成本、重视核算、谋求投资回报、追求利润最大化，带有明显的营利烙印。作为规范商事主体及其商事活动的商法则始终渗透着确认营利、保护营利的原则。商法关于商事登记、公司、证券、票据、保险、海商等规范均从不同方面反映了商法确认营利、保护营利的价值取向和原则。

（三）促使交易简便迅捷原则

商事交易重在简便、贵在迅捷。为了适应商事交易这一客观要求，商法就应确定促使交易简便迅捷这一基本原则。主要体现在以下三个方面：第一，尊重当事人的意思自治；第二，交易方式和交易客体的定型化；第三，短期时效主义。所谓短期时效主义就是将交易行为所产生的请求权的时效期间予以缩短而从速确定其行为效力的立法规定。

（四）维护交易公平原则

所谓维护交易公平原则就是以利益均衡作为价值判断标准来协调商事交易活动，确定商事交易主体之间的权利和义务的法制原则。倡导公平、谴责偏私是商法的精髓，尽管商法的规定千头万绪、复杂万端，但概括起来都是为了实现商事交易当事人之间利益平衡的公平需求。商法维护交易公平原则主要包括两个方面的内容，即平等互利原则和诚实信用原则。

（五）保障交易安全原则

保障交易安全主要是为了减少和消除商事交易活动中的不安全因素，确保交易行为的法律效用和法律后果的可预见性。现代商法采用了要式主义、公示主义、外观主义和严格责任主义，以保障交易之安全。

第二节 公 司 法

一、公司与公司法

（一）公司的概念、特征与种类

我国《公司法》第 2 条规定：“本法所称公司是指依照本法在中国境内设立的有限责任公司和股份有限公司。”第 3 条规定：“公司是企业法人。公司以其全部资产对公司的债务承担责任。”“有限责任公司的股东以其认缴的出资额为限对公司承担责任。”“股份有限公司股东以其认购的股份为限对公司承担责任。”综上，根据我国《公司法》的规定，公司是指股东依照《公司法》的规定，以出资方式设立，股东以其出资额或所持股份为限对公司承担责任，公司以其全部资产对公司债务承担责任的企业法人。

公司具有营利性、社团性、法人性三大特征。首先，公司以营利为目的，具有营利性。其次，公司是社团法人，具有社团性。《公司法》规定，有限责任公司由50个以下股东出资设立。设立股份有限公司，应当有2人以上200人以下为发起人，其中须有半数以上的发起人在中国境内有住所。再次，公司具有法人性：依法设立、独立财产、独立承担民事责任。公司是企业法人，有独立的法人财产，享有法人财产权。公司以其全部财产对公司的债务承担责任。

公司根据不同标准可以有多种分类：（1）根据公司股东对公司债务承担责任形式不同可分为：有限责任公司、股份有限公司、无限责任公司、两合公司、股份两合公司。（2）根据公司间的控制与依附关系分为：子公司和母公司。（3）根据公司的管辖关系分为：总公司和分公司。（4）根据公司的国籍不同可分为：本国公司和外国公司。（5）根据公司的信用基础不同分为：人合公司（无限责任公司）、资合公司（股份有限公司）、人资兼合公司（有限责任公司、两合公司）。

（二）公司法的概念

公司法是规定公司的设立、变更、解散及公司的组织管理活动的法律规范的总称。公司法有广义和狭义之分。广义的公司法是指国家关于公司的设立、组织与活动的各种法律、法规和规章的总称；狭义的公司法是指关于公司的设立、组织与活动的单项法律。这里所讲的《公司法》是指2005年10月27日十届人大第十五次会议修订通过的并于2006年1月1日起实施的《中华人民共和国公司法》。

二、有限责任公司

（一）有限责任公司的概念及设立条件

有限责任公司是指由不超过一定人数的股东组成，股东以其认缴的出资额为限对公司债务承担责任，公司以其全部财产对公司债务承担责任的企业法人。

设立有限责任公司，应当具备下列条件：

1. 股东符合法定人数。除一人公司、国有独资公司及外商独资有限责任公司外，有限责任公司的股东应为2人以上50人以下。

2. 股东出资达到法定资本最低限额。在我国，法定资本也称注册资本，是指公司向公司登记机关登记时，全体股东实缴的出资额。《公司法》规定，有限责任公司注册资本的最低限额为人民币 3 万元。法律、行政法规对有限责任公司注册资本的最低限额有较高规定的，从其规定。

3. 股东共同制定公司章程。公司章程是关于公司组织及行为的基本规章和准则。有限责任公司的章程由公司的全体股东共同制定，所有股东都应在公司章程上签名、盖章。公司章程包括两个方面的内容：法定记载事项和任意记载事项。

4. 有公司名称，建立符合有限责任公司要求的组织机构。公司作为企业法人，有自己的名称、组织机构是其必备条件之一。公司设定名称时，必须符合法律、行政法规的规定，如必须标有“有限责任公司”或者“有限公司”字样等。在设置组织机构时，必须依《公司法》进行。

5. 有固定的生产、经营场所和必要的生产经营条件。为避免滥设公司现象的再度发生和“皮包公司”的出现，《公司法》规定，设立有限责任公司必须具有固定的生产经营场所和必要的生产经营条件，否则不得设立公司。

（二）有限责任公司的组织机构

1. 股东会。有限责任公司的股东会由全体股东组成，是公司的权力机构，依法行使下列职权：决定公司的经营方针和投资计划；选举和更换董事，决定有关董事的报酬事项；选举和更换由股东代表出任的监事，决定有关监事的报酬事项；审议批准董事会、监事会或者监事的报告；审议批准公司的年度财务预算方案、决算方案、利润分配方案和弥补亏损方案；对公司增加或者减少注册资本作出决议；对发行公司债券作出决议；对股东向股东以外的人转让出资作出决议；对公司合并、分立、变更公司形式、解散和清算等事项作出决议；修改公司章程。股东会会议由股东按照出资比例行使表决权。

2. 董事会或执行董事。有限责任公司依股东人数的多少和规模的大小，分别设董事一人或数人。董事为一人时，该董事称执行董事，是公司的法定代表人。董事为数人时，组成董事会，董事会设董事长一人，董事长为公司的法定代表人。董事会或执行董事是公司的执行机构，以公司名义对外活动，依法律、法规和公司章程行使职权，包括进行业务决策和人事决策。

3. 公司经理。有限责任公司设经理，经理由董事会聘任或者解聘。经理是公司的高级管理人员，在董事会授权范围内，负责公司的日常经营管理活动，依法行使职权。有限责任公司不设董事会的，执行董事可以兼任经理。

4. 监事会或监事。有限责任公司，经营规模较大的，设立成员不少于 3 人的监事会；股东人数较少和规模较小的，可以设1至2名监事。监事会或监事是公司的监督机构，依法行使下列职权：检查公司财务；对董事、经理执行公司职务时违反法律、法规或者公司章程的行为进行监督；当董事和经理的行为损害公司利益时，要求其予以纠正；提议召开临时股东会议及公司章程规定的其他职权。监事列席董事会会议。

（三）一人公司和国有独资公司

1. 一人公司

一人公司是有限责任公司的一种特殊类型，根据我国《公司法》第58条，它是指只有一个自然人股东或者一个法人股东的有限责任公司。一人有限责任公司的股东承担有限责任，且股东仅以其出资额为限对公司承担有限责任。一人有限责任公司不设股东会。但股东对于通常属于股东会职权范围内的事项作出决定时，应当采用书面形式，并由股东签名后置备于公司。

一人公司中，通常是一人股东自任董事、经理并实际控制公司，缺乏股东之间的相互制衡及公司组织机构之间的相互制衡，容易混淆公司财产和股东个人财产，但一人公司有其存在价值。同时，通过立法可以最低限度地预防一人公司的弊端。

2. 国有独资公司

国有独资公司是指国家单独出资，由国务院或者地方人民政府授权本级人民政府国有资产监督管理机构履行出资人职责的有限责任公司。

国有独资公司由国有资产监督管理机构行使股东会职权。国有资产监督管理机构可以授权公司董事会行使股东会的部分职权，决定公司的重大事项，但公司的合并、分立、解散、增加或者减少注册资本和发行公司债券，必须由国有资产监督管理机构决定。

董事会是国有独资公司的常设经营管理机构，而且是法定必设机构。其董事由两部分人组成，一是由国有资产监督管理机构委派或更换；二是由职工民主选举产生，一般由国有独资公司职工代表大会选举产生。董事的每届任期不得超过3年。董事会设董事长一人，可以设副董事长。董事长、副董事长由国有资产监督管理机构从董事会成员中指定。

国有独资公司设经理，负责公司的生产经营管理工作，是董事会的辅助机关。经理由董事会聘任或解聘。经国有资产监督管理机构同意，董事会成员可以兼任经理。国有独资公司的董事长、副董事长、董事、高级管理人员，未经国有资产监督管理机构同意，不得在其他有限责任公司、股份有限公司或者其他经济组织兼职。

监事会是国有独资公司的必设机构，其成员不得少于5人，其中职工代表的比例不得低于1/3，具体比例由公司章程规定。监事会成员中的股东代表由国有资产监督管理机构委派；监事会成员中的职工代表由公司职工代表大会选举产生。监事会主席由国有资产监督管理机构从监事会成员中指定。监事会是公司的外部机构。

三、股份有限公司

（一）股份有限公司的概念及设立条件

股份有限公司是指全部资本分为等额股份，股东以其所持股份为限对公司承担责任，公司以其全部资产对公司的债务承担责任的公司。其设立方式有两种，一是发起设立，即由发起人认购公司应发行的全部股份而设立公司；二是募集设立，即由发起人认购公司应发行股份的一部分，其余部分向社会公开募集而设立公司。

设立股份有限公司应当具备下列条件：

1. 发起人符合法定人数。设立股份有限公司应有2人以上200人以下为发起人，其中须有过半数在中国境内有住所。

2. 股份有限公司采取发起设立方式设立的，注册资本为在公司登记机关登记的全体发起人认购的股本总额。公司全体发起人的首次出资额不得低于注册资本的20%，其余部分由发起人自公司成立之日起两年内缴足；其中，投资公司可以在5年内缴足。在缴足前，不得向他人募集股份。股份有限公司采取募集方式设立的，注册资本为在公司登记机关登记的实收股本总额。股份有限公司注册资本的最低限额为人民币500万元。法律、行政法规对股份有限公司注册资本的最低限额有较高规定的，从其规定。

3. 股份发行、筹办事项符合法律规定。如设立股份有限公司必须经过国务院授权的部门或省级人民政府批准，向社会募集股份还须得到国家证券管理部门批准，等等。

4. 发起人制订公司章程，并经创立大会通过。股份有限公司的章程应记载的事项包括：公司名称和住所；公司经营范围；公司设立方式；公司股份总数、每股金额和注册资本；发起人的姓名或者名称、认购的股份数；股东的权利和义务；董事会的组成、职权、任期和议事规则；公司法定代表人；监事会的组成、职权、任期和议事规则；公司利润分配办法；公司的解散事由与清算办法；公司的通知和公告办法；股东大会认为需要规定的其他事项。

5. 有公司名称，建立符合股份有限公司要求的组织机构。我国《公司法》

要求公司名称中须有“股份有限公司”字样，并且要求公司依法设立股东大会董事会、监事会，选举重事长，聘任经理。

6. 有固定的生产经营场所和必要的生产经营条件。

（二）股份有限公司的组织机构

1. 股东大会。股份有限公司的股东大会由股东组成，是公司的权力机构。除无需对股东向股东以外的人转让出资及变更公司形式作出决议外，其职权与有限责任公司的股东会基本相同。

2. 董事会。董事会由股东大会选举产生的全体董事组成；其成员为 5 至 19 人，是公司的执行机构与日常经营决策机构，其职权与有限责任公司的董事会大体相同。董事会设董事长 1 人，董事长为公司的法定代表人。

3. 经理。股份有限公司的经理的性质、职权与有限责任公司的经理相同。经董事会决定，经理可以由董事会成员兼任。

4. 监事会。股份有限公司应当设成员不少于 3 人的监事会。监事会是公司的监督机构，其职权与有限责任公司的监事会完全相同。

（三）股份有限公司的股份发行与转让

1. 股份与股票

股份是股份有限公司特有的概念，它是股份有限公司资本最基本的构成单位。股份具有以下特征：股份所代表的金额相等；股份表示股东享有权益的范围；股份通过股票这种证券形式表现出来。

股票是股份有限公司股份证券化的形式，是股份有限公司签发的证明股东所持股份的凭证。股份有限公司的股份采取股票的形式。

2. 股份的发行和转让

股份发行是指股份有限公司以向社会筹集资本为目的，分派或出售公司股份的行为。股份发行可以在两个阶段进行，一是设立发行，二是新股发行。设立发行是指公司在设立过程中为筹集资本而发行股份的行为。新股发行是在股份有限公司成立以后，为筹集营运资金，或者为实现公司其他目的而发行股份的行为。新股发行是指公司成立后，以增加公司资本或将公司资本募足为目的的股份发行。股份的发行，实行公平、公正的原则，同种类的每一股份应当具有同等权利。同次发行的同种类股票，每股的发行条件和价格应当相同；任何单位或者个人所认购的股份，每股应当支付相同价额。股票发行价格可以按票面金额，也可以超过票面金额，但不得低于票面金额。

股份转让是指股份有限公司的股东将其持有的股份出让给其他人，从而使他人成为公司股东的行为。广义上的股份转让还包括股份的赠与和继承。股东转让其股份，应当在依法设立的证券交易场所进行或者按照国务院规定的其他方式进行。转让记名股票，须以背书方式或者法律、行政法规规定的其他方式进行，转让后由公司将受让人的姓名或者名称及住所记载于股东名册。股东大会召开前20日内或者公司决定分配股利的基准日前5日内，不得进行股份转让的股东名册的变更登记。但是，法律对上市公司股东名册变更登记另有规定的，从其规定。无记名股票转让，由股东将该股票交付给受让人后即发生转让的效力。记名股票被盗、遗失或者灭失，股东可以依照《民事诉讼法》规定的公示催告程序，请求人民法院宣告该股票失效。人民法院宣告被盗、遗失或者灭失的股票失效后，股东可以向公司申请补发股票。

（四）上市公司

上市公司是指所发行的股票经批准在证券交易所上市交易的股份有限公司。其上市的条件有：股票经国务院证券管理部门批准已向社会公开发行；公司股本总额不少于人民币5 000万元；开业时间在3年以上，最近3年连续盈利；持有股票面值达1 000元以上的股东人数不少于1 000人，向社会公开发行的股份达公司股份总数的25%以上，公司股本总额超过人民币4亿元的，其向社会公开发行股份的比例为15%以上；公司在最近3年内无重大违法行为，财务会计报告无虚假记载及国务院规定的其他条件。

第三节　票　据　法

一、票据的概念和作用

（一）票据的概念和由来

票据的概念有广、狭义两种理解。广义票据相当于有价证券。有价证券是一种具有财产性价值的、表示民事权利的证券。权利的发生、移转和行使以持有证券为必要。广义的票据包括各种有价证券和商业活动中的一切凭证，如支票、发票、提单、仓单、股票、债券等。狭义的票据是出票人依法签发的，约定由自己或委托的他人，在一定时间、一定地点，向收款人或持票人无条件支付一定金额的有价证券。

国外最早的票据出现在古希腊，西方的票据制度可追溯到12、13世纪的意大利及其他地中海沿岸的商业城市，当时，票据是作为货币的兑换和异地间汇兑

（汇款）的工具而出现的。而现代票据是现代资本主义商品经济发展的产物。

我国早在盛唐时期就出现了诸如帖、书帖和“飞钱”等票券，这被视作我国最早的票据；到了公元11世纪北宋时期，商人发明了用以代替货币流通的“会子”和“交子”，这被认为是本票的雏形；到了明朝末年，商人为交易方便设立票号（或称票庄、汇兑庄），发行类似汇票、本票的票券，经营汇兑业务以及存放款业务；清朝末年，随着西方列强的入侵，开始出现现代意义上的票据，西方的票据制度也传到我国。1929年，南京国民政府制定19条《票据立法原则》，并在参考1912年海牙国际会议《统一票据规则》及西方国家票据法的基础上，制定了中国第一部正式意义上的《票据法》。

新中国成立后，由于长期实行计划经济和严格的金融管理，票据的适用范围受到严格限制，除少数单位可以使用支票外，汇票和本票在国内已无存在价值。从1978至今，随着改革开放进程的推进，我国商品经济和市场经济繁荣发展，票据又重新焕发出生命力并在国民经济生活中逐步发挥其应有的功用。

为了完善和规范票据活动，1986年，根据国务院安排，由中国人民银行开始牵头准备票据法的立法准备工作。1995年5月10日，《中华人民共和国票据法》在第八届全国人大常委会第13次会议上通过，并于1996年1月1日开始实施。《中华人民共和国票据法》（以下简称《票据法》）所规定的票据是狭义的票据，包括汇票、本票和支票。这三种票据都属于设权证券、金钱证券、要式证券、文义证券、无因证券和流通证券。票据所表示的权利与票据不可分离。

（二）票据在经济上的作用

1. 信用的作用

在现代商品社会，企业间的商事交易大部分采用信用交易方式，即买方以自己的信用以自己签发的票据向卖方交付票据，在票据到期以前将商品卖出并将该货款作为支付票据的资金。同时，卖方取得票据后，也可以到银行贴现，用作周转资金。

2. 汇兑的作用（汇票）

如甲国某进口贸易商A欲向乙国某出口贸易商B付款，则A首先向甲国有外汇业务的C银行汇入与货款金额相当的甲国的货币，之后请C签发以C为出票人、以乙国C的分行或C的交易银行D为付款人、以乙国货币为币种的汇票（通常为见票即付汇票），并将该汇票交付给收款人B。B从D得到了付款，就使A达到了汇兑的目的。

3. 托收的作用（汇票）

如甲国某出口贸易商A欲从乙国某进口贸易商B收取货款，则A可签发以

A 为出票人、以 B 为付款人的汇票，并将该汇票转让给甲国银行 C 或委托 C 收款。C 将该汇票交付给 C 在乙国的分行或 C 的交易银行 D，由 D 向付款人 B 提示付款并接受付款。

4. 支付的作用

支付的作用是票据所共同具备的最基本功能，用票据可以代替巨额交易的现金支付，既可以省去点钞的麻烦，还可以避免计算错误及其他风险。

二、汇票

汇票是出票人签发的，委托付款人在见票时或者在指定日期无条件支付确定的金额给收款人或者持票人的票据。汇票依付款期限的不同，分为即期汇票和远期汇票；依受款人的记载方式的不同，分为记名汇票和无记名汇票。我国《票据法》依出票人的不同，将汇票分为银行汇票和商业汇票。前者是指由银行签发的汇票，后者是指由银行之外的企事业单位、机关、团体等签发的汇票。商业汇票根据承兑人的不同，又分为商业承兑汇票和银行承兑汇票。

依照《票据法》的有关规定，汇票必须记载下列事项：（1）表明“汇票”的字样：（2）无条件支付的委托；（3）确定的金额；（4）付款人名称；（5）收款人名称；（6）出票日期；（7）出票人签章。汇票上未记载上述事项之一的，汇票无效。

与汇票有关的票据行为包括：

1. 出票。出票亦称发票，是指出票人签发票据并将其交付给收款人的票据行为。为防止欺诈，《票据法》要求汇票的出票人在为出票行为时，必须与付款人具有真实的委托付款关系，并且具有支付汇票金额的可靠资金来源。出票人不得签发无对价的汇票用以骗取银行或者其他票据当事人的资金。

2. 背书。背书是指持票人在票据背面或粘单上签章和记载被背书人名称并将票据交付给他人，从而将一定的票据权利让与他人的行为。背书交付与单纯交付一起共同构成票据转让。背书既不得附有条件，也不得只做部分转让，同时背书应当连续。

3. 承兑。承兑是指付款人承诺在汇票到期日支付汇票金额的票据行为。承兑是汇票特有的制度。根据《票据法》的有关规定，承兑不得附有条件，否则视为拒绝承兑。付款人承兑汇票后，应当承担到期付款的责任。

4. 保证。保证是指票据债务人以外的第二人所为的担保票据债务履行的行为。保证人必须在汇票或者粘单上记载下列事项：表明“保证”的字样；保证人名称和住所；被保证人的名称；保证日期；保证人签章。被保证的汇票，保证人与被保证人对持票人承担连带责任。保证人清偿汇票债务后，可以行使持票人对被保证人及其前手的追索权。

5. 付款。付款是指付款人于票据到期日向持票人支付票据金额，以消灭票据关系的行为。付款包括两道程序：提示与支付。其中，付款提示是指持票人向付款人或承兑人出示票据，请求付款的行为。付款提示只有在法定期限内进行方可产生法律效力。支付票款是指持票人进行付款提示后，付款人无条件地在当日按票据金额足额支付给持票人的行为。付款人依法足额付款后，票据关系消灭，全体汇票债务人的责任予以解除。

三、本票

本票是由出票人签发的，承诺自己在见票时无条件支付确定的金额给收款人或者持票人的票据。我国《票据法》所称本票仅限于银行本票，且为记名式本票和即期本票。本票是自付证券，无须承兑。

依照《票据法》的有关规定，本票必须记载下列事项：(1) 表明“本票”的字样；(2) 无条件支付的承诺；(3) 确定的金额；(4) 收款人名称；(5) 出票日期；(6) 出票人签章。本票上未记载上述事项之一的，本票无效。根据《票据法》的有关规定，本票自出票日起，付款期限最长不得超过2个月，若持票人未按照规定期限提示本票，则丧失对出票人以外的前手的追索权。

四、支票

支票是由出票人签发的，委托银行或者其他金融机构在见票时无条件支付确定的金额给收款人或者持票人的票据。其付款人限于特定机构，且为见票即付，无承兑手续，故与汇票有很大不同。

第四节 破 产 法

一、破产法的概念及特征

破产法是为了规范企业破产程序，公平清理债权、债务，保护债权人和债务人的合法权益，维护社会主义市场经济秩序而规定，在债务人不能清偿到期债务并且资产不足以清偿全部债务或者明显缺乏清偿能力时，法院强制对其全部财产清算分配，公平清偿债权人，或通过和解、企业重整，清偿债务的法律规范的总称。

破产法与其他法律相比较，具有以下特征：（1）破产法的调整范围仅限于债务人丧失清偿能力，不能清偿到期债务的特别情况，解决的是如何公平清偿债权人的问题，对于债务纠纷以及债务人有清偿能力而不还债等问题，则在破产程序之外通过民事诉讼与执行制度解决。（2）破产法是集实体与程序两者合一的综合性法律。破产法的基本内容可分为实体性规范、程序性规范、罚则与复权三大部分。（3）破产法是一部社会涉及面甚广的法律，与其他一些法律部门具有密切的联系，其正确实施要靠相关法律、制度的保障。（4）金融机构实施破产法的，由国务院金融监管机构向人民法院提出对该金融机构进行重整或者破产清算的申请。（5）其他法律规定企业法人以外的组织的清算，属于破产清算的，参照适用本法规定的程序。

二、破产案件的适用程序

破产案件是指通过司法程序处理的无力偿债事件。这里所说的司法程序包括三种：和解、重整和破产清算。

不能把破产案件简单地归结为清算倒闭事件，破产清算是公平清理债务的一种方法，但不是唯一方法。我国《企业破产法》鼓励当事人积极寻求以避免企业倒闭清算的方式来公平清理债务。

破产法设立的重整、和解和破产清算三种程序之间存在一定的可转换性。在它们之间，当事人有一定程度的选择自由。具体说，包括以下要点：（1）债务人在提出破产申请时可以选择适用重整程序、和解程序或者清算程序，债权人在提出破产申请时可以选择适用重整程序或者清算程序。（2）债权人申请债务人破产清算的案件，在破产宣告前，债务人可以申请和解，债务人或者其出资人可以申请重整。（3）债务人申请适用破产清算的案件，在破产宣告前，债权人或者债务人的出资人可以申请重整，债务人也可以申请和解。（4）债务人进入重整程序或者和解程序后，可以在具备破产法规定的特定事由时，经破产宣告转入破产清算程序。（5）债务人一旦经破产宣告进入破产清算程序，则不得转入重整或者和解程序。

三、破产界限

破产界限是指法院据以宣告债务人破产的法律标准，也称为破产原因。《破产法》规定："企业法人不能清偿到期债务，并且资产不足以清偿全部债务或者明显缺乏清偿能力的，依照本法规定清理债务。企业法人有前款规定情形，或者有明显丧失清偿能力可能的，可以依照本法规定进行重整。"

据此，破产界限的实质是不能清偿到期债务。“不能清偿”在法律上的着眼点是债务关系能否正常维系，其要点为：（1）债务人明显丧失清偿能力，不能以财产、信用或能力等任何方法清偿债务；（2）债务人不能清偿的是已到期、债权人提出偿还要求的、无争议或已有确定名义（指已经生效判决、裁决确定）的债务；（3）债务人对全部或主要债务长期连续不能偿还；（4）债务人负债（不论到期与否）数额超过实有资产（不考虑信用、能力等偿还因素）。

四、破产申请的提出和受理

依照《企业破产法》的规定，破产申请是破产申请人请求法院受理破产案件的意思表示。在我国，破产程序的开始不以申请为准，而是以受理为准。因此，破产申请不是破产程序开始的标志，而是破产程序开始的条件。根据我国法律规定，只有债权人和债务人才是合格的破产申请人。因此，破产案件的申请分为两类：债权人申请和债务人申请。

提出破产申请应当采用书面形式，即“提交破产申请书和有关证据”。“破产申请书”采用法院规定的统一格式。“有关证据”是指破产申请书所列事项的真实性证明，例如，用于证明申请人身份真实性的文件（如企业法人的营业执照，公民的身份证或护照等）；用于证明申请事实和理由的文件（如债权人用以证明债权有效存在和债务人到期不履行的合同、借据、催款通知书等）。

人民法院受理破产案件后，应依次做好以下工作：制定管理人；通知债权人并发布公告；办理债权申报的登记；依法召开债权人会议；依法宣告债务人破产，成立清算组进行破产清算。

五、重整和解程序

为减少企业破产造成的社会损失，挽救尚有可能自行解决债务清偿的企业，《企业破产法》专门设置了重整制度。重整是一个选择性程序。破产重整最主要的目的是帮助债务人企业走出经营困境，避免企业破产引起的激烈动荡。因此，破产重整的一系列规则都在于为企业创造一个继续经营的制度环境。

破产和解制度，是指债务人不能清偿债务时，为避免破产清算，经与债权人会议协商达成相互间的谅解的一项制度。和解的达成，是依靠债权人的让步来实现的，这是一种消极的解决债务危机的方式。

六、破产财产的分配

根据《企业破产法》第113条规定，破产财产在优先清偿破产费用和共益债务后，依照下列顺序清偿：第一，破产人所欠职工的工资和医疗、伤残补助、抚恤费用，所欠的应当划入职工个人账户的基本养老保险、基本医疗保险费用，以及法律、行政法规规定应当支付给职工的补偿金；第二，破产人欠缴的除前项规定以外的社会保险费用和破产人所欠税款；第三，普通破产债权。破产财产不足以清偿同一顺序的清偿要求的，按照比例分配。破产企业的董事、监事和高级管理人员的工资按照该企业职工的平均工资计算。

第十一讲

知识产权法

第一节　知识产权法概述

一、知识产权的概念和特点

（一）知识产权的概念和范围

知识产权，也叫智力成果所有权，是民事主体对其创造性的劳动成果依法所享有的专有权利。知识产权的内容包括著作权及其相关权利和专利权、商标权及其他工业产权。知识产权作为民事权利的一种，它所保护的最为重要的对象是人类的创造性智力成果。相应地，基于这一权利而构筑的知识产权制度，其调整的主要内容是整个人类文明的两大基础——科学技术和文学艺术。

广义的知识产权，是指一切在保护期限之内的人类智力创造的成果。其范围在《建立世界知识产权组织公约》第 2 条中包括：有关文学、艺术和科学作品的权利；有关表演艺术家的演出、录音和广播的权利；有关人们在一切领域中的发明权利；有关科学发现的权利；有关工业品外观设计的权利；有关商标、服务标志、厂商名称和标记的权利；有关制止不正当竞争的权利；以及在工业、科学、文学和艺术中一切其他源自智力活动的权利。

在世界贸易组织（WTO）的《与贸易有关的知识产权协议》中规定的知识产权的范围是：著作权与邻接权、商标权、地理标记权、工业品外观设计权、专利权、集成电路布图设计权，以及未披露过的信息专有权。由此可见，从广义上讲，知识产权的范围广泛并且有不同的划分。但是，目前世界上大多数国家都参加了《世界知识产权组织公约》，大多数国家都是世界贸易组织的成员，我国也是如此，因此，无论是《建立世界知识产权组织公约》的规定，还是《与贸易有关的知识产权协议》的规定，都是为大多数国家承认的，也是为我国所承认的。

狭义的和传统的知识产权则是指工业产权和著作权两部分，其中工业产权主要是指专利权和商标权。

我国《民法通则》规定，知识产权有六种，即著作权、专利权、商标权、发明权、发现权和其他科技成果权。本章主要介绍前三种知识产权。

（二）知识产权的特点

知识产权首要的，也是最重要的特点就是“无形”。这一特点将它们同一切有形财产以及人们就有形财产所产生的权利区分开来。从“无形”这一特点出发，并与它相关，衍生出知识产权的其他特点。知识产权主要有下面几个特点：

（1）无形性。知识产权作为一种无形财产权具有一般无形财产权的无形性，这是与有形财产权的根本区别所在。无形性是知识产权最基本的性质，其他特性都是在此基础上形成的。

（2）专有性。知识产权具有独占性和排他性，在知识产权保护期限内，非经权利人同意或法律规定，他人不得享有该项权利，不得使用该智力成果。

（3）地域性。知识产权作为一种专有权在空间上的效力并不是无限的，要受到地域的限制，其效力仅限于授权国境内。根据国家主权原则，一国法律确认和保护的知识产权，原则上只能在该国领域内发生法律效力，如要在其他国家发生法律效力，在其他国家取得法律保护，必须获得该国法律的确认，或参加知识产权的国际公约与双边互惠协定。

（4）时间性。知识产权作为一种专有权在时间上的效力也不是无限的，其效力仅限于法定有效期限内。超过法律规定的有效期限，专有权就会丧失，知识产品（或智力成果）即成为全社会的共同财富。

（5）可复制性。又称为工业再现性，这个特性在工业产权中更为突出。知识产权的客体可以固定在有形物上，并可以重复再现，重复利用，具有可复制性。换言之，通过知识产权的利用，可以将其客体和其本身体现在某种产品、作品及其复制品或其他物品等物质载体之上。这是知识产权可以被视为一种财产权的基本原因之一。

（6）人身权和财产权的双重性质。知识产权具有人身权和财产权的双重内容。人身权是基于一定身份而产生，不具备财产内容的一种权利，如作品上的署名权、发明人在专利文件中写明自己是发明人的权利等。人身权利一经成立，即与特定的人身不可分离。财产权则来源于知识产品（或智力成果）所具有的商品属性，权利人可以通过对其所有的知识产品（或智力成果）使用或转让获得经济利益。财产权可以为权利主体所享有，亦可依法转让或由继承人继承。

二、知识产权法的概念和演进

（一）知识产权法的概念

知识产权依法产生。在没有专门的知识产权法以前，知识产权问题属于民法调整。随着社会的进步，科学技术、经济、文化事业的发展，由“智力成果”和“经营标识”的使用而引起的一系列社会关系需要法律加以调整，于是产生了专利法、商标法、著作权法、反不正当竞争法等专门法。这些法律规范相互配合，构成了调整有关知识产权的财产关系和人身关系的法律规范体系——知识产权法律体系。

我国的知识产权法除了包括《专利法》、《商标法》、《著作权法》等专门性的法律外，还包括以下一些内容：

（1）其他法律中关于知识产权的规定。例如，《民法通则》在“民事权利”一章中对知识产权的规定。

（2）行政法规和规章中关于知识产权的规定。例如，《专利法实施细则》、《商标法实施细则》、《著作权法实施细则》等。

（3）关于知识产权法律适用的司法解释。例如，2001 年 6 月 19 日最高人民法院审判委员会第 1180 次会议通过《最高人民法院关于审理专利纠纷案件适用法律问题的若干规定》（自 2001 年 7 月 1 日起施行）等。

（4）我国加入的有关知识产权方面的国际公约和条约。我国已经加入了一批国际公约和条约，按照国际法规则和我国的立法程序，除了我国声明保留的条款外，这些公约和条约自动构成我国国内法的一部分。

（二）知识产权法的产生和发展

在知识产权法的家族中，专利法最早问世。早在中世纪或更早的年代，就出现了带有封建特权色彩的专利权。

1474 年，威尼斯共和国制定了世界上第一部专利法。1709 年，英国颁布了《安娜法》，首先以立法形式保护作品作者的权利。商标法律制度始于 19 世纪。1803 年，法国颁布了《关于工厂、制造场和作坊的法律》，这被认为是世界上第一部商标法。现代意义上独立的反不正当竞争法的出现始于 19 世纪末，一般认为 1890 年美国通过的《谢尔曼法》为世界上第一部反不正当竞争法。

在此后的一百年内，世界上多数国家都相继建立了知识产权保护制度。西方发达国家利用知识产权制度在短时间内迅速崛起，他们视知识产权制度为国家经济腾飞的支柱，国际市场竞争的法宝，提高综合国力、医治经济衰退的灵丹妙药。

我国第一部保护发明创造的法规是 1898 年清朝光绪皇帝采纳维新派的主张颁布的《振兴工艺给奖章程》，第一部商标法是 1902 年清政府颁布的《商标注册试办章程》，第一部版权法是清政府 1910 年制定的《大清著作权律》。但由于战乱年代，这些法律并没有真正地被施行。

新中国成立后，我国政府曾经颁布过一些保护知识产权的法规、条例，但是真正建立知识产权制度并逐步完善还是从 20 世纪 80 年代改革开放之后开始的。

在国内立法上，1982 年全国人大常委会通过了《中华人民共和国商标法》（1993 年第一次修改，2001 年第二次修改）；1984 年全国人大常委通过了《中华人民共和国专利法》（1992 年第一次修改，2000 年第二次修改）；1986 年全国人大审议通过的《民法通则》专节规定了知识产权；1990 年全国人大常委会审议通过了《中华人民共和国著作权法》（2001 年第一次修改）；1991 年国务院常务会议通过了《计算机软件保护条例》（2001 年第一次修改）；1993 年全国人大常委会通过了《中华人民共和国反不正当竞争法》；1995 年国务院颁布《中华人民共和国知识产权海关保护条例》；等等。

此外，我国自 1980 年以后陆续地加入了《世界知识产权组织公约》、《保护工业产权巴黎公约》、《商标国际注册马德里协定》、《关于集成电路知识产权条约》、《保护文学艺术作品伯尔尼公约》、《世界版权公约》、《保护录音制品制作者防止未经许可复制其录音制品日内瓦公约》、《专利合作条约》、《与贸易有关的知识产权协议》等。

上述法律法规以及加入的国际公约构成了我国知识产权保护的法律体系。我国知识产权立法较晚，但发展速度令世人瞩目。在短短的三十年里，我国已经具有了一套完整的知识产权立法、执法、司法体系。

知识产权法是随着国际贸易而发展起来的新的法律部门，它的立法速度很快，对世界各国的经济技术发展所起的作用也十分显著，但在知识产权法的理论研究方面却略显落后，对知识产权的本质属性和其规律的认识还需要人们深入研究。

三、知识产权的法律保护

（一）知识产权法律保护的分类

1. 知识产权的国内保护

知识产权的国内保护主要针对本国公民和法人所创造的智力成果，依据本国的知识产权法，能否取得法律保护和如何保护等问题。

2. 知识产权的涉外保护

知识产权的涉外保护可以分为两类，一类是本国公民和法人所创造的智力成果在境外能否取得知识产权法律保护及如何保护的问题；另一类是外国公民和法人所创造的智力成果在本国能否取得知识产权保护及如何保护的问题。

3. 知识产权的国际保护

知识产权的国际保护主要是通过缔结、修改、履行有关知识产权的国际条约（包括双边和多边协定）建立知识产权国际保护制度来实现的。通过缔结、修改有关国际条约，确立和规范各国知识产权保护的基本原则、最低要求和一般要求，这是知识产权国际保护的基础和前提。

国际条款直接或间接地转化为国内法，作为知识产权国内保护和涉外保护的基本依据和标准，从而可以在国际条约成员国的范围内享有国际条约所赋予的权利，这是知识产权国际保护的保证。

（二）知识产权保护的国际化

国际科技经济交往的日益频繁和国际技术市场的不断发展，使得知识产权保护的国际化越来越重要。从19世纪末开始，随着资本主义经济和国际贸易的发展，各国间先后签订了一系列保护知识产权的公约、条约和协定，形成了较为完备的国际知识产权保护制度。早在1883年，就诞生了保护知识产权的第一个国际公约——《保护工业产权巴黎公约》，1967年世界知识产权组织诞生，使得国际性的知识产权问题有了专门的管理机构。在此后对《巴黎公约》的修订、《专利法协调条约》的签订和《关税与贸易总协定》的谈判以及各种双边知识产权的谈判中，都使知识产权国际化趋势逐渐加强。1994世界贸易组织的成立，更是使得知识产权的全球保护进入了一个全新的纪元。

知识产权国际公约、条约和协定可以分为以下四类：第一类是关于知识产权的综合条约，第二类是保护工业产权的制度，第三类是保护著作权的制度，第四类是保护有关知识产权边缘保护客体的制度。

1.《保护工业产权巴黎公约》

保护工业产权的国际条约中最重要而且最早的是《保护工业产权巴黎公约》。1883年，法国、比利时、意大利、巴西、荷兰、瑞士等11个国家，在巴黎正式召开外交会议，签订了该公约，并成立了保护工业产权巴黎联盟。一百多年来，《巴黎公约》曾几经修订，参加的国家和地区亦达百个。从1985年3月19日起，中国成为《巴黎公约》成员国。

《巴黎公约》适用于最广义的工业产权，包括专利、商标、服务标记、厂商名称、货源标记或原产地名称以及不正当竞争的制止等。就保护工业产权而言，《巴黎公约》并不是统一的专利和商标法或专利和商标标准，而是规定了各缔约国都必须遵守的互惠原则，其在实质问题上有以下主要内容，构成了国际工业产权保护制度的主要原则：

（1）国民待遇原则。《巴黎公约》要求各成员国在保护工业产权方面必须相互给予其他成员国的国民平等享受该国国民能够获得的保护和待遇。即是说，对《巴黎公约》的成员国而言，外国申请人申请和取得工业产权的权利与国内申请人完全相同，不受任何歧视。

（2）优先权原则。《巴黎公约》要求缔约国有义务给予其他缔约国的国民以优先权待遇。各缔约国的国民在首次向一个成员国为一项工业产权提出正式申请的基础上，在一定期限内就相同内容又向其他成员国提出相同申请的，可以要求获得优先权，即以首次的申请日作为后一次的申请日。这样，申请人在首次提交正式申请后的规定期限内，可以根据情况从容地决定再向哪个国家提出申请，而不必担心因在此期间有人提出同样的申请而使自己的申请失效。

（3）独立性原则。《巴黎公约》的各成员国之间，对同一发明或者商标批准授予的专利或者商标专用权是彼此独立的，是按各自法律进行审查和批准的，互不影响。也就是说，在一个成员国对某项发明或商标授予专利权或者商标专用权后，其他成员国没有义务一定要就该项发明或商标授予专利权或者商标专用权；同样，某项发明或商标的专利权或者专用权在某一成员国被撤销或废止时，并不要求其他成员国也采取同样举动。

（4）强制许可原则。在《巴黎公约》成员国取得专利权的人，必须于一定期限内在该国境内实施其专利发明，否则该成员国的专利主管机关有权根据请求，颁布实施该项专利的强制许可，或者依法撤销专利权。

2.《专利合作条约》

这一条约是在《巴黎公约》的基础上制定的“旨在减少多申请人和专利局任何一方重复审查”的合作条约。1970 年有 35 个国家于华盛顿签订，1978 年 1 月生效。现有 40 多个国家和地区加入该条约。从 1994 年 1 月 1 日起，中国成为该条约成员国。

该条约明显简化了申请手续。申请人只需在一个成员国按照规定的方式提出一份专利申请后，由知识产权联合国际局确定的国际检索单位，在 18 个月后，将申请和检索报告一起公告。申请人可以根据检索，一次指定在哪些成员国申请专利，由知识产权联合国际局向申请人指定国的专利局进行通告。然后，根据申请人的请求，由专利合作条约联盟指定的国际初步审查单位在申请日（或优先权日）起 28 个月后提出国际审查报告书。这个国际审查报告只说明权力要求是否满足新颖性、创造性和实用性的标准，对申请人指定的有关国家的专利局并无法律上的约束力。是否授予专利权，最后还是由各指定国的专利局自行决定。

3.《商标国际注册马德里协定》和《商标注册条约》

《商标国际注册马德里协定》是 1891 年 4 月在西班牙马德里签订的，1892 年 7 月 15 日生效，是关于商标国际注册的协定，先后进行过 6 次修订，已有 20 多个成员国。该协定的基本精神是，参加该协定的必须是《巴黎公约》成员国；任何缔约国的国民，可以通过原属国的注册当局，向世界知识产权组织国际局提出商标注册申请，以便在一切其他该协定参加国取得其已在所属国注册的用于商标或服务项目的标记的保护。1989 年 7 月 4 日，中国政府向世界知识产权组织递交了《商标国际注册马德里协定》的加入书，从1989年10月4日起，中国成为该协定成员国。

《商标注册条约》是1973年6月在维也纳召开的工业产权外交会议上签订的，于1980年8月7日生效。该条约是比《商标国际注册马德里协定》更进一步使商标注册相互独立的国际化商标注册制度。这一条约与《商标国际注册马德里协定》的不同之处主要在于商标的国际注册完全摆脱了商标在本国注册的依赖性。根据《商标注册条约》的规定，商标的国际注册不必以在本国先注册为前提，商标国际注册的效力不受其在本国注册效力的影响而独立存在。

4.《保护文学艺术作品伯尔尼公约》

1886年9月由10个国家共同签署了《保护文学艺术作品伯尔尼公约》，我国从1992年10月15日起成为该公约的成员国。该《公约》规定了著作权国际保护制度的下述几项主要原则：

1. 双国籍的国民待遇原则。双国籍，即作者的国籍和作品的国籍。凡某缔约国作者的作品或在某缔约国内首次出版的作品，在其他的任何缔约国内都享受国民待遇原则，即享有该缔约国法律给予本国作者作品的同等保护。

2. 最低限度保护原则。该《公约》中规定了一些最低保护标准，各缔约国著作权法中提供的保护水平不能低于《公约》中规定的这些标准。

3. 独立保护原则。各成员国按照本国的著作权法保护其他成员国的作品，而不管该作品在本国是否受保护。

4. 国内法律保证公约实施原则。各成员国必须以其国内法形式保证《公约》的实施。

我国的知识产权法律制度是在改革开放的过程中建立起来的，从一开始就显示了面向世界、面向国际保护水平的高起点。这主要表现在：第一，在制定我国的知识产权保护法律的时候，既注意我国的国情，也注意知识产权保护国际化的需要，努力使知识产权保护水平与国际标准靠拢；第二，中国积极参加了相关国际组织的活动，加强了与世界各国在知识产权领域的交往和合作。

第二节 专 利 法

一、专利法概述

（一）专利和专利法的概念

专利是从英文“Patent”一文翻译过来的，有“公开”、“独占”之意。我们现在使用的“专利”一词，有以下几种涵义：其一是一种被授予专利权的发明创造；其二是指专利权的简称；其三是指有关的专利文件。专利权，是指专利主管机关依照专利法授予专利的所有人或他们的继承人在一定时限内依法享有的对该专利制造、使用、销售的专有权或专用权。

专利法是调整因发明创造的所有权和发明创造的利用而产生的各种社会关系的法律规范的总称。专利法对推动科技进步具有重要的作用，在知识产权法律体系中具有极为重要的地位。为了保护发明创造专利权、鼓励发明创造、促进科技的发展和发明创造的应用推广，1984 年 3 月 12 日，第六届全国人民代表大会第四次会议通过了《中华人民共和国专利法》，随后为了适应我国经济社会的快速发展，迄今为止《专利法》经过了 1992 年、2000 年和 2008 年三次修订，日趋成熟。《专利法》第三次修订与前两次修订有着很大的不同：前两次《专利法》修订的主要目的在于履行国际承诺，使专利制度与国际接轨，而本次修改是在《专利法》已经完全符合 TRIPS 协议的情况下启动的，完全是从我国自身的需求出发，为了提高自主创新能力，服务于创新型国家建设而修订的。新《专利法》的施行，必将对我国经济和社会发展起着更大的推动作用。

（二）专利的种类

我国《专利法》中规定了三种专利，即发明专利、实用新型专利和外观设计专利。发明专利是世界上所有实行专利制度的国家都普遍保护的一种专利。它是指依法授予发明的专利。我国《专利法》所称的发明是指对产品、方法或其改进所提出的新的技术方案。实用新型专利，也称小专利，是指依法授予实用新型的专利。我国《专利法》所称的实用新型是指对产品的形状、构造或其结合所提出的适于实用的新的技术方案。外观设计专利是指依法授予外观设计的专利。我国《专利法》所称的外观设计是指对产品的形状、图案、色彩或其结合所作出富有美感并适于工业上应用的设计。

二、专利权的归属

（一）职务发明创造与非职务发明创造

对于工作人员的发明创造取得的专利权归谁所有的问题，在专利法上有职务发明与非职务发明之分。根据我国《专利法》的规定，执行本单位的任务或者主要是利用本单位的物质技术条件所完成的发明创造为职务发明创造；职务发明创造申请专利的权利属于该单位，申请被批准后，该单位为专利权人。非职务发明创造，申请专利的权利属于发明人或者设计人；申请被批准后，该发明人或者设计人为专利人。利用本单位的物质技术条件所完成的发明创造，单位与发明人或设计人订有合同，对申请专利的权利和专利权的归属作出约定的，从其约定。对发明人或者设计人的非职务发明创造专利申请，任何单位或个人不得压制。

（二）共同发明创造和受托发明创造

两个以上单位或者个人合作完成的发明创造为共同发明创造，一个单位或者个人接受其他单位或者个人委托所完成的发明创造为受托发明创造。除另有协议的以外，共同发明创造和受托发明创造的专利申请权属于完成或者共同完成的单位或者个人；申请被批准后，申请的单位或者个人为专利权人。

三、专利权的取得

（一）授予专利权的条件

授予专利权的发明和实用新型，应当具备新颖性、创造性和实用性。

新颖性，是指在申请日以前没有同样的发明或者实用新型在国内外出版物上公开发表过、在国内公开使用过或者以其他方式为公众所知，也没有同样的发明或者实用新型由他人向国务院专利行政部门提出过申请并且记载在申请日以后公布的专利申请文件中。

创造性，是指同申请日以前已有的技术相比，该发明有突出的实质性特点和显著的进步，该实用新型有实质性特点和进步。

实用性，是指该发明或实用新型能够制造或使用，并且能够产生积极效果。

授予专利权的外观设计，应当同申请日以前在国内外出版物上公开发表过或国内公开使用过的外观设计不相同或不相近似，并不得与他人在先取得的合法权利相冲突。

（二）专利的申请

发明人或者设计人要取得专利权，必须按照《专利法》的规定向国家专利机关提出申请。除发明人本人或者设计人本人可以提出申请外，发明人或者设计人的合法受让人、继承人也可以提出。

对于专利申请，我国《专利法》规定了下述几个原则：

1. 书面申请原则，即专利申请必须以书面的形式提出，而不能以口头要求或提交实物来代替。申请发明或者实用新型专利的，应当提交请求书、说明书及其摘要和权力要求书等文件。申请外观设计专利的，应当提交申请书以及该外观设计的图片或者照片等文件，并且应当写明使用该外观设计的产品及其所属的类别。

2. 先申请原则，即两个以上的申请人分别就同样的发明创造申请专利的，专利权授予最先申请的人。所谓最先申请的人，是指专利申请日在先的人。根据《专利法》的规定，申请日是指收到专利申请文件之日。如果申请文件是邮寄的，则以邮寄出的邮戳日为申请日。

3. 优先权原则，即根据《专利法》的规定，申请人自发明或者实用新型在外国第一次提出专利申请之日起 12 个月内，或者自外观设计在外国第一次提出专利申请之日起 6 个月内，又在中国就相同主题提出专利申请的，依照该外国同中国签订的协议或者共同参加的国际条约，或者依照相互承认优先权的原则，可以享有优先权；申请人自发明或者实用新型在中国第一次提出专利申请之日起 12 个月内，又向专利局就相同主题提出专利申请的，可以享有优先权。申请人要求优先权的，应当在申请的时候提出书面声明，并且在 3 个月内提交第一次提出的专利申请文件的副本；未提出书面声明或者逾期未提交专利申请文件副本的，视为未要求优先权。

4. 单一性原则，即无论哪种专利申请，每件中只能包含一个发明，或实用新型或外观设计。根据《专利法》的规定，一件发明或实用新型专利申请应当限于一项发明或者实用新型；属于一个总的发明构思的两项以上的发明或者实用新型，可以作为一件申请提出。一件外观设计专利申请应当限于一种产品所使用的一项外观设计；用于同一类别并且成套出售或者使用的产品的两项以上的外观设计，可以作为一件申请提出。

此外，根据《专利法》的规定，申请人可以在被授予专利之前，随时撤回其专利申请；申请人可以对其专利文件进行修改，但是，对发明和实用新型专利申请文件的修改不得超出原说明书和权利要求书记载的范围，对外观设计专利申请文件的修改不得超出原图片或者照片表示的范围。申请专利的发明创造涉及国家安全或者重大利益需要保密的，按照国家有关规定办理。

（三）专利申请的审查和批准

专利局受理专利申请后，依照法定程序和内容对专利申请进行审查，作出是否批准授予专利权的决定。根据我国《专利法》的规定，对发明专利申请的审查和批准同对实用新型和外观设计专利申请的审查和批准是不一样的。我国对发明专利申请实行早期公开、延迟审查制度，对实用新型和外观设计专利申请实行登记制度。

对发明专利申请，专利局在收到申请后，经初步审查认为符合专利法要求的，自申请日起满 18 个月，即行公布。自申请日起 3 年内，专利局可以根据申请人随时提出的请求，对其申请进行实质审查；申请人无正当理由逾期不请求实质审查的，该申请即被视为撤回。专利局认为必要时，也可以自行对发明专利申请进行实质审查。

专利局对发明专利申请进行实质审查后，认为不符合《专利法》规定的，应当通知申请人，要求其在指定的期限内陈述意见，或者对其申请进行修改。无正当理由逾期不答复的，该申请即被视为撤回。发明专利申请经申请人陈述意见或者进行修改后，专利局仍然认为不符合《专利法》规定的，应当予以驳回。发明专利申请经实质审查没有发现驳回理由的，专利局应当作出授予发明专利权的决定，发给发明专利证书，并予以登记和公告。

对实用新型和外观设计专利申请不进行实质审查，经初步审查没有发现驳回理由的，专利局应当作出授予实用新型专利权或者外观设计专利权的决定，发给相应的专利证书，并予以登记和公告。

四、专利权的内容

专利权人主要拥有以下权利：

（一）专有实施权

专利权人可以实施该专利；任何单位或个人未经专利权人许可，都不能实施该专利。

（二）转让权

转让申请权或者专利权的，当事人应当订立书面合同，并向国务院专利行政部门登记，由国务院专利行政部门予以公告。中国单位或者个人向外国人转让申请权或者专利权的，必须经国务院有关主管部门批准。专利申请权或者专利权的转让自登记之日起生效。

（三）许可权

专利权人有权采用多种形式许可他人制造、使用、许诺销售、销售、进口其专利产品，或者使用其专利方法以及使用、许诺销售、销售依照其专利方法直接获得的产品。

五、专利权的期限、终止和无效

（一）专利权的期限

任何专利权都有一定的期限，只是各国专利法规定的期限不尽一致。根据我国《专利法》的规定，发明专利权的期限为 20 年，实用新型和外观设计专利权的期限为 10 年，均自申请日起计算。

（二）专利权的终止

专利权除因期限届满而终止外，还因具有下列情况之一而在期限届满前终止：一是没有按规定缴纳年费的；二是专利权人以书面声明放弃其专利权的。专利权的终止由专利局登记和公告。

（三）专利权的无效

自专利局公告授予专利权之日起满6个月后，任何单位或者个人认为该专利权的授予不符合《专利法》有关规定的，都可以请求专利复审委员会宣告该专利权无效。专利复审委员会对宣告专利权无效的请求进行审查，作出决定，并通知请求人和专利权人。

宣告无效的专利权视为自始即不存在。宣告专利无效的决定，对在宣告专利权无效前人民法院作出并已执行的专利侵权的判决、裁定，专利管理机关作出并已执行的专利侵权处理决定，以及已经履行的专利实施许可合同和专利权转让合同，不具有追溯力。但是因专利权人的恶意给他人造成的损失，应当给予赔偿。

六、专利权的保护

（一）专利权的保护范围

专利法对专利权的保护范围有明确的规定。根据《专利法》的规定，发明或者实用新型专利权的保护范围以其权力要求的内容为准，说明书及附图可以用于解释权力要求；外观设计专利权的保护范围以表示在图片或者照片中的该外观设计专利产品为准。

（二）专利侵权

对未经专利权人许可实施其专利的侵权行为，专利权人或者利害关系人可以请求专利管理机关进行处理，也可以直接向人民法院起诉。但是，根据《专利法》的规定，有下列情况之一的，不视为侵犯专利权：

1. 专利权人制造、进口或者经专利权人许可而制造、进口的专利产品或者依照专利方法直接获得的产品售出后，使用、许诺销售或者销售该产品的；

2. 在专利申请日前已经制造相同产品、使用相同方法或者已经做好制造、使用的必要准备，并且仅在原有范围内继续制造、使用的；

3. 临时通过中国领陆、领水、领空的外国运输工具，依照其所属国同中国签订的协议或者共同参加的国际条约，或者依照互惠原则，为运输工具自身需要而在其装置和设备中使用有关专利的；

4. 专为科学研究和实验而使用有关专利的。

此外，为生产经营目的使用或者销售不知道是未经专利权人许可而制造并售出的专利产品或者依照专利方法直接获得的产品，能证明其产品合法来源的，不承担赔偿责任。

（三）专利侵权和专利违法行为的法律责任

专利权的保护是通过对专利侵犯和专利违法行为进行制裁来实现的。对专利侵权和专利违法行为的制裁有民事、行政和刑事等多种方法。专利权人或者利害关系人在其专利权受到不法侵害时，可以请求专利管理机关进行处理，也可以直接向人民法院提出诉讼。管理专利工作的部门认定侵权行为成立的，可以责令侵权人立即停止侵权行为，当事人不服的，可以自收到处理通知之日起3个月内向人民法院起诉。人民法院依法责令侵权行为人停止侵害、赔偿损失、恢复名誉、消除影响，或者追缴非法制造的产品。在对侵权发生争议时，如果实施的是侵犯产品制造方法专利的行为，则制造同样产品的人（被告）应负举证责任。侵权人期满不起诉又不停止侵权行为的，管理专利工作的部门可以申请人民法院强制执行。

第三节　商　标　法

一、商标法概述

（一）商标和商标法的概念

1. 商标的概念

商标是商品生产者或经营者为其生产、经营的商品或者提供的服务使用的一种标记，以便和他人的同类商品相区别。商标通常由一定的文字和图形或两者的结合所构成。它是随着商品经济的产生而产生的，并随着商品经济的发展而发展的。商标作为区别商品或服务的标记，对于生产者或者经营者来说，商标是其商品、服务质量和信誉的标志；对于消费者来说，商标是指导他们消费行为的向导。

2. 商标法的概念

商标法是调整商标申请注册和保护商标而发生的社会关系的法律规范的总称。为了加强商标管理，保护注册商标专用权，促进生产经营者保证商品、服务质量和维护商标信誉，以保障消费者的权益，促进社会主义商品经济的发展，

1982年8月23日，第五届全国人民代表大会常务委员会第24次会议通过了《中华人民共和国商标法》。为适应深化改革和发展社会主义市场经济的需要，1993年2月22日第七届全国人民代表大会常务委员会第30次会议和2001年10月27日第九届全国人民代表大会常务委员会第24次会议分别通过了《关于修改〈中华人民共和国商标法〉的决定》，对商标法做了修改和补充。2011年9月，为了适应新形势的发展，国务院法制办出台了《中华人民共和国商标法（修订草案征求意见稿）》。《商标法》的第三次修改势必将为我国从商标大国向商标强国转变提供法制保障。

（二）商标注册的原则

我国《商标法》对商标注册采取自愿申请注册和强制注册相结合的办法。在一般情况下，商品或服务是否使用商标及商标使用人对所使用的商标是否申请注册，由其自主决定。但是，国家规定必须使用注册商标的商品，必须申请商标注册，未经核准注册的，不得在市场销售。必须注册的商标范围由国务院核准。

（三）注册商标的概念和种类

注册商标是指经商标局核准注册的商标。商标注册人享有商标专用权，受法律保护。注册商标包括商品商标、服务商标和集体商标、证明商标等种类。

（四）商标禁止使用的标志

商标应当以一定的文字、图案、字母、数字、三维标志、颜色组合以及它们的组合构成，并且有显著的特征，便于识别。根据我国《商标法》的规定，商标不得使用下列标志：

1. 同中华人民共和国的国家名称、国旗、国徽、军旗、勋章相同或者近似的，以及同中央国家机关所在地特定地点的名称或者标志性建筑物的名称、图形相同的；

2. 同外国的国家名称、国旗、国徽、军旗相同或者相似的，但该国政府同意的除外；

3. 同政府间国际组织的名称、旗帜、徽记相同或者近似的，但经该组织同意或者不易误导公众的除外；

4. 与表明实施控制、予以保证的官方标志、检验印记相同或者近似的，但经授权的除外；

5. 同“红十字”、“红新月”的名称、标志相同或者近似的；

6. 带有民族歧视性的；

7. 夸大宣传并带有欺骗性的；

8. 有害于社会主义道德风尚或者有其他不良影响的。

县级以上行政区划的地名或者公众知晓的外国地名，不得作为商标。但是，地名具有其他含义或者作为集体商标、证明商标组成部分的除外；已经注册的使用地名的商标继续有效。

（五）商标注册的禁止性规定

1. 仅有本商品的通用名称、图形、型号的，仅仅直接表示商品的质量、主要原料、功能、用途、重量、数量及其他特点的，缺乏显著特征的标志，不得作为商标注册。但是上述标志经过使用取得显著特征，并便于识别的，可以作为商标注册。

2. 就相同或者类似商品申请注册的商标是复制的、摹仿或者翻译他人未在中国注册的驰名商标，容易导致混淆的，不予注册并禁止使用。

3. 就不相同或者不相类似商品申请注册的商标是复制的、摹仿或者翻译他人已经在中国注册的驰名商标，误导公众，致使该驰名商标注册人的利益可能受到损害的，不予注册并禁止使用。

上述驰名商标认定时，应当考虑相关公众对该商标的知晓程度，该商标使用的持续时间，该商标的任何宣传工作的持续时间、程度和地理范围，该商标作为驰名商标受保护的记录等等因素。

二、商标注册的申请、审查和核准

（一）商标注册的申请

我国对商标注册的申请采取“一申请一商标”的原则。申请时，申请人按规定的商品分类表填报使用商标的商品分类和商品名称。商品分类表是对商品和服务进行科学归类划分的商标注册使用表。我国现采取的是商品注册用商品和服务国际分类表，包括 34 类商品和 8 类服务项目。每一个商标注册申请应向商标局交送商标注册申请书 1 份、商标图样 10 份，国家规定必须使用注册商标的商品在商标注册时应当附送有关主管部门的批准文件。商标注册申请的日期，以商标局收到商标文件的日期为准，商标手续不齐备的予以退回，申请日期不予保留。

（二）商标注册的审查

在商标注册的申请和审查中，采用先行申请的原则。两个或者两个以上的申请人，在同一种商品或者类似商品上，以相同或者近似的商标申请注册的，初步审定并公告使用在先的商标；同一天申请的，初步审定并公告使用在先的商标，驳回其他人的申请，不予以公告。如果同日使用或者均未使用的，各申请人应当进行协商，协商一致的，应当在30日内将书面协议报送商标局；超过30日达不成协议的，在商标局的主持下，由申请人抽签决定，或者由商标局裁定。

（三）商标注册的核准

对初步审定的商标，自公告之日起3个月内，任何人均可以提出异议。公告期满无异议的，予以核准注册，发给商标注册证，并予以公告。

申请商标注册不得损害他人现有的在先权利，也不得以不正当手段抢先注册他人已经使用并有一定影响的商标。对驳回申请、不予公告的商标，商标局应当书面通知商标注册申请人。商标注册申请人不服的，可以自收到通知之日起15日内向商标评审委员会申请复审，由商标评审委员会作出决定，并书面通知申请人。当事人对商标评审委员会的决定不服的，可以自收到通知之日起15日内向商标评审委员会申请复审，由商标评审委员会作出裁定，并书面通知异议人和被异议人。当事人对商标评审委员会的裁定不服的，可以自收到通知之日起30日内向人民法院起诉。人民法院应当通知商标复审程序的对方当事人作为第三人参加诉讼。

三、注册商标的有效期限、转让和使用许可

（一）注册商标的有效期限

注册商标所有人对其依法取得的注册商标，在法定的有效期内享有独占的权利。

注册商标的有效期限为10年，自核准注册之日起计算。注册商标有效期满，需要继续使用的，应当在期满前6个月内申请继续注册；在此期间未能提出申请的，可以给予6个月的宽展期。宽展期满仍未提出申请的，注销其注册商标。注册商标每次续展注册的有效期为10年。

（二）注册商标的转让

注册商标人可以将其拥有的商标权转让给他人所有。转让注册商标的，转让人和受让人应当签订转让协议，并共同向商标局提出申请。受让人应当保证使用该注册商标的商品质量。转让注册商标经核准后，予以公告。受让人自公告之日起享有商标专用权。

（三）注册商标的使用许可

商标注册人可以通过签订商标使用许可合同，许可他人使用其注册商标。许可人应当监督被许可人使用其注册商标的商品质量。经许可使用他人注册商标

的，必须在使用该注册商标的商品上标明被许可人的名称和商品产地。商标使用许可合同应当报商标局备案。

四、商标使用的管理和注册商标专用权的保护

（一）商标使用的管理

使用注册商标，有下列行为之一的，由商标局责令限期改正或者撤销其注册商标：

1. 自行改变注册商标的；
2. 自行改变注册商标注册人的名义、地址或者其他注册事项的；
3. 自行转让注册商标的；
4. 连续三年停止使用的。

使用注册商标，其商品粗制滥造、以次充好、欺骗消费者的，由各级工商行政管理部门分别不同情况，责令限期改正，并可以予以通报或者处以罚款，或者由商标局撤销其注册商标。

使用未注册商标，有下列行为之一的，由地方工商行政管理部门予以制止，限期改正，并可以予以通报或者处以罚款：

1. 冒充注册商标的；
2. 将不能作为商标的标志作为商标使用的；粗制滥造，以次充好，欺骗消费者的。

（二）注册商标专用权的保护

注册商标专用权的保护范围，以核准注册的商标和核定使用的商品为限。

有下列行为之一的，均属侵犯注册商标专用权：

1. 未经商标注册人的许可，在同一种商品或者类似商品上使用与其注册商标相同或者近似的商标的；
2. 销售侵犯注册商标专用权的商品的；
3. 伪造、擅自制造他人注册商标标识或者销售伪造、擅自制造的注册商标标识的；
4. 未经商标注册人同意，更换其注册商标并将该更换商标的商品又投入市场的；
5. 给他人注册商标专用权造成其他损害的。

上述侵犯注册商标专用权行为之一、引起纠纷的，由当事人协商解决；不愿协商或者协商不成的，商标注册人或者利害关系人可以向人民法院起诉，也可以

请求工商行政管理部门处理。工商行政管理部门处理时，认定侵权行为成立的，责令立即停止侵权行为，没收、销毁侵权商品和专门用于制造侵权商品、伪造注册商标标识的工具，并可处以罚款。当事人对处理决定不服的，可以自收到处理通知之日起 15 日内向人民法院起诉；侵权人期满不起诉又不履行的，工商行政管理部门可以申请人民法院强制执行。进行处理的工商行政管理部门根据当事人的请求，可以就侵犯商标专用权的赔偿数额进行调解；调解不成的，当事人可以向人民法院起诉。对侵犯注册商标专用权的行为，工商行政管理部门有权依法查处；涉嫌犯罪的，应当及时移送司法机关依法处理。

第四节　著作权法

一、著作权法概述

（一）著作权和著作权法的概念

著作权，也称版权，是指著作人依法对于自己的文字、艺术和科学技术等作品所享有的一种专有权利。

著作权法是调整作品创作、传播、使用过程中各种社会关系的法律规范的总称。1990 年 9 月 7 日第七届全国人民代表大会常务委员会第 15 次会议通过的《中华人民共和国著作权法》，是我国建国后颁布的第一部著作权法，它对于保护作者的合法权益，鼓励作品的创作和传播，对于完善我国保护知识产权法律制度，促进对外开放，繁荣文化和科学事业，都具有重要意义。2001 年和 2010 年，全国人民代表大会常务委员会对《著作权法》进行了两次修正。但随着经济社会的快速发展，《著作权法》仍然不能完全满足国情的巨变和时代的挑战，2011 年 7 月，国家版权局启动了《著作权法》第三次修改工作，《著作权法》第三次修订工作已经拉开序幕。

（二）著作权法的使用对象

根据《著作权法》的规定，我国著作权法的使用对象为：

1. 中国公民、法人或者其他组织的作品，不论是否发表，依照《著作权法》享有著作权。

2. 外国人、无国籍人的作品根据其作者所属国或者经常居住地国同中国签订的协议或者共同参加的国际条约享有著作权，受《著作权法》保护。

3. 外国人、无国籍人的作品首先在中国境内出版的，依照《著作权法》享有著作权。

4. 未与中国签订协议或者共同参加国际条约的国家的作者以及无国籍人的作品首次在中国参加的国际条约的成员国出版的，或者在成员国和非成员国同时出版的，受《著作权法》保护。

（三）作品的概念和内容

《著作权法》所称的作品是指文字、艺术和科学领域内，具有独创性并能以某种有形形式复制的智力创作成果。

《著作权法》所称的作品包括下列形式创作的文学、艺术和自然科学、社会科学、工程技术等作品：

1. 文学作品；
2. 音乐、戏剧、曲艺、舞蹈、杂技艺术作品；
3. 口述作品；
4. 美术、建筑作品；
5. 摄影作品；
6. 电影作品和以类似摄制电影的方法创作的作品；
7. 工程设计图、产品设计图、地图、示意图等图形作品和模型作品；
8. 计算机软件；
9. 法律、行政法规规定的其他作品。但是《著作权法》所称的作品不包括：法律、法规，国家机关的决议、决定、命令和其他具有立法、行政、司法性质的文件及其他官方正式译文，时事新闻，历法，通用数表，通用表格和公式。

二、著作权的内容和归属

（一）著作权人

著作权人是指依法享有著作权的人。根据我国《著作权法》的规定，著作权人包括作者以及其他依照本法享有著作权的公民、法人或者其他组织。

（二）著作权的内容

著作权包括下列人身权和财产权：

1. 发表权，即决定作品是否公之于众的权利；
2. 署名权，即表明作者身份，在作品上署名的权利；
3. 修改权，即修改或者授权他人修改作品的权利；
4. 保护作品完整权，即保护作品不受歪曲、篡改的权利；
5. 复制权，即以印刷、复印、拓印、录音、录像、翻录、翻拍等方式将作品制作一份或者多份的权利；

6. 发行权，即以出售或者赠与方式向公众提供作品的原件或者复印件的权利；

7. 出租权，即有偿许可他人临时使用电影作品和以类似摄制电影的方法创作的作品、计算机软件的权利，计算机软件不是出租的主要标的除外；

8. 展览权，即公开陈列美术作品、摄影作品的原件或者复制件的权利；

9. 表演权，即公开表演作品以及用各种公开手段播送作品的表演的权利；

10. 放映权，即通过放映机、幻灯机等技术设备公开再现美术、摄影、电影和以类似摄制电影的方法创作的作品的权利；

11. 广播权，即以无线方式公开广播或者传播作品，以有线传播或者转播的方式向公众传播广播的作品，以及通过扩音器或者其他传送符号、声音、图像的类似工具向公众传播广播的作品的权利；

12. 信息网络传播权，即以有线或者无线方式向公众提供作品，使公众可以在其个人选定的时间和地点获得作品的权利；

13. 摄制权，即以摄制电影或者以类似摄制电影的方法将作品固定在载体的权利；

14. 改编权，即改变作品，创作出具有独创性的新作品的权利；

15. 汇编权，即将作品或者作品的片段通过选择编排，汇集成新作品的权利；

16. 翻译权，即将作品从一种语言文字转换成另一种语言文字的权利；

17. 应当由著作权人享有的其他权利。

著作权人可以许可他人行使上述第 5 项至第 17 项规定的权利，可以全部或者部分转让上述第（5）项至第（17）项规定的权利，并依照约定或者《著作权法》有关规定获得报酬。

（三）著作权的归属

除著作权法另有规定的以外，著作权属于作者。

创作作品的公民是作者。由法人或者其他组织主持，代表法人或者其他组织意志创作，并由法人或者其他组织承担责任的作品，法人或者其他组织视为作者。如无相反证明，在作品上署名的公民、法人或者其他组织为作者。

公民为完成法人或者其他组织工作任务所创作的作品是职务作品，除《著作权法》另有规定外，著作权由作者享有，但法人或者其他组织有权在其业务范围内优先使用。作品完成两年内，未经单位同意，作者不得许可第三人以与单位使用的相同方式使用该作品。

有下列情形之一的职务作品，作者享有署名权，著作权的其他权利由法人或者其他组织享有，法人或者其他组织可以给予作者奖励：（1）主要是利用法人或者其他组织的物质技术条件创作，并由法人或者其他组织承担责任的工程设计图、产品设计图、地图、计算机软件等职务作品；（2）法律、行政法规规定或者合同约定著作权由法人或者其他组织享有的职务作品。

三、著作权的保护

（一）著作权的保护期

著作权的保护期是指著作权人对其作品享有著作权的期限。关于著作权的保护期限，在人身权和财产权方面是有区别的。作者的署名权、修改权、保护作品完整权的保护期限不受限制。公民的作品，其发表权及各种使用权和获得报酬权的保护期为作者终生及其死亡后50年，截止于作者死亡后第50年的12月31日；如果是合作作品，截止于最后死亡的作者死亡后的第50年的12月31日；法人或者其他组织的作品，其发表权及各种使用权和获得报酬的保护期为50年，截止于作品首次发表后第50年的12月31日，但是作品自创作完成后50年内未发表的，则《著作权法》不再保护。

（二）著作权的限制

在下列情况下使用作品，可以不经著作权人许可，不向其支付报酬，但是应当指明作者姓名、作品名称，并且不得侵犯著作权人依照《著作权法》享有的其他权利：

1. 为个人学习、研究或者欣赏，使用他人已经发表的作品；

2. 为介绍、评论某一作品或者说明某一问题，在作品中适当引用他人已经发表的作品；

3. 为报道时事新闻，在报纸、期刊、广播电台、电视台等媒体中不可避免地再现或者引用已经发表的作品；

4. 报纸、期刊、广播电台、电视台等媒体中刊登或者播放其他报纸、期刊、广播电台、电视台等媒体已经发表的关于政治、经济、宗教问题的时事性文章，但作者声明不许刊登、播放的除外；

5. 报纸、期刊、广播电台、电视台等媒体刊登或者播放在公众集会上发表的讲话，但作者声明不许刊登、播放的除外；

6. 为学校课堂教学或者科学研究，翻译或者少量复制已经发表的作品，供教学或者科研人员使用，但不得出版发行；

7. 国家机关为执行公务在合理范围内使用已经发表的作品；

8. 图书馆、档案馆、纪念馆、博物馆、美术馆为陈列或者保护版本的需要，复制本馆收藏的作品；

9. 免费表演已经发表的作品，该表演未向公众收取费用，也未向表演者支付报酬；

10. 对设置或者陈列在室外公共场所的艺术作品进行临摹、绘画、摄影、录像；

11. 将中国公民、法人或者其他组织已经发表的以汉语言文字创作的作品翻译成少数民族语言文字作品在国内出版发行；

12. 将已经发表的作品改成盲文出版。

为实施九年制义务教育和国家教育规划而编写出版教科书，除作者事先声明不许使用的外，可以不经过著作权人许可，在教科书中汇编已经发表的作品片段或者短小的文字作品、音乐作品或者单幅的美术作品、摄影作品，但应当按照规定支付报酬，指明作者姓名、作品名称，并且不得侵犯著作权人依照《著作权法》享有的其他权利。

（三）著作权许可使用

著作权人可以通过著作权使用许可合同允许被许可人按照约定条件使用其作品。

许可使用合同包括下列主要内容：许可使用的权利种类；许可使用的权利是专有使用权或者非专有使用权；许可使用的地域范围、期间；付酬标准和办法；违约责任；双方认为需要约定的其他内容。

（四）侵犯著作权的责任

我国《著作权法》专章规定了法律和执法措施。对于侵犯著作权的行为，应当根据情况，承担停止侵害、消除影响、公开赔礼道歉、赔偿损失等民事责任，并可以视情况由著作权行政管理部门给予没收非法所得、罚款等行政处罚。对著作权侵权纠纷，可以通过调解、仲裁或者诉讼等途径加以解决。

四、关于计算机软件的保护

计算机软件是指计算机程序及其有关文档。计算机的产生有力促进了科学技术的进步，也给科技进步的法律保护提出了新的课题。中国是世界上为数不多的明确将计算机软件作为著作权保护的国家之一。由于对计算机软件保护有其特殊性，因此我国《著作权法》在“附则”中明确规定，计算机软件的保护办法由国务院另行规定。为保护计算机软件著作权人的权益，调整计算机软件在开发、传播和使用中发生的利益关系，鼓励计算机软件的开发与流通，促进计算机应用事业的发展，依照《著作权法》的规定，国务院于 1991 年 6 月 4 日发布了第一个《计算机软件保护条例》；2001 年 12 月 20 日，国务院又公布了第二个《计算机软件保护条例》。新的《计算机软件保护条例》自 2002 年 1 月 1 日起施行，1991 年 6 月 4 日发布的《计算机软件保护条例》同时废止。

第十二讲

经济法

第一节　经济法概述

一、经济法的概念和特征

（一）概念和调整对象

1. 经济法的概念

在民法法系的法律理论中，公法与私法的划分是一种基本的法律分类方法，这已经成为具有法典化传统的国家在建立其法律体系时所共同运用的结构。公法是涉及国家利益的法律，而私法则是保护私人利益的法律。20 世纪以来，社会主义国家的建立与发展、“私法公法化”和“公法私法化”的趋势以及法律价值观向“社会本位”的转向，使传统的公法与私法划分理论受到冲击，出现了一些既不属于公法也不属于私法的法律部门，经济法即是其一。经历了资本主义经济危机，在认识到市场这只“无形的手”本身的局限性后，20 世纪以来世界各国加强了对社会和经济各方面的宏观干预。在西方，出现了两个新兴的法律部门，即社会法和经济法。

经济法是一门年轻而又博大精深的学科。说其年轻，是因为较之民法上千年的发展史，经济法仅有 200 多年的历史；说其博大精深，是因为经济法产生于政府与市场互动的复杂背景之下，经济法的体系非常庞大而复杂，具体制度又涉及国民经济的方方面面。

经济法是调整国家在调控和管理国民经济活动的过程中与公民、法人和其他组织发生的权利义务关系的法律规范的总称。或者我们也可以这样理解，经济法是调整需要由国家干预的经济关系的法律规范的总称。我国的经济法是由数量众多的单行经济法律、法规、规章及规范性文件构成的统一整体。

2. 经济法的调整对象

经济法的调整对象是特定的经济关系，这种经济关系是国家协调经济运行过程中发生的经济管理关系。在这种经济关系中，国家经济管理机关（如财政机关、税务机关、工商行政机关、审计机关等）作为国家的代表始终参与其中，作为经济关系主体的一方行使法定管理职权，履行法定义务。就此而言，经济法的性质接近于行政法，所以也有人将经济法称之为经济管理法或者经济行政法。经济法的调整对象相当广泛，主要包括两大部分：第一，宏观经济调控关系，即国家以间接手段对国民经济总体活动进行的调节与控制关系；第二，市场监督管理关系，即国家对市场主体及其经济活动进行管理和监督过程中形成的经济管理关系。

（二）特征

1. 政策性

国家或政府通常必须制定经济政策，经济的法律调整往往以政策先行，而后赋予政策以法的效力。经济法是国家经济政策的法律化。它必须体现和实现一定经济体制和经济政策的要求。而经济生活的变动是非常迅速的，受到很多因素的影响。作为成文法的经济法，具有法律的相对稳定性和滞后性。这样，就需要在法律与经济之间加入政策性的考量，经济法与经济政策之间也由此而有了紧密的联系。现代国家广泛运用的经济政策，包括财政政策、货币政策、产业政策、外贸政策、竞争政策、消费者政策等，几乎渗透到国家经济生活的每一个领域以及经济法的每一个部分和分支，这些政策已经不是传统意义上的"政策性的政策"，而是具有巨大影响的，对法律体制具有"补漏"和"缓冲"价值的政策。经济法政策性的特征要求经济法成为实现我国社会经济政策的法律形式，经济法将随着社会市场经济体制不断完善而日趋成熟。

2. 社会性

经济法是适应生产社会化要求产生的，它以社会为本位，是社会本位法。具有社会公益性。它虽然也同时关注社会主体个人的权益，但与民商法相比，经济法的最初的切入点或出发点是不同的。民法的切入点是权利，而后通过对每个权利的维护来达到对秩序的维护；而经济法则首先着眼于秩序，通过宏观地强调经济的有序来保护个体的权利和利益。简言之，民法的运作途径是从权利到秩序，而经济法则是从秩序到权利。或者说经济法关注的直接利益是整体性的，为了维护整体的利益，经济法对个体的权利和行为在必要时反而会作出一定的规制和导向。

3. 系统性

现代社会化大生产表现为从生产到流通各类具体的经济关系相互渗透形成综合的体系。现实的经济物质生活要求法律对经济关系进行全面、综合、系统的调整。以往传统的法律部门在对经济关系的调整上常常较为被动，就单个经济生活中发生的问题或权益纠纷进行规制，而经济法作为上层建筑直接反映了现代社会经济条件下经济关系综合性和系统性。经济法虽然也要规制经济生活中的具体问题及具体的权益纠纷，但经济法的根本出发点是对经济运行实行全面的宏观的系统的协调。

国家在经济法制建设方面，运用经济法调整一系列特定的经济关系，这些不同的经济关系之间也存在着一定的渗透与联系，具有系统性。各类关系都涉及国家经济乃至社会整体利益的全局，需要在总体上有一个全方位的制度设计，以系统的理念对经济运行实行系统协调。

4. 灵活性

经济法是经济政策的法律化，而政策是需要根据社会经济和市场的变化及时作出反应和调整的，这就决定经济法具体规则的内容具有较大的灵活性和变动性。

二、经济法的体系

组成法的体系的法的部门是多层次的。在整个法的体系中，经济法是一个独立的法的部门。经济法本身又有自己的体系。根据经济法律规范的调整对象是否具有某种属性，可以把经济法划分为若干个较大的经济法部门，然后又可以将每个较大的经济法部门再划分为若干个较小的经济法部门。可见，就纵向结构而言，经济法体系是层次分明而不是杂乱无章的。在社会主义市场经济条件下，国家经济协调关系的结构决定了经济法的体系应该采取如下结构：

（一）企业组织管理法

企业组织管理法是调整在企业设立、变更、终止过程中发生的经济管理关系和企业内部管理过程中发生的经济关系的法律规范的总称。对于企业组织管理法，根据实践的需要，可以做进一步划分。例如，可以划分为独资企业组织管理法、合伙企业组织管理法、公司企业组织管理法；或者划分为国有企业组织管理法、集体企业组织管理法、私营企业组织管理法等。

（二）市场管理法

市场管理法是调整在市场管理过程中发生的经济关系的法律规范的总称。对于市场管理法，根据实践的需要，可以进一步划分为反垄断法、反不正当竞争法、消费者权益保护法等。

（三）宏观调控法

宏观调控法是调整在宏观调控过程中发生的经济关系的法律规范的总称。对于宏观调控法，根据实践的需要，又可以划分为计划法、投资法、预算法、税法、中国人民银行法、价格法等。

三、经济法的原则

（一）适当干预原则

适当干预原则是指国家或经济自治团体应当在充分尊重经济自主的前提下对

社会经济生活进行一种有效但又合理谨慎的干预。

1. 正当干预。是指国家或经济自治团体对市场主体及经济活动的干预必须仰赖于法律规定，不得与之相抵触，也不得在法律并无授权的情形下擅自干预。

2. 谨慎干预。是指国家或经济自治团体在进行干预时应当谨慎从事，符合市场机制自身的运作规律，不可因干预而压制了市场主体的经济自主性与创造性。

（二）合理竞争原则

以维护市场机制有效运转为重点的经济法应当将竞争的合理运行纳入自己的调控范围，借以充分发挥竞争之积极功效，抑制甚而消灭其消极作用，即垄断和不正当竞争。

1. 有序竞争。是有范围的竞争，是有调控的竞争，是有节制的竞争。

2. 有效竞争。就是指将规模经济和竞争活力两者有效地协调，从而形成一种有利于长期均衡的竞争。

（三）协调发展原则

经济法的协调发展是指经济法应从整个国民经济发展和社会整体利益出发来调整具体的经济关系，协调各方经济利益关系，以促进、引导或强制实现社会整体目标与个体利益目标的统一。

第二节　市场规制法

一、竞争法

（一）竞争和竞争法

竞争是一种客观存在的自然现象和社会现象。从广义上讲，竞争是指那些为了维护自身的利益，力求使自身在某一方面（或领域）与相争对象相比能处于有利、优势地位的行为。竞争是商品经济的产物，也是市场活动的核心。没有竞争，市场就没有活力。竞争对于市场经济的发展既有积极的一面，也有消极的一面。其消极的一面表现为一方面竞争将会引致排斥、限制竞争的垄断产生，另一方面竞争将会诱发经营者采用不正当的手段来谋求竞争优势。

竞争法是调整在市场经济活动中因竞争行为引起的各种社会关系的法律规范的总和，其内容主要包括规范竞争主体法律地位的法律制度、反不正当竞争法、反垄断法和维护公平竞争的其他法律制度等四部分构成。

(二) 反不正当竞争法

反不正当竞争法是指调整在制止不正当竞争行为的过程中发生的社会关系的法律规范的总称，它是竞争法律制度的核心内容之一。

合法竞争即正当竞争、公平竞争，是指法律所允许和保护的竞争，即符合公平、公正、平等、自愿、诚实信用原则的竞争。而非法竞争即不正当竞争，在由我国 1993 年 9 月 2 日通过、1993 年 12 月 1 日起施行的《反不正当竞争法》第 2 条第 2 款规定："本法所称的不正当竞争，是指经营者违反本法规定，损害其他经营者合法权益，扰乱社会经济秩序的行为。"

在我国《反不正当竞争法》第 2 章（第 5 至 15 条）中列举了以下不正当竞争行为：

(1) 混淆商品服务的来源。包括假冒他人的注册商标；擅自使用知名商品特有的或与之近似的名称、包装、装潢；擅自使用他人的企业名称或者姓名（第 5 条 1、2、3 项）。

(2) 贬毁竞争对手（商业诽谤行为）（第 14 条）。

(3) 对商品或服务做引人误解的宣传或表示。包括虚假的商品或服务标示行为（伪造或冒用认证标志、名优标志；伪造产地；对质量做引人误解的虚假表示）（第 5 条 4 项）、虚假广告宣传（第 9 条）。

(4) 侵犯商业秘密（第 10 条）。

(5) 商业贿赂（第 8 条）。

(6) 不正当的有奖销售（第 13 条）。

(7) 依法具有独占地位的经营者的限制竞争行为（第 6 条）。

(8) 低于成本价销售以排挤竞争对手（第 11 条）。

(9) 搭售行为（第 12 条）。

(10) 串通投标行为（第 15 条）。

(11) 滥用行政权力的限制竞争行为（第 7 条）。

其中前 6 项属于传统的（狭义的）不正当竞争行力，后 5 项属于限制竞争行为（应属反垄断法调整范围），当然也可以理解为属于广义的不正当竞争行为。

对以上不正当竞争行为，法律规定由县级以上人民政府工商行政管理部门进行监督检查；法律、行政法规规定由其他部门监督检查的，依照其规定。各监督检查部门在监督检查时，可依法行使询问权、查询复制权、检查权和处罚权。

经营者的不正当竞争行为给被侵害的经营者造成损害的，应当承担损害赔偿的民事责任。如被侵害者的损失难以计算，则侵权人支付的赔偿额应等于其侵权期间因侵权行为所获得的利润。此外，侵权人还应承担被侵害人因调查该经营者侵害其合法权益的不正当竞争行为所支付的合理费用。经营者除因致人损害应承担损害赔偿民事责任外，其因从事不正当竞争行为，还可能要承担相应的行政责任，甚至刑事责任。因不正当竞争行为遭受损害的经营者，可以该行为人为被告向人民法院提起民事诉讼。

（三）反垄断法

垄断的一般含义是指把持、独占、专有。相对于竞争而言，垄断是在竞争过程中产生的一种由处于有利、优势地位者，为了维护自身的利益而限制、排挤、抵制相争对象参与正当竞争的行为。相对于经济而言，垄断是一种由经济竞争而产生的经济现象。从法律的角度，垄断也可以分为合法垄断和非法垄断两类。

合法垄断是指法律所允许和保护的垄断，主要包括：

1. 自然垄断，指经营者通过合法竞争形成的垄断。

2. 法定垄断，指经营者依据有关法律所获得的独占权，如专利权、商标权、版权等知识产权。

3. 国家垄断，是指国家通过法律所规定的直接控制、管理或授权经营某些行业的行为。这些行业包括关系到国计民生的重要行业，如国防、能源、金融、交通、通信、医药等；涉及社会资源合理利用、配置的行业，如供水、供电、供气、邮电等公用事业，黄金等特殊矿藏开采、冶炼等；少数须严加控制的行业，如烟草、酿酒等行业。

非法垄断是指违反法律规定的垄断，主要包括经济垄断和行政垄断，可以说是一种特殊的最为严重的不正当竞争。

1. 行政垄断，是指政府行政部门滥用其行政权力损害、限制合法竞争，使某些企业借助政府的权利占据市场支配地位的行为。

2. 经济垄断，又称为限制竞争行为或限制性商业行为。

一般认为限制竞争行为主要包括三类：

1. 滥用经济（或市场）优势；

2. 联合损害竞争对手利益（卡特尔）；

3. 通过企业兼并谋求垄断。

竞争法的另一个重要组成部分是反垄断法。反垄断法是在高度发达的市场经济条件下，为防止和消除自由竞争所引起的垄断现象，使市场经济得以健康运转而制定的法律。其宗旨是以社会利益为本位，维护整个社会利益、国家利益，保护市场竞争秩序，保护所有竞争者和消费者的利益。反垄断法是调整在市场经济活动中因限制竞争行为引起的各种社会关系的法律规范的总和。竞争法，或者反垄断法和反不正当竞争法一起被称为“经济宪法”，是维护市场秩序的最基本的法律，这也分说明竞争法在市场经济发展中所占的重要地位。

二、消费者权益保护法

（一）消费者权益保护法的概念及意义

消费者权益保护法，是指调整在保护消费者权益过程中发生的经济关系的法律规范的总称。消费者权益保护法由于其现代性及社会公益性的特征尤为突出，因此它是经济法的重要部门法。

消费者权益保护方面的专门立法，是随着现代市场经济的发展及消费者问题的日益尖锐而出现的，是与垄断、不正当竞争、信息不对称等导致“市场失灵”的原因密切相关的。

近代市场经济实行的是自由竞争，国家对经济生活不加干预。由于此时市场经济不甚发达，企业的社会化、专业化程度不高，消费者与经营者之间的地位较为平等，消费者与生产者之间是普通的合同关系，因而仅依合同自由原则和民事责任方面的法律就能使消费者所受损害得到救济。在这一时期，消费者问题并不突出，依靠传统民商法加以规制仍是适宜的。

然而，随着近代市场经济发展为现代市场经济，消费者问题也日益突出。主要表现在：首先，在科技进步、促销手段不断变化的情况下，作为促销手段的各种宣传媒介往往向消费者传递不真实的信息，而消费者往往不能察觉和辨别。其次，生产与经营的社会化、专业化常常使消费者难以靠自己的力量去寻找和追究侵害消费者权利的具体责任者。若仍然采用诉讼途径，费时耗力，费用高昂。再次，垄断的发展和商品的消费者的普遍化，使得标准合同或格式合同条款等大量存在，使传统的合同自由原则受到破坏或突破。由于消费者处于弱者的地位，因而不得不屈从于实力雄厚的各种组织体所制定的不利于自己的合同条件。最后，不正当竞争的加剧，使得经营者竞相采取不公平的商业行为或限制性商业行为。它们在质量、价格、计量、商标等各个方面竭尽各种欺诈手段，损害消费者利益。

上述侵害消费者权利的问题单靠传统的民商法是无法解决的，因为消费者问题是市场经济高度发展的结果，它只有通过国家进行法律规制和市场的不断完善才可能全面得以解决，正因为如此，在保护消费者权益方面，经济法在一定程度上弥补了民商法保护之不足。由于单靠传统民商法无法解决日益广泛复杂的消费者问题，因而各国纷纷通过专门立法来解决这一经济问题和社会问题。

消费者权益保护法律制度的历史演进同法律保护人权的历史进程是同步的。改革开放以来，我国保护消费者权益问题日渐得到重视，并陆续出台了一批地方性法规。1993 年 10 月 31 日，第八届全国人大常委会第四次会议通过了《中华人民共和国消费者权益保护法》（以下简称《消费者权益保护法》），这是我国制定的第一部保护消费者权益的专门法律。

（二）消费者权益保护法的适用范围与基本原则

1. 消费者权益保护法的适用范围

我国《消费者权益保护法》从主体及其行为的角度规定了该法的适用范围，即：

（1）消费者为生活消费需要购买、使用商品或者接受服务，其权益受该法保护；

（2）经营者为消费者提供其生产、销售的商品或者提供服务，应当遵守该法；

（3）另外，农民购买、使用直接用于农业生产的生产资料，这种消费本不属于《消费者权益保护法》的调整范围，但在消费者权益保护法立法时考虑到我国目前农业生产规模不发达，生产单位以家庭联产承包为主，不具有规模效益，并且农民在购买使用农业用生产资料时经常受到假劣农药、种子等的侵害，而其合法权益又很难得到救济，因此作为例外情况纳入《消费者权益保护法》保护的范围，《消费者权益保护法》规定："亦应参照该法执行"，但不能据此否定消费者是作为自然人的公民个体消费者的含义。

2. 消费者权益保护法的基本原则

消费者权益保护法的基本原则依不同的标准可以有不同的概括，但一般说来，应主要包括以下原则：一是尊重和保障人权原则；二是保障社会经济秩序原则；三是依法进行交易的原则。

我国《消费者权益保护法》第 3 条至第 6 条分别规定了该法的下列四项原则：一是经营者应当依法提供商品或者服务的原则；二是经营者与消费者进行交易应当遵循自愿、平等、公平、诚实信用的原则；三是国家保护消费者的合法权益不受侵犯的原则；四是一切组织和个人对损害消费者合法权益的行为进行社会监督的原则。

（三）消费者的权利与经营者的义务

1. 消费者的权利

消费者的权利，是指在消费活动中，消费者依法享有的各项权利的总和。消费者保护法为消费者设立了相互独立又相互关联的九项权利。

（1）安全保障权。消费者在购买、使用商品和接受服务时享有人身、财产安全不受损害的权利。

（2）知悉真情权。消费者享有知悉其购买、使用的商品或者接受的服务的真实情况的权利。

（3）自主选择权。即消费者享有自主选择商品和服务的权利。

（4）公平交易权。指经营者与消费者之间的交易应在平等的基础上达到公正的结果。

（5）获取赔偿权。也称作消费者的求偿权，即消费者因购买、使用商品或者接受服务受到人身、财产损害的，享有依法获得赔偿的权利。

（6）结社权。消费者享有依法成立维护自身合法权益的社会团体的权利。目前，中国消费者协会及地方各级消费者协会已经成立。

（7）获得相关知识权。指消费者享有获得有关消费和消费者权益保护方面的知识的权利。

（8）受尊重权。消费者在购买、使用商品和接受服务时，享有其人格尊严、民族风俗习惯得到尊重的权利。

（9）监督批评权。消费者享有对商品和服务以及保护消费者权益工作进行监督的权利。

2. 经营者的义务

在消费法律关系中，消费者的权利就是经营者的义务。为了有效地保护消费者的权益，约束经营者的经营行为，《消费者保护法》不仅专章规定了消费者的权利，还专章规定了经营者的义务。

（1）履行法定义务及约定义务。经营者向消费者提供商品和服务，应依照法律、法规的规定履行义务。双方有约定的，应按照约定履行义务，但双方的约定不得违法。

（2）接受监督的义务。经营者应当听取消费者对其提供的商品或服务的意见，接受消费者的监督。

（3）保证商品和服务安全的义务。经营者应当保证其提供的商品或服务符合保障人身、财产安全的要求。

（4）提供真实信息的义务。经营者应当向消费者提供有关商品和服务的真实信息，不得做引人误解的虚假宣传。

（5）标明真实名称和标记的义务。经营者应当标明其真实名称和标记。租赁他人柜台或者场地的经营者，应当标明其真实名称和标记。

（6）出具凭证或单据的义务。经营者提供商品或者服务，应按照国家规定或商业惯例向消费者出具购货凭证或者服务单据；消费者索要购货凭证或者单据的，经营者必须出具。

（7）保证质量的义务。经营者有义务保证商品和服务的质量。

（8）履行"三包"或其他责任的义务。经营者提供商品或者服务，按照国家规定或者与消费者的约定，承担包修、包换、包退或者其他责任的，应当按照规定或者约定履行，不得故意拖延或者无理拒绝。

（9）不得单方作出对消费者不利规定的义务。经营者不得以格式合同、通知、声明、店堂告示等方式作出对消费者不公平、不合理的规定，或者减轻、免除其损害消费者合法权益应当承担的民事责任。

（10）不得侵犯消费者人格权的义务。消费者的人格尊严和人身自由理应依法获得保障。经营者不得对消费者进行侮辱、诽谤，不得搜查消费者的身体及其携带的物品，不得侵犯消费者的人身自由。

（四）争议的解决

1. 争议解决的途径

各类争议的解决，大略都有协商、调解、仲裁、诉讼等基本的解决途径，消费者权益争议也与此类似。根据我国《消费者权益保护法》的规定，消费者与经营者发生消费者权益争议的，可以通过下列途径解决：

（1）与经营者协商和解；

（2）请求消费者协会调解；

（3）向有关行政部门申诉；

（4）根据与经营者达到的仲裁协议提请仲裁机构仲裁；

（5）向人民法院提起诉讼。

在选择具体的争议解决途径时，消费者往往能够作出理性的选择，尤其是要权衡争议的解决成本，考虑交易费用。因此，哪种途径在总体上对于当事人的利益较大，消费者就可能会选择哪种解决途径。

2. 解决争议的几项特定规则

（1）消费者可以向任一方经营者提出请求，即经营者之间承担连带责任。包括：第一，消费者或其他受害人因商品缺陷造成人身、财产损害的，可以向销售者要求赔偿，也可以向生产者要求赔偿。属于生产者责任的，销售者赔偿后，有权向生产者追偿；属于销售者责任的，生产者赔偿后，有权向销售者追偿。第二，使用他人营业执照的违法经营者提供商品或服务，损害消费者合法权益的，消费者可以向其要求赔偿，也可以向营业执照的持有人要求赔偿。

（2）消费者须先向特定一方提出赔偿请求。包括：第一，消费者在购买、使用商品时，其合法权益受到损害的，可以向销售者要求赔偿。销售者赔偿后，属于生产者的责任或向销售者提供商品的其他销售者的责任的，销售者有权向生产者或其他销售者追偿。第二，消费者在购买、使用商品或者接受服务时，其合法权益受到损害，因原企业合并、分立的，可以向变更后的企业要求赔偿。第三，消费者在展销会、租赁柜台购买商品或接受服务，其合法权益受到损害的，可以向销售者或服务者要求赔偿。展销会结束或柜台租赁期满后，也可以向展销会举办者、柜台的出租者要求赔偿。展销会的举办者、柜台的出租者赔偿后，有权向销售者或服务者追偿。第四，当消费者因虚假广告而购买、使用商品或接受服务时，若合法权益受到损害，可以向利用虚假广告提供商品或服务的经营者要求赔偿。广告的经营者发布虚假广告的，消费者可以请求行政主管部门予以惩处。广告的经营者不能提供经营者的真实名称、地址的，应当承担赔偿责任。

三、产品质量法

（一）产品、产品质量与产品质量法

所谓“产品”是指经过某种程度或方式的加工、制作，用于消费和使用的物品，是生产者、销售者能够对其质量加以控制的产品。我国 1993 年通过的《产品质量法》规定：“本法所称的产品是指经过加工、制作，用于销售的产品。”但不包括建设工程产品和军工产品。2000 年修改后的《产品质量法》，增加规定为“建筑工程使用的建筑材料、建筑构配件和设备，属于前款规定的产品范围的，适用本法。”说明我国的《产品质量法》中的产品不包括初级农产品和不动产，符合国际上的通行做法。

产品质量，是指产品在既定的条件下，能够满足消费者的愿望和符合规定用途所具备的特征和特性的总和。我国《产品质量法》第 26 条对产品质量做了细化，规定产品质量应当符合下列要求：不存在危及人身、财产安全的不合理的危险，有保障人体健康和人身、财产安全的国家标准、行业标准的，应当符合该标准；具备产品应当具备的使用性能，但是对产品存在使用性能的瑕疵作出说明的除外；符合在产品或者其包装上注明采用的产品标准，符合以产品说明、实物样品等方式表明的质量状况。

产品质量法，是指为了调整产品生产与销售以及对产品质量进行监督管理过程中所形成的社会关系而由国家制定的法律规范的总称。我国于 1993 年颁布《中华人民共和国产品质量法》，2000 年进行了修订。

（二）生产者、销售者的产品质量责任和义务

1. 生产者的产品质量责任和义务

（1）产品质量应符合要求：第一，不存在危及人身、财产安全的不合理危

险，有国家标准、行业标准的，应当符合该标准。第二，具备产品应当具备的使用性能，但对产品存在使用性能瑕疵作出说明的除外。第三，符合在产品或其包装上注明采用的产品标准，符合以产品说明、实物样品的方式表明的质量状况。

（2）包装及产品标识应当符合要求：第一，特殊产品的标识、包装质量必须符合相应的要求，依照规定作出警示标志或中文警示说明。第二，普通产品，应有产品质量检验的合格证明，有中文标明的产品名称、生产厂厂名和地址；根据需要标明产品规格、等级、主要成分；限期使用的产品，应标明生产日期和安全使用期或失效日期；产品本身易坏或可能危及人身、财产安全的，有警示标志或中文警示说明。

（3）不得生产国家明令淘汰的产品。

（4）不得伪造产地，不得伪造或冒用他人的厂名、厂址。

（5）不得伪造或冒用认证标志、名优标志等质量标志。

（6）不得掺杂、掺假，不得以假充真、以次充好，不得以不合格产品冒充合格产品。

2. 销售者的产品质量责任和义务

（1）进货验收义务。

（2）保持产品质量的义务。

（3）销售产品标识符合法定要求。

（4）不得违反禁止性规范，包括：不得销售国家明令淘汰并停止销售的产品和失效、变质的产品；不得伪造产地，不得伪造或冒用他人的厂名、厂址；不得伪造或冒用认证标志、名优标志；不得掺杂、掺假，不得以假充真、以次充好或以不合格产品冒充合格产品。

（三）产品责任

产品责任又称产品侵权损害赔偿责任，是指产品存在可能危及人身、财产安全的不合理危险，造成消费者人身或者除缺陷产品以外的其他财产损失后，缺陷产品的生产者、销售者应当承担的特殊的侵权法律责任。

1. 产品瑕疵担保责任

产品瑕疵担保责任是指在产品买卖关系中，产品的生产者或销售者向对方保证和承诺，按照这种承诺，如果产品存在瑕疵，生产者或销售者应当承担由此引起的法律后果，即负责修理、更换、退货，给购买产品的用户、消费者造成损失的，负责赔偿。

2. 产品缺陷责任

产品缺陷责任或称产品责任，是指因产品存在缺陷造成人身、缺陷产品以外的他人财产损害时应依法承担的侵权责任。《产品质量法》对生产者、销售者的产品缺陷责任分别做了不同规定：

（1）生产者的严格责任（无过错责任）。《产品质量法》第41条规定，因产品存在缺陷造成人身、缺陷产品以外的他人财产损害的，生产者应当承担赔偿责任。但生产者能够证明有法定情形，如未将产品投入流通，或投入流通时引起损害的缺陷尚不存在、或投入流通时的科学技术水平尚不能发现缺陷的存在的，可不承担赔偿责任。

（2）销售者的过错责任。《产品质量法》第42条规定，因销售者的过错使产品存在缺陷，造成人身、他人财产损害的，销售者应承担赔偿责任。但销售者如能证明自己没有过错，则不必承担赔偿责任。销售者不能指明缺陷产品的生产者也不能指明其供货者的，应承担赔偿责任。

（3）产品责任的求偿对象。为便于消费者行使权利，《产品质量法》给予消费者选择起诉对象的权利，并规定了生产者和销售者之间的连带责任。

（4）诉讼时效与请求权。因产品缺陷造成损害要求赔偿的诉讼时效为2年，自当事人知道或应当知道其权益受到损害时起计算。另外，因产品存在缺陷造成损害要求赔偿的请求权，在造成损害的缺陷产品交付最初用户、消费者满10年丧失；但是尚未超过明示的安全使用期的除外。

第三节　宏观调控法

一、税法

税法是调整税收关系的法律规范的总称。税收关系分为税收体制关系与税收征纳关系。税收征纳关系分为税收征纳实体关系和税收征纳程序关系，因此税法主要由两部分内容组成：一部分是征纳实体法，一部分是征纳程序法。

税收法定，有税必有税法，任何实体税法都是由下列这些要素所构成的：税法主体、征税对象、税目、税率、纳税环节、纳税义务发生时间与纳税期限、纳税地点、税收优惠、违章处理。实体税法就是这些要素的罗列，当然，具体到一部实体税法不见得这些要素全部具备。税法的构成因素中较为重要的有：征税主体与纳税主体、征税对象、税率。这三个要素是任何一个实体税法都要有的，欠缺其中的任何一个，税法都是无法执行了。

（一）实体税法

1. 增值税

增值税是我国第一大税，指以产品新增加的价值，即增值额为征税对象的一种税。增值额是指货物的销售收入额扣除购入原材料等支出额以后的余额。我国于1984年9月由国务院发布了《增值税条例（草案）》，开始试行增值税制度。1993年12月国务院又颁布了《中华人民共和国增值税暂行条例》，自1994年1月1日起生效，开始全面推行增值税制度。《中华人民共和国增值税暂行条例》已经在2008年11月5日国务院第34次常务会议修订通过，自2009年1月1日起施行。

2. 消费税

消费税是对特定的消费品和消费行为征收的一种税。消费税只选择一部分消费品和消费行为征税，而且只在消费品生产、流通或消费的某一环节征收，税率、税额也根据不同消费品的种类、档次、结构、功能以及供求、价格等情况而有差别。但是消费税最终都要转嫁到消费者身上，由消费者负担。《中华人民共和国消费税暂行条例》已经在2008年11月5日国务院第34次常务会议修订通过，自2009年1月1日起施行。

3. 营业税

营业税是指对在我国境内提供应税劳务、转让无形资产或者销售不动产的单位和个人就其营业收入额征收的一种税。1984年9月国务院颁布《营业税条例（草案）》，开始征收营业税。1993年12月13日国务院颁布《中华人民共和国营业税暂行条例》，自1994年1月1日起施行。《中华人民共和国营业税暂行条例》已经在2008年11月5日国务院第34次常务会议修订通过，自2009年1月1日起施行。

4. 关税

关税是主权国家对进出国境（或关境）的货物和物品所征收的一种税。关税一般由设在边境、沿海口岸或国家指定的其他水、陆、空国际交往通道的海关来征收。关税是一种特殊的税种，它是维护国家主权和经济利益，执行国家对外经济政策的重要手段。关税可以分为进口关税和出口关税。

5. 企业所得税

企业所得税是指对我国境内企业就其生产、经营所得和其他所得所征收的一种税。1993年年底，国家对企业所得税制度进行了重大改革，1993年12月13日颁布了《中华人民共和国企业所得税暂行条例》，自1994年1月1日起施行，结束了境内不同所有制企业适用不同企业所得税和不同企业所得税法的局面。为了适应形势的发展，《中华人民共和国企业所得税暂行条例》于 2008 年 11 月 5 日国务院第 34 次常务会议修订通过。除此以外，国家还颁布了一系列有关企业所得税方面的法律法规，完善了企业所得税制度。

6. 个人所得税

个人所得税是以个人（自然人）取得的各项应税所得为对象征收的一种税。其纳税人分为居民纳税人和非居民纳税人，具体包括中国公民、个体工商户、外籍人员及合伙企业、个人独资企业的投资人等。个人所得税的征税范围包括：工资、薪金所得；合伙企业、个人独资企业、个体工商户的生产、经营所得；对企事业单位的承包经营、承租经营所得；劳务报酬所得；稿酬所得；特许权使用费所得；利息、股息、红利所得；财产租赁所得；财产转让所得；偶然所得等。《中华人民共和国个人所得税法》从 1980 年颁布以来，历经六次修订，现在使用的是 2011 年 6 月 30 日公布、自 2011 年 9 月 1 日起施行的版本。

（二）程序税法

程序税法是有关税收征收管理程序、税收争论程序、税收处罚程序的法律规范的总称。目前我国的程序税法主要是 1992 年 9 月七届人大常委会第 27 次会议通过并于 1995 年 2 月、2001 年 4 月两度修正的《中华人民共和国税收征收管理法》。

《中华人民共和国税收征收管理法》就我国的税收征收管理体制、税务管理（包括税务登记，账簿、凭证管理，纳税申报）、税款征收、税务检查、法律责任等方面的内容做了明确规定。

二、金融法

（一）金融法的概念及功能

金融就是资金融通，如货币的发行、借贷、收付等。广义的金融业包括财政，但一般所称金融是狭义的，即财政以外的货币流通和信用活动。金融是现代经济的核心，它是以银行等金融机构为中心的各种形式的信用活动以及在信用基础上组织起来的货币流通。

金融法是由国家制定或认可的用以确定金融机构的性质、地位和职责权限并调整在金融活动中形成的金融监督管理关系和金融业务关系的法律规范的总称。金融监督管理关系是指国家金融监管部门（包括中国人民银行、国家外汇管理局、中国证券监督管理委员会、中国保险监督管理委员会）在组织和管理全国的金融事业和对金融市场的监督管理过程中形成的经济监督管理关系。金融业务关系是指银行和其他非银行金融机构在法律、法规允许的范围内从事相应业务活动与其他金融主体之间发生的平等主体间的经济关系。

金融法是国家重要的宏观调控法，是实体法和程序法的统一。金融法在性质上跨越民商法、行政法、经济法和其他社会法等多种法的部门。经济法角度主要从中央银行法及金融调控监管法对金融法加以论述。

（二）金融法的内容

金融法律关系众多复杂，决定了金融法的内容也很庞杂。我国金融法大致可分为金融主体法（组织法）、金融调控法、间接融资法、直接融资法、期货期权与外汇法（特殊融资法）、金融中介业务法等六个部分，具体包括中央银行法、商业银行法、政策性银行法、非银行金融机构管理法、涉外金融机构管理法、货币发行与现金管理法、金银管理法、存款与贷款管理法、同业融资法、金融担保法、票据法、银行结算法、证券法、保险法、信托法、融资租赁法、期货期权管理法、外汇管理法、外债管理法等。改革开放以来，经过长期艰巨的努力，我国已初步形成了适应市场经济发展需要，以《中华人民共和国中国人民银行法》、《中华人民共和国商业银行法》、《中华人民共和国保险法》、《中华人民共和国票据法》、《中华人民共和国证券法》、《中华人民共和国信托法》等法律为支柱，以国务院颁布的金融行政法规和各监管部门发布的金融规章为主体的金融法律制度体系。

第十三讲

劳动与社会保障法

第一节　劳动法概述

一、劳动法的概念和调整对象

(一) 劳动法的概念

现代意义的劳动法，是在18世纪产业革命以后，劳动资本关系日趋紧张，工人运动不断高涨的条件下产生的。由于资本主义生产力的发展，由于工人阶级的不断斗争，由于资产阶级的某些社会政治力量对工人正义要求的同情和支持，资本家迫于对劳动力再生产的需要而不得不作出适当的让步，这导致了各国相继出现了关于工厂的法律，如1802年英国皮尔勋爵提出的《学徒健康和道德法》、1804年的法国《拿破仑法典》中关于劳资双方在所谓劳动力租赁契约中处于平等主体地位的法律规定。各国的工厂立法以及法国民法典中的这些规定，就是劳动法规范的最初形式。这些法律的立法精神与逻辑是国家基于对劳动者的保护和社会的安定而对劳动关系的干预。因此，现代意义上的劳动法具有强烈的国家干预的因素，其国家干预的目的就是保护劳动者的权益进而维护社会的和谐。

由此可见，劳动法是为维护劳动者的合法权益而由国家制定的调整劳动关系以及与劳动关系有密切联系的其他关系的法律规范的总称。劳动法有广义和狭义之分：狭义上的劳动法，一般是指国家最高立法机构制定颁布的全国性、综合性的劳动法，如《中华人民共和国劳动法》(以下简称《劳动法》)；广义上的劳动法，是指调整劳动关系以及与劳动关系有密切联系的其他社会关系的法律规范的总称。

我国劳动法的渊源有：《宪法》中有关劳动领域事务的规定；全国人民代表大会及其常委会制定的劳动法律，如《劳动法》、《中华人民共和国劳动合同法》(以下简称《劳动合同法》)；国务院制定的劳动行政法规；国务院所属各部委制定的劳动规章；省、自治区、直辖市地方立法机关制定的地方性劳动法规和劳动规章；民族自治地方人大制定的地方性劳动法规；我国批准生效的国际劳工公约；其他规范性文件（如最高人民法院的有关司法解释）或准规范性文件（如中华全国总工会制定的《工会参与劳动争议处理试行办法》）等。

2008年1月1日起施行的《劳动合同法》，是全面调整劳动合同关系的法律规范，在规范用人单位与劳动者订立、履行、解除、变更、终止、续订劳动合同中发挥着重要作用。《劳动法》与《劳动合同法》是一般法与特别法的关系，即《劳动合同法》有规定的，优先适用《劳动合同法》，《劳动合同法》没有规定的，适用《劳动法》。

（二）劳动法的调整对象

劳动法的调整对象为劳动关系和与劳动关系密切联系的其他社会关系。劳动关系从广义上说是指劳动主体在实现集体劳动过程中彼此之间发生的社会关系，劳动法中的劳动关系从狭义上看，是指劳动力所有者与劳动力使用者之间在实现劳动过程中发生的关系，是一种具体的、狭义的劳动关系。为实现劳动关系而产生的其他社会关系中最重要的是劳动行政管理关系。

1. 个别劳动关系

个别劳动关系相对集体劳动关系而言，是指劳动者个人在运用劳动能力、实现劳动过程时与用人单位之间发生的关系。劳动力只是作为一种个体的劳动力而存在。作为我国劳动法调整对象的个别劳动关系是兼有人身关系和财产关系性质，兼有平等关系和隶属关系特征的社会关系。

2. 集体劳动关系

在我国，集体劳动关系相对个别劳动关系而言，是指在实现劳动过程中，劳动者组织为工会与用人单位之间发生的涉及劳动者整体内容的社会关系。劳动力已经作为一种集体的劳动力而存在。劳动者个人意志通过劳动者团体表现出来，由劳动者团体代表劳动者与劳动力使用者交涉劳动过程中的事宜。集体劳动关系的出现有助于克服个别劳动关系的内在不平衡。

3. 劳动行政关系

劳动行政关系是国家行政机关或行政机关授权的社会组织在劳动行政管理活动中和劳动关系当事人之间发生的与劳动过程密切联系的社会关系。当前一个共同趋势是各国的政府将劳动行政管理作为协调和实施社会总政策的重要手段，从而使劳动行政管理活动的范围日益扩大。在这里，劳动力已经作为一种社会劳动力而纳入国家的视野。

劳动行政关系以建立和谐、稳定的劳动关系为基本目标，以维护社会利益为价值取向，以管理与服务相结合为重要方式。劳动行政关系有的是发生劳动关系的必要前提，有的是劳动关系的直接后果，有的是伴随着劳动关系而发生的关系。

4. 劳动法调整劳动关系的范围

根据我国《劳动法》的规定以及相关法律解释，我国《劳动法》的适用范围主要包括：（1）在中华人民共和国境内的企业、个体经济组织和与之形成劳动关系的劳动者；（2）国家机关、事业组织、社会团体实行劳动合同制度以及按规定应实行劳动合同制度的工勤人员；（3）实行企业化管理的事业组织的人员；(4) 其他通过劳动合同与国家机关、事业组织、社会团体建立劳动关系的劳动者。

公务员和比照公务员制度的事业组织和社会团体的工作人员、农村集体经济组织的劳动关系（应制定专门的法律对村民的劳动权益加以保护）以及现役军人、家庭保姆、自然人用工（后两者劳动关系发生的纠纷在实践中多采用民事纠纷的处理程序和方法，对此应针对其特点，确立雇佣合同制度）等劳动关系不属于劳动法的调整范围。

二、劳动法的基本原则

劳动法基本原则，是指集中体现劳动法的本质和精神，主导整个劳动法体系，为劳动法调整劳动领域的社会关系所应遵循的基本准则。

（一）权利义务相统一原则

劳动是公民的权利，每个有劳动能力的公民都有从事劳动的平等权利。对公民来说，这意味着公民不论性别、民族和财产状况等因素的不同，都有权实现就业，通过劳动获取生活主要来源；有权依法选择适合自己的职业和用人单位，参与选择过程中的竞争；有权利用国家提供的就业服务和保障条件，以提高就业能力和增加就业机会。

劳动也是公民的义务，这是从劳动尚未普遍成为人们生活第一需要的现实和社会主义制度固有的反剥削属性引申而来。对公民来说，意味着一方面作为国家和生产资料的主人，应当具有参加劳动的自觉性和光荣感；另一方面必须以劳动作为谋生手段，在劳动岗位上踏实履行各项义务。

（二）保护劳动者合法权益的原则

在劳动立法中，使劳动者的合法权益受到全面、平等、优先和最基本的保护。

所谓全面保护，即劳动者的所有合法权益，无论是财产权益还是人身权益，无论是法定权益还是约定权益，无论其内容涉及经济、政治、文化等哪个方面，无论它是否存在于劳动关系的存续中，都应受到保护。所谓平等保护，即全体劳动者的合法权益都平等地受到保护。包括对各种劳动者的平等保护和特殊群体的特殊保护。所谓优先保护，即在特定条件下，当对劳动者的利益保护和对用人单位的利益保护发生冲突时，应当优先保护劳动者的利益。所谓基本保护，即对劳动者基本利益进行保护。在劳动者利益结构中，人身安全健康、基本生活需要等是维持劳动力再生产所必要的，因此属于基本利益，保护劳动者首先应该保护这些基本利益。

（三）劳动力资源合理配置原则

劳动关系作为劳动力与生产资料相结合的社会关系，亦即劳动力资源配置的社会形式，就此意义而言，劳动法也是劳动力资源配置法，当然要以实现劳动力资源配置的合理化为己任。

在市场经济条件下，判断劳动力资源配置是否合理以及合理化程度如何，应当奉行兼顾效率和公平的双重价值取向。这意味着，需要通过劳动力市场来实现劳动力资源的宏观配置，为此，劳动法应该促成和发展劳动力市场，确立和完善以市场配置机制为主、以行政配置机制为辅的劳动力资源配置机制，并维护劳动力市场的运行秩序。在劳动力资源的微观配置方面，劳动法应当摆正劳动者利益和劳动效率的位置，并使二者形成相互依存、彼此促进的关系。一方面，劳动法要通过保护劳动者的利益，来调动劳动者的积极性，增强劳动者素质，改善劳动者的劳动条件，从而提高劳动效率；另一方面，劳动法通过提高劳动效率，并使劳动效率与劳动者利益挂钩，从而为增进劳动者利益创造有利条件。

三、劳动法律关系

劳动法律关系是当事人依据劳动法律规范，在实现劳动过程中形成的权利义务关系。劳动法律关系是受国家劳动法律规范、调整和保护的劳动关系，是国家干预劳动关系的后果，具有以国家意志为主导、以当事人意志为主体的特征。事实劳动关系与劳动法律关系虽同属于劳动法调整范围，但由于事实劳动关系不符合法定模式（如未签订劳动合同），因而不是劳动法律关系，但事实劳动关系中劳动者合法权益仍受劳动法保护。

狭义的劳动法律关系主体包括劳动者和用人单位。广义的劳动法律关系主体还应包括工会组织和雇主组织。

（一）劳动者

劳动者是在法定劳动年龄内具有劳动能力，以从事劳动获取合法劳动报酬的自然人。自然人要成为劳动者，须具备主体资格，即须具有劳动权利能力和劳动行为能力。所谓劳动权利能力是指自然人能够依法享有劳动权利和承担劳动义务的资格或能力；所谓劳动行为能力是指自然人能够以自己的行为依法行使劳动权利和履行劳动义务的能力。依我国《劳动法》规定，凡年满16周岁、在法定劳动年龄内有劳动能力的公民是具有劳动权利能力和劳动行为能力的人，包括我国公民、外国公民和无国籍人。劳动者的法定劳动年龄为最低就业年龄16周岁，退休年龄为男年满 60 周岁，女工人年满 50 周岁，女干部年满 55 周岁。

为保护未成年人的合法权益，我国劳动法禁止使用童工，除法律另有规定以外，任何单位不得与未满 16 周岁的未成年人发生劳动法律关系。拐骗童工，强迫童工劳动，使用童工从事高空、井下、放射性、高毒、易燃易爆以及国家规定的第四级体力劳动强度的劳动，使用不满 14 周岁的童工，或造成童工死亡或严重伤残的，依照《刑法》关于拐卖儿童罪、强迫劳动罪或者其他罪的规定追究刑事责任。

根据《劳动法》的规定，劳动者的劳动权利主要有：（1）平等就业和选择职业的权利；（2）取得劳动报酬的权利；（3）休息休假的权利；（4）获得劳动安全卫生保护的权利；（5）接受职业技能培训的权利；（6）享受社会保险和福利的权利；（7）依法参加工会和职工民主管理的权利；（8）提请劳动争议处理的权利；（9）法律规定的其他劳动权利。

（二）用人单位

作为劳动法律关系主体的用人单位，应具有相应的主体资格，即同时具有用人权利能力和用人行为能力。用人权利能力是用人单位依法享有的用人权利和承担用人义务的资格或能力；用人行为能力是指用人单位能够以自己的行为依法行使用人权利和履行用人义务的能力。用人单位的用人主体资格一般依存于民事主体资格；用人单位的用人权利能力和用人行为能力的范围取决于法律、法规的规定及用人单位的用人需求。对不具备合法经营资格的用人单位的违法犯罪行为，依法追究法律责任；劳动者已经付出劳动的，该单位或者其出资人应当依照法律有关规定向劳动者支付劳动报酬、经济补偿、赔偿金；给劳动者造成损害的，应当承担赔偿责任。个人承包经营违反法律规定招用劳动者，给劳动者造成损害的，发包的组织与个人承包经营者承担连带赔偿责任。

第二节　劳动合同法

一、劳动合同的概念和种类

劳动合同，是指劳动者与用人单位确立劳动关系、明确双方权利和义务的书面协议。劳动合同对于确立劳动关系具有十分重要的意义：

1. 劳动合同是确立劳动关系的一般形式。订立书面的劳动合同是用工单位的一项法律义务。用人单位不得以任何借口拒绝订立劳动合同。将订立书面的劳动合同作为一项法律义务，旨在保护作为弱者的劳动者的利益，在出现纠纷时，以便有充分的证据。

2. 劳动合同是建立劳动关系的非充分证据。这就是说劳动合同只是证明存在劳动合同的一种证据，但并不意味着存在劳动合同一定存在劳动关系。是否存在劳动关系的唯一标准是“用工”。我国的《劳动合同法》第10条第2款规定：“用人单位与劳动者在用工之前订立劳动合同的，劳动关系自用工之日起建立。”

3. 劳动合同并不是建立劳动关系的必要条件。未经订立劳动合同或者劳动合同无效而存在的劳动关系称为事实劳动关系，仍然受法律保护，实践中主要可以概括为两种情形：(1) 无书面形式的劳动合同而形成的事实劳动关系；(2) 无效劳动合同而形成的事实劳动关系。

二、劳动合同的订立和内容

(一) 劳动合同订立

根据《劳动合同法》的规定，订立和变更劳动合同必须遵循下列原则：

1. 合法原则。即劳动合同必须依法订立，不得违反法律、行政法规的规定，不得违反国家强制性、禁止性的规定。合法原则的具体要求有：(1) 订立劳动合同的主体合法。(2) 劳动合同的内容合法。如违反《劳动法》，约定周六加班不付加班费等，这种约定无效。(3) 劳动合同订立的程序和形式合法。劳动合同订立的程序必须符合法律规定，未经双方协商一致、强迫订立的劳动合同无效。劳动合同必须以书面形式订立。采用书面形式订立具有严肃、慎重、明确、有据的特点。

2. 公平原则。即订立、履行、变更、解除或者终止劳动合同时，应公平合理，利益均衡，不得使某一方的利益过于失衡。作为劳动合同双方当事人的用人单位和劳动者法律地位是平等的，法律面前一律平等，但由于用人单位在组织上、经济地位上有明显的优势地位，且双方信息不对称，劳动者往往在劳动关系运行中处于劣势。因此，劳动合同立法及执法有必要通过制度设计，加强对劳动者利益的保护，消除双方当事人事实上的不平等，使劳动者与用人单位的利益均衡，以实现结果公平。

3. 平等自愿、协商一致原则。平等，是指在订立劳动合同过程中，双方当事人的法律地位平等，有双向选择权，任何一方不得凭借事实上的优势地位强迫对方接受不合理、不公平、不合法的条款；自愿，是指劳动合同的订立及其合同内容的达成，完全出于当事人自己的意志，是其真实意思的表示，任何一方不得将自己的意志强加于对方，也不允许第三者非法干预；协商一致，是指经过双方当事人充分协商，达成一致意见，签订劳动合同。以欺诈或威胁手段强迫劳动者签订的劳动合同或未经协商一致签订的劳动合同为无效劳动合同。

4. 诚实信用原则。是指劳动合同的双方当事人订立、履行、变更、解除或者终止劳动合同过程中，应当讲究信用，诚实不欺，在追求自身合法权益的同时，以善意的方式履行义务，尊重对方当事人的利益和他人利益，不得损人利己。诚信原则要求劳动关系的双方当事人互相尊重，用人单位尊重劳动者的人格，尊重劳动者的选择，平等待人；劳动者要有自我意识，克服心理失衡，自觉维护用人单位的形象和荣誉，双方真正建立一种和谐、互惠的关系，一种平等、信任的关系，在用人单位内部形成公平、公开、公正、有序的劳动秩序。

劳动合同的订立，是指劳动者和用人单位经过相互选择和平等协商，就劳动合同条款达成协议，从而确立劳动关系和明确相互权利、义务的法律行为。

（二）劳动合同的内容

劳动合同的条款，一般分为必备条款和可备条款。劳动合同的必备条款是法律规定劳动合同必须具备的条款，它是生效劳动合同所必须具备的条款。必备条款的不完善，会导致合同的不能成立。向劳动者提供载明法律规定的必备条款的劳动合同文本是用人单位的法定义务，不履行这一义务。用人单位将承担行政责任和赔偿责任。《劳动合同法》第 81 条规定："用人单位提供的劳动合同文本未载明本法规定的劳动合同必备条款或者用人单位未将劳动合同文本交付劳动者的，由劳动行政部门责令改正；对劳动者造成损害的，应当承担赔偿责任。"

必备条款包括：(1) 用人单位的名称、住所和法定代表人或者主要负责人；(2) 劳动者的姓名、住址和居民身份证或者其他有效身份证件号码；(3) 劳动合同期限；(4) 工作内容和工作地点；(5) 工作时间和休息休假；(6) 劳动报酬；(7) 社会保险；(8) 劳动保护、劳动条件和职业危害防护；(9) 法律、法规规定应当纳入劳动合同的其他事项。

可备条款，即劳动合同的约定条款，是指除法定必备条款外，劳动合同当事人可以协商约定，也可以不约定的条款。是否约定，由当事人确定。约定条款的缺少并不影响劳动合同的成立。虽然约定哪些条款由双方当事人决定，但国家对约定条款的内容有强制性、禁止性规定的，仍应当遵守，约定条款不得违反法律、法规的规定。

三、劳动合同的变更、解除和终止

（一）劳动合同的变更

劳动合同的变更是指当事人双方对尚未履行或尚未完全履行的劳动合同，依照法律规定的条件和程序，对原劳动合同进行修改或增删的法律行为。劳动合同变更应遵守平等自愿、协商一致的原则，不得违反法律、行政法规的规定。用人单位与劳动者协商一致，可以变更劳动合同约定的内容。变更劳动合同，应当采用书面形式。劳动合同变更的条件应为订立劳动合同的主客观情况发生变化；其变更程序应与订立劳动合同的程序相同。

（二）劳动合同的解除

劳动合同的解除是指劳动合同当事人在劳动合同期限届满之前依法提前终止劳动合同关系的法律行为。劳动合同的解除可分为协商解除、用人单位单方解除、劳动者单方解除等。

1. 双方协商解除劳动合同。用人单位与劳动者协商一致，可以解除劳动合同。我国《劳动法》对双方协商解除劳动合同没有规定实体、程序上的限定条件，只要双方达成一致，内容、形式、程序没有违反法律禁止性、强制性规定，该解除行为有效。但如果是由用人单位提出解除协议的，用人单位应向劳动者支付解除劳动合同的经济补偿金。

2. 用人单位单方解除劳动合同。即具备法律规定的条件时，用人单位享有单方解除权，无须双方协商达成一致意见。用人单位单方解除劳动合同，应当事先将理由通知工会。用人单位违反法律、行政法规规定或者劳动合同约定的，工会有权要求用人单位纠正；用人单位应当研究工会的意见，并将处理结果书面通知工会。

用人单位单方解除劳动合同有三种情况：

（1）过错性解除。即在劳动者有过错性情形时，用人单位有权单方解除劳动合同，且用人单位无须支付劳动者解除劳动合同的经济补偿金。劳动者有下列情形之一的，用人单位可以解除劳动合同：在试用期间被证明不符合录用条件的；严重违反用人单位的规章制度的；严重失职，营私舞弊，给用人单位造成重大损害的；劳动者同时与其他用人单位建立劳动关系，对完成本单位的工作任务造成严重影响，或者经用人单位提出，拒不改正的；因以欺诈、胁迫的手段或者乘人之危，使对方在违背真实意思的情况下订立或者变更劳动合同的；因劳动者以欺诈、胁迫的手段或者乘人之危，使对方在违背真实意思的情况下订立或者变更劳动合同的情形致使劳动合同无效的；被依法追究刑事责任的。

（2）非过错性解除。即劳动者本人无过错，但由于主客观原因致使劳动合同无法履行，用人单位在符合法律规定的情形下，履行法律规定的程序后有权单方解除劳动合同。适用于劳动者有下列情形之一的：劳动者患病或者非因工负伤，医疗期满后，不能从事原工作也不能从事由用人单位另行安排的工作的；劳动者不能胜任工作，经过培训或者调整工作岗位，仍不能胜任工作的；劳动合同订立时所依据的客观情况发生重大变化，致使劳动合同无法履行，经用人单位与劳动者协商，未能就变更劳动合同内容达成协议的。

对非过错性解除劳动合同，用人单位应履行提前30日以书面形式通知劳动者本人的义务或者以额外支付劳动者一个月工资代替提前通知义务后，可以解除劳动合同。用人单位还应承担支付经济补偿金的义务。

（3）裁员。是指用人单位为降低劳动成本，改善经营管理，因经济或技术等原因一次裁减20人以上或者裁减不足20人但占企业职工总数10%以上的劳动者。裁员的程序规定为：用人单位提前30日向工会或者全体职工说明情况，听取工会或者职工的意见后，裁减人员方案经向劳动行政部门报告，可以裁减人员。为保护劳动者的利益，法律规定用人单位裁减人员时，应当优先留用下列人员：与本单位订立较长期限的固定期限劳动合同的；与本单位订立无固定期限劳动合同的；家庭无其他就业人员，有需要扶养的老人或者未成年人的。用人单位依法裁减人员，在6个月内重新招用人员的，应当通知被裁减的人员，并在同等条件下优先招用被裁减的人员。用人单位应当依法向被裁减人员支付经济补偿金。

为保护劳动者的合法权益，防止用人单位滥用解除权，法律除规定解除条件和程序、用人单位单方解除劳动合同需征求工会意见外，还规定了禁止解除劳动合同的条件。规定劳动者有下列情形之一的，用人单位不得依据《劳动合同法》非过错性解除劳动合同的规定、裁员的规定单方解除劳动合同：从事接触职业病危害作业的劳动者未进行离岗前职业健康检查，或者疑似职业病病人在诊断或者医学观察期间的；在本单位患职业病或者因工负伤并被确认丧失或者部分丧失劳动能力的；患病或者非因工负伤，在规定的医疗期内的；女职工在孕期、产期、哺乳期的；在本单位连续工作满15年，且距法定退休年龄不足5年的；法律、行政法规规定的其他情形。

3. 劳动者单方解除劳动合同。即具备法律规定的条件时，劳动者享有单方解除权，无须双方协商达成一致意见，也无须征得用人单位的同意。劳动者单方解除劳动合同有三种情况：

（1）预告解除。即劳动者履行预告程序后单方解除劳动合同。有两种预告解除：劳动者提前30日以书面形式通知用人单位，可以解除劳动合同；劳动者在试用期内提前3日通知用人单位，可以解除劳动合同。

用人单位有违法、违约情形，劳动者有权单方解除劳动合同。用人单位有下列情形之一的，劳动者可以解除劳动合同：未按照劳动合同约定提供劳动保护或者劳动条件的；未及时足额支付劳动报酬的；未依法为劳动者缴纳社会保险费的；用人单位的规章制度违反法律、法规的规定，损害劳动者权益的；因用人单位以欺诈、胁迫的手段或者乘人之危，使劳动者在违背真实意思的情况下订立或者变更劳动合同而致使劳动合同无效的；法律、行政法规规定劳动者可以解除劳动合同的其他情形。

（2）立即解除劳动合同。在用人单位有危及劳动者人身自由和人身安全的情形时，劳动者有权立即解除劳动合同。用人单位以暴力、威胁或者非法限制人身自由的手段强迫劳动者劳动的，或者用人单位违章指挥、强令冒险作业危及劳动者人身安全的，劳动者可以立即解除劳动合同，不需事先告知用人单位。

（三）劳动合同的终止

劳动合同的终止，是指符合法律规定情形时，双方当事人的权利义务不复存在，劳动合同的效力即行消灭。劳动合同终止不存在约定终止，只有法定终止。用人单位与劳动者不得在《劳动合同法》规定的劳动合同终止情形之外约定其他的劳动合同终止条件。

有下列情形之一的，劳动合同终止：劳动合同期满的；劳动者开始依法享受基本养老保险待遇的；劳动者达到法定退休年龄的；劳动者死亡，或者被人民法院宣告死亡或者宣告失踪的；用人单位被依法宣告破产的；用人单位被吊销营业执照、责令关闭、撤销或者用人单位决定提前解散的；法律、行政法规规定的其他情形。

《劳动合同法》对某些劳动者特殊保护，规定在劳动者有下列情形之一的，劳动合同到期也不得终止，应当续延至相应的情形消失时终止：从事接触职业病危害作业的劳动者未进行离岗前职业健康检查，或者疑似职业病病人在诊断或者医学观察期间的；患病或者非因工负伤，在规定的医疗期内的；女职工在孕期、产期、哺乳期的；在本单位连续工作满 15 年，且距法定退休年龄不足 5 年的；法律、行政法规规定的其他情形。在本单位患职业病或者因工负伤并被确认丧失或者部分丧失劳动能力的劳动者的劳动合同的终止，按照国家有关工伤保险的规定执行。

四、劳动合同中的经济补偿

（一）给予经济补偿的范围

1. 用人单位提出协商解除的。

2. 劳动者被迫辞职的。用人单位有下列情形之一，迫使劳动者提出解除劳动合同的，用人单位应当支付劳动者劳动报酬和经济补偿，并可支付赔偿金：

(1) 以暴力、威胁或者非法限制人身自由的手段强迫劳动的；(2) 未按照劳动合同约定支付劳动报酬或者提供劳动条件的；(3) 克扣或者无故拖欠劳动者工资的；(4) 拒不支付劳动者延长工作时间工资报酬的；(5) 低于当地最低工资标准支付劳动者工资的。

3. 非过失性辞退。

4. 经济性裁员。

5. 非因劳动者原因劳动合同终止的。

6. 法律法规规定的其他情形。

(二) 给予经济补偿的具体标准

《劳动合同法》第 47 条规定：经济补偿按劳动者在本单位工作的年限，每满一年支付一个月工资的标准向劳动者支付。6 个月以上不满一年的，按一年计算；不满 6 个月的，向劳动者支付半个月工资的经济补偿。劳动者月工资高于用人单位所在直辖市、设区的市级人民政府公布的本地区上年度职工月平均工资 3 倍的，向其支付经济补偿的标准按职工月平均工资 3 倍的数额支付，向其支付经济补偿的年限最高不超过 12 年。

五、违反劳动合同的法律责任

根据《劳动法》和《违反〈劳动法〉有关劳动合同规定的赔偿办法》的规定，用人单位和劳动者违反劳动合同规定，应该对对方承担损害赔偿责任。

(一) 用人单位的责任

1. 用人单位承担责任的情形

根据《违反〈劳动法〉有关劳动合同规定的赔偿办法》的规定，用人单位有下列情形之一，对劳动者造成损害的，应赔偿劳动者损失：(1) 用人单位故意拖延不订立劳动合同，即招用后故意不按规定订立劳动合同以及劳动合同到期后故意不及时续订劳动合同的；(2) 由于用人单位的原因与劳动者订立无效合同给劳动者造成损害的；(3) 用人单位违反规定或劳动合同的约定侵害女职工或未成年工合法权益的；(4) 用人单位违反规定或劳动合同的约定解除劳动合同的。

2. 赔偿责任的内容

(1) 造成劳动者工资收入损失的，按劳动者本人应得工资收入支付给劳动者，并加付应得工资收入 25% 的赔偿费用；(2) 造成劳动者劳动保护待遇损失的，应按国家规定补足劳动者的劳动保护津贴和用品；(3) 造成劳动者工伤、医疗待遇损失的，除按国家规定为劳动者提供工伤、医疗待遇外，还应支付劳动者相当于医疗费用25%的赔偿费用；（4）造成女职工和未成年工身体健康损害的，除按国家规定提供治疗期间的医疗待遇外，还应支付相当于其医疗费用25%的赔偿费用；（5）劳动合同约定的其他赔偿费用。

（二）劳动者的责任

1. 劳动者违反规定或劳动合同的约定解除劳动合同，对用人单位造成损失的，劳动者应赔偿用人单位下列损失：（1）用人单位招收录用其所支付的费用；（2）用人单位为其支付的培训费用，不过双方另有约定的按约定办理；（3）对生产、经营和工作造成的直接经济损失；（4）劳动合同约定的其他赔偿费用。

2. 劳动者违反劳动合同中约定的保密事项，对用人单位造成经济损失的，按《反不正当竞争法》第二十条的规定支付用人单位赔偿费用。

（三）用人单位和劳动者的连带赔偿责任

用人单位招用尚未解除劳动合同的劳动者，对原用人单位造成经济损失的，除该劳动者承担直接赔偿责任外，该用人单位应当承担连带赔偿责任。

第三节 劳动基准法律制度

一、工作时间和休息休假

《宪法》赋予了劳动者休息的权利，也是劳动权的重要内容。而休息权是通过工作时间和休息时间体现出来的，没有对工作时间的法律限制就会对休息时间造成各种形式的侵占；没有对休息时间的法律保障，同样会形成对劳动者休息时间的各种形式的侵占。因此，从这一意义上来讲，工作与休息时间制度的目的就是保障职工的休息权利，从而全面实现劳动者的劳动权。因而，工作与休息时间制度是劳动法的重要内容。关于工作时间的基本规定是《国务院关于职工工作时间的规定》。

（一）工作时间的概念和种类

工作时间又称劳动时间，是指依照法律规定，劳动者在一昼夜或一周之内，用于完成本职工作的时间。一昼夜之内工作时数的总和称为工作日；一周之内工作日的总和称为工作周。

工作时间是劳动的自然尺度，是衡量每个职工的劳动贡献和给付报酬的计算单位。劳动者没有按照法律或劳动合同的约定为用人单位提供足够的劳动，其工资和福利待遇将受到影响；劳动者加班加点，按规定可以得到加班加点工资。

根据我国《劳动法》及相关法律规定，我国现行的工时制度将工作时间分为定时工作日、不定时工作日和计件工作日。

1. 定时工作日（标准工时制度）

定时工作日是法律规定的，职工在每个工作日内固定的工作时数，是我国工时制度的主要形式。根据我国现行的工时制度，又可分为标准工作日、缩短工作日和延长工作日。

（1）标准工作日

是法律规定的，各用人单位在正常情况下普遍实行的工作日。按照我国现行《劳动法》及相关规定，我国的标准工作日实行的是每日 8 小时，每周 40 小时的 5 日工作周。

（2）缩短工作日

是指每个工作日时间少于标准工作日时间长度的工作时间。主要适用于从事有毒有害工种、条件艰苦或高度紧张的工作以及从事特别繁重体力劳动的职工。目前，按照我国的有关规定，主要有以下几种情况：夜班工作时间、哺乳期母亲的工作时间、特殊劳动岗位的工作时间、未成年人的工作时间。

（3）延长工作日

是指每个工作日的工作时间超过标准工作时间长度的工时制度。主要适用于生产受自然条件或技术条件限制的，具有突击性、季节性特点的行业。针对这种情形，允许某些企业实行集中工作、集中休息的综合工作日制度。

2. 不定时工作日和综合工时制度

不定时工作日，是指对按其职责要求以及工作性质需要机动作业而无法按标准工作时间衡量的劳动者实行的一种工时制度。如公司的高级管理人员、外勤人员、推销人员、部分值班人员、长途运输人员、出租汽车司机和铁路、港口、仓库的部分装卸人员等。

综合工时制度，是指对因工作性质需要连续作业或者工作受季节和自然条件限制的行业的部分劳动者实行的，分别以周、月、季、年等为周期，综合计算工作时间，但其平均日工作时间和平均周工作时间应与法定标准工作时间基本相同。如交通、铁路、邮电、水运、航空、渔业等行业中的劳动者，地质及资源勘探、建筑、制盐、制糖、旅游等受季节和自然条件限制的行业的部分劳动者等。

3. 计件工作日

是指以职工完成一定劳动定额为计酬标准的工时制度。计件工时制度在确定劳动定额时必须合理。

（二）休息休假时间的概念和种类

休息休假时间是指根据法律规定，劳动者免于履行劳动义务而可以自行支配的时间。在实践中，为了切实保障劳动者休息权的实现，安排休息时间应该贯彻以下原则：第一，劳动间歇原则。如在日本，规定劳动时间超过6小时的，应在中间给予不少于45分钟的休息；超过8小时的，至少给予1小时的休息。第二，劳动者同时休息原则。第三，劳动者自由利用原则。

休息时间的种类随社会经济与文化状况的发展而不同。目前，根据《劳动法》及其他法规的规定，我国现行的休息时间种类和内容如下：

1. 工间休息时间

即单位工作时间内的间歇时间，是指单位工作时间内劳动者所享有的用以解除工作紧张状态的休息时间和满足自然生理需要的时间。

2. 两个工作日之间的休息

即在上个工作日结束至下个工作日开始的期间内所享有的休息时间。一般不少于15～16小时。这段时间应属于劳动者完全享有自主支配权的时间。

3. 休息日

又称公休假日，是劳动者满一个工作周后的休息时间。我国《劳动法》第38条规定，用人单位应当保证劳动者每周至少休息一天。《国务院关于职工工作时间的规定》，国家机关、事业单位实行统一的工作时间，星期六和星期日为周休息日。企业和不能实行统一工作时间的事业单位，可以根据实际情况灵活安排周休息日。

4. 法定节假日

法定节假日，是指法律规定全体或部分公民所享有的用于开展庆祝纪念活动或开展政治活动以及用以娱乐休闲等的一段时间。

5. 年休假

年休假是指工作满一定年限的劳动者每年享有保留本职工作并领取工资的连续休息时间。新中国成立初期，我国曾在部分职工中试行过带薪年休假制度；《劳动法》第45条重新确立了这一制度，2007年国务院根据《劳动法》的这一授权性规定制定了《职工带薪年休假条例》。

6. 探亲假

是指职工享有保留本职工作并领取工资与分居两地的父母或配偶团聚的假期，主要依据1981年国务院《关于职工探亲待遇规定》。

7. 产假、婚假、丧假

《女职工保护规定》第8条：女职工产假为90天，其中产前休假15天。难产的，增加产假15天。多胞胎生育的，每多生育一个婴儿，增加产假15天。女职工怀孕流产的，其所在单位应当根据医务部门的证明，给予一定时间的产假。婚假，法定假期为3天；晚婚的为15天（包括3天法定婚假）。丈夫护理假、晚育价、哺乳假、丧假为1至3天。

（三）延长工作时间及其限制

延长工作时间，包括加班和加点。加班，是指在法定节假日或公休假日从事生产或工作，通常以工作日计算；加点，是指在工作时数以外继续从事生产或工作，通常以小时计算。

加班加点减少了劳动者的休息时间和业余学习、料理家务以及参加社会活动的时间，不利于劳动者的健康和业务技术水平的提高，不利于加强劳动管理、提高工时利用率和巩固劳动纪律，因而，各国都对其采取限制措施，我国《劳动法》第43条规定，用人单位不得违反本法规定，延长劳动者的工作时间。

我国的《劳动法》及其他相关法律法规从以下两个方面限制延长工作时间：

1. 延长工作时间必须履行相关的手续

企业由于生产经营需要延长工作时间的，须经与工会和劳动者协商。

2. 延长工作时间不得超过必要限度

每日不得超过1小时；特殊情况需要延长工作时间的，须在保障劳动者身心健康的条件下实行，每日不得超过3小时，每月不得超过36小时。超过上述限度的，劳动者有权拒绝。

但根据《劳动法》第42条的规定，有以下三种情形之一的则不受上述程序和加班时数的限制：（一）发生自然灾害、事故或者因其他原因，威胁劳动者生命健康和财产安全，需要紧急处理的；（二）生产设备、交通运输线路、公共设施发生故障，影响生产和公众利益，必须及时抢修的；（三）法律、行政法规规定的其他情形。

延长工作时间的相应补救或工资标准：

1. 安排劳动者延长工作时间的，支付不低于工资的150%的工资报酬；

2. 公休假日安排劳动者工作的，应该首先安排补休，不能安排补休的，支付不低于工资200%的工资报酬；

3. 法定休假日安排劳动者工作的，支付不低于工资300%的工资报酬。

二、工资法律制度

（一）工资的概念和重要性

工资的概念有广义和狭义之分。广义的工资泛指人们从事各种劳动而获得的货币收入或其他有价物。狭义的工资指的是劳动者基于劳动关系而通过提供劳动从其所在的用人单位获得的一定的货币报酬。

在社会经济生活中，工资既是一个分配问题也是一个生产问题；既关系到国民收入的分配和消费，又关系到国民收入的生产和创造。对劳动者而言，工资是劳动者最基本的生活来源，是劳动耗费的补偿形式，关系到生活水平的提高和劳动职业技能的提高，是劳动者权益的重要内容。对企业而言，工资是产品成本的重要组成部分，工资分配是日常生产经营活动的重要内容，工资水平的高低关系到产品成本的高低和市场竞争能力的强弱，工资分配合理与否关系到劳动者生产积极性能否得到充分发挥，关系到劳动关系是否和谐稳定。对社会而言，工资是反映经济发展和人民生活水平的重要指标，是一个重要的经济和社会政治问题。因此，各国政府都十分重视工资制度的立法及改革。

（二）工资的范围

工资总额包括六项：计时工资、计件工资、奖金、津贴和补贴、加班加点工资、特殊情况下支付的工资。

1. 计时工资是按照计时工资标准和工作时间支付给劳动者个人的劳动报酬。在实行结构工资制的单位，表现为其支付给职工的基础工资和职务工资或岗位工资；运动员的体育津贴和刚参加工作的职工的见习工资也属于计时工资。根据计算工资的计时单位不同，可以有月工资制、日工资制、小时工资制之分，最近还开始推行年薪制。

2. 计件工资是指在一定技术条件下，根据劳动者完成的合格产品的数量或工作量，按计件单价支付的劳动报酬。

用人单位和劳动者可以协商确定采用哪一种基本工资形式。

3. 奖金是以货币形式支付给劳动者的物质奖励，是超额劳动和增收节支的劳动报酬。它可以弥补计时工资、计件工资在分配方面的不足，普遍适用于各种用人单位。奖金的种类很多，包括超产奖、质量奖、节约奖和安全生产奖。

4. 津贴和补贴是指为了补偿职工特殊或额外的劳动消耗和因其他特殊原因支付给劳动者的津贴，以及为了保证劳动者工资水平不受物价影响而支付给其的物价补贴。津贴的种类繁多，如矿山井下津贴、高温津贴、野外施工津贴、林区津贴、山区津贴、海岛津贴等。

4. 加班加点工资是指按规定支付的加班工资和加点工资。

根据原劳动部 1995 年发布的《关于贯彻执行〈中华人民共和国劳动法〉若干问题意见》第 53 条规定，劳动者的以下收入不属于工资范畴：（1）单位支付给劳动者个人的社会保险福利费用，如丧葬抚恤救济费、生活困难补助费、计划生育补贴等；（2）劳动保护方面的费用，如用人单位支付给劳动者的工作服、解毒剂、清凉饮料费用等；（3）按规定未列入工资总额的各种劳动报酬及其他劳动收入，如根据国家规定发放的创造发明奖、国家星火奖、自然科学奖、科学技术进步奖、合理化建议和技术改进奖、中华技能大奖以及稿费、讲课费、翻译费等。

（三）最低工资制度

最低工资，是指劳动者在法定工作时间或依法签订的劳动合同约定的工作时间内提供了正常劳动的前提下，用人单位依法应支付的最低劳动报酬。

《世界人权宣言》规定：每一个工作的人，有权享受公正和合适的报酬，保证使他本人和家属有一个符合人的尊严的生活条件，必要时并辅以其他方式的社会保障。《经济、社会及文化权利国际公约》也要求给予所有工人的最低限度的工资能够保证他们自己和他们的家庭有过得去的生活。可见，最低工资制度是劳动者及其家人为维持最基本生活的最低保障。

《劳动法》第48条规定："最低工资的具体标准由省、自治区、直辖市人民政府规定，报国务院备案。"也就是说我国不实行全国统一的最低工资标准，这是因为我国地域辽阔，由于历史和自然因素，各地情况千差万别，不宜于实行全国统一的最低工资标准。

用人单位支付劳动者的工资不得低于当地最低工资标准。工资应以法定货币支付，不得以实物或者有价证券替代货币支付。工资支付也不得附任何额外条件。用人单位应该在工作地点将工资支付给劳动者本人，劳动者因故不能领取的，也可由劳动者授权的人代为领取。

三、劳动安全卫生法律制度

（一）职业安全卫生法的概念

劳动安全卫生是指保障劳动者在劳动过程中的安全和健康的法律制度，包括劳动安全技术规程、劳动卫生规程、企业安全卫生管理制度等。

提供安全、健康的劳动环境是用人单位的基本义务，也是保护劳动者基本人权的必要措施。这方面的最早立法要算英国1833年颁布的《工厂法》，这跟当时经常发生的大量的灾害性职业事故有关。即使在现在，灾害性职业事故也时有发生。因此，进行这方面的立法并严格执行至关重要。

同时，随着社会文明的发展，有些国家的劳动安全卫生制度不仅涉及人的身体和生理健康和安全，也涉及对劳动者心理与精神健康的关注，如瑞士即将防止性骚扰列入劳动安全卫生制度的范围。

（二）劳动安全卫生法律制度的内容

1. 职业安全卫生工作的方针和制度

职业安全卫生，包括职业安全、职业卫生两类。职业安全是为防止和消除劳动过程中的伤亡事故而制定的各种法律规范，职业卫生是为保护劳动者在劳动过程中的健康，预防和消除职业病、职业中毒和其他职业危害而制定的各种法律规范。我国职业安全卫生工作方针是：安全第一，预防为主。

职业安全卫生制度主要包括：职业安全卫生标准制度、安全生产保障制度、职业卫生与职业病防治制度、职业安全卫生责任制度、职业安全教育制度、职业安全卫生认证制度、安全卫生设施“三同时”制度、安全卫生检查与监察制度、伤亡事故报告处理制度等内容。

2. 对女职工的特殊保护制度

（1）根据《女职工禁忌劳动范围》的规定，女职工禁忌从事以下范围的劳动：矿山井下作业；森林业伐木、归楞及流放作业；《体力劳动强度分级》标准中第Ⅳ级体力劳动强度的作业；建筑业脚手架的组装和拆除作业，以及电力、电信行业的高处架线作业；连续负重（指每小时负重次数在 6 次以上），每次负重超过 20 公斤，间断负重每次负重超过 25 公斤的作业。

（2）对女职工实行“四期”保护，即在女性的孕期、经期、产期、哺乳期实施特别保护。《劳动法》以及其他项法律法规规定了在女性“四期”禁止从事的劳动，还对工作和休息时间做了特别的规定。

（3）女职工保健措施的规定。女职工保健的内容主要包括经期保健、婚前保健、孕前保健、孕期保健、产后保健、哺乳期保健、更年期保健。

3. 对未成年工的特殊保护

未成年是指 16 岁至 18 岁的少年工人。对未成年工的特殊保护其内容主要有：

（1）对未成年工实行缩短工时，禁止安排未成年人从事夜班工作及加班加点工作。

（2）未成年工禁止从事的劳动。《劳动法》第 64 条规定，不得安排未成年工从事矿山井下、有毒有害、国家规定的第四级体力劳动强度的劳动和其他禁忌从事的劳动。同时还规定了对患有某种疾病或具有某些生理缺陷的未成年工不得安排从事的工作。

（3）对未成年工定期进行身体健康检查。

（4）对未成年工的使用和特殊保护实行登记制度。

第四节　社会保障法律制度

一、社会保障与社会保障法

（一）社会保障的概念和范围

社会保障一词，最早出现在美国1935年制定的《社会保障法》中，随着国际劳工组织多次使用这一新词，逐渐为世界各国所熟悉和接受。在当代社会，社会保障已经成为各国普遍建立的一种社会稳定制度。

社会保障的基本要素包括：（1）主导者：国家及其政府；（2）根本目的：稳定社会经济和生活；（3）保障对象：社会全体成员，尤其是公民中的弱势群体；（4）保障内容：公民的生存权；（5）负担者：用人单位、个人和国家共同负担；（6）途径：国民收入再分配；（7）性质：强制施行，是一种法律制度。由此可见，社会保障是国家为了维护社会稳定，通过强制性立法，以国民收入再分配的形式，对社会成员的生存权利予以保障的制度。

社会保障是一种综合性的保障制度，从各个不同的侧面，以不同的程度保障社会成员的生存权利，根据保障程度，可以把其范围确定为社会救助、社会保险和社会福利，此外，还有比较特殊的社会优抚。

社会救助是国家为帮助陷入生存危机中的公民而建立的一种社会保障制度。它是最低层次的社会保障，也是人类最古老的一种保障制度。公民陷入生存危机的原因是多种多样的，社会救助一般分为两大类：灾害救济和贫困救济。社会保险是国家为了帮助公民抵御种种生活危险而建立的一种社会保障制度。社会保险的项目一般包括养老保险、医疗保险、疾病保险、失业保险、工伤保险、遗嘱保险和护理保险。社会福利是国家为改善和提高全体公民的物质、精神生活而建立的一种社会保障制度，其内容包括特殊群体权益保障、公共福利、职业福利、福利津贴、住房福利、教育福利、卫生保健福利、社区服务等。社会优抚是给予法定的特殊社会成员以物质优遇和精神褒扬的一种社会保障制度。我国的军人及军属优待制度、退役军人安置制度、伤残亡军人及军属抚恤制度、革命烈士褒扬制度、劳动模范制度、离休制度都属于社会优抚。

（二）社会保障法的概念和特征

社会保障法是调整社会保障关系的法律规范的总称。这里的社会保障法律关系，即国家在保障公民生存权过程中形成的各种社会关系。

社会保障法律关系的主体主要包括受益主体、义务主体和行政主体。受益主体即权利主体，是国家实施社会保障的利益归属者、最终受益者。公民，尤其是公民中的弱势群体，是社会保障的受益主体。义务主体是在社会保障关系中，承担缴费、给付义务的个人或组织。义务主体分为两大类：一类是缴费主体，在社会保险中，个人和用人单位承担缴纳保险费的义务；一类是给付主体，凡属于现金给付的，均由社会保障行政部门履行，而现物或服务性给付，通常由受托的业务机构履行。行政主体是代表国家组织、施行、管理社会保障事务的行政部门。与其他行政主体不同，社会保障行政主体不以维护国家利益、行使国家权利为目的，而是为实现公民的生存权利而组织公务。社会保障法律关系的客体是各种社会保障给付，包括现金给付、现物给付和社会服务性给付。

社会保障法律关系是社会保障法的调整对象，主要包括给付关系、行政关系、争议关系和监督关系。

社会保障法具有社会法的最基本特征，体现了社会本位的立法思想，保护弱势群体的倾向明显，以保障公民的社会权为目的。具体特征如下：

1. 社会保障以国家的行政权力为保证施行，强制法的色彩非常浓厚，可以说除了补充项目中的一些任意性规定，都是强制性规定。

2. 社会保障法是给付法，具有明显的给付性，给付关系是社会保障法调整的核心关系，各种社会保障法律、法规都有量化的给付内容。

3. 社会保障法具有实体法和程序法的统一性，既有主体权利和义务的实体规定，又有资格认定与授给手续等程序性规定，实务性很强。

4. 社会保障法具有相邻法律的各种特征，其在立法过程中吸取了各种相邻法律的立法原则和立法技术。

5. 社会保障法具有特定的立法技术，由于是社会保险，以数理计算为基础，适用“大数法则”、“平均数法则”等一些数理原理。

二、中国的社会保障立法

（一）新中国成立初期的社会保障立法

1951 年公布并实施的《劳动保险条例》是在考察、总结革命根据地、前苏联的社会保险立法以及铁道、邮电等产业率先实施劳动保险的实际状况下推出的，同年 3 月公布了《实施细则（草案）》；1953 年《条例》进行了重大修改，同时修订了《实施细则》。《劳动保险条例》是一部综合性的劳动保险法规，包括养老、医疗、疾病、工伤、生育、遗嘱六个项目以及劳动福利的一些内容。实施《劳动保险条例》的行政主体是工会，各级工会行使保险基金统筹、管理、调剂使用、监督、支付和争议调解之职能。

除此以外，1950年颁布了《革命工作人员伤亡褒恤条例》、《革命烈士优待暂行条例》、《革命残疾军人优待抚恤条例》、《革命军人牺牲、病故褒恤暂行条例》和《民兵民工伤亡抚恤暂行条例》。1955年公布了《兵役法》和《关于安置复员建设军人工作的决议》，从而形成了统一的社会优抚制度。

（二）改革开放后的社会救助立法

1. 最低生活保障制度

1993年，上海在全国率先推出了最低生活保障线制度，规定在职职工向用人单位申请、无业人员向街道申请，经审核后，发给“上海市社会救济金领取证”，享受120元的最低生活保障。此后，广州、福州、大连、沈阳等许多大中城市都先后建立了这一制度。1994年，民政部提出要在各大中城市逐步推开“最低生活保障制度”。

1999年9月，国务院颁布了《城市居民最低生活保障条例》，这是我国在城市贫民救济领域的第一部法规。其制度特点是：按各地的生活水准设立相应的最低生活保障线；家庭人均收入低于最低生活保障线的城镇公民，得以申请救助；审批程序为：街道或乡镇调查初审、区县审批确定、张榜公布接受监督；救助方式为全额给付或差额给付；救助对象要承担参加社区公益劳动的义务。

2. 农村“五保户”制度

“五保户”制度始于农村合作化时期，由于农民组织起来了，就有可能对无劳动能力、无依无靠和无生活来源的老人、残疾人和孤儿提供物质帮助，其具体内容为保吃、保穿、保医、保住、保教（年幼的孤儿）、保葬（孤寡老人）。但是，由于缺少法律保护，“五保户”制度在“文革”中受到很大冲击。

改革开放以后，“五保户”制度得到了恢复和发展，至1994年，五保对象已达282万人。为了将“五保户”制度规范化、法制化，1994年，国务院颁布了《农村五保供养条例》。供养对象为：无法定抚养义务人，或有法定抚养义务人却无抚养能力的；无劳动能力；无生活来源。供养内容为：粮油和燃料、服装和被褥、日用品和零用钱、基本住房、疾病治疗、丧事料理、未成年人教育、生活不能自理者的照料。

（三）改革开放后的社会保险立法

1. 养老保险立法

1984年开始在部分地区进行社会统筹的试点，1986年开始在全国推行养老保险改革。1991年根据各地试行的经验，国务院发布了《关于企业职工养老保险制度改革的决定》，确立了新养老保险制度的基本原则和方向。1995 年，根据《决定》的实施情况，国务院发布了《关于深化企业职工养老保险制度改革的通知》，更明确、更具体地提出了养老保险制度改革的目标、原则和实施办法。1997 年，为了统一实施办法，国务院发布了《关于建立统一的企业职工基本养老保险制度的决定》，提出到 20 世纪末，全国建立统一实施范围、统一费率、统一给付标准、统一实施办法的养老保险制度。

在中央政府没有出台法规的情况下，各省、直辖市、自治区的地方立法比较活跃，纷纷推出了各自的养老保险办法，从 1998 年开始，又进行了统一制度的调整。养老保险制度虽然基本确立，却至今没有规范性的法律，缺少法律强制力。养老保险的覆盖面较窄，基本维持着全国人口 10% 左右的覆盖率。此外，养老保险还面临着保险费征缴率低、基金给付缺口大、个人账户空账运作、缺少老龄化对策等问题。

2. 医疗保险立法

改革开放以后，传统的劳保和公费医疗进行了一系列改革和试点工作，最终建立了新的医疗保险制度。1998 年，国务院发布了《关于建立城镇职工基本医疗保险制度的决定》，确立了全国统一的医疗保险制度。国务院推出医疗保险改革决定后，各省、自治区和直辖市纷纷通过地方立法，颁布了落实国务院决定的具体实施方案。

医疗保险制度虽然基本确立，却至今没有规范性的法律，缺少法律强制力。医疗保险的覆盖面比养老保险更低，基本维持着全国人口 8% 左右的覆盖率。医疗保险实施后，职工负担有较大幅度增加，体弱多病或收入较低的职工颇感困难，如何从制度上保证困难职工的基本医疗，是急需解决的问题。医疗保险实施个人医疗账户，导入了个人控制和调剂使用的机制，却淡化了互助共济的理念，而互助共济是各国医疗保险立法中的基本理念。

3. 失业保险立法

失业保险在我国一直是空白项目，改革开放以后，失业问题成为影响社会稳定的重大问题，建立失业保险制度成为紧迫的课题。

1999 年 1 月，国务院颁布了新的《失业保险条例》，将实施范围扩大到城镇各类企事业单位。其制度特点是：保险对象为有劳动能力而非自愿性失业的职工，并要求其有求职意愿；采取用人单位和职工个人缴费、政府补贴的形式建立失业保险基金；保险基金用于支付失业金、失业期间的医疗等各种补贴、失业期间的职业培训和职业介绍费用，体现了积极促进就业的立法理念；失业保险待遇及受给期限与缴费年限挂钩，体现了权利和义务的一致性。

我国失业保险存在的问题主要有：失业状态的多样化，即待业、下岗、协保、再就业中心和失业等各种状态并存，人为制造了许多麻烦，造成了隐性就业、用工制度混乱、劳动者权益受到不同程度侵害的局面。促进就业的手段和措施有限，就业形势严峻的局面没有得到根本性改观。与失业保险配套的制度尚不够健全，如职业介绍、职业培训、就业情报等制度。处在待业状态的已毕业学生未纳入失业保险范围，把社会问题留给了家庭承担，给父母造成了较大的负担。

（四）改革开放后的社会福利立法

20 世纪 80 年代以来，我国颁布了一系列特殊群体保护的法律、法规，形成了较为完善的特殊群体保护法体系。1988 年，国务院颁布了《女职工劳动保护规定》；1990 年，全国人大通过了《残疾人保障法》；1991 年，人大常委会通过了《未成年人保护法》；1992 年，全国人大颁布了《妇女权益保障法》；1994 年，人大常委会通过了《母婴保健法》；1996 年，人大常委会通过了《老年人权益保障法》。上述法律、法规的实施有力地保护了特殊群体的合法权益。

改革开放以来，我国在职工福利、教育福利、住房福利等方面也有一些立法活动，如全国人大于 1986 年通过了《义务教育法》；国务院在职工交通补贴、取暖补贴、探亲待遇和物价补贴等方面制定了新规定；国务院于 1994 年颁布了《关于深化城镇住房制度改革的决定》等。

第十四讲

环境与资源保护法

第一节　环境与资源保护法概述

一、环境与资源保护法的产生与发展

（一）环境问题的由来

环境是指影响人类生存和发展的各种天然的和经过人工改造的自然因素的总体，包括大气、水、海洋、土地、矿藏、森林、草原、野生生物、自然遗迹、人文遗迹、自然保护区、风景名胜区、城市和农村等。环境问题自古就有，但是，随着人类征服自然界的能力大大增强，环境的反作用便日益显露出来，成为世界各国人民共同关心的问题。

在原始捕猎时期，人类最初只是采集和捕食自然食物，对环境的影响不大。那时，主要是利用环境，很少有意识地改造环境。只是由于人口的自然增长，以及滥用资源所造成的生活资料不足而产生的环境问题，如人类住地附近的果子采完了就只好被迫迁居等。

后来，人类学会驯化动物和种植植物，产生了畜牧业和农业。这时产生的环境问题是由于砍伐森林、破坏草原引起严重的水土流失和土地沙漠化。在美索不达米亚、希腊、小亚细亚以及其他各地的居民，为了想得到耕地，把森林都砍完了，但是他们想不到，这些地方竟因此成为了永久荒芜的不毛之地，因为他们使这些地方失去了森林，使土地失去了积聚和贮存水分的中心。巴比伦是世界四大文明古国之一，是当时世界最大的城市，也这样地从人们的视线中销声匿迹了。中国古代也发生过类似的情景。黄河流域是我国古代文明的发源地，西汉末年和东汉时期曾在这里进行了大规模的毁林开垦，这虽在当时有一定的收益，却造成了后来严重的水土流失，土地日益贫瘠，这里从此变成了一片荒凉的黄土高原，至今无法根本改善。

随着社会分工和商品交换的兴起，近代现代化大工业的出现，生产力有了很大发展，人类的物质生活条件提高了，但也带来了新的、严重的环境问题。这主要是煤烟尘、二氧化硫、氮氧化物造成的大气污染和冶金、制碱等工业造成的水污染。这些物质污染了人类生存的自然环境，甚至发展成为危害人类的公害。到了20世纪的20至40年代，石油、化工工业的发展使环境污染日趋严重；50年代后又出现了农药和放射性物质等的污染，其他公害如噪声、震动、恶臭等也有发展，并且产生了不少震惊世界的公害事件。

目前，温室效应、臭氧层破坏、大气污染、水污染、土地沙漠化、海洋生态危机、有毒有害废弃物处理、物种濒危等环境问题被提了出来。英国著名生态学家甚至把全球的生态环境恶化比作第三次世界大战，如果不加以防止，自然界将失去供养人类的能力。环境问题是人类面临的挑战。

（二）环境与资源保护法的产生和发展

以人为调整对象是法的基本特征，环境法在近代的蓬勃发展主要源于人类在日益恶化的生态环境压力下，高度关注和反思自身存在的问题，得出必须立法保护环境以维护人类的生存权和发展权。这在本质上就决定了环境法必然以人为其价值本位。环境法就是伴随着人类对环境资源的不合理利用，以及严重的环境污染和生态破坏而产生的。它是随着人类对环境影响的扩大而不断发展的。

18 世纪发生的工业革命带来了环境污染和生态破坏的严重后果。西欧、北美的森林迅速消耗，河流水体与城镇空气严重污染。当时工厂和城镇工作、生活条件之恶劣，环境污染之危害，在许多学者、作家的著作中都有反映。为了减缓工业化带来的环境污染和自然资源破坏，19 世纪以后，英、美等国家就针对工厂和城镇生活污染以及自然资源破坏，开始制定污染防治和自然资源保护的法律和法规。早在 1821 年，英国在关于蒸汽机和火车头的法律中就包含了关于防止污染的规定，1847 年的《自来水厂供水法》中对水的保护作出了规定。美国 1864 年制定的《煤烟法》，1899 年制定的《河流和港口法》和《废物法》，均对向环境排放污染物作出了限制。在 19 世纪的最后 30 年里，美国国会通过了 200 多项有关森林保护的法案，并于 1891 年通过了综合性的《森林保护法》，这些法案授权总统可以把林地划定为国家公园或水资源保护区。

第二次世界大战后，经过短期的战后经济恢复期，一直到 20 世纪 60 年代末，西方发达国家经历了长达 20 年的经济繁荣期。过度的资源消耗和物质商品消费，带来了严重的环境问题。在 20 世纪五六十年代，西方一些发达国家发生了一系列震惊世人的公害事件，其中包括伦敦烟雾事件、洛杉矶光化学烟雾事件、水俣病事件等。严重的环境问题不仅引起各国有识之士的忧虑和关注，还引发了广泛的环境保护运动，有力地推动了环境立法的重大变革。自 1972 年联合国环境与发展大会后，各国普遍把可持续发展作为环境政策与立法的指导思想，环境法伴随着经济发展和社会变迁相应地历经了从传统向现代的历史转型过程。从 20 世纪 60 年代末以来，经过 30 多年迅速发展，已经从最初的对少数污染企业的监督管理和“三废”污染物的控制，扩展到对包括工农业和国民经济各个方面的调节和控制；从最初一个地区和国家的环境污染防治，扩大到对全球生态系统的保护。目前，环境法已经形成一个涉及宪法、行政法、民法、刑法、国际法等领域的内容丰富、范围广泛的综合性法律部门，对经济和社会生活的调控和影响作用也越来越广泛和深刻。

二、环境与资源保护法的概念与特征

（一）环境与资源保护法的概念

环境与资源保护法是由国家制定或认可，并由国家强制保证执行的关于保护与改善环境合理开发利用与保护自然资源、防治污染和其他公害的法律规范的总称。环境与资源保护法的任务是将国家有关环境与资源保护方面的基本方针、政策法律化，将《宪法》关于环境与资源保护的基本规定具体化，目的在于保证合理利用自然环境和资源；预防、治理环境污染和生态破坏；造就清洁适宜的劳动与生活环境，保护人民健康；协调环境与经济的关系，实现经济的可持续发展。

环境与资源保护法的概念包含三点主要含义：

1. 表明环境与资源保护法是由国家制定或认可并由国家强制力保证执行的法律规范。

2. 环境与资源保护法的目的是通过防止自然环境破坏和环境污染来保护人类的生存环境，维护生态平衡，协调人类同自然的关系。

3. 环境与资源保护法所要调整的是社会关系的一个特定领域，即人们在生产、生活或其他活动中所产生的同保护和改善环境合理开发利用与保护自然资源有关的各种社会关系。这种社会关系包括两个主要方面：（1）同保护、合理开发和利用自然环境与资源有关的各种社会关系。（2）同防治各种废弃物对环境的污染和防治各种公害如噪声、振动、电磁辐射等有关的社会关系。强调指出环境资源保护法所调整的社会关系的特定领域，是为了说明它是环境与资源保护法区别于其他部门法的最重要的特征。

（二）环境与资源保护法的特征

作为部门法的一种表现形式，环境法具有与其他部门法相同的一般特征，如规范性、强制性等。然而，由于环境法是法学与环境科学的交叉学科，因此环境法还具有与其他部门法所不同的固有的特征，它们主要表现在如下四个方面：

1. 综合性

由于环境法所调整的社会关系涉及生产、流通、生活各个领域，并与开发利用、保护环境和资源的广泛社会活动有关，这就决定了需要以多种法律规范、多种方法，从多个方面对环境法律关系进行综合性调整。

环境法的这种综合性特征，一方面表现在环境立法体系中除包括专门性环境法规外，还包括其他公法、私法等的法律部门（如宪法、民法、刑法、劳动法和经济法等）中有关环境保护的规范。另一方面还表现在环境法所采取的法律措施涉及经济、技术、行政教育多种因素上，环境法既有实体法又有程序法，既包括国家立法也包括地方立法。

由于环境要素组成的相关性，环境也具有充满活力和长期演变的特点。它要求法律和政策也应当保持充分的灵活性，以其快速变化的能力对新的情况作出反应。再则，环境损害是不可逆转的，这种永久性的环境损害作为一个事实，也已为立法者和公务员们在实施政策中所接受，为此它对决策有直接的影响。一个最常见的例子就是物种的灭绝。所以法律需要有所突破，与其将注意力放在用传统法律来补救倒不如放在采取预防措施之上。

2. 科学技术性

环境法具有浓厚的科学技术性这一点，是所有环境法学家所公认的不同于一般部门法的基本特征。首先，环境法是一种建立在自然规则基础之上的法律。这种基础包括生物、化学和物理原理。因此“自然法则”就不可避免地成为环境立法对待环境问题的指导原理。法律的制定和实施都必须依赖和利用专门的科学技术知识，并且自然科学家也要为环境立法贡献出自己的知识。其次，由于环境法是通过调整一定领域的社会关系来协调人与自然的关系的，因此它必须体现自然规律特别是生态学规律的要求，必须把大量有关技术规范、操作规程、环境标准、控制污染的各种工艺技术要求等运用于环境立法之中。再次，环境法的科学技术性还表现在它促进对科学技术成果的运用方面。例如，如果环境立法不对淘汰落后的技术设备以及运用先进科学技术作出规定的话，企业出于自身利益和生产成本的考虑就不太容易接受新的科学知识和技术改良。这样也不利于科学技术的进步和发展。

环境法的这一特征提醒我们，环境法的方法与传统法的方法存在着一些不同之处，它的众多法律规范必须遵循和建立在自然规范（法则）的基础之上，而不能人为地、强制性地凭借主观判断予以确定。为此，必须不断通过对自然的发现，以新的价值观对在传统法基础上建立起来的人类与环境在伦理上的权利义务关系予以重新评价。

3. 共同利益性

相对于其他执行社会与政治职能的公法而言，环境法所表现出的公共职能不仅仅是为了个别群体、统治者阶级以及国家或地区的单一政治、经济利益，更多的则是要考虑全人类的共同利益，即人类生存繁衍的基础——全球生态利益。因此，我们也不能简单地套用过去使用的阶级分析的方法来解释环境法律现象。另一方面，人类所居住的地球是一个整体，地球生态系统（生物圈）也是一个流动的物质和能量循环体，它们不因对国家或地区疆界的人为划分而分割。当代的环境问题已经不是一个局部的问题，不再是可以仅依靠一个国家或一个地区采取局部的治理措施所能解决的。用封闭的、传统的方法来保护环境只能使环境问题愈演愈烈，从局部发展到地区、从地区再发展到国家、再从国家发展成为全球性的问题。此外，在环境法所调整的社会关系中，也较多地涉及了经济发展、管理技术、资源利用和科学技术方面的问题，而这些问题也是需要各国相互借鉴经验和提供帮助的。

有鉴于此，现在许多国家的环境立法已经融合了地球环境保护的基本理念，并且更加强调国际环境保护合作的重要性。与传统部门法相比较，现代环境立法对人类共同利益的保护是非常突出的。一个明显的事例就是，20 世纪 90 年代以后世界各国环境立法发展的趋同化、国际化和一体化倾向。

4. 法律关系的特殊性

环境法律关系，是环境法的法律规范在调整与环境相关的人类行为过程中所形成的权利义务关系。由于环境法的法律规范主要是由行政法律规范结合民事、刑事等不同的法律规范组合而成，因此环境法的法律关系是一个复杂的综合体，显得非常特殊。

传统部门法的法律关系所体现的是一定社会人与人之间纯粹的社会关系，法律也是通过权利义务的确定对人类行为进行调整，从而达到自由、秩序和公平的法律理念。环境法律关系所要体现的是人类与自然之间的关系，而这种关系既不是一种纯粹的思想关系，又不是纯粹的物质关系。环境法律关系除了要受来自社会经济关系的制约以外，更大程度上还要受到来自人与自然关系，特别是自然生态规律的制约。当前，在“人本主义”思想为主导的社会条件下，环境立法尚不能、也不可能确定人类与自然之间的权利义务关系，所以目前它仍然必须通过调整人类相互的行为才能具体体现。由于环境法律关系在内容方面的上述特征，决定了环境法律关系的主体、客体也具有其特殊性。一般而言，环境法律关系的主体仍然是自然人或者法律上拟制的主体（法人、团体或组织以及国家等），但是在一些发达国家，环境立法已经将自然物也作为法律上拟制的主体来对待，例如，美国于 1973 年制定了《濒危物种法》，任何人都可以针对物种的侵害而提起诉讼。

在传统部门法中，自然物通常只是作为法律关系的客体之一——财产（物）来对待的。如果将某些自然物作为环境法律关系的主体看待，其作为法律关系客体的部分性质则将发生改变。另外，在环境立法中，一方面要强调自然物（各环境要素）作为权利义务关系的客体——财富对人类的经济价值，另一方面还要强调自然物独立于为人类提供物质财富以外的生态价值，以及环境要素在保持生物多样性方面所表现出的内在价值。

因此，在一般意义上可以将自然物作为传统部门法的法律关系的客体，而其中某些对环境具有生态效能的自然物则可以作为环境法律关系的客体。

三、环境与资源保护法的基本原则

环境法的基本原则是指以保护环境、实现可持续发展为目标，以环境保护和法的基本理念为基础，以现代科学技术和知识为背景，所形成的贯彻于环境立法和执法的基础性和根本性准则。它反映了环境法的本质和技术原理以及国家环境保护的基本政策。

环境法基本原则的表现形式可以是直接明文规定于环境立法之中，也可以是通过一个或几个具体法律条文规定间接加以表现。一般来说，对环境法基本原则规定得比较明确的是环境基本法或者环境法典之总则部分；而环境与资源保护单行法的立法一般都不对基本原则做明文宣示，而是通过对具体环境法律制度的规定，比较隐晦地表现出基本原则的指导性以及对基本原则的从属性。

关于环境法的基本原则是什么，在各个国家的环境立法不尽相同，它与环境立法的目的直接相关。在发达国家，目前的环境立法在目的性方面多采“生物圈主义”，以“环境优先”为本位；在发展中国家和地区，因顾及经济发展和人体健康的需要，目前的环境立法在目的性方面多采“协调主义”，以“人类优先”为本位。因此在基本原则的确立上，各国的环境立法是有区别的，但总体上大多不外乎有保护和改善原则、警惕和预防原则、协同合作原则、受益者付费原则、公民参与原则等几大类，它们是生态规律、人类对环境的伦理以及环境经济原理的基本要求在环境立法上的反映。

环境法的基本原则并不是一成不变的，它只是在一定时期根据环境问题的特点以及对环境问题解决方法的认识的基础上形成的。另外，国际环境法与国内环境法因调整对象和范围的不同，规范效力的不同和实施手段的不同，其基本原则也有不同；国家之间因国情和法制的不同，基本原则也有所取舍和侧重。虽然如此，由于环境问题的成因及其对策具有全球一致性，因而世界各国国内环境法在基本原则方面目前也逐渐趋于一致。现代国家或通过新的环境立法或修改旧的环境法律，大都在环境基本法中确立这些基本原则。

在中国，环境立法曾参考和借鉴了许多发达国家和发展中国家环境立法与实践的经验。在此基础上，结合中国的环境保护实际，主要确立了如下几项环境法的基本原则：协调发展原则；预防为主、防治结合原则；开发者养护、污染者治理原则；协同合作原则；公民参与环境决策原则。

第二节 环境保护法律制度

环境保护法是调整人们在开发、利用、保护、改善环境，防治环境污染和其他公害的活动中所产生的各种社会关系的法律规范的总称。狭义的环境保护法是指1989年12月26日第七届全国人大常委会第十一次会议通过的《中华人民共和国环境保护法》（以下简称《环境保护法》）。而广义的环境保护法还包括与《环境保护法》配套的所有关于环境保护的法律法规、规章和规范性文件等。

中国现行环境保护基本法律制度主要有：土地利用规划制度、环境影响评价制度、“三同时”制度、排污收费制度、限期治理制度、污染事故报告处理制度以及运用市场方法保护环境的制度等。

一、土地利用规划制度

土地利用规划制度是指国家根据各地区的自然条件、资源状况和经济发展的需要，通过制定土地利用的全面规划，对城镇设置、工农业布局、交通设施等进行总体安排，以保证社会经济的可持续发展，防止环境污染和生态破坏。通过土地利用规划，特别是控制土地使用权，就能从总体上控制各项活动，做到全面规划、合理布局。它是一种积极的、治本的措施，也是一项综合性的先进的管理制度。

对国土的规划和控制，一般是通过国土规划法来实现的。规划法的种类有土地利用规划法、城市规划法、乡镇规划法、区域规划法等。我国已经颁布执行的有土地管理、城市规划、县镇规划、村镇规划等法规。

1. 城市规划。我国按照市区和郊区非农业人口的总数，把城市划分为三级：大城市，为人口50万以上的城市；中等城市，为人口20万以上不足50万的城市；小城市，为人口不足20万的城市。

城市规划，是一定时期内城市发展计划和各项建设的综合部署，是城市各项建设、工程设计和城市管理的依据，它具有法律的性质。城市规划一经制定和批准，各项建设必须依据规划来进行。我国的城市规划分两个阶段进行，即总体规划和详细规划。总体规划是对城市发展具有方向性和指导性的纲领规划，它要规定城市发展的基本问题，是制定详细规划的依据。详细规划是总体规划和近期规划的具体化，它要对区域内近期建设和新建改建的各项建设作出具体部署和安排，它是城市各项专业工程设计、建设和管理的重要依据，由该市人民政府审批。

按照我国《城市规划法》的规定，对于城市旧区的改建应当遵循加强维护、合理利用、调整布局、逐步改善的原则，统一规划、分期实施。对于污染企业，特别是在首都、省会、历史文化名城和风景旅游城市的污染企业，要制订限期治理的规划，责令限期治理。对于污染严重又不能治理的企业，要有计划地实行关、停、并、转、迁。

2. 村镇规划。村镇规划也分为总体规划和建设规划。村镇总体规划是在全乡（镇）范围内确定村镇布点规划和各项建设的全面部署规划。村镇建设规划是依据总体规划，安排各项建设用地及建设方案，其中包括住宅、乡（镇）村企业、公共设施、公益事业等。

二、环境影响评价制度

对可能影响环境的工程建设、开发活动和各种规划，预先进行调查、预测和评价，提出环境影响及防治方案的报告，经主管当局批准才能进行建设，这就是环境影响评价制度。它属于预断性的评价。它是一项决定项目能否进行的具有强制性的法律制度。

环境影响评价制度是对传统经济发展方式的改革，它可以把经济建设与环境保护协调起来，是贯彻“预防为主”原则和合理布局的重要法律制度。从法理上说，把环境影响评价制度作为一种强制性的法律制度，是民事侵权法律原则在环境与资源保护法里的运用。在实行评价制度的国家，评价范围一般是限于对环境有较大影响的各种规划、开发活动、建设工程。

我国根据《建设项目环境保护管理条例》的规定，根据建设项目对环境的影响程度，实行分类管理：（1）建设项目对环境可能造成重大影响的，应当编制环境影响报告书，对建设项目产生的污染和对环境的影响进行全面、详细的评价；（2）建设项目对环境可能造成轻度影响的，应当编制环境影响报告表，对建设项目产生的污染和对环境的影响进行分析或者专项评价；（3）建设项目对环境影响很小，不需要进行环境影响评价的，应当填报环境影响登记表。分类管理的目录由环保主管部门制定并公布。我国关于环境影响评价的内容也就是环境影响报告书的内容，包括以下七个方面：建设项目概况；建设项目周围环境现状；建设项目对环境可能造成影响的分析和预测；环境保护措施及其经济、技术论证；环境影响经济损益分析；对建设项目实施环境监测的建设；环境影响评价结论。

三、“三同时”制度

“三同时”制度是指一切新建、改建和扩建的基本建设项目（包括小型建设项目）、技术改造项目、自然开发项目，以及可能对环境造成损害的其他工程项目，其中防治污染和其他公害的设施和其他环境保护设施，必须与主体工程同时设计、同时施工、同时投产。“三同时”制度是我国首创的，它是总结我国环境与资源管理的实践经验，为我国法律所确认的一项重要的控制新污染的法律制度。“三同时”制度的实行应该和环境影响评价制度结合起来，成为贯彻“预防为主”方针的完整的环境与资源管理制度。

“三同时”制度最早规定于1973年的《关于保护和改善环境的若干规定》。1986年3月的《建设项目环境保护管理办法》对“三同时”制度的有效执行问题作出了如下规定：凡从事对环境有影响的建设项目，都必须执行“三同时”制度。各级人民政府的环境部门对建设项目的环境保护实施统一的监督管理。建设项目的初步设计，必须有环境保护内容。建设项目在正式投产使用前，建设单位要向环境保护部门提交《环境保护设施竣工验收报告》。1998年新颁布的《建设项目环境保护管理条例》除重申了这些规定外，还具体规定了违反“三同时”的下列法律责任：试生产建设项目其环保设施未与主体工程同时投放试运行的，主管部门责令其限期改正，逾期不改正的，责令停止试生产，可以处5万元以下罚款；试生产超过3个月，未申请环保设施竣工验收的，责令其限期办理验收手续，逾期未办理的，责令停止试生产，可以处5万元以下罚款；环保设施未建成，未验收或验收不合格，而主体工程正式投入生产使用的，责令其停止生产或使用，可处10万元以下罚款。

四、许可证制度

许可证制度是指凡是对环境有不良影响的各种规划、开发、建设项目、排污设施或经营活动，其建设者或经营者需要先提出申请，经主管部门审查批准，颁发许可证后才能从事该项活动，这就是许可证制度。在环境与资源管理中使用最广泛的是排污许可证。许可证的管理程序大致分为：申请、审查、决定、监督、处理。许可证制度是国家为加强环境与资源管理而采用的一种卓有成效的管理制度，它被称为污染控制法的“支柱”，在环境与资源保护法中被广泛采用。

许可证制度有下列优点而在环境与资源管理中发挥显著作用：（1）便于把影响环境的各种开发、建设、排污活动纳入国家统一管理的轨道，把各种影响环境和排污活动严格限制在国家规定的范围内，使国家能够有效地进行环境与资源管理。（2）便于主管机关针对不同情况，采取灵活的管理办法，规定具体的限制条件和特殊要求。这样，就可以使各种法规、标准和措施的执行更加具体化、合理化，更加适用。（3）便于主管机关及时掌握各方面的情况，及时制止不当规划开发，及各种损害环境的活动，及时发现违法者，从而加强国家环境与资源管理部门的监督检查职能的行使，促使法律、法规的有效实施。（4）便于群众参与环境与资源管理，特别是对损害环境活动的监督。（5）促进企业加强环境与资源管理，进行技术改造和工艺改造，采取无污染、少污染工艺。

五、征收排污费制度

征收排污费制度是对于向环境排放污染物或者超过国家排放标准排放污染物的排污者，按照污染物的种类、数量和浓度，根据规定征收一定的费用。这项制度是运用经济手段有效地促进污染治理和新技术的发展，能使污染者承担一定污染防治费用的法律制度。征收排污费制度的目的是为了促使企业加强经营管理，节约和综合利用资源，治理污染和改善环境。

按照《征收排污费暂行办法》的规定，凡是超过标准排放污染物的单位，不论是企业还是事业单位都要交纳排污费（向水体排污都要交纳排污费，超标排污要交纳超标排污费）。各地在执行中，一般是对废水、废气（包括烟尘）、废渣收费，不少省、市规定对噪声污染也收费。《征收排污费暂行办法》以附表形式规定了收费标准，分为废气、废水、废渣三项。收费的计算要根据国家制定的各种污染物排放标准，已经颁布了地方标准的地区，执行地方标准。在污染严重的地区，可以把收费标准适当提高。

从宏观上看，排污收费是运用经济杠杆的作用，调节污染防治和企业生产之间的关系；从微观上看，是一种限制污染的手段，又是一种筹集环境保护资金的形式，其主要目的是为了促使企业加强管理，节约资源，治理污染。对排污者来说，排污收费的法律效力并不是免除治理责任，也不免除因污染造成损失的赔偿责任和法律规定的其他责任，更不是用排污费买得企业的“污染权”。

六、限期治理制度

限期治理，顾名思义，就是指对长期超标排放污染物、造成环境严重污染的排污者以及对设立在特殊保护区域内超标排污的已有设施，经地方人民政府决定和环境保护主管部门监督，设定一定期限由排污者在该期限内实施完成治理任务，使污染物排放达到治理目标的一种强制性措施。它也是环境立法有关“预防为主、防治结合、综合治理”原则的具体体现。

中国《环境保护法》对限期治理制度主要规定在第18、29、39条之中。限期治理属于一种以时间限制为特征的行政强制，由于它直接涉及企业事业单位的生产经营和工作的权利，治理单位在执行限期治理的决定时必须停工、停产才能进行，所以应当谨慎实施。

从中国限期治理制度的规定看，决定限期治理的程序和主体是：由环境保护部门对企业提出限期治理的意见，由省级以下同级人民政府最后决定。由于我国的国有企业和事业单位分别受不同级别的人民政府管辖，所以在限期治理的决定方面也有相应的区别。

限期治理的对象：（1）排放污染物造成环境严重污染的排污单位。目前，实行限期治理的主要对象是排放污染物造成环境严重污染的排污单位。根据环境执法的实践，一般认为，如下情况应当属于"严重污染"的范围：排放污染物的数量连续严重超标的；排放污染物的种类众多，且多为难于在环境中发生降解的；排放污染物危害人体健康的；排污严重扰民，导致环境污染纠纷的。（2）在特别保护区域内超标排放污染物的单位。特别保护区域（special protection zones），是国家为了某种特殊需要，而对特定的环境要素依其特性划定的，采取特别措施加以保护的区域。

七、污染事故报告处理制度

污染事故报告处理，是指因发生事故或者其他突然性事件，造成或者可能造成污染事故的单位，必须立即采取措施处理，及时通报附近可能受到污染危害的单位和居民，并向当地环境保护行政主管部门和有关部门报告，接受调查处理的法律制度。

污染事故的主要类别：（1）一般性污染事故与突发性污染事件。（2）污染事故的分级。按照国家环保局1987年发布的《报告环境污染与破坏事故的暂行办法》规定，环境污染事故根据程度可以分为：一般环境污染事故、较大环境污染事故、重大环境污染事故和特大环境污染事故。

《环境保护法》第31条规定，"因发生事故或者其他突然性事件，造成或者可能造成污染事故的单位，必须立即采取措施处理，及时通报可能受到污染危害的单位和居民，并向当地环境保护行政主管部门和有关部门报告，接受调查处理"。第二款同时规定，"可能发生重大污染事故的企业事业单位，应当采取措施，加强防范"。由此可以认为，对造成或可能造成污染事故的企业事业单位实行污染事故报告制度是确保尽可能地减少污染事故危害的基本措施，它是有关事故单位应当履行的一项法定义务。

第三节　自然资源法律制度

一、自然资源概述

（一）自然资源的概念和特点

自然资源，是指在一定的技术经济条件下，自然界中对人类有用的一切物质和能量，如土、水、气、森林、草原、野生动植物等。所谓“对人类有用”，是指能够产生经济价值并提高人类当前和未来福利。自然资源具有可利用性、自然性、整体性、地域性和有限性五大特征。

（二）我国自然资源的概况

我国人均占有自然资源短缺。我国土地面积接近150亿亩，居世界第三位，但人均占有土地面积只有13.1亩，是世界人均占有土地面积45亩的1/3。从人均实际占有耕地面积来看，我国是世界人均耕地最少的国家之一。12亿国民人均耕地只有1.4亩，是世界人均耕地面积的1/3。人均草场面积占有为世界人均占有的1/2。我国水资源相当短缺，全国年平均降雨总量为6.03万亿立方米，河川平均径流量约为2.59万立方米，居世界第88位，只相当于世界人均占有量的1/4。矿产资源丰富，其中煤、铁、石油、铜、锡、锑、钨、锰、铅、锌、汞、钼、稀土等储量均居世界前列，有些储量居世界第一，但是人均矿藏量则很少。

（三）自然资源的分类

我国自然资源分布的范围广泛，种类繁多。为有利于对自然资源依法调整，根据自然资源的不同属性，可将自然资源分为土地资源、草原资源、森林资源、矿产资源、野生动植物资源、水资源和渔业资源等类型。按照不同的自然资源特点和要求，可分为：可更新资源，主要指土地资源、生物资源和水资源；不可更新资源，主要指矿藏资源，例如，铁、铝、煤、石油等各种金属和非金属矿物；恒定性资源，主要是自然界中尚未被充分利用的自然资源，如太阳辐射能、空气、海潮、风力等。

二、自然资源保护法概述

（一）自然资源保护法的概念

自然资源保护法是指调整人们在自然资源的管理、保护和利用过程中所发生的各种社会关系的法律规范的总称。它一般是由土地管理法、矿产资源法、森林法、草原法、野生动植物保护法、水法和渔业法、海洋法、空间法等法律法规组成。

自然资源保护法是调整一定的社会关系和自然规律的法律。其目的是通过法律手段，调节人类在开发利用自然资源的活动中所发生的社会关系。国家制定自然资源保护法的目的就是为了调整自然与社会的关系，实现人类社会与自然的协调发展。

（二）自然资源保护法的特征

1. 宏观性：这是自然资源法调整各种社会关系的理论基础。各种自然资源法规必须按照资源配置的宏观要求规定人们在开发、利用和保护自然资源过程中的行为规则，这是自然资源管理法的重要特征。

2. 综合性：自然资源法一般包括《土地法》、《森林法》、《草原法》、《矿产资源法》、《水法》、《渔业法》、《野生动物保护法》、《野生珍稀植物保护法》、《自然保护区法》等。

3. 科学技术性：现代科学技术的发展，对法律的影响十分广泛和深远。人们对人类经济活动与自然生态的关系、自然资源的开发利用与经济发展的关系提出了许多新的课题，采取更科学、更先进的措施，保护管理各种自然资源。

4. 国际共同性：人类共同生活的地球有一套完整的生态系统，环境问题的解决是超越国家界线的。有些资源的开发利用也不是一国所能完成的。因此，对自然资源的保护，人类负有共同的国际义务。

（三）自然资源保护法的体系

自然资源保护法律体系，就是由许多相互联系、相互协调的部门资源法所组成的统一体，例如，土地、矿产、森林、野生动植物、江河、海洋等生态系统之间客观地形成一个相互联系、相互依存的统一的自然综合体，即调整人与自然资源和生态环境中发生的各种社会关系的法律规范的总和，具体可划分为如下两类：

1. 部门性资源法：自然资源管理法是我国法律体系中的一个独立的法律部门，如我国的《土地管理法》、《森林法》、《矿产资源法》、《草原法》、《水法》、《渔业法》等。《中华人民共和国森林法》作为部门资源法的森林法中的基本法，它与《森林防火条例》、《森林采伐更新管理办法》等配套法规组成森林资源法群。

2. 特性资源法：将各部门资源法中相互间所具有的共同自然特性的部分进行分类：一类是可再生和发展资源，它包括生物资源法（如有关森林、草原、渔业、自然保护区及保护野生动物和野生珍稀植物方面的法律、法规等）和非生物资源法（如有关土地、水资源等方面的法律、法规）；另一类是不可更新但可再生的资源，它包括诸如有关矿产资源等方面的法律、法规。

三、自然资源法的主要原则和基本制度

（一）自然资源管理的法律原则

1. 重要自然资源的全民所有原则。由于我国主要实行着生产资料的社会主义公有制，即全民所有制和劳动群众集体所有制的形式，因此对于关系到作为国民经济生产资料的某些重要的自然资源，如矿藏、水流、森林、山岭、草原、荒地、滩涂等，我国的《宪法》和自然资源立法均将它们确定为全民所有。而对于少数自然资源，则可以由法律规定由劳动群众集体所有。在自然资源的合理利用和保护方面，我国《宪法》第 9 条规定，“国家保障自然资源的合理利用，保护珍贵的动物和植物。禁止任何组织或者个人用任何手段侵占或者破坏自然资源”。

2. 合理分配自然资源的经济利益的原则。由于重要的自然资源属于全民所有，因此如何合理分配自然资源给国家、集体或个人所带来的物质利益，是在开发利用自然资源过程中应当予以明确的重要问题。为了充分调动和发挥国家、集体与个人三者对资源保护、开发与利用过程中的积极性、主动性和创造性，同时保障他们三者在这一活动过程中的合法权益，应当通过多种经济形式和多种经营方式来开发利用自然资源。为此，中国自然资源法律和有关民事立法对自然资源的所有权与其生产经营权规定采取“两权分离”的方法，即对自然资源在所有权、使用权和经营管理权诸方面予以了明确的规定，以这种方法来保障国家、集体和个人三者在开发利用自然资源方面的合法权利与利益。

3. 综合利用与循环利用的原则。许多自然资源具有多种用途和可以被反复利用的特征，因此当某种资源在其某一方面的效能被人类利用后，其“废弃”的部分仍可以作为另一种用途的资源而重新得到再利用。所谓综合利用，是指在开发利用自然资源的过程中，最大限度地利用自然资源的各种用途。所谓循环利用，是指对那些在被人们利用后其性质仍不会改变的自然资源，通过回收的方式使其得以再利用的过程。综合利用与循环利用的结果，可以消除或减少自然资源或能源因未能充分利用而造成的浪费和对环境的污染破坏，保障自然资源给人类带来最大的经济效益与环境效益。

4. 因时、因地制宜的原则。所谓因时、因地制宜，是指对自然资源的开发利用应当与特定时间、特定地域生态系统的结构和功能相适应，由于各地域环境条件的不一，使得生态系统的结构及其功能也各不相同，并且这些生态系统也会

随时间的变化而改变。因此，对于自然资源的开发利用必须适合地域生态系统的特点以及自然资源随之发生的周期性变化。

（二）自然资源法律基本制度

1. 自然资源有偿使用制度

自然资源有偿使用制度是指国家采取强制手段使开发利用自然资源的单位或个人支付一定费用的一整套管理措施。它是在地球人口日益膨胀、自然资源日益紧缺情况下建立和发展起来的一种管理制度，是自然资源价值在法律上的体现和确认。

长期以来，自然资源一直被人们作为没有价值的东西而无偿地占有、开发和利用，甚至在一些权威理论上也认为无人类劳动凝结的自然资源是无价值的，从而导致了自然资源的过度开发和浪费。随着地球人口的增加，地球上的自然资源越来越显得短缺，在20世纪六七十年代甚至出现了资源危机。目前，在世界的许多地方，淡水资源、森林资源的短缺已成为不争的事实，野生动植物资源的短缺，更使一些野生动植物处于灭绝或濒危状态。由此便引起人们对“资源无价”理论的反思，并提出和建立了自然资源的价值观和价值理论。现在，自然资源具有价值的观念已为绝大多数经济学家所接受，并在许多国家的经济政策和立法中得以体现。集中体现自然资源价值的法律制度就是自然资源有偿使用制度。这一制度的建立具有多方面的意义和作用。一是它有利于促进自然资源的合理开发和节约使用；二是它有利于为开发新的资源筹集资金，并有利于自然资源的保护和恢复；三是它有利于保障自然资源的可持续利用，并促进经济社会的可持续发展。

自然资源的有偿使用，因各个国家和地区具体情况的不同，其采用的形式也有所不同。综合起来基本上是两种形式，一是收税，二是收费。市场经济比较发达的国家通常是采取收税的形式，发展中国家和经济转型国家一般是采取收费的形式，但大多数国家则是既收税、又收费。在收税方面，有的是对开发者收税，例如，哥斯达黎加征收的木材采伐税；有的是对经营者收税，例如，木材贸易税、野生生物及其制品贸易税；有的是对将造成资源破坏的重大开发项目征收环境资源维护税；有的是征收自然资源建设税。

2. 自然资源档案制度

自然资源档案是对自然资源调查所获资料、成果按一定方式进行汇集、整理、立卷归档并集中保管的各种文件材料的总称。建立自然资源档案的目的是为了掌握自然资源的现状和变化，评定自然资源开发利用和保护管理效果，为编制自然资源规划，确定开发利用目标和保护管理措施提供可靠的依据。

自然资源档案制度则是法律对自然资源档案的种类、级别、适用对象、内容、范围、资料更新时间、查阅和借阅方法、保管技术和设施与设备、保管机构及其管理要求等所做的规定。它是自然资源档案的法律化。我国的一些自然资源法律、法规明确规定了档案制度，例如，《森林法》规定了森林资源档案制度，《野生动物保护法》规定了野生动物资源档案制度，《野生植物保护条例》规定了野生植物资源档案制度，《土地管理法》规定的土地管理信息系统是更加全面的土地资源档案。但是，目前我国还没有一项统一的自然资源档案立法，因此各类自然资源档案制度的要求极不一致。

3. 自然资源许可制度

自然资源许可制度，又称自然资源许可证制度，它是指在从事开发利用自然资源的活动之前，必须向有关管理机关提出申请，经审查批准，发给许可证后，方可进行该活动的一整套管理措施。它是自然资源行政许可的法律化，是自然资源保护管理机关进行自然资源保护监督管理的重要手段。

采用自然资源许可制度，可以把各种自然资源开发利用的活动纳入国家统一管理的轨道，并将其严格控制在国家规定的范围内。它有利于对开发利用自然资源的各种活动进行事先审查和控制，对不符合自然资源可持续发展的活动不予批准。同时它还有利于根据客观情况的变化和需要，对持证人规定限制条件和特殊要求，便于发证机关对持证人实行有效的监督和管理。

自然资源许可证，从其性质看，可分为三大类：一是资源开发许可证，例如林木采伐许可证、采矿许可证、捕捞许可证、采集证等；二是资源利用许可证，例如土地使用证、草原使用证、养殖使用证等；三是资源进出口许可证，例如野生动植物进出口许可证等。从表现形式看，有的叫许可证，有的叫证书或证明书等。

我国在自然资源保护管理中普遍实行了许可制度。在土地资源方面，有“土地使用权证”；在草原资源方面，有“草原使用权证”；在森林资源方面，有林木采伐许可证、木材运输证件；在矿产资源方面，有采矿许可证、勘查许可证；在渔业资源方面，有养殖使用证、捕捞许可证；在野生动物资源方面，有特许猎捕证、狩猎证、驯养繁殖许可证、允许进出口证明书；在水资源方面，有取水许可证等等。

第十五讲

诉讼法

第一节 诉讼法概述

一、诉讼法的概念和种类

诉讼，是指国家司法机关在当事人及其他诉讼参与人的参加下，依照法定程序处理案件的专门活动。诉讼法是国家司法机关在当事人及其他诉讼参与人的参加诉讼活动时必须遵循的法律规范的总称。诉讼法主要规定诉讼的基本原则、诉讼程序与制度、有权进行诉讼的国家机关的职责及它们的相互关系、诉讼参与人的诉讼权利与义务等。诉讼法也称为程序法。程序法是相对于实体法而言的，实体法是规定人们实体权利和义务的法律，是程序法存在的前提，而诉讼法是实体法实施的保障，实体法所规定权利义务要想得到顺利的实现，就必须依靠程序法；同时，要想使受到损害的法律关系得以修复、受侵害的权利得到救济，也必须通过诉讼。实体法和程序法两者是内容和形式的关系，缺一不可，相辅相成。西方有法谚云："正义先于真实，程序先于权利"，西方法律传统也认为"正义不仅应得到实现，而且要以人们看得见的方式加以实现。"这就是西方程序正义观念的最好注解，而看得见的正义就是指的程序正义。是程序决定了法治与恣意的人治之间的主要区别，程序具有自身存在的独立价值，诸多的实体结果在很大程度上依赖于公正的程序。

诉讼是解决社会矛盾和冲突的重要形式，诉讼请求权是宪法规定的公民权利的基本组成部分，在当事人的人身权、财产权受到不法侵害或者义务人不履行约定义务时，当事人可以通过自力救济以及平等协商、自行和解等形式，排除侵害、解决矛盾，维护自己的合法权益。但当矛盾和冲突不能通过双方协商方式解决时，就要通过行使诉讼权，由审判机关和其他执行诉讼职能的国家机关查明事实、明确责任，制裁违法行为，维护当事人的合法权益，使矛盾和冲突得以解决，这也就是我们所说的公力救济。由于诉讼是由国家审判机关依法进行审理和裁判，最具有权威性，而且裁判发生法律效力后以国家强制力保证其实施，所以，诉讼是解决矛盾和冲突，维护当事人的合法权益的最有效手段。

按照处理案件的性质不同，诉讼可以分为民事诉讼、刑事诉讼和行政诉讼。相应地，我国现行程序法也分为三大类，即民事诉讼法、刑事诉讼法和行政诉讼法。刑事诉讼法是公安机关、人民检察院和人民法院在当事人及其他诉讼参与人的参加下，依法处理刑事案件即依法揭露犯罪、证实犯罪和惩罚犯罪的活动。民事诉讼法是人民法院在当事人及其他诉讼参与人的参加下，审理和解决民事、经济纠纷案件的活动。行政诉讼法是人民法院在当事人及其他诉讼参与人的参加下，审理国家行政机关所做的具体行政行为是否合法的活动。它们共同构成了法律体系当中的诉讼法门类。

二、诉讼法的原则

诉讼法的基本原则是以《宪法》为根据，从我国社会主义初级阶段的实际情况出发，按照社会主义法治的要求，结合诉讼法的特点确定的，可分为共有原则和特有原则。

我国三大诉讼法共有的原则和制度有：人民法院独立行使审判权原则；以事实为依据，以法律为准绳原则；公民在适用法律上一律平等原则；两审终审、公开审判原则和合议、回避制度；使用本民族语言文字进行诉讼以及人民检察院对诉讼活动实行法律监督等原则。

诉讼法的特有原则是指在民事诉讼法、刑事诉讼法、行政诉讼法中各自适用的原则。具体见以下章节中的相关介绍。

第二节 民事诉讼法

一、民事诉讼法的概念

所谓民事诉讼法，是指由国家制定的规定人民法院、当事人及当事人之外的所有诉讼参与人进行民事诉讼活动和执行活动的法律规范。民事诉讼法既是人民法院处理、解决民事案件的操作规程，又是当事人起诉、应诉，进行诉讼和申请执行的行为准则，也是除当事人之外的所有诉讼参与人必须遵循的法律规范。

民事诉讼法既有诉讼法共有的基本原则，又具有特有的原则，如我国民事诉讼法的特有原则，如：

1. 当事人诉讼权利平等原则。其含义是民事诉讼当事人有平等的诉讼权利，人民法院应当保障和便利当事人行使诉讼权利，对当事人在适用法律上一律平等。

2. 辩论原则。其含义是双方当事人都可行使自己的辩证权，通过辩论，证明事实，维护自己的主张，人民法院通过当事人的辩证，核实证据，查明案件事实，作出正确裁判。

3. 法院调解自愿和合法原则。其含义是案件在一审、二审和再审中，能够进行调解的，都可以进行调解，调解必须双方当事人自愿，调解协议的内容必须合法。

4. 处分原则。是指民事诉讼当事人有权在法律规定的范围内，处分自己的民事权利和民事诉讼权利。

5. 人民检察院监督民事诉讼的原则。人民检察院对民事审判活动实行监督的内容有：监督审判人员贪赃枉法、徇私舞弊等违法行为；对人民法院作出生效判决、裁定是否正确合法进行监督。

6. 支持起诉原则。这是指机关、团体、企业事业单位对损害国家、集体或个人民事权利的行为，支持受害者起诉的诉讼原则。

7. 人民调解原则。其含义是提倡通过人民调解委员会调处民事纠纷。

二、民事诉讼中的管辖

民事诉讼中的管辖，是指各级法院之间和同级法院之间受理第一审民事案件的分工和权限。它是在法院内部具体确定特定的民事案件由哪个法院行使民事审判权的一项制度。我国的法院有四级，除最高人民法院外，每一级都有许多个，因此，在解决了某一纠纷属于法院民事诉讼受案范围的问题后，接着就需要对属于法院民事诉讼受案范围的纠纷做进一步划分，将它们具体分配到各个法院。

（一）级别管辖

级别管辖是指按照人民法院组织系统，划分上下级人民法院之间受理第一审民事案件的分工和权限。确定级别管辖是明确案件管辖权的先决条件。我国《民事诉讼法》规定，基层人民法院管辖第一审民事案件，但本法另有规定的除外。中级人民法院管辖的第一审民事案件有三种类型，即重大涉外案件、在本辖区有重大影响的案件和最高人民法院确定由中级人民法院管辖的案件。高级人民法院管辖本辖区有重大影响的第一审民事案件。最高人民法院管辖两类案件：一是全国有重大影响的案件，二是最高人民法院认为应当由本院审理的案件。

（二）地域管辖

地域管辖即确定同级人民法院之间在各自的区域受理第一审民事案件的分工和权限。级别管辖是地域管辖的前提，地域管辖是级别管辖的条件。级别管辖是从纵向来确定各级人民法院对案件的管辖权限，它所解决的是案件由哪一级人民法院作为第一审法院；而地域管辖则是从横向来确定同级人民法院之间对案件的管辖权限，它所解决的是案件由哪个地方的法院作为第一审法院。

(1) 一般地域管辖。它是根据当事人所在地与法院辖区的关系确定案件管辖法院的。通常用“原告就被告”的原则来确定管辖法院。这是因为：当事人双方争议的法律关系多数发生在被告住所地、经常居住地，实行原告就被告的原则，便于人民法院收集、核实证据，迅速查明案情，及时正确处理案件；便于传唤和促使被告参加诉讼；便于采取财产保全措施和判决、裁定书的执行；也可以在一定程度上防止原告滥用诉权而使被告遭受损失。但是，《民事诉讼法》还规定了部分特殊情况的诉讼，由原告住所地人民法院管辖，主要有对不在中华人民共和国领域内居住的人提起的有关身份关系的诉讼、对下落不明或者宣告失踪的人提起的有关身份关系的诉讼、对被劳动教养的人提起的诉讼、对被监禁的人提起的诉讼，以上诉讼住所地与经常居住地不一样的，由其经常居住地人民法院管辖。

（2）特殊地域管辖。特殊地域管辖，是以诉讼标的所在地或者引起民事法律关系发生、变更、消灭的法律事实所在地为标准确定的管辖。《民事诉讼法》规定，适用特殊地域管辖的诉讼有 9 类。

（3）专属管辖。专属管辖是根据案件的特殊性，法律规定它们只能由特定人民法院管辖，其他人民法院无权管辖，当事人也不得以书面协议变更管辖。国内专属管辖包括以下四种：① 因不动产纠纷提起的诉讼，由不动产所在地人民法院管辖；② 因港口作业发生纠纷提起的诉讼，由港口所在地人民法院管辖；③ 因继承遗产纠纷提起的诉讼，由被继承人死亡时住所地或者主要遗产所在地人民法院管辖。涉外专属管辖包括以下三种：① 涉外不动产案件；② 涉外港口作业纠纷案件；③ 涉外遗产继承案件；④ 因在中华人民共和国履行中外合资经营企业合同、中外合作经营企业合同、中外合作勘探开发自然资源合同发生纠纷提起的诉讼。

3. 移送管辖

移送管辖是指对案件没有管辖权的人民法院，将其已经受理的案件移送给有管辖权的人民法院审理。移送管辖必须具备以下三个条件：① 移送的案件必须是人民法院已经受理的案件；② 移送的法院对本案没有管辖权；③ 受移送的人民法院对该案有管辖权。移送管辖具有一次性适用的特点。

4. 指定管辖

指定管辖是指上级人民法院依照法律规定，将具体案件指定某一下级人民法院行使管辖权。《民事诉讼法》规定了指定管辖的两种情况：① 有管辖权的人民法院由于特殊原因，不能行使管辖权的，由其上级人民法院指定另一下级人民法院行使管辖权；② 两个以上人民法院对案件的管辖权发生争议，不能自行协商解决的，由他们共同的上级人民法院指定管辖。

三、民事诉讼参加人

民事诉讼参加人是指依法参加民事诉讼享有民事诉讼权利承担民事诉讼义务的人，包括当事人和诉讼代理人。

1. 当事人的概念和特征

民事诉讼中的当事人，是指因民事权利义务发生争执或受到侵害，以自己的名义进行诉讼并受人民法院的裁判或者调解书约束的人。其特征是：① 以自己的名义进行诉讼。② 与案件有法律上的利害关系。③ 人民法院的裁判、调解书一旦生效，就具有了法律效力，当事人必须履行。民事诉讼中的当事人，可以是公民，也可以是法人或者其他组织。

2. 原告与被告

原告是指因民事权益发生争议或受到侵害，向人民法院起诉要求保护其合法权益的公民、法人或其他组织。被告是指与原告发生民事权益争议或被指控侵害他人民事权益，并被人民法院通知应诉的公民、法人或其他组织。

3. 共同诉讼人、诉讼代表人和第三人

民事诉讼中的共同诉讼人，是指当事人的一方或者双方为二人以上，诉讼标的是共同的或者是同一种类的，在办案过程中合并审理的诉讼。原告为二人以上的，称为共同原告；被告为二人以上的称为共同被告。二人以上的一方或双方当事人总称为共同诉讼人。

诉讼代表人，是指众多当事人的一方推选出的代表，为维护本方的利益而进行诉讼活动的人。诉讼代表人代表本方当事人进行诉讼，而不同于法定代表人和诉讼代理人。

民事诉讼中的第三人，是指对他人之间的诉讼标的有独立的请求权，或者虽没有独立的请求权，但与诉讼结果有法律上的利害关系，因而参加到他人已经开始的民事诉讼中来，以维护自身合法权益的人。对别人争议的诉讼标的具有全部或部分独立请求权的人，叫做有独立请求权的第三人；对他人之间争议的诉讼标的不具有独立请求权，但案件的处理结果与其有法律上的利害关系的人，称为无独立请求权的第三人。

4. 诉讼代理人

诉讼代理人是指在法律规定、法院指定或者当事人授权范围内，以该当事人的名义代理当事人进行民事诉讼行为并维护当事人利益的人。

诉讼代理根据其代理权产生的原因不同可分为法定代理、指定代理、委托代理三种，与之相适应，诉讼代理人也有法定代理人、指定代理人、委托代理人三种。

民事诉讼的法定代理人，是指依据法律的规定直接行使代理权的人。如未成年人以其父母为法定代理人；精神病人以其父母、配偶、成年子女为其法定代理人。诉讼中的指定代理，是法定代理制度的一种补充，是指在无诉讼行为能力人没有法定代理人，或者虽有法定代理人但不能行使代理权时，为保护无诉讼行为能力人的合法权益，而由人民法院指定他人为之代理的制度。委托代理人是指依据被代理人或其法定代理人的委托在授权范围内行使代理权的人。

四、民事诉讼中证据

1. 民事诉讼中证据的概念与分类

民事诉讼中的证据，是指能够证明民事案件真实情况的客观事实材料。它具有客观真实性、关联性和合法性的特点。《民事诉讼法》规定的几种证据是：

(1) 书证。以书面文字、符号、图案等内容和涵义来证明民事案件事实的证据叫做书证。

(2) 物证。物证是指以外部特征、物质属性、所处位置以及状态证明案件情况的实物或痕迹。

(3) 视听资料。视听资料是指以录音、录像以及电子计算机储存的数字或材料等来证明案件事实是否存在的一种证据。

(4) 证人证言。证人是指知晓案件事实并应当事人的要求和法院的传唤到法庭作证的人，证人就案件事实向法院所做的陈述称为证人证言。

(5) 当事人陈述。当事人在民事诉讼中，对案件事实情况所做的叙述叫作当事人陈述。

(6) 鉴定结论。是指鉴定部门运用专门知识对当事人和人民法院提出的专门性问题进行研究后作出的书面结论。

(7) 勘验笔录。是指人民法院指派的勘验人员对案件的诉讼标的物和有关证据，经过现场勘验、调查所做的记录。

2. 证明对象与举证责任

证明，是指诉讼参加人为证明案件的真实情况，提供和运用证据时所进行的诉讼活动。证明对象是指在民事诉讼中必须证明的事实，即民事案件争执的事实，侵权的事实，民事法律关系发生、变更和消灭的事实等等，凡是需要加以证明的事实，通称证明对象。

在民事诉讼中，对自己所主张的事实，提供证据加以证明的责任叫举证责任。提供证据是当事人的一项重要诉讼权利，从查清案件事实的角度来说，它又是当事人义不容辞的义务。民事诉讼中的举证责任由当事人承担，即坚持谁主张权利谁提供证据的原则。

3. 证据保全

证据保全是指在证据可能灭失或者以后难以取得的情况下，人民法院决定或应当事人申请，对证据加以固定或保护的制度。

五、财产保全和先予执行

（一）财产保全

财产保全，是指人民法院在利害关系人起诉前或者当事人起诉后，为保障将来的生效判决能够得到执行或者避免财产遭受损失，对当事人的财产或者争议的标的物采取限制当事人处分的强制措施。根据《民事诉讼法》的规定，财产保全分为诉前财产保全和诉讼财产保全。

1. 诉前财产保全

诉前财产保全是指在起诉前，利害关系人的合法权益面临紧急情况，需要采取保护性的措施，使其合法权益免受难以弥补的损害，人民法院批准利害关系人的申请，采取财产保全措施。

2. 诉讼财产保全

诉讼财产保全，是指受诉人民法院于办案过程中，可能因一方当事人的行为或者其他能使人民法院的判决不能执行或者难以执行的，可以根据他方当事人的申请或者依职权对争议的财产或一方当事人持有的财产采取保全措施，限制该当事人实施某种行为或令其实施一定行为，以防止有碍于判决执行的行为或事由发生，保证判决的执行。

财产保全的范围，限于申请人的请求，或者与本案有关的财物。保全财产的价值相当于权利请求或诉讼请求的价额或金额，不能大于权利请求或诉讼请求的价额或金额。对与本案无关的财物不能保全，大于请求价额或金额部分不应保全。

（二）先予执行

先予执行，是指人民法院对一定范围内的给付之诉，在作出判决之前，裁定一方当事人履行一定的义务，并立即执行，以保障当事人合法权益的特殊的诉讼制度。《民事诉讼法》第106条规定人民法院对于下列案件，根据当事人的申请，可以裁定先予执行：（1）追索赡养费、扶养费、抚育费、抚恤金、医疗费用的；（2）追索劳动报酬的；（3）因情况紧急需要先予执行的。

人民法院裁定先予执行的，应当符合下列条件：（1）当事人之间权利义务关系明确，不先予执行将严重影响申请人的生活或者生产经营的；（2）被申请人有履行能力。人民法院可以责令申请人提供担保，申请人不提供担保的，驳回申请。申请人败诉的，应当赔偿被申请人因先予执行遭受的财产损失。

六、强制措施

民事诉讼中的强制措施，是指人民法院在民事诉讼中，为了制止和排除诉讼参与人或案外人对民事诉讼的妨害，维护正常的诉讼秩序，保证审判和执行活动的顺利进行，而依法对妨害人所采取的各种强制手段的总称。我国《民事诉讼法》规定的强制措施有以下5种：

1. 拘传

拘传，是指人民法院派出司法警察依法强制有关诉讼参加人到庭诉讼的措施。根据《民事诉讼法》第100条规定，人民法院对必须到庭的被告，经两次传票传唤，无正当理由拒不到庭的可以拘传。根据审判实践的需要，最高人民法院规定：给国家、集体或他人造成损害的未成年人的法定代理人，如其必须到庭，经两次传票传唤无正当理由拒不到庭的，也可以适用拘传。

2. 训诫

训诫，是以批评教育的方式指出行为人行为的违法之处，并责令加以改正或不得再犯的措施。训诫的强制性较弱，因此仅适用于违反法庭规则且情节显著轻微的妨害民事诉讼的行为。

3. 责令退出法庭

责令退出法庭，是对于违反法庭规则的人，由司法警察强制其离开法庭，以防止妨害行为继续进行的措施。责令退出法庭的强制力度重于训诫而轻于罚款、拘留，适用于违反法庭规则，情节不轻微但尚不需适用罚款、拘留的妨害民事诉讼的行为。

4. 罚款

罚款，是依法责令妨害民事诉讼者缴纳一定数额的金钱，以便以此约束行为人并防止妨害行为继续发生的强制措施。罚款的强制力度重于训诫和责令退出法庭，但轻于拘留。因此，罚款的适用范围较广。根据规定，对个人的罚款金额为人民币1 000元以下，对单位的罚款金额为人民币1 000元以上3万元以下。

5. 拘留

拘留是指依法在一定期间内限制行为人的人身自由，以防止其继续实施妨害民事诉讼的行为的强制措施，它是对妨害民事诉讼者实施的强制措施中最严厉的一种。

七、审判程序

（一）第一审程序

第一审程序是第一审人民法院审理民事案件的审判程序，包括普通程序和简易程序。

1. 普通程序

第一审普通程序，是指人民法院审理第一审民事案件通常适用的程序。它是民事诉讼的基础程序，具有广泛的适用性。第一审普通程序包括：起诉和受理、审理前的准备、开庭审理、撤诉、缺席判决、延期审理、诉讼中止和终结、法院裁判等程序。

2. 简易程序

简易程序是指基层人民法院和它派出的法庭审理简单的民事案件所适用的程序。它是普通程序的简化，是第一审程序中的一种独立的、简便易行的诉讼程序。

（二）第二审程序

第二审程序又称上诉审程序，是指当事人不服第一审人民法院所做的未发生法律效力的判决和裁定，提起上诉，第二审人民法院依法对案件进行审理的程序。第二审程序是基于当事人的上诉而发生的。根据《民事诉讼法》规定，当事人上诉应具备以下条件：（1）要有合格的上诉人，即上诉人必须是受一审裁判拘束的利害人。（2）上诉的客体必须是依法允许上诉的法院裁判。（3）必须在法定期限内提出上诉。不服一审判决上诉的期限为 15 日，不服二审裁定上诉的期限为 10 日，均从当事人接到人民法院裁判文书的次日起算。（4）上诉状必须采取书面形式。案件经二审人民法院审理后为终审裁判。

经过审理后，对不同情况作出相应的不同处理：（1）对原判事实清楚，法律适用恰当，上诉请求不能成立的，驳回上诉，维持原判。（2）对一审法院的判决事实清楚，但适用法律有错误的，依法改判；对一审法院判决认定事实错误，或者认定事实不清，证据不足者，二审法院在查清事实后也可依法改判。（3）对原判认定事实错误或者认定事实不清，证据不足的，一般发回原审人民法院重审。

第二审人民法院作出的判决和裁定是终审的判决和裁定，立即发生法律效力，当事人不得再上诉，必须按照裁判内容切实履行。

（三）特别程序

特别程序是人民法院审理法律规定的非民事权益争议的特殊案件所适用的程序。

特别程序主要适用于四类案件：（1）选民资格案件；（2）宣告失踪、宣告死亡案件；（3）认定公民无民事行为能力、限制民事行为能力案件；（4）认定财产无主案件。

人民法院适用特别程序审理案件，实行一审终审。除选民资格案件或重大疑难案件组成合议庭审理外，其他案件均由审判员一人独任审理。

（四）审判监督程序

审判监督程序又称再审程序，是指人民法院对已经发生法律效力而又确实有错误的判决、裁定、调解书，依照法律规定对案件再次进行审理的程序。审判监督程序不是独立的审级，它既可能按第一审程序进行，也可以按第二审程序进行审理。

（五）督促程序

督促程序，是指人民法院根据债权人的申请，以支付令的形式，催促债务人限期履行义务的特别程序。

（六）公示催告程序

公示催告程序，是指人民法院根据当事人的申请，以公告的方法，告知并催促相关利害关系人在指定期内向人民法院申报权利，如不申报权利，依法作出宣告票据或其他事项无效的程序。

（七）破产还债程序

破产还债程序，是指债务人不能清偿到期债务，法院受理当事人的申请，将债务人的财产公平分配给债权人的特定的审理程序。

第三节　刑事诉讼法

一、刑事诉讼法的概念和原则

刑事诉讼法是规定人民法院、人民检察院、公安机关处理刑事案件程序的法律规范的总称。刑事诉讼法的特有原则是：人民法院、人民检察院和公安机关依法行使职权的原则；公、检、法三机关分工负责、互相配合、互相制约的原则；

犯罪嫌疑人、被告人有权获得辩护的原则；人民法院依法独立行使审判权，人民检察院依法独立行使检察权原则；未经人民法院依法判决，对任何人不得确定有罪的原则；不应追究刑事责任不予追究原则。

二、刑事诉讼管辖

刑事诉讼中的管辖，是指司法机关在刑事案件受理范围上的分工。它所解决的问题是公安机关、人民检察院、人民法院在直接受理刑事案件上的分工，以及人民法院在审判第一审刑事案件上的分工。刑事诉讼中的管辖可以分为职能管辖和审判管辖。

（一）职能管辖

刑事诉讼职能管辖，又称部门管辖或者立案管辖，是指公安机关、人民检察院和人民法院之间立案受理刑事案件上的分工。我国《刑事诉讼法》对公、检、法三机关的职能管辖做了明确的规定，但是在实际执行过程中，有时仍会出现职能管辖交叉的问题。确定立案管辖的主要依据是使这些机关所受理的案件与它们各自的职能相适应，以解决某一刑事案件归哪个机关立案的问题。

1. 人民法院直接受理的案件

自诉案件由人民法院直接受理。自诉案件包括：（1）告诉才处理的案件；（2）被害人有证据证明的轻微刑事案件；（3）被害人有证据证明对被告人侵犯自己人身、财产权利的行为应当依法追究刑事责任，而公安机关或人民检察院不予追究被告人刑事责任的案件。

2. 人民检察院直接受理的案件

人民检察院的立案管辖范围为：贪污贿赂罪，国家工作人员的渎职犯罪，国家机关工作人员利用职权实施的非法拘禁、刑讯逼供、报复陷害、非法搜查侵犯公民人身权利的犯罪以及侵犯公民民主权利的犯罪。对于国家机关工作人员利用职权实施的其他重大的犯罪案件，需要由人民检察院直接受理的时候，经省级以上人民检察院决定，可以由人民检察院立案侦查。

3. 国家安全机关管辖的危害国家安全案件

由安全机关管辖的犯罪案件有：颠覆政权、分裂国家罪；间谍罪；窃取、刺探、收买、非法提供国家秘密罪；投敌叛变罪；资助危害国家安全犯罪活动罪等进行其他危害国家安全的犯罪活动。除法律另有规定的外，刑事案件的侦查由公安机关进行。

（二）审判管辖

审判管辖是指在职能管辖的基础上，各级人民法院之间、同级法院之间以及地方人民法院与专门人民法院之间，依据各自的审判权限对审判第一审刑事案件的分工受理，包括级别管辖、地域管辖和专门管辖。

1. 级别管辖

级别管辖是指各级人民法院之间在审判第一审刑事案件权限上的分工，它所解决的问题是哪些案件应由哪一级人民法院进行第一审审判。

《刑事诉讼法》规定，基层人民法院管辖第一审普通刑事案件，但是依照《刑事诉讼法》由上级人民法院管辖的除外。中级人民法院管辖危害国家安全案件；可能判处无期徒刑的普通刑事案件；外国人犯罪的刑事案件。高级人民法院管辖全省（自治区、直辖市）性及全国性的重大刑事案件。同时，上级人民法院在必要的时候，可以审判下级人民法院管辖的第一审刑事案件；下级人民法院认为案情重大、复杂需要由上级人民法院审判的第一审刑事案件，可以请求移送上级人民法院审理。

2. 地域管辖

地域管辖是指同级人民法院之间对第一审刑事案件的审判权限上的分工。它所解决的问题是某一刑事案件应由同级中哪个地区的人民法院进行第一审审判。

《刑事诉讼法》规定，刑事案件由犯罪地的人民法院管辖。如果由被告人居住地的人民法院审判更为适宜的，可以由被告人居住地的人民法院管辖。如果几个同级人民法院都有权管辖的案件，由最初受理的人民法院审判，在必要的时候，可以移送主要犯罪地的人民法院审判。

3. 专门管辖

专门管辖是指各种专门人民法院在审判第一审刑事案件的范围上的分工。我国专门人民法院包括军事法院、铁路运输法院等。

三、刑事诉讼参与人

刑事诉讼参与人，是指在刑事诉讼活动中除侦查、检察、审判机关工作人员以外参加刑事诉讼活动，依法享有一定的诉讼权利，承担一定的诉讼义务的人员。根据《刑事诉讼法》的规定，刑事诉讼参与人主要包括当事人、法定代理人、诉讼代理人、辩护人、证人、鉴定人和翻译人员。依据诉讼参与人同案件的利害关系不同，可以将诉讼参与人分为当事人和其他诉讼参与人两类。

1. 当事人

当事人是指与案件的结局有直接利害关系的人，包括被害人、自诉人、犯罪嫌疑人、被告人、附带民事诉讼的原告人和被告人。被害人是指公诉案件的被害人，是其合法财产、人身、民主和其他权利遭受犯罪行为直接侵害的人。自诉人是依照法律的规定直接向人民法院提起刑事诉讼的人。《刑事诉讼法》以提起公诉为标志，把在人民检察院正式提起公诉以前受刑事追诉者统称为犯罪嫌疑人，并赋予当事人的诉讼地位。在人民检察院向人民法院提起公诉或者自诉案件的自诉人提起自诉以后，受刑事追诉者称为被告人。附带民事诉讼的原告人是指因犯罪人的犯罪行为而直接遭受经济损失，在刑事诉讼过程中提出赔偿请求的人。附带民事诉讼的被告人，是指对犯罪行为所造成的经济损失负赔偿责任，并被要求赔偿的人。

2. 法定代理人

法定代理人是依据法律规定对被代理人负有保护责任的人。根据《刑事诉讼法》的规定，被代理人的父母、养父母、监护人和负有保护责任的机关、团体的代表可以作为法定代理人。

3. 辩护人

辩护人是指受犯罪嫌疑人、被告人委托或由人民法院指定，为犯罪嫌疑人、被告人辩护的人。

4. 证人、鉴定人、翻译人员

证人是指除当事人以外，向司法机关提供自己所了解的案件情况的诉讼参与人。鉴定人是指接受司法机关的指派或聘请，运用自己的专门知识和技能对案件事实的某些专门性问题提出书面鉴定意见的诉讼参与人。翻译人员是指接受司法机关的指派或聘请，在诉讼中进行语言、文字（包括聋哑手势和盲文）翻译工作的诉讼参与人。翻译人员必须是与案件没有利害关系的人。

四、刑事诉讼中的证据

1. 证据的概念和种类

刑事诉讼证据，是指以法律规定的形式表现出来的能够证明案件真实情况的一切事实。根据《刑事诉讼法》规定，我国刑事证据有以下类别：

(1) 书证和物证。书证是指以其文字记载的内容来证明案件真实情况的证据。物证是指能够证明案件真实情况的物品和痕迹。

(2) 证人证言。是指了解案件真实情况的人，就其直接或间接了解到的事实向侦查、检察、审判人员所做的口头或书面陈述。

(3) 被害人陈述。是指直接受到犯罪行为侵害的人就犯罪事实、犯罪分子的情况以及与处理案件有关的情况，向侦查、检察、审判人员所做的口头或书面陈述。

(4) 犯罪嫌疑人、被告人的供述和辩解。是指犯罪嫌疑人、被告人向司法机关供认或否认指控犯罪的事实所做的陈述，即自供。

（5）鉴定结论。又叫鉴定人意见，指司法机关在刑事诉讼中指派、聘请具有专门知识或技术的人就案件中有关专门性问题进行鉴定所做的书面结论。

（6）勘验、检查笔录。是指侦查、审判人员对与犯罪有关的场所、物品、尸体和人身进行勘验、检查所做的实况记录。

（7）视听资料。是指以录音录像设备所反映的声音和形象，电子计算机储存的资料以及其他科技设备与手段所提供的有关案件的信息。

2. 证明责任

证明责任是指公安、检察机关、当事人承担收集、提供证据证明案件有关事实的责任，若此责任未能履行，其主体将承担其主张不能认定之危险或承担不利的裁判后果，如果法院未尽用证据证明案件事实的责任，则承担其裁判被撤销的后果。

3. 质证

质证是指在审判长主持下，对于证人证言等法定证据，在法庭上经过公诉人、被害人和被告人、辩护人双方对其来源是否客观、真实等情况进行发问、质询，以辨明真伪，判定能否作为定案依据的审查判断证据的诉讼过程。

五、强制措施

1. 强制措施的概念

强制措施是公安机关、人民检察院、人民法院为了保证侦查和审判工作的顺利进行，防止犯罪嫌疑人、被告人继续危害社会，依法对他们的人身自由加以限制的一种强制方法。

2. 强制措施的种类

我国《刑事诉讼法》规定的强制措施有五种，即拘传、取保候审、监视居住、拘留和逮捕。

（1）拘传。是指人民法院、人民检察院和公安机关对未被羁押的犯罪嫌疑人、被告人经合法传唤无正当理由而拒不到案的，强制其到案接受讯问的一种强制方法，是强制措施中最轻的一种，公、检、法都有权适用。

（2）取保候审。是指公安机关责令犯罪嫌疑人、被告人提出保证或交纳保证金，并出具保证书，保证其不逃避或不妨碍侦查、起诉和审判，并随传随到候审不误的一种强制措施。

（3）监视居住。是指人民法院、人民检察院、公安机关将犯罪嫌疑人、被告人限制在住所或指定区域，并对其行动自由进行监视的强制方法。

(4) 拘留。是指公安机关、国家安全机关和人民检察院在侦查过程中，对于现行犯或重大犯罪嫌疑分子，由于情况紧急，依法对其采用的临时限制其人身自由的一种强制措施。

(5) 逮捕。是指公安司法机关在刑事诉讼中，依法将犯罪嫌疑人、被告人予以羁押，暂时剥夺其人身自由的一种强制措施。逮捕是强制措施中最为严厉的一种，政策性很强，运用得当，就能有效地打击敌人，惩罚犯罪；运用不当，就会发生错捕，造成对公民人身权利、民主权利的侵害，以致伤害无辜，所以适用时，要坚持严肃与谨慎原则，严格依照法律规定的程序办事。

《刑事诉讼法》规定了逮捕的条件，即犯罪事实有证据证明；可能判处徒刑以上；采取取保候审、监视居住等方法尚不足以防止发生社会危险而有逮捕必要的。

六、附带民事诉讼

刑事诉讼附带民事诉讼，指人民法院、人民检察院在当事人及其他诉讼参与人的参加下，在依法追究被告人刑事责任的同时，附带解决由于被告人的犯罪行为而使被害人遭受物质损失的赔偿问题所进行的诉讼活动。刑事诉讼附带民事诉讼在本质上是具有民事诉讼特征的经济损害赔偿，属于民事诉讼，但它又是不同于一般的民事诉讼的损害赔偿。刑事诉讼附带民事诉讼是由犯罪行为引起的，是在刑事诉讼过程中提起并且同刑事案件一并解决的，其成立与解决都依附于刑事诉讼，和刑事诉讼紧密联系，不可分割，因此刑事诉讼附带民事诉讼是一种依附于刑事诉讼的特殊的民事诉讼。

根据《刑事诉讼法》的规定和刑事诉讼附带民事诉讼的特点，刑事诉讼附带民事诉讼的成立必须具备以下条件：(1) 刑事诉讼附带民事诉讼的提起必须以刑事案件成立为前提；(2) 必须是犯罪行为给被害人造成了物质损失；(3) 被害人的物质损失必须是被告人的犯罪行为直接造成的；(4) 刑事诉讼附带民事诉讼必须是在刑事诉讼过程中提起。

七、刑事诉讼程序

(一) 立案、侦查

立案是指公安机关、人民检察院、人民法院对控告、检举和犯罪实施者的自首，以及在自己工作中直接获得的案件材料，按照管辖范围进行审查，认为确有犯罪事实存在，并且依法需要追究刑事责任的时候，决定作为刑事案件进行侦查或审理的一种诉讼活动。侦查是指公安机关、人民检察院在办理案件过程中，依照法律进行的专门调查工作和有关的强制措施。

侦查工作的特定任务是：（1）收集证据；（2）查明犯罪事实，确定犯罪人；（3）制止和预防犯罪。

（二）提起公诉

公诉是指人民检察院代表国家对犯罪嫌疑人向人民法院提起的诉讼。无论是人民检察院自行侦查终结的案件，还是公安机关移送的案件，人民检察院决定提起公诉，必须同时具备三个条件：（1）认为犯罪嫌疑人的犯罪事实已经查情。（2）证据必须确实、充分。（3）犯罪嫌疑人依法应当追究刑事责任。

但是，人民检察院也有权对犯罪事实清楚，已经触犯刑法，构成犯罪，但具有不需要判处刑罚或免除刑罚的条件的犯罪嫌疑人作出不起诉的决定，体现出对犯罪嫌疑人的从宽处理。

（三）审判

1. 审判组织

审判组织是指人民法院审判案件的组织形式。我国《刑事诉讼法》规定人民法院审判案件的组织形式有三种，即独任制、合议庭和审判委员会。

2. 一审程序

一审程序是指人民法院对刑事案件进行初级审理的程序。它是刑事诉讼的基本程序。

（1）公诉案件。公诉案件即由检察机关代表国家提起诉讼的案件，是与自诉案件相对而言的。人民检察院提起公诉后，人民法院进行审查。除对涉及国家秘密和个人隐私、未成年人犯罪案件不公开审理外，其余均应公开审理。

（2）自诉案件。自诉案件是指被害人或者他的法定代理人向人民法院起诉，由人民法院直接受理的轻微刑事案件。自诉案件包括告诉才处理的案件；被害人有证据证明的轻微刑事案件；被害人有证据证明对被告人侵犯自己人身、财产权利的行为应当依法追究刑事责任，公安机关或者人民检察院不予追究被告人刑事责任的案件。人民法院对自诉案件审查后，对犯罪事实清楚，有足够证据的案件，应当开庭审判；对缺乏罪证的自诉案件，如果自诉人提不出补充证据，应当说服自诉人撤回自诉，或者裁定驳回。

简易程序是相对于普通程序而言的，它是人民法院在审理某些事实清楚、情节简单、犯罪轻微的刑事案件时，简化和省略了其中某些环节的审判程序。简易程序只能适用于法定最高刑为 3 年以下有期徒刑、拘役、管制、单处罚金的案件；告诉才处理的案件；被害人自诉的轻微刑事案件。

3. 二审程序

二审程序又称上诉审程序或终审程序，是指二审人民法院针对当事人的上诉或人民检察院的抗诉，对第一审未生效的判决和裁定进行再次审理的诉讼程序。当事人提出上诉和检察院提出抗诉都必须遵守一定的程序，包括上诉、抗诉的期限、途径、方式、理由等。刑事诉讼法规定二审案件有两种审理方式，即开庭审理和不开庭审理，无论是哪一种形式的审理，第一审人民法院对不服第一审判决的上诉、抗诉案件，经过审理后应当按照下列情形分别处理：

（1）原判决认定事实和适用法律正确，量刑适当的，应当裁定驳回上诉或者抗诉，维持原判。

（2）原判决认定事实没有错误，但适用法律有错误或者量刑不当的应当改判。

（3）原判决事实不清楚或者证据不足的，可以在查清事实后改判，也可以裁定撤销原判，发回原审人民法院重新审判。

第二审的判决、裁定和最高人民法院的判决、裁定，都是终审的判决、裁定。

4. 死刑复核程序

死刑复核程序只适用于死刑案件的特殊诉讼程序。刑事诉讼法规定，死刑由最高人民法院核准。中级人民法院判处死刑缓期二年执行的案件，由高级人民法院核准。

最高人民法院复核死刑案件，高级人民法院复核死刑缓期执行的案件，应当由审判员三人组成合议庭进行。最高人民法院复核死刑案件，应当作出核准或者不核准死刑的裁定。对于不核准死刑的，最高人民法院可以发回重新审判或者予以改判。最高人民法院复核死刑案件，应当讯问被告人，辩护律师提出要求的，应当听取辩护律师的意见。

5. 审判监督程序

审判监督程序是指人民法院、人民检察院发现已经发生法律效力的判决、裁定在认定事实和适用法律上确有错误，依法提出重新审理的诉讼程序。根据《刑事诉讼法》规定，提起审判监督程序的原因是：认定事实或适用法律确有错误；审判人员审理过程中有贪污受贿、徇私舞弊、枉法裁判行为。

提起审判监督程序的主体有：（1）已经发生法律效力的判决、裁定的原审人民法院审判委员会。（2）最高人民法院，对地方各级人民法院已经发生法律效力的判决、裁定，上级人民法院对下级人民法院的已经发生法律效力的判决、裁定确有错误，有权提审或指令下级人民法院再审。（3）最高人民检察院，对各级人民法院，上级人民检察院对下级人民法院的已经发生法律效力的判决、裁定，如果发现确有错误，有权按照审判监督程序向同级人民法院提起抗诉。

人民法院按照审判监督程序重新审判的案件，应当另行组成合议庭进行。如果原来是第一审案件，应当依照第一审程序进行审判，所做的判决、裁定可以上诉、抗诉；如果原来是第二审案件，或者是上级人民法院提审的案件，应当依据第二审程序进行审判，所做的判决、裁定是终审判决、裁定。

6. 执行程序

执行程序是指依法将生效判决、裁定交付给执行机关执行的程序。在我国，交付的机关是人民法院，执行的机关有人民法院、罪犯改造机关和公安机关。

第四节　行政诉讼法

一、行政诉讼法的概念和特有原则

行政诉讼是指公民、法人或者其他组织不服行政机关的具体行政行为，依法起诉，人民法院依法审理的活动。《行政诉讼法》是为了规范和保障人民法院能够正确、及时地审理行政案件，保护公民、法人和其他组织的合法权益，维护和监督行政机关依法行使行政职权，从而根据《宪法》的规定制定的一部程序性法律。

二、行政诉讼的受案范围

行政诉讼的受案范围是指人民法院受理行政争议的范围。公民、法人或者其他组织发生行政争议时，并不是所有的行政争议都能起诉到法院，可向法院提起诉讼的行政争议范围就是行政诉讼的受案范围。一般包括以下几类：（1）公民、法人或者其他组织对行政处罚不服的行政案件。（2）公民、法人或者其他组织对行政强制措施不服的行政案件。（3）公民、法人或者其他组织认为行政机关侵犯其权利和不履行行政机关应履行职责的。（4）公民、法人或者其他组织认为行政机关侵犯自己的其他人身权、财产权的行政案件。（5）法律、法规规定的其他行政案件。

人民法院不受理公民、法人或其他组织对下列事项不服提起的诉讼：（1）国防、外交等国家行为。（2）行政机关针对广泛、不特定对象作出的具有普遍约束力的抽象行政行为。（3）行政机关对其工作人员的奖惩、任免等决定。（4）法律规定由行政机关最终裁决的具体行政行为。

三、行政诉讼参加人

行政诉讼参加人包括原告、被告、共同诉讼人、第三人和行政代理人。

1. 原告与被告

(1) 行政诉讼原告。行政诉讼原告是指有权提起行政诉讼的公民、法人、其他组织。公民、法人和其他组织作为行政诉讼的主体，必须是作为具体行政行为相对的公民、法人或者其他组织，对其具体的行政行为不服时，才可成为行政诉讼的主体。有权提起诉讼的公民如果死亡，其近亲属可以提起诉讼。若有权提起行政诉讼的法人或其他组织已经终止，承受其权利的法人或者其他组织可以提起诉讼。

(2) 行政诉讼被告。行政诉讼中的被告是指被提起诉讼，与公民、法人及其他组织相对的实施行政管理的应诉行政机关。作为行政诉讼中的被告的行政机关，必须是代表国家行使管理权，对公民、法人及其他组织作出具体行政行为的机关。

2. 共同诉讼人

原告或被告为二人以上，因同一具体行政行为或者因同样具体行政行为发生的行政案件，人民法院认为可以合并审理的，为共同诉讼。其中一方或双方二人以上的当事人，即为共同诉讼人。

3. 第三人

行政诉讼中的第三人是指同原告、被告争议的具体行政行为或诉讼结果有利害关系，为保护自己的合法权益参加诉讼的公民或组织。

4. 诉讼代理人

诉讼代理人是指以被代理人的名义，在法律规定或当事人委托授予的权限范围内，代理实施行政诉讼行为，参加诉讼的人。律师担任委托代理人享有一些特殊权利，可以查阅与案件有关的材料，并依法向有关单位或个人调查取证。

四、行政诉讼中的证据

1. 行政诉讼中证据的概念和特征

行政诉讼证据是指能够证明行政案件真实情况的事实。行政机关对行政诉讼证据负举证责任，这是因为具体行政行为是由行政机关单方面作出的，行政机关理应提供作出具体行政行为的证据和依据的规范性文件。如果行政机关提供的证据不足以证明其行政行为合法，就有可能面临败诉的风险。

2. 证据的种类

根据我国《行政诉讼法》的规定，行政诉讼证据可分为书证、物证、视听资料、证人证言、当事人陈述、鉴定结论、勘验笔录、现场笔录。

五、行政复议

行政复议是指公民、法人或者其他组织不服行政主体作出的具体行政行为，请求作出具体行政行为的行政机关或者上一级行政机关重新审查该行政决定是否恰当和合法并作出行政复议决定的一种行政救济制度。

依据我国《行政诉讼法》第37条规定，对属于人民法院受案范围的行政案件，公民、法人或者其他组织可以先向上一级行政机关或者法律、法规规定的行政机关申请复议，对复议不服的，再向人民法院提起诉讼，也可以直接向人民法院提起诉讼。依据该条规定，行政诉讼是否必须先经过行政复议，即是否实行复议前置原则，从我国具体实际情况出发，应充分尊重公民、法人或者其他组织的意愿，便于他们行使诉讼权利，规定由当事人选择，但是依据法律、法规规定应当先向行政机关申请复议的，必须依照法律、法规的规定。

公民、法人或其他组织向行政机关申请复议的，复议机关应当在收到申请之日起2个月内作出决定，但是，法律、法规另有规定的除外。申请人不服复议决定的，可以在收到复议决定书之日起15日内向人民法院提起诉讼。如果复议机关逾期不做决定的，申请人也可以在复议期满之日起15日内向人民法院提起诉讼。

六、行政诉讼程序

1. 起诉

在行政诉讼中，起诉是指公民、法人及其他组织，因不服行政机关的处理决定，依法诉请人民法院，要求法院依法保护自己合法权益的诉讼行为。

起诉必须符合下列条件：（1）原告是认为具体行政行为侵犯了自身合法权益的公民、法人或其他组织，包括在我国境内的外国人和无国籍人，他们必须与具体行政行为存在利害关系。（2）有明确的被告。（3）有具体的诉讼请求和相应的事实根据。（4）所诉案件属于人民法院受案范围和受诉人民法院管辖。以上四个条件是行政案件起诉的必备法定条件。

2. 审理程序

审理程序包括一审程序、二审程序和审判监督程序。

七、行政侵权赔偿责任

行政侵权赔偿责任，是指国家行政机关及公务员在行使国家行政管理职权过程中违法执行职务，给公民、法人或其他组织造成损害，而由国家承担的赔偿责任。《行政诉讼法》第68条规定："行政机关或者行政机关工作人员作出的具体行政行为侵犯公民、法人或者其他组织的合法权益造成损害的，由该行政机关或者该行政机关工作人员所在的行政机关负责赔偿。行政机关赔偿损失后，应当责令有故意或者重大过失的行政机关工作人员承担部分或者全部赔偿费用。"作为一种国家赔偿制度，它的建立对实施《宪法》、监督行政机关依法行政，保护公民、法人或其他组织的合法权益，推动社会主义法治国家建设，具有重大意义。行政侵权赔偿责任的构成要件：（1）存在违法的具体行政行为。（2）违法的具体行政行为造成了损害结果，且行为与结果之间存在因果关系。

提出赔偿请求有两种程序：（1）在提出行政诉讼的同时，提出要求行政机关承担赔偿责任的请求；（2）单独提出损害赔偿请求。

行政侵权赔偿的审理同一般行政诉讼的审理不同。对赔偿诉讼可以适用调解，受害人可以变更、放弃赔偿请求，行政机关可以同当事人协商确定赔偿数额。举证责任由当事人双方分别承担。法院对赔偿争议的裁判不限于一般行政诉讼裁判中只能维持或撤销具体行政行为的规定，而是可以依法判决被告承认赔偿责任或驳回起诉。

八、涉外行政诉讼

涉外行政诉讼，是指主体一方是外国人、无国籍人、外国组织，因不服我国行政机关的具体行政行为，依法起诉，人民法院依法审理的活动。

行政诉讼法规定外国人、无国籍人、外国组织在中华人民共和国进行行政诉讼，同中华人民共和国公民、组织有同等的诉讼权利、义务。人民法院对一方为外国公民、法人提出的行政诉讼，按照《中华人民共和国行政诉讼法》规定的程序审理，如果中华人民共和国缔结或者参加的国际条约同《行政诉讼法》规定不同的，适用该国际条约的规定。中华人民共和国声明保留的条款除外。

第十六讲

国 际 法

第一节 国际公法

一、国际公法概论

（一）国际公法的概念和特征

国际公法也叫国际法，它是一个与国内法相对应的法律体系。它是国家在交往中形成的，以国家间协议制定的，主要是调整国家之间关系的，有拘束力的原则、规则和制度的总体。国际法与国内法两者共同构成了当代人类社会完整的法律秩序。

国际法与国内法相比，有其自身的特殊性，这种特殊性决定了国际法的调整对象、法律渊源等方面有不同于国内法的重要特征。

1. 国际法的调整对象主要是国家。国际法的性质和国家所具有的特殊的政治和法律属性，决定了国际法的主体主要是国家。在一定条件下，类似于国家的政治实体和政府间国际组织也可以成为国际法的主体。在国际法中，尽管有关于人权国际保护、外交代表特权与豁免、对战犯进行审判等的规定，但这并不表明国际法律关系的权利与义务由个人来承受，个人不能成为国际法的主体。同样，包括跨国公司在内的法人可能成为国际私法或涉外经济法的主体，但不具备参与国际法律关系的权利能力和行为能力，也不构成国际法的主体。国内法的主体主要是自然人和法人，国家只是在特定情况下才构成国内法的主体。

2. 国际法的法律渊源是国际条约和国际习惯。与任何国内法一样，国际法的产生和发展经历了由习惯规则到成文法的发展过程。国际习惯是国际交往中不成文的行为规则和国家间的默示协议，是各国重复类似行为而被认为有法律约束力的结果。国际法最初的形态即是所谓的习惯国际法，其法律渊源都由国际习惯组成，因而可以说国际习惯是国际法最古老、最原始的渊源。国际条约是指国际法主体之间根据国际法而订立的具有权利、义务内容的书面协议，是现代国际法最主要的法律渊源。

3. 国际法的制定者是国际法主体国家。国际社会由主权国家组成，国家平等原则既是国际法的基本原则，又是国家间进行正常交往的根本保证。国际法是平等者之间的法。在国际社会中，没有也不可能有一个凌驾于国家之上的立法机关制定国际法，联合国等国际组织是国家之间的组织，而不是国家之上的组织，并且联合国等国际组织并不是制定国际法的立法机关。除习惯国际法外，国际法是由其主体，主要是国家通过协商的方法制定的，国际法规范从各国间达成的协议中产生。

4. 国际法的强制力是以国家单独、集体或通过国际组织采取措施为保障的。法律的基本特征之一，是法律对其主体具有强制性的拘束力，任何一个主体违反了法律，都要承担法律责任直至受到法律制裁。国内法的强制力是由国家有组织的强制机关，如军队、监狱、法庭等保证实施的。在国际社会，不存在有组织的超越国家之上的强制机关，联合国国际法院以及海牙常设仲裁法庭对国际争端的管辖和裁判权限，是以当事国的自愿为前提，不具有强制性。

（二）国际公法的基本原则

所谓国际法基本原则，是指被各国公认的、具有普遍意义的、适用于国际法一切效力范围的、构成国际法基础的国际法原则。

国际法基本原则与国际强行法的关系表现在：国际法基本原则完全具备国际强行法的各种条件和特征。国际法基本原则的“各国公认”和“普遍意义”这两项同强行法的“国际社会全体接受”和“公认为”的特征是一致的；“构成国际法基础”同强行法的“不许损抑”和“不得随意更改”这两项特征相吻合。由此可见，国际法基本原则具有国际强行法性质，属于绝对法而非任意选弃的原则。然而，强行法并不等于国际法基本原则。基本原则是适用于国际法所有领域的原则，而强行法有可能是某一特定国际法分支的具体规则，例如惩治国际犯罪行为的有关规则，被认为具有强制性，但它并非国际法基本原则，不能适用国际法所有领域。因此，应该说国际法基本原则与国际强行法是两个既有联系又有区别的概念。

1970 年联合国的《关于各国依联合国宪章建立友好关系及合作之国际法原则宣言》（简称《国际法原则宣言》）宣布的七项原则是确定国际法基本原则的主要法律依据。我国多数学者认为，国际法基本原则应主要包括下列几项：国家主权平等原则；不干涉内政原则；不得以武力相威胁或使用武力原则；和平解决国际争端原则；善意履行国际义务原则；国际合作原则。

1. 国家主权平等原则

1970 年《国际法原则宣言》详尽阐述了主权平等原则的内容。该宣言规定，主权平等包括下列要素：（1）各国法律地位平等；（2）每一国均享有充分主权之固有权利；（3）每一国均有义务尊重其他国家之人格；（4）国家之领土完整及政治独立不得侵犯；（5）每一国均有权利自由选择并发展其政治、社会、经济及文化制度；（6）每一国均有责任充分并一秉诚意履行其国际义务，并与其他国家和平共处。

在国际实践中，只有互相尊重国家主权，才能使国家主权原则得到切实的保障。相反，如果各国可以互相干涉，可以恣意侵犯，可以借口主权性质不同而兵戎相见，国际关系就要混乱，国际法也就无法存在了。

2. 不干涉内政原则

不干涉内政原则是从国家主权直接引申出来的。依此原则，任何国家或国家集团都无权以任何理由直接或间接地对别国进行干涉，不得以任何借口干涉他国的内政与外交事务，不得以任何手段强迫他国接受别国的意志、社会政治制度和意识形态。而《联合国宪章》将“不干涉内政”明确为“不干涉国内管辖事件”原则，按照 1970 年《国际法原则宣言》的解释，“国内管辖事件”包括内政或外交事务。

3. 不得以武力相威胁或使用武力原则

《联合国宪章》第 2 条第 4 项规定：各会员国在其国际关系上，不得以武力相威胁或使用武力，亦不得以任何其他同联合国宗旨不符的方式来侵害任何其他国家的领土完整或政治独立。

4. 和平解决国际争端原则

和平解决国际争端是从禁止以武力相威胁或使用武力原则中直接引申出来的。如果争端当事国未能以某一和平方法解决有关争端时，有义务继续以其所商定的其他和平方法寻求争端的解决。

5. 善意履行国际义务原则

一个国家应善意履行《联合国宪章》规定的、由公认的国际法原则和规则产生的、其作为缔约国参加的国际条约所承担的各项义务。《联合国宪章》明确规定：“各会员国应一秉善意，履行其依本宪章所担负之义务。”

6. 国际合作原则

为维护国际和平与安全，促进人类经济与社会的进步和发展，会员国有义务彼此合作。所以，《国际法原则宣言》庄严宣布：各国依照联合国宪章彼此合作是一种必须“严格遵守”的“义务”，此等合作“构成国际法之基本原则”；“各国应与其他国家合作”，“采取共同及个别行动与联合国合作”，维护国际和平与安全，促进国际经济、社会、文化、教育、科学与技术等方面的进步。

二、国际法的主体

（一）国际法主体的概念和特征

国际法主体，即国际法律关系主体，是指具有独立参加国际法律关系并直接承受国际法权利和义务之能力者。国际法主体具有以下三个基本特征：

1. 具有独立参加国际法律关系的资格

国际法是调整国际关系的法律，作为参加国际法律关系的主体，必须具有独立参加这种法律关系的资格，其参与国际关系是完全自主的，不受其他主体制约或限制的。这种能力使国际法主体能以自己的身份参与国际事务。倘若没有这种资格，就不具备成为国际法主体的前提条件；倘若具有部分的资格，其权利和义务就会受到限制，如民族解放组织、国际组织都是在一定条件下或一定范围内参与国际关系。这是成为国际法主体的先决条件。

2. 具有直接承受国际法上权利和义务的能力

在国际关系中，要求国际法主体能够以自己的名义参与国际关系并直接承受国际法上的权利和义务，而不需要通过或借助于其他主体来实现。其享有的权利包括缔结条约、派遣使节、参加国际组织、提出国际求偿等等；其履行的义务包括遵守国际法规则、尊重别国主权、履行国际条约等等。如果没有这种能力，就不可能承受国际权利和义务，自然不会成为国际法主体。这是成为国际法主体的实质条件。

3. 属于参与国际法律关系的国际社会成员

强调“参与”，这是成为国际法主体的前提条件，不参与国际关系就不能成为国际法主体。国际法主体既是国际法律关系的参与者，又是直接创设者。如果把国际法主体资格仅仅理解为国际法律关系的参加者，将势必导致国际法主体范围的无限扩大。强调是“国际社会成员”，所谓国际社会成员是指国际关系中的平等参与者，是国家、民族，也可以是组织，这是成为国际法主体的形式条件。一般民族和民间国际组织也因不具备国际权利能力和行为能力，而不能成为国际法主体。一般认为，国家是国际法的基本主体，国际组织是派生性主体，争取独立的民族是过渡性主体。

（二）国家是国际法的基本主体

国家是国际法的基本主体，是由国家的特性以及它在国际关系中的地位和作用决定的。国家构成的基本要素有：

1. 主权。主权是一个国家独立自主地处理对内对外事务的最高权力，是构成国家的本质属性。

2. 确定的领土。领土是国家赖以生存的物质基础，也是国家行使主权的范围和空间。

3. 政权组织。政权组织是国家在政治上和组织上的体现，是执行国家职能的机构。

4. 定居的居民。国家是由一定数量的居民组成的，居民是形成国家的基本要素之一，同时也是国家行使权力的对象。

以上四个要素彼此密切联系，任何国家都必须具备以上四个要素并只有同时具备了这四个要素，才能成为国际法的主体。

国家享有以下四项基本权利：

1. 独立权

独立权指国家依照自己的意志处理内外事务并不受他国控制和干涉的权利。独立权是国家主权在对外关系中的集中体现，它包含自主性和排他性两重含义。独立权意味着国家可以自由选择国内制度，制定政策，采取各种措施管理国家、促进发展；在不违背其承担的国际法义务的前提下，国家根据自己的意志独立地参与国际关系，自由地决定与其他国家的建交、缔约、使节、结盟及其他往来。

2. 平等权

平等权指国家在参与国际法律关系时，具有平等的地位和资格，平等地享有国际法上的权利和承担国际法上的义务。国家的平等权主要表现在以下方面：(1) 国家在国际组织或国际会议中平等地享有代表权和投票权。(2) 国家平等地享有缔约权，国家不受非其缔结条约的拘束。(3) 国家平等地享有荣誉权，国家元首、国家代表及国家标志应受到尊重。(4) 国家之间没有管辖权，除非国际法特别规定或得到国家同意。(5) 外交位次或礼仪上的平等权。

3. 自保权

自保权指国家保卫自己存在和独立的权利。它分为国防权和自卫权两方面。国防权是国家有制定国防政策，建设国防力量，防止外来侵略的权利。自卫权是当国家遭受外国武力攻击时，有权采取单独和集体的武力反击措施。根据《联合国宪章》的规定，自卫的前提必须是遭到了武装攻击，同时武力自卫还应符合必要性和相称性的要求。

4. 管辖权

管辖权指国家基于主权的行使而采取立法、行政、司法等方式，对于特定的人、物和事件进行管理和处置的权利。管辖权是国家主权在法律方面的物化，是国家主权的重要体现。

三、国家领土

国家领土是指国家主权管辖之下的地球表面的特定部分。作为国家基本构成要素之一的国家领土，既是一国居民繁衍生息和国家财富得以依存的场所，又是国家行使管辖职能的固定区域和界限。国家领土由四个部分组成：领陆、领水、领空、底土。

（一）国家领土的构成

1. 领陆与内陆水。国家的领土以领陆为核心，领陆是确定国家领土其他组成部分的基础。国家的领水附属于领陆，而领空和底土又附随于领陆和领水。一个国家的领陆如果发生变化，附属于领陆的其他部分也随之发生变动。

领陆范围内的一切水域即内陆水。内陆水的法律地位等同于领陆，国家对其行使完全的主权利及排他的管辖权，国家可以自主决定在内陆水中活动所应遵循的各项规章制度。外国船舶非经许可，不得进入一国内陆水。

2. 领水，即在陆地疆界内或与其陆地相连接的水域。包括内水和领海。狭义的内水指领海基线向海岸一侧的海域。广义的内水还包括陆地领水内的所有水域，如河流、湖泊和内陆海等。领海是领海基线以外一定宽度的海域，处于沿海国领土主权之下。在群岛国情形，其领海位于领海基线以外，领海基线以内的水域不是内水，而是群岛水域。

3. 领空，即领土和领土之上一定高度的空气空间。

4. 底土，即领土和领水之下无限深度的底层。

领陆是最基本的部分，其他部分是领陆的附属部分，与领陆不能分离。一国的领土可以是连续的，也可以是分散的。

（二）领土主权的限制

领土主权的限制分为一般限制和特殊限制。一般限制是指国际法对国家领土主权规定的，适用于一切国家的一般性限制。这种限制是各国旨在促进相互间建立友好平等关系和巩固彼此合作而自愿承担的，如关于外国商船享有无害通过其领海的权利，外交代表在接受国享有外交特权与豁免的权利等。

特殊限制是指依条约对特定国家的领土主权所施加的，仅适用于该特定国家的限制。这种限制可能是强制的，也可能是自愿的；可能是基于平等条约产生的，也可能是基于不平等条约产生的。特殊限制包括共管、租借势力范围、国际地役等几种情形。

（三）边界和边境制度

边界亦称国界，是指分隔一国领陆，分隔国家管辖范围的海域与公海以及国家领空与外层空间、他国领空，也分隔一国底土与他国底土的界限。国家边界可分为陆地边界、海上边界、空中边界和地下边界。相邻国家之间自古以来按照彼此的行政管理范围确定的界线，称为传统边界线，又称历史边界线。传统边界线后来被边界条约所确定的，称为条约边界线。

边境制度的主要内容有以下几项：（1）边界标志的维护；（2）界水的利用

和保护；（3）边境居民相互往来；（4）边境事件的处理。

四、国际法上的居民

（一）国籍

国籍是指一个人属于某一国家的国民或公民的法律资格，表明一个人同一个特定国家的固定的法律联系，是国家行使属人管辖权和外交保护权的法律依据。区别本国人和外国人的依据是个人的国籍，根据个人所拥有的国籍不同，他们的国家法律关系和地位也有根本的差异。享有国籍是个人的基本权利之一，也是个人与国际法发生联系的必要纽带。

1. 国籍取得

国籍取得是指一个人取得某一特定国家的国民或公民的身份。取得国籍主要有出生和入籍两种方式。因出生而取得国籍，国际上有血统主义和出生地主义两种原则。采取出生地制的国家，不问父母的国籍，孩子出生在本国即取得本国国籍。采用血统原则的国家，则不管出生地如何，孩子的国籍必须随父母双方或一方的国籍。入籍是指外国人或无国籍的人，按照某国法律规定，提出申请，经批准后取得该国国籍。另外还有通过结婚、收养等方式取得某国国籍的。

2. 国籍的丧失

国籍的丧失是指一个人丧失某一特定国的公民或国民资格。一般有自愿丧失国籍和非自愿丧失国籍两种方式。自愿丧失国籍，指一个人自动退出原国籍或自动放弃原国籍，而不受任何强制的外来因素影响；非自愿丧失国籍，指原具有某国国籍的人，由于本人不可抗拒的外来因素而被迫丧失原有国籍，也可以说是被剥夺或开除了原国籍。

3. 国籍的冲突及解决

在国际交往中，有时会出现由于各国法律对国籍的取得和丧失做了不同的规定，导致一个人同时具有两个或两个以上的国籍或一个人不具有任何国家的国籍的情况，因此就会产生国籍的冲突。一个人同时具有两个或两个以上的国籍称为国籍的积极冲突；一个人不具有任何国家的国籍称为国籍的消极冲突。

产生国籍冲突的原因主要是由于有关国家对国籍的取得、丧失所采取的制度不同，例如采用血统主义的国家的公民在采取出生地主义国家境内所生下的子女，一出生即具有双重国籍；或如一个采取收养影响国籍原则的国家的被收养人，被一个采取收养不影响国籍原则的国家的收养人收养，就可能变成无国籍人。当国家之间遇到双重国籍的问题时，最切实的办法就是通过友好协商，谈判签订双边条约，加以避免和妥善解决。国际上也可制定相关的国际公约，解决国籍冲突。

（二）外国人的法律地位

外国人是指在一国境内，不具有所在国的国籍而具有外国国籍的人，包括自然人和法人。为了便于管辖，各国一般把无国籍人也当做外国人对待。外国人的法律地位，概括地说即外国人既受居留国的管辖，又受本人国籍的管辖，从而成为双重管辖的对象。依据国际法，国家能自主地为外国人规定其法律地位和待遇。外国人必须服从所在国的管辖，遵守所在国的法律法令；国家也有义务保护外国人的合法权利。外国人在合法权利受到非法侵害时，有权享有所在国的法律救济；反之，若违反所在国的法律法令，造成他人或所在国家的损害时，也有义务作为被告，受到法律的追诉。但是，国家在规定外国人法律地位和待遇时，必须顾及外国人对其本国的义务以及国家与外国人本国所订条约中规定的义务。关于外国人的待遇主要有国民待遇、最惠国待遇、普遍优惠制待遇三个不同标准。

《中华人民共和国宪法》对外国人在中国的法律地位做了原则性规定。中华人民共和国保护在中国境内的外国人的合法权利和利益，在中国境内的外国人必须遵守中华人民共和国的法律。中华人民共和国允许外国的企业和其他经济组织或者个人依照中华人民共和国法律的规定在中国投资，同中国的企业和其他经济组织进行各种形式的经济合作，但必须遵守中华人民共和国的法律，他们的合法权利和利益受中华人民共和国法律的保护。

（三）引渡和庇护

1. 引渡。引渡是指一国将留居在该国境内被他国追捕、通缉或判刑的人，根据有关国家的请求，移交给请求国审判或处罚。引渡是国际司法在刑事上相互协助的一种形式。一个国家是否同意向他国引渡罪犯或在何种条件下引渡，是属于一个国家主权范围内自由决定的事。

2. 庇护。庇护是指国家对因政治原因受到其本国的通缉或追诉而请求政治避难的外国人，允许其入境、居留并予以保护，并拒绝其本国政府要求引渡的行为。庇护以国家属地管辖权为根据，一旦一个外国人处于一国领土之内，他便处于该国主权管辖之下。是否给予请求人庇护权利或给予什么人庇护的权利，由庇护国根据国内法律自主决定。

五、外交关系和领事关系

（一）外交关系

国际法上的外交一般是指国家之间通过外交机关以诸如访问、谈判、缔约、交涉、参加国际组织和国际会议等方式进行的交往活动。

外交关系就是国家间在上述活动中所形成的并通过上述行为反映出来的一种相互关系。规范这种关系的国际法规则，被称为外交关系法，它主要是外交程序、形式及相关制度的规范。至于外交活动的内容，涉及政治、经济、文化、军事等各方面，从国际法角度看，这些方面的具体事项分别由国际法相关领域的实体规则调整。在现代国际实践中，相互设立常驻外交机构、互派外交代表是国家之间外交中最常用的方式，也被作为国家间正常外交关系的必然结果和基本标志。因此，外交关系也往往特指国家之间的这种通过建立互派机构所形成的关系。外交关系法的内容也多是集中在对这种关系的规定上。

外交关系的规则，大多是长期实践形成的习惯国际法，有相当的内容是从古老的使节制度演变而来的。1961 年《维也纳外交关系公约》将这些规则进行了系统的编纂和发展，包含了当今外交关系法的主要内容，包括外交关系的建立，外交代表机关派遣和接受的程序，外交代表机关的组成、等级及其职务，外交特权与豁免等。

（二）领事关系

领事关系是指根据国家间协议，互派执行领事职务的常驻机构而形成的一种国家关系。领事制度产生于中世纪后期的地中海国家。当时侨居某国进行商贸活动的同一国商人，往往在他们中推选出一些人，称为“商人领事”，用来解决他们之间的商业纠纷以及处理他们与居住国地方间的某些事务，保护他们的权益。以后这种做法逐渐传到世界各地，而且行使这种职务的领事人员也从由当地侨居商人中推选演变为大都由商人的本国派出。领事关系成为了一种重要的官方关系，并且出现和形成了有关领事制度的一系列习惯法规则。1963 年《维也纳领事关系公约》对这些规则进行了系统的编纂，构成了当今领事关系法的主要内容。

（三）外交关系与领事关系的比较

外交关系与领事关系都属于国家对外关系的范畴。驻外外交常设机构和领事常设机构之间存在紧密的联系。

第一，二者都是根据国家协议为执行外交政策而常驻外国的机构。国家间同意建立外交关系同时包含同意建立领事关系，有时领事任务可约定由外交人员执行。在国家尚未建立或断绝外交关系时，有时可先建立或保留领事关系，这时领馆也可能执行某些外交性质的任务。

第二，在派遣国的国内行政管理中，二者往往都由一国的外交部领导。在某一接受国行使职务时，领事机构通常接受同一派遣国在该国的外交代表机构的领导。但同时，它们之间也有重要的区别：首先，外交代表机构全面代表其国家与接受国中央政府进行交往和交涉，而领事机构一般是与相关的地方政府进行交涉；其次，外交机构和领事机构的各自职务和任务虽然存在一些重叠，但其间也有相当的不同；再次，外交机构的职务范围为接受国全境而领事机构则限于其辖区；最后，二者的特权与豁免不尽相同。外交机关是国家用于专门管理或开展外交工作的机关，虽然在不同国家外交机关的具体名称可能有所不同。外交机关一般分为国家中央外交机关和派出外交代表机关，前者通常在一国首都，后者大都位于国外。

第二节　国际私法

一、国际私法概述

（一）国际私法的概念

国际私法是调整涉外民事法律关系的具有自己独特调整方法的法律规范的总称。它是以涉外民事关系为调整对象，以解决法律冲突问题为中心任务，以冲突规范为最基本的规范，同时包括规定外国人民事法律地位的规范、避免或消除法律冲突的统一实体规范以及国际民事诉讼与仲裁程序规范在内的一个独立的法律部门。

国际私法是适应调整国际社会关系的需要而产生的。由于国际经济贸易关系和其他民事交往的需要，不同国家、地区的自然人、法人之间往来频繁，于是产生了一种超越一国国界的民事法律关系。而各国对这种民事法律关系的法律规定各有不同，产生法律冲突在所难免。为了保证这种涉外民事法律关系的顺利发展，各主权者在承认各自拥有独立自主之法权的基础上，就相互冲突或抵触的本国法同外国法作出选择，以增强国内外当事人之间的权利义务关系的稳定性，国际私法由此诞生。

国际私法调整的是涉外民事关系。所谓涉外民事法律关系，是指这种民事法律关系的主体、客体和法律事实中至少有一项具有涉外因素。

（二）国际私法的调整方法

国际私法的调整方法有两种，即直接调整的方法和间接调整的方法。

1. 间接调整方法，是在有关的国内法或国际条约中只指出使用哪个国家的法律来确定某种涉外民事法律关系中当事人的权利与义务，只有将其与被援引的那个国家的实体法结合起来，才能最终确定当事人之间的权利和义务。

冲突规范是国际私法特有的法律规范，间接调整方法也是国际私法特有的调整方法。国际私法早期即采间接调整方法。某种意义上讲，间接调整方法现已成为国际私法区别于国内民法、国际经济法等部门法的一个重要标志。

2. 直接调整方法是相对于间接调整方法而言的，指国际私法的有关法律规范直接规定某一涉外民事法律关系当事人之间的权利与义务的一种方法，这种规范又称“实体规范”。

3. 直接调整和间接调整方法的关系：（1）对于一个具体的涉外民事法律关系而言，只能适用其一，而不能同时适用，所以这两者是相互排斥的关系。（2）就国际私法的总体来讲，他们又是相辅相成，缺一不可的。

（三）国际私法的调整范围

国际私法的调整范围有两种含义，一是指它的对象范围，即哪些法律关系可以由国际私法来调整（涉外民事法律关系）；二是在涉外民事法律关系中，哪些应当由国际私法来调整。应当由国际私法调整的有：

1. 外国人的民事法律地位问题。即外国人在居留国能够参加哪些民事活动、可以享受哪些民事权利、承担什么样的民事义务以及居留国对该外国人应给予何种民事待遇等等。

2. 法律适用问题，或称法律冲突问题、法律选择问题。即用什么法律来调整涉外民事法律关系中当事人的权利与义务问题。

3. 诉讼和仲裁方面的问题。即涉外民事法律关系中所确定的当事人的权利与义务在履行过程中如果发生争议，当事人协商不能解决时，就需要通过诉讼或者仲裁来解决。

三类问题中，法律适用问题是最主要的，可以说是国际私法的核心。原因在于，各国的法律规定很不相同，有的还有本质上的区别。因此，同一个涉外民事法律关系适用不同国家的法律或以不同的国际条约、国际惯例来调整，所得出的结果往往是不同的。

（四）国际私法的内容和渊源

1. 国际私法的内容

所谓国际私法的内容，是指作为一个部门法的国际私法应由哪几类法律规范所组成。国际私法的内容是不断发展变化的：18 世纪以前，习惯法，以法理学说为表现形式；18 世纪中叶起，传统国际私法进入国内立法领域，以某些国家的国内法形态存在；19 世纪以后，国际私法进入国际立法领域，出现统一冲突法和统一实体法。

国际私法的内容应当包括三类规范：即冲突规范、实体规范和程序规范，以便从不同角度、以不同的方式来调整涉外民事法律关系。

2. 国际私法的渊源

国际私法的渊源是指赋予国际私法规范以法律效力的法律文件形式。国际私法的渊源有国内渊源和国际渊源两个方面。国内渊源包括国内立法与判例；国际渊源包括国际条约和国际惯例。

（1）国内立法。这是国际私法基本的和最重要的渊源，它主要散见于各国民法典和单行民事法规中，也有以专门法典或专门法规的形式制定系统的国际私法规范。

（2）国内判例。主要见之于英美法系国家。我国在审理涉外民事案件中需要援用这些国家的法律时，必须考虑到其判例。

（3）国际条约。有关调整涉外民事法律关系的双边或多边条约（包括国际公约），都是国际私法的重要渊源。条约只对缔约国有拘束力，但一些重要的国际公约对非缔约国也会产生一定影响，这些条约中，既有统一实体法规范，也有冲突规范以及程序规范。

（4）国际惯例。国际惯例是指在国际交往中经过长期实践形成的具有较明确和固定内容的不成文的行为规则，如目前国际贸易中广泛采用的 CIF、FOB 等价格术语，规定了在不同条件下买卖双方的具体权利义务，属于统一实体法规范。国际惯例就其本质而言是供当事人任意选择的，因此，国际私法中的国际惯例一般被称为“任意性惯例”。

二、冲突法与准据法

国际民事法律冲突，是指某一民事关系涉及两个或两个以上国家的法律，所涉国家的法律对同一民事关系的法律规定不一致，它们都规定要适用各自的法律调整这一民事关系，因而存在应选择适用何国法律的矛盾冲突现象。

国际私法的主要目的是解决国际民事法律冲突，解决的方法有冲突法解决方法和实体法解决方法，前者是主要的、大量的。冲突法解决方法是通过选择冲突规范，寻找各个法律关系的准据法，进而解决国际民事法律冲突。

（一）冲突规范

1. 冲突规范的概念与特点

冲突规范，又称法律适用规范或法律选择规范，是由国内法或国际条约规定的，指明某一涉外民商事关系应适用何种法律的规范。冲突规范是一种特殊的法律规范。同一般法律规范相比，它具有以下特点：（1）冲突规范不同于一般的实体法规范，它是法律适用规范。（2）冲突规范不同于一般的诉讼法规范，它是法律选择规范。（3）冲突规范是一种间接规范，缺乏一般法律规范所具有的明确性和预见性。（4）冲突规范的结构不同于一般的法律规范。

2. 冲突规范的结构

冲突规范由范围和系属两部分组成。（1）范围，又称连接对象等，是指冲突规范所要调整的民商事法律关系或所要解决的法律问题，通过冲突规范的“范围”可以判断该规范用于解决哪一类民商事法律关系，这一部分可以是法律关系、法律事实，也可以是法律问题。（2）系属，是规定冲突规范中“范围”所应适用的法律。它指令法院在处理某一具体涉外民商事法律问题应如何适用法律，或允许当事人或法院在冲突规范规定的范围内选择应适用的法律。其词语结构表现为“适用某某法律”或“依某某法律”。法律的确定或选择，是依据系属部分的连结点来实现的。

3. 冲突规范的类型

冲突规范可分为四种基本类型：（1）单边冲突规范，是直接规定适用某国法律的规范。（2）双边冲突规范，是指其系属并不直接适用内国法或外国法，而只规定一个可推定的系属，再根据此系属，结合实际情况去寻找应适用某一个国家的法律的冲突规范。（3）重叠适用的冲突规范，就是其系属中有两个或两个以上的连结点，并且同时适用于某一涉外民事法律关系的冲突规范。（4）选择适用的冲突规范，就是其系属中有两个或两个以上的连结点，但只选择其中之一来调整有关的涉外民事法律关系的冲突规范。

4. 连结点和系属公式

连结点是指特定的涉外民事法律关系和某一地域的法律连接起来的“媒介”或“纽带”，是冲突规范系属部分最核心的内容。连结点的分类有：（1）客观连结点和主观连结点。客观连结点是一种客观实在的标志，如国籍、居所等。主观连结点主要包括当事人之间的合意和最密切联系地。（2）静态连结点和动态连结点。静态连结点是指固定的不变的连结点，主要指不动产所在地以及涉及过去的行为或事件的连结点，如婚姻举行地。动态连结点是可变动的连结点，如住所、国籍等。（3）单纯的事实和法律概念。单纯的事实主要包括物之所在地和法院地，法律概念包括法律行为地、住所等。

从形式上看，连结点是把冲突规范的“范围”所指明的涉外民事法律关系连接起来的媒介；从实质上来看，连结点本身也反映了该种法律关系与特定地域的法律制度之间的内在联系。一个冲突规范至少有一个连结点。连结点的选择并不仅从数量上考虑，更重要的是选择能够反映特定类型法律关系的独特性的因素作为连结点。

所谓系属公式就是把一些解决法律冲突的规则固定化，使它成为国际公认的成为大多数国家所采用的处理原则，以便解决同类性质的法律关系的法律适用问题。系属公式是通过双边冲突规范发展起来的，但其本身不是冲突规范，而只是冲突规范的系属部分。常见的系属公式有属人法、物之所在地法、行为地法、当事人合意选择的法律、法院地法、国旗法和最密切联系地法等等。

（二）准据法

准据法是国际私法的一个特有概念，它是指经冲突规范指引用来确定国际民事关系的当事人的权利义务关系的具体实体法规范。它有如下特点：（1）准据法必须是能够确定当事人的权利义务关系的实体法。（2）准据法必须是经冲突规范所指定的实体法。（3）准据法不是冲突规范逻辑结构的组成部分，它必须结合具体的案情事实才能确定。（4）准据法不是笼统的法律制度或法律体系，而是一项项具体的“法”，即具体的实体法规范或法律文件。

在根据冲突规范的连结点去寻找应适用的准据法的过程中，如果仅是找到应适用的某一国家的实体法，问题仍然没有完全解决，因为法院不可能仅依据“中国法”、“德国法”确定当事人之间的权利义务，而一定要依据中国法律或德国法律中的某些具体法律条文或法律规范，才能对当事人各自应承担的义务、应享有的权利作出明确的判断。

国际私法要解决法律冲突，就是通过冲突规范中的连结点，结合案情的具体情况，找出对案件最具针对性的准据法，从而达到法院需要的确定当事人权利义务的司法目的。

三、国际私法的基本制度

（一）识别制度

所谓识别，传统国际法上又称作限定、归类或定性，是指依照一定的法律观念，对有关事实的性质作出定性或分类，将其归入特定的法律范畴，从而确定应予适用的冲突规范及其所援引的准据法的一种法律认识过程。通俗地讲，就是在适用冲突规范之前，首先要明确即将处理的问题是属于什么法律范畴的。识别这一问题是 19 世纪由德国学者康恩和法国学者巴丹首先提出来的。

我国有关识别的理论和实践在学说上倾向于法院地法说为主，兼采其他原则。立法实践方面，《民法通则》未明确规定识别的依据，但146条第2款包含了对侵权行为的识别问题。我国最高人民法院1988年的《关于贯彻执行〈中华人民共和国民法通则〉若干问题的意见（试行)》第195条规定："涉外民事法律关系诉讼的时效，依冲突规范确定的民事关系的准据法确定。"表明我国把时效问题看作实质问题，适用准据法的规定。2010年出台的《中华人民共和国涉外民事关系法律适用法》第8条规定"涉外民事关系的定性，适用法院地法律。"

（二）反致制度

广义的反致包括反致（狭义)、转致和间接反致。

反致是指甲国法院在处理某个涉外民事案件时，根据本国的冲突规范，应当适用乙国法，但乙国法上的冲突规范却规定，这个案件应当适用甲国法。于是甲国法院依照本国的实体法处理了该案件，这个适用法律的过程即为反致，又称直接反致或一级反致。

转致是指甲国法院在处理某个涉外民事案件时，根据本国的冲突规范，应当适用乙国法，但乙国法上的冲突规范却规定此案应适用丙国法。于是甲国法院依照丙国的实体法处理了该案件，这个法律适用的过程即为转致，又称二级反致。转致是反致的派生物。在转致的情况下，还可能出现再转致。

间接反致亦称大反致，它与直接反致相对应，是指甲国法院在处理某个涉外民事案件时，根据本国的冲突规范，应当适用乙国法，但乙国法上的冲突规范规定此案应适用丙国法，而丙国法上的冲突规范规定此案应适用甲国法。最后，甲国法院依照自己的实体法处理了该案，这个适用法律的过程即为间接反致。

在反致、转致和间接反致的情况下，审理某个案件的法院没有变化，即法院的管辖权没有改变。国际私法上讲法律适用的前提是案件的管辖已经确定。反致的结果是法院地国适用了本国的实体法或第三国的实体法，使法院地国冲突规范最初指向的某一外国实体法得不到适用。这一制度显然限制了法院地国冲突规范的效力，其实质是限制了该冲突规范所援引的外国法的适用，从而扩大了法院地国本国法的适用范围，或者适用了对法院地国有利的，至少是无害的另一个外国法。我国目前在立法上对反致问题无明确规定。

（三）法律规避制度

法律规避又称法律欺诈，是指涉外民商事法律关系的当事人为了实现利己的目的，故意制造或改变某种连结点的客观事实，以避开本应适用的对其不利的法律，从而使对自己有利的法律得以适用的一种逃法或脱法行为。

法律规避的构成要件有：第一，从主观上讲，当事人规避某法律必须是出于故意，亦即当事人有规避适用某法律的意图。第二，从行为主体上讲，法律规避必须是当事人自己的行为造成的。第三，从行为方式上讲，当事人规避法律必须通过故意改变或制造某种连结点的手段来实现。第四，从规避的对象上讲，被规避的法律一般应是依法院地国冲突规范本应适用的强制性或禁止性的法律。第五，从客观结果上讲，法律规避行为必须是既遂的，即当事人已经因规避行为而达到其适用对自己有利的法律的目的。

我国目前尚无有关法律规避的立法规定，但最高人民法院1988年《关于贯彻执行〈中华人民共和国民法通则〉若干问题的意见（试行）》第194条规定："当事人规避我国强制性或者禁止性法律规范的行为，不发生适用外国法律的效力。"从此条可以看出，当事人规避我国强制性或禁止性的法律一律无效。对规避外国法则无明确规定。另外《最高院关于审理涉外民事或商事合同纠纷案件法律适用若干问题的规定》第6条也规定："当事人规避中华人民共和国法律、行政法规的强制性规定的行为，不发生适用外国法律的效力，该合同争议应当适用中华人民共和国法律。"

（四）外国法查明制度

外国法的查明是指一国法院在审理涉外民商事案件时，根据本国的冲突规范指定作为准据法的某一外国法时，如何查明该外国法的存在和内容问题。

1. 根据最高人民法院1988年《关于贯彻执行〈中华人民共和国民法通则〉若干问题的意见（试行）》第193条的规定，对于应当适用的外国法律，可通过下列途径查明：（1）由当事人提供；（2）由与我国订立司法协助协定的缔约对方的中央机关提供；（3）由我国驻该国使领馆提供；（4）由该国驻我国使馆提供；（5）由中外法律专家提供。通过以上途径仍不能查明的，适用中华人民共和国法律。另外，我国对外签订的大量的司法协助条约中大多规定有提供法律证明的方式。

2. 《涉外民事关系法律适用法》第10条："涉外民事关系适用的外国法律，由人民法院、仲裁机构或者行政机关查明。当事人选择适用外国法律的，应当提供该国法律。不能查明外国法律或者该国法律没有规定的，适用中华人民共和国法律。"

3. 《最高人民法院关于审理涉外民事或商事合同纠纷案件法律适用若干问题的规定》第9条："当事人选择或者变更选择合同争议应适用的法律为外国法律时，由当事人提供或者证明该外国法律的相关内容。"人民法院根据最密切联系原则确定合同争议应适用的法律为外国法律时，可以依职权查明该外国法律，亦可以要求当事人提供或者证明该外国法律的内容。当事人和人民法院通过适当的途径均不能查明外国法律的内容的，人民法院可以适用中华人民共和国法律。

（五）公共秩序保留制度

公共秩序保留，是指一国法院在依本国冲突规范本应适用外国法作为准据法，如其适用（或其内容本身）将与法院地国的重大利益、道德准则、法律原则相抵触而排除其适用的一种保留制度。

我国也承认和采用公共秩序保留制度，在立法上也比较完备。1991 年《民事诉讼法》第 260 条第 2 款和第 266 条、1986 年《民法通则》第 150 条，分别在国际司法协助、外国法院判决的承认和执行和外国法的适用问题上规定了公共秩序保留制度。《民法通则》第 150 条规定："依照本章规定适用外国法律或者国际惯例的，不得违背中华人民共和国的社会公共利益。"《涉外民事关系法律适用法》第 4 条、第 5 条在这一问题上也有相应的规定："中华人民共和国法律对涉外民事关系有强制性规定的，直接适用该强制性规定。""外国法律的适用将损害中华人民共和国社会公共利益的，适用中华人民共和国法律。"

第三节　国际经济法

一、国际经济法概述

（一）国际经济法的概念和特征

国际经济法是调整国际经济关系的法律规范的总称。国际经济关系有广义与狭义之分，狭义的国际经济关系仅指国家、国际组织间的经济关系，狭义国际经济关系的主体一般限于国家和国际组织。广义的国际经济关系不仅包括狭义的国际经济关系，还包括不同国家之间的个人、法人、国家、国际组织之间的经济关系，也有人称之为跨国经济关系。国际经济法所调整的是广义的国际经济关系。因此，具体来讲，国际经济法是调整国家、国际经济组织、不同国家法人与自然人之间的经济关系的国际法规范和国内法规范的总称。

根据该定义可以看出，国际经济法的法律特征表现为以下三个方面：

1. 主体的普遍性

国际经济法的主体是指在国际经济法律关系中享有权利和承担义务的当事人，它包括国家、国际经济组织、自然人、法人以及其他经济组织。

2. 调整对象的广泛性

国际经济法的调整对象是广义的国际经济关系，即存在于各种国际经济法主体之间的国际经济法之间的国际经济关系，包括国际投资、国际贸易、国际融资、国际税收等活动中所形成的国际经济管制关系和国际经济流转关系。

3. 法律规范的多样性

国际经济法律规范包括：国际经济法法律规范中的实体法规范、国际经济法律规范中的程序法规范。国际经济法律规范中的国际法规还包括国际惯例，其中主要是国际经贸惯例。

（二）国际经济法的基本原则

国际经济法的基本原则是指被国际社会公认的、对国际经济法的各个领域都具有普遍指导意义的原则。具体有以下三项基本原则：

1. 国家经济主权原则

国家经济主权原则是国家主权原则在国际经济法领域内的具体体现，它构成了新的国际经济秩序的基础。国家经济主权表现在国家对其全部财富和资源的拥有权、使用权和处置权以及对经济活动的支配权等权利上。在内容上，该原则包括国家对其境内一切自然资源享有永久主权，国家对外国投资者及其活动的管理和监督权，以及国家有权决定对境内的外国资产实施国有化或征收的措施等。

2. 平等互利原则

平等互利原则指所有国家在法律上一律平等，国家应以平等的资格参与经济活动，并平等分享成果。平等互利是国际经济交往中应遵守的基本原则。在国际经济交往中，各国不论大小强弱，其在法律地位上一律平等。平等是实质上的平等，而不仅仅是形式上的平等。互利指不能只谋取本方的利益，而置其他各方的利益而不顾，平等互利是不可分割的整体。最惠国待遇是平等互利原则的一个典型范例。

3. 国际合作与发展原则

国际合作与发展原则指发展中国家应通过国家经济的发展逐步缩小并消除穷国与富国的差距，发达国家应与发展中国家在经济、社会、文化、科学和技术等领域进行合作，以促进各国特别是发展中国家的经济进步和社会发展。依《联合国宪章》的规定，国际合作以谋求发展是所有国家的一致目标和共同义务。该原则首先强调的是承认和尊重发展中国家的发展权，发达国家的繁荣与发展中国家的发展是联系在一起的。在此基础上，为了实现共同发展，就应加强各国间在经济、社会等各方面的合作，当然包括发达国家与发展中国家间的合作，也包括发展中国家之间的合作。

（三）国际经济法的渊源

国际经济法的渊源是指国际经济法的主要表现形式，包括国内渊源和国际渊源两个方面。分为以下几种：

1. 国际经济条约

国际条约是国家及国际经济组织为确定相互之间的权利义务所达成的书面协议。国际经济条约是国际经济法的重要渊源。条约分为双边条约和多边条约，多边国际经济条约是国际经济法最主要的渊源，其内容涉及国际贸易、国际投资、国际金融、知识产权的国际保护等各个领域。

2. 国际商业惯例

国际商业惯例是在长期的国际经济交往中经过反复使用而形成的不成文的规则。为了使不成文的国际商业惯例更便于掌握和查找，一些民间性的国际组织或协会对不成文的惯例进行了整理和编纂，如《国际贸易术语解释通则》、《跟单信用证统一惯例》等。国际商业惯例属于任意性的规范，只有在当事人明示选择适用的情况下才对当事人有约束力。当事人也可以对其选择的商业惯例进行补充和修改。

3. 联合国大会的规范性决议

依传统国际法，国际组织并无立法权，国际组织通过的决议一般来说只具有建议的效力，并不对其成员国具有强制力。但是随着国际实践的发展，理论界已倾向于肯定大会决议的法律拘束力，特别是有些联大决议是旨在宣告国际法原则和规范的，应具有法律效力，且有的决议在国际实践中已逐渐被接受，成为各国在国际经济交往中应遵守的准则。

4. 国内立法

国内立法作为国际经济法的渊源是指各国制定的关于调整涉外经济关系的法律规范文件，如一国的对外贸易法、外汇管制法、合同法、海商法、票据法、海关法等。各国在调整涉外经济关系的国内立法上主要采用统一制和分流制。前者指所制定的国内经济立法既适用于国内经济关系，又适用于涉外经济关系。后者指分别制定不同的法律以调整国内及涉外经济关系。此外，国内判例在普通法国家是重要的国际经济法的国内法渊源，但判例在我国不属于法律的渊源。

（四）国际经济法与国际公法及国际私法的区别

国际经济法与国际公法的区别主要表现在：第一，在主体上，国际经济法的主体包括自然人、法人、国家和国际经济组织，而国际公法的主体主要为国家和国际组织，自然人和法人则一般不能作为国际公法的主体。第二，在法律渊源上，国际经济法的渊源包括国际经济条约、国际商业惯例、联合国大会的决议和国内立法等，而国际公法的渊源则主要是国际条约和国际习惯。这里的国际习惯与国际商业惯例不同，前者源于国家间的政治和外交活动，而非产生于商人的商业习惯，并具有强制性。第三，在调整对象上，国际经济法调整的是不同国家的自然人、法人、国家及国际经济组织之间的经济关系，而不是政治关系。而国际公法则主要调整国家间的政治、外交和军事等非经济关系。

国际经济法与国际私法的区别主要表现在调整对象和调整方法上。在调整对象上，国际经济法调整主体之间的国际经济关系，对于自然人的身份、婚姻、继承等人身方面的法律关系并不涉及，而国际私法则主要调整涉外民商事关系的法律适用问题，外国人的民事法律地位问题和国际民商事争议解决的问题等。在调整方法上，国际私法有直接的方法，也有间接的方法，间接的冲突法方法是国际私法特有的方法，而国际经济法主要采取直接的调整方法。

二、国际贸易法

（一）国际货物买卖

1. 国际货物买卖的概念

国际货物买卖法是调整跨越国界的货物贸易关系以及与货物贸易有关的各种关系的法律规范的总和。国际货物买卖法是传统的国际贸易法的中心内容，随着国际经济贸易交往规模和形式的不断扩大和增多，国际贸易法所包含的内容也越来越多，国际技术贸易、国际合作生产、国际工程承包、国际资金融通等均为国际贸易法研究的内容，作为国际贸易法一部分的国际货物买卖法则主要涉及国际货物买卖合同、国际货物运输、国际运输货物保险、国际支付与结算等方面的法律。

2. 有关国际货物买卖的立法与惯例

有关国际货物买卖的立法与惯例有国内立法和国际立法两类。就国内立法而言，在大陆法系国家中，一些国家采用了民商分立的做法，另一些国家则采用了民商合一的做法。而以判例为主要法律渊源的普通法系国家没有民法与商法的区分，其买卖法由两个部分组成，一部分是由法院判例形式确立的法律原则；另一部分则是成文法，主要为单行法规，例如英国 1893 年的《货物买卖法》（英国现行的是 1995 年修订的《货物买卖法》）、美国 1906 年的《统一买卖法》（美国目前多数州采用的是 1994 年文本的《统一商法典》）。我国没有专门的《货物买卖法》，《民法通则》的原则性规定作为一般法适用于货物买卖关系，1999 年生效的《合同法》对买卖合同进行了专门的规定，该法是调整我国货物买卖关系的主要国内立法，该法同时适用于国内的买卖关系和涉外的买卖关系。此外，我国于1986年加入了《联合国国际货物销售合同公约》（CISG），因此，在符合适用该公约的条件下，有关的国际货物买卖关系还涉及公约的适用。

各国货物买卖法存在的分歧给国际贸易带来了消极的影响，为了解决这个问题，早在1930年罗马国际私法统一协会即决定编纂统一法公约，经过多年的起草工作，在1964年海牙外交会议上正式通过了《关于国际货物买卖统一法公约》和《关于国际货物买卖合同成立统一法公约》，均于1972年生效。这两个公约被接受的效果不是很好，主要原因是公约受欧洲大陆法传统的影响较多，内容繁琐，因此参加的国家较少，没有起到统一国际货物买卖法律的作用。为了完成国际贸易法的统一工作，联合国国际贸易法委员会组织力量经过多年的努力完成了《联合国国际货物销售合同公约》（以下简称《销售合同公约》）的起草和制定工作。该公约于1980年在维也纳的外交会议上通过，于1988年正式生效。中国于1986年批准加入了该公约。

国际商业惯例是在国际商业交往中长期形成的，经过反复使用而被国际商业的参加者接受的习惯做法或通例。许多国际商业惯例经过有影响的国际组织或民间商业组织的制定而成了成文的惯例，例如由国际统一私法协会1932年制定的《华沙—牛津规则》、由国际商会2000年制定的《国际贸易术语解释通则》、由国际统一私法协会1994年完成的《国际商事合同通则》等。国际商业惯例的特征有：（1）普遍接受性，普遍接受要求国际商业惯例有一个长期的和反复的使用过程才能形成。（2）确定性，确定的内容使国际商业惯例能够对国际经济交往活动起一定的规范作用。（3）任意性，国际商业惯例不是法律，对当事人不具有强制性，只有在当事人约定引用惯例时，才对当事人具有法律约束力。同时，当事人在引用惯例时可以对惯例进行相应的修改和增减。

（二）国际货物买卖合同

国际货物买卖合同是指营业地位于不同国家的当事人之间就有关货物买卖的权利义务关系而达成的协议。国际货物买卖合同的国际性以当事人的营业地位于不同国家为准，而不考虑当事人的国籍。1980年《联合国国际货物销售合同公约》要求适用公约的货物销售合同的当事人应为双方营业地位于不同缔约国的当事人。如双方的国籍不同，但营业地位于同一个国家，则不适用公约；如果只有一方的营业地位于缔约国也不适用公约。国际货物买卖合同强调的是合同的标的物需要进行超越国境的运输，因此，即使是不同国家的当事人在同一国境内订立的货物买卖合同，也不是国际货物买卖合同。国际货物买卖合同的标的是货物，货物指有体动产，但适用于1980年《联合国国际货物销售合同公约》的货物并非所有的有体动产，用于个人消费的合同被排除在外，船舶和飞机等虽然在物理属性上属于动产，但由于其标的巨大，且价值很高，各国对其转让一般均进行了特别的规定，因此公约也不对此类货物适用。

国际货物买卖合同的条款主要包括约首、正文和约尾三部分。约首是合同的开头部分，包括合同的名称、合同的编号、订约日期、订约地点、双方当事人的名称和地址以及合同的序言等内容。约首部分的内容同样具有一定的法律意义而不应被忽视，如订约的日期在法律上表明，除非合同中对合同生效的时间另有不同的规定，否则应以该日期为合同生效的日期。再如订约地点，如果合同中对合同所应适用的法律没有作出明确的规定，则合同订立地对确定合同的法律适用会起到一定的作用。正文部分是合同的主体部分，包括合同的实质性条款，即规定双方当事人权利义务的条款。约尾主要载明合同以何种文字作成，以及各种文字的效力、正文的份数、附件及其效力、双方当事人的签名等。

三、国际货物运输与保险

国际货物运输是国际贸易中的一个重要环节，国际货物买卖中的货物必须从卖方所在地运至买方所在地。国际货物运输的方式很多，主要包括海上运输、铁路运输、航空运输、邮政运输、管道运输及多式联运。其中，海上运输是最主要的运输方式，国际货物买卖中 80% 左右的运输量是通过海上运输方式完成的。近年来，随着集装箱运输的广泛运用，多式联运也迅速发展起来。

（一）国际海上货物运输

国际海上货物运输是由承运人将货物从一国港口运至另一国港口并由货方支付运费的运输。如上所述，国际海上运输具有运输量大、运输成本低的优点，同时又有运输速度慢、风险较大的缺点。依运输方式的不同，海上货物运输又分为班轮运输和租船运输两种主要形式。

1. 班轮运输

班轮运输是由航运公司以固定的航线、固定的船期、固定的运费率、固定的挂靠港口组织将托运人的件杂货运往目的地的运输。由于班轮运输的书面内容多以提单的形式表现出来，所以此种运输方式又被称为提单运输。班轮运输的固定性决定了其比较适合于件杂货的运输，即将不同的托运人运输量比较小的货物组织在一起的运输。在班轮运输中承运人与托运人的谈判地位是不平等的，且提单往往会转移到并非订立运输合同当事方的第三方手中，即会对第三方产生约束力，因此各国法律一般对班轮运输进行强制性的调整，国际上调整提单运输的国际公约主要有三个，即 1924 年《统一提单的若干法律规则的国际公约》（以下简称《海牙规则》)、1968 年《修改统一提单的若干法律规则的国际公约的议定书》(以下简称《维斯比规则》)和 1978 年《联合国海上货物运输公约》(以下简称《汉堡规则》)。

班轮运输的当事人是承运人和托运人。承运人即承担运输工作的航运公司，托运人即与承运人订立海上货物运输合同的当事人。此外，海上运输合同还会涉及实际承运人和收货人。

提单是班轮运输中的重要法律文件。依《汉堡规则》第 1 条第 7 款的规定，提单是指用以证明海上运输合同和由承运人接管或装载货物以及承运人保证据以交付货物的单证。单证中关于货物应按记名人的指示或者不记名人的指示交付，或者交付给提单持有人的规定，便是这一保证。提单具有下列法律特征：第一，提单是海上运输合同的证明。第二，提单是承运人出具的接收货物的收据。第三，提单是承运人交付货物的凭证。不记名提单和指示提单具有流通性。承运人在目的港应向提单持有人或合法受让人交货，提单持有人对在途货物有处分权。

2. 租船合同

租船合同包括航次租船合同、定期租船合同和光船租船合同。租船合同都必须以书面形式订立。租船合同的订立在实践中需要经过询租、报价、还价、接受等几个步骤。合同的签订通常是通过电报、电传和传真来进行。

航次租船合同又称为航程租船合同，是指航次出租人向承租人提供船舶或者船舶的部分舱位，装运约定的货物，从一港运至另一港，由承租人支付约定的运费的合同。在航次租船合同下，出租人保留船舶的所有权和占有权，并由其雇用船长和船员，船舶由出租人负责经营管理，由出租人承担船员工资、港口使用费、船用燃料、港口代理费等费用。承租人除依合同规定负担装卸费等费用外，不直接参与船舶的经营。

定期租船合同是指船舶出租人向承租人提供约定的由出租人配备船员的船舶，由承租人在约定的期限内按约定用途使用，并支付租金的合同。

光船租赁合同指由船舶所有人提供不配备船员的光船，由租船人雇用船员，在约定期限内占有、使用船舶，并支付约定租金的租船合同。光船租赁合同具有财产租赁合同的性质，在光船租赁合同下，出租人只提供船舶，并不配备船员。船舶出租人只保留船舶的所有权，船舶的占有权、使用权和营运权均转移给了承租人。

（二）其他方式的国际货物运输

1. 国际航空货物运输

航空货物运输作为国际贸易运输的一种方式是在第二次世界大战后出现的。

由于国际航空运输具有速度快、安全性高、破损率低、不受地面条件限制等特点，近年来在世界范围内有了蓬勃的发展。

国际航空运输的方式主要有班机运输、包机运输和集中托运。班机运输指飞机按固定的时间、固定的航线、固定的始发站、目的站进行定期航行的货物运输。包机运输又分为整包机和部分包机。集中托运指航空货运代理公司将若干单独发运的货物组成一整批货物，用一份总运单将货物整批发运到目的地的航空运输。

国际航空货物运输合同是由航空运输公司或其代理人与托运人签订的关于由航空公司将托运人的货物由一国的航空站运至另一国的航空站而由托运人支付约定运费的运输合同。

目前有关国际航空货物运输的国际公约主要有1929年《关于统一国际航空运输某些规则的公约》（以下简称《华沙公约》），1955年《海牙议定书》，1961年《统一非缔约承运人所办国际航空运输某些规则以补充华沙公约的公约》（以下简称《瓜达拉哈拉公约》）。我国是前两个公约的参加国。在这三个公约中，《华沙公约》是基础，《海牙议定书》和《瓜达拉哈拉公约》是对《华沙公约》的修改和补充，但均未改变《华沙公约》的基本原则。

2. 国际铁路货物运输

国际铁路货物运输是指使用统一的国际铁路联运单据，由铁路部门经过两个或两个以上国家的铁路进行的运输。铁路运输比海上运输的风险小，时间短，但比航空运输时间长。我国同周边国家的进出口货物多数采用铁路货物运输方式。关于国际铁路货物运输的公约主要有两个，即1961年《关于铁路货物运输的国际公约》（以下简称《国际货约》）和1951年《国际铁路货物联运协定》（以下简称《国际货协》），中国是《国际货协》的参加国。

3. 国际货物多式联运

国际货物多式联运是指联运经营人以一张联运单据，通过两种以上的运输方式将货物从一个国家运至另一个国家的运输。这种运输是在集装箱运输的基础上产生发展起来的新型运输方式，它以集装箱为媒介，将海上运输、铁路运输、公路运输、航空运输和内河运输等传统的运输方式结合在一起，形成了一体化的门到门运输。这种运输方式的速度快、运费低、货物不易受损。传统的各种运输方式有各自不同的运输责任制度，那么，多式联运的承运人应采用什么责任制度呢？为了解决这一问题，国际商会于1963年制定了《联运单证统一规则》，该规则采用了区段责任制度和统一责任制相结合的制度，即在确知货物损失或灭失的运输区段时，适用区段责任制，由参加联运的各区段实行分段负责。在未能确知货物损失或灭失发生的运输区段时，采用统一责任制，由联运经营人对联运期间任何地方发生的货损对托运人负赔偿责任。

（三）国际货物运输保险

国际货物运输保险是国际贸易的重要组成部分，国际货物运输保险不但可以给运输中的货物提供保障，而且还能为国家提供无形贸易的外汇收入。国际货物运输保险主要包括海上货物运输保险、铁路货物运输保险、公路货物运输保险、航空货物运输保险和邮包运输保险等。其中历史最悠久、业务量最大、法律规定最全的是海上货物运输保险。

国际货物运输保险合同的订立是由被保险人以填制投保单的形式向保险人提出保险要求，即要约，经保险人同意承保，并就货物运输保险合同的条款达成协议后（即承诺后），保险合同即成立。投保单中须列明货物名称、保险金额、运输路线、运输工具及投保险别等事项。保险人应当及时向被保险人签发保险单或者其他保险单证，并在保险单或其他保险单证中载明当事人双方约定的合同内容。

国际货物运输保险合同的内容主要包括下列几项：保险人名称；被保险人名称；保险标的；保险价值；保险金额；保险责任和除外责任；保险期间；保险费。

四、国际贸易支付

（一）国际贸易的支付工具

国际贸易的支付工具是指国际货物买卖合同的双方凭借什么进行货款的收付。国际贸易中的支付工具主要包括货币和票据。以货币支付指使用现金支付的方式，国际货物买卖合同中规定的支付货币必须是可以自由兑换的货币，既可以是进口国的货币，也可以是出口国的货币或第三国的货币。以现金支付会产生大量现金携带的问题，既不方便也不安全，因此在国际贸易支付结算中很少采用。常用的支付工具是票据。

票据是出票人依法签发的由自己或指示他人无条件支付一定金额给受款人或持票人的有价证券，即某些可以代替现金流通的有价证券。在国际贸易结算业务中，通常都是使用某种票据（主要是汇票）作为支付工具，通过银行进行非现金结算。票据具有流通性、无因性、要式性三大法律特征。各国的票据法对票据的理解不尽相同，法国和德国的法律认为，票据只包括汇票和本票，不包括支票。日本的法律则认为，票据包括汇票、本票和支票三种。美国《统一商法典》

规定的可流通的票据包括汇票、本票、支票和银行存单等。国际上一般认为票据主要包括汇票、本票和支票三种。

（二）国际贸易的支付方式

国际贸易的支付方式主要有汇付、银行托收和银行信用证三种方式，其中使用最多的是银行信用证方式。

汇付是由国际货物买卖合同的买方委托银行主动将货款支付给卖方的结算方式。在此种支付方式下，信用工具的传递与资金的转移方向是相同的，因此也称为顺汇法。汇付是建立在商业信用的基础上的，即完全建立在双方相互信赖的基础上，因此对双方均具有一定的商业风险。仅凭商业信用进行国际贸易的风险很大，在国际贸易中付款有预付和到付两种，如约定预付，则买方要承担卖方不交货、迟交货等风险；如约定到付，则卖方要承担买方拒付货款的风险。因此，汇付在国际贸易中主要是用于样品、杂费等小额费用的结算。

托收是由银行依委托人的指示处理单据，向付款人收取货款或承兑、交付单据或按其他条件交付单据的结算方式。在托收方式下，信用工具的传递与资金的转移方向相反，因此托收是一种逆汇法。在托收付款下，付款人是否付款是依其商业信用，银行并不承担责任。

信用证是银行依开证申请人的请求，开给受益人的一种保证银行在满足信用证要求的条件下承担付款责任的书面凭证。在信用证付款方式下，开证银行以自身的信誉为卖方提供付款的保证，因此，信用证付款方式是一种银行信用。适用于信用证的国际惯例是国际商会在 1930 年制定的《跟单信用证统一惯例》（简称 UCP），该惯例曾进行过多次的修改，UCP500 号实施了十多年，由于银行、进口商等当事人对 UCP500 号的错误理解及应用，约有 70% 信用证项下的单据在首次交单时因不符而被拒付，因而影响了信用证在付款工具上的地位。2006 年召开的国际商会巴黎年会上通过了 UCP600 号，UCP600 号于 2007 年 7 月 1 日实施。

参考文献

[1] 中共中央马克思恩格斯列宁斯大林著作编译局. 马克思恩格斯全集 [M]. 北京: 人民出版社, 1995: 1, 2, 4.

[2] 中共中央马克思恩格斯列宁斯大林著作编译局. 马克思恩格斯选集 [M]. 北京: 人民出版社, 1995: 3, 4.

[3] 中共中央文献编辑委员会. 邓小平文选 [M]. 北京: 人民出版社, 1993.

[4] [英] 阿克顿. 自由与权力 [M]. 侯健, 等, 译. 北京: 商务印书馆, 2001.

[5] [德] 阿图尔·考夫曼. 法律哲学 [M]. 北京: 法律出版社, 2003.

[6] [美] 昂格尔. 现代社会中的法 [M]. 北京: 中国政法大学出版社, 1994.

[7] [美] 保罗·R·伯特尼, 罗伯特·N·史蒂文斯. 环境保护的公共政策 [M]. 上海: 上海人民出版社, 2004.

[8] [意] 彼得罗·彭梵得. 罗马法教科书 [M]. 黄风, 译. 北京: 中国政法大学出版, 1992.

[9] [美] 博登海默. 法理学——法哲学与法律方法 [M]. 邓正来, 译. 北京: 中国政法大学出版社, 1999.

[10] [美] 伯尔曼. 法律与革命 [M]. 北京: 中国大百科全书出版社, 1993.

[11] [美] 波斯纳. 法律的经济分析 [M]. 北京: 中国大百科全书出版社, 1997.

[12] [古罗马] 查士丁尼. 法学总论 [M]. 张企泰, 译. 北京: 商务印书馆, 1993.

[13] [日] 大须贺明. 生存权论 [M]. 林浩, 译. 北京: 法律出版社, 2001.

[14] [英] 丹宁勋爵. 法律的正当程序 [M]. 刘庸安, 译. 北京: 法律出版社, 1999.

[15] [美] 德沃金. 法律帝国 [M]. 北京: 中国大百科全书出版社, 1996.

[16] [德] 迪特尔·梅迪库斯. 德国民法总论 [M]. 邵建东, 译. 北京: 法律出版社, 2000.

[17] [美] 弗兰德泰尔. 民事诉讼法 [M]. 北京: 中国政法大学出版社, 2003.

[18] [日] 谷口安平. 程序的正义与诉讼 (增补本) [M]. 王亚新, 刘荣军, 译. 北京: 中国政法大学出版社, 2002.

[19] [美] H·J·伯尔曼. 法律与革命 [M]. 贺卫方, 等, 译. 北京: 中国大百科全书出版社, 1993.

[20] [德] 哈贝马斯. 在规范与事实之间 [M]. 上海: 三联出版社, 2004.

[21] [英] 哈特. 法的概念 [M]. 北京：中国大百科全书出版社，1995.
[22] [德] 哈特穆特·毛雷尔. 行政法学总论 [M]. 高家伟，译. 北京：法律出版社，2000.
[23] [美] 哈耶克. 法律、立法与自由 [M]. 北京：中国大百科全书出版社，2000.
[24] [德] 汉斯·约阿希姆·施奈德. 犯罪学 [M]. 北京：中国人民公安大学出版社，1990.
[25] [德] 伽达默尔. 真理与方法 [M]. 王才勇，译. 沈阳：辽宁人民出版社，1987.
[26] [德] K·茨威格特，H·克茨. 比较法总论 [M]. 潘汉典，等，译. 贵阳：贵州人民出版社，1992.
[27] [德] 卡尔·拉伦茨. 德国民法通论 [M]. 王晓晔，等，译. 北京：法律出版社，2003.
[28] [德] 卡尔·拉伦茨. 法学方法论 [M]. 北京：商务印书馆，2003.
[29] [德] 拉德布鲁赫. 法学导论 [M]. 米健，朱林，译. 北京：中国大百科全书出版社，1997.
[30] [法] 卢梭. 社会契约论 [M]. 何兆武，译. 北京：商务印书馆，1980.
[31] [美] 罗伯特·A·高尔曼. 劳动法基本教程 [M]. 马静，等，译. 北京：中国政法大学出版社，2003.
[32] [英] 罗杰·科特威尔. 法律社会学导论 [M]. 北京：华夏出版社，1988.
[33] [美] 罗斯科·庞德. 通过法律的社会控制 [M]. 沈宗灵，等，译. 北京：商务印书馆，1984.
[34] [德] 马克斯·韦伯. 经济与社会中的法律 [M]. 北京：商务印书馆，1997.
[35] [英] 麦基文. 宪政古今 [M]. 翟小波，译. 贵阳：贵州人民出版社，2004.
[36] [法] 孟德斯鸠. 论法的精神（上册）[M]. 张雁深，译. 北京：商务印书馆，1961.
[37] [德] 梅迪库斯. 德国民法总论 [M]. 邵建东，译. 北京：法律出版社，2001.
[38] [英] 梅因. 古代法 [M]. 沈景一，译. 北京：商务印书馆，1959.
[39] [日] 棚濑孝雄. 纠纷的解决与审判制度 [M]. 王亚新，译. 北京：中国政法大学出版社，1994.
[40] [美] 塞德曼. 发展进程中的国家与法律 [M]. 北京：法律出版社，2006.
[41] [美] 唐·布莱克. 社会学视野中的司法 [M]. 北京：法律出版社，2002.
[42] [德] W·杜茨. 劳动法 [M]. 张国文，译. 北京：法律出版社，2005.
[43] [英] 韦德. 行政法 [M]. 徐炳，译. 北京：中国大百科全书出版社，1997.
[44] [加] 约翰·汉尼根. 环境社会学 [M]. 洪大用，译. 北京：中国人民大学出

版社，2009.
[45] [美] 约翰·H·威格摩尔. 世界法系概览 [M]. 何勤华，李秀清，等，译. 上海：上海人民出版社，2004.
[46] [美] 约翰·梅西·赞恩. 法律简史 [M]. 孙运申，译. 北京：中国友谊出版公司，2005.
[47] 曹建明. 国际公法学 [M]. 北京：法律出版社，1998.
[48] 曹明德. 环境侵权法 [M]. 北京：法律出版社，2000.
[49] 常凯. 劳动关系学 [M]. 北京：中国劳动社会保障出版社，2005.
[50] 常怡. 比较民事诉讼法 [M]. 北京：中国政法大学出版社，2002.
[51] 陈乃新. 经济法精神之展开 [M]. 北京：中国政法大学出版社，2005.
[52] 陈瑞华. 刑事审判原理论 [M]. 北京：北京大学出版社，1997.
[53] 陈兴良. 刑法的启蒙 [M]. 北京：法律出版社，2003.
[54] 陈兴良. 刑事法评论 [J]. 北京：中国政法大学出版社，　.
[55] 陈治东，朱榄叶. 国际经济法学 [M]. 北京：法律出版社，1999.
[56] 陈忠林. 刑法散得集 [M]. 北京：法律出版社，2003.
[57] 董安生. 英国商法 [M]. 北京：法律出版社，1991.
[58] 董保华. 劳动法教程 [M]. 上海：上海交通大学出版社，1994.
[59] 董保霖. 商标法律详解 [M]. 北京：中国工商出版社，2004.
[60] 董晓波. 市民精神与宪政：西方法治传统的形成 [M]. 北京：对外经济贸易大学出版社，2009.
[61] 樊崇义. 诉讼原理 [M]. 北京：法律出版社，2003.
[62] 范健，王建文. 商法的价值、源流及本体中国商事法 [M]. 北京：中国人民大学出版社，2004.
[63] 范健. 商法 [M]. 北京：北京大学出版社，2000.
[64] 方乐华. 社会保障法论 [M]. 北京：世界图书出版公司，1999.
[65] 方世荣. 行政法学与行政诉讼法学 [M]. 北京：中国人民公安大学出版社，2003.
[66] 费孝通. 乡土中国 [M]. 北京：北京出版社，2005.
[67] 冯玉军. 法经济学应用研究 [M]. 北京：法律出版社，2006.
[68] 高铭暄，马克昌. 刑法学 [M]. 北京：高等教育出版社，2007.
[69] 高铭暄，赵秉志. 刑法论丛 [J]. 北京：法律出版社，1998.
[70] 公丕祥. 法理学 [M]. 上海：复旦大学出版社，2005.
[71] 古祖雪. 国际知识产权法 [M]. 北京：法律出版社，2002.
[72] 顾功耘，罗培新. 经济法前沿问题 [M]. 北京：北京大学出版社，2006.

[73] 关怀. 劳动法学 [M]. 北京：法律出版社，1996.
[74] 郭捷. 劳动法学 [M]. 北京：中国政法大学出版社，1997.
[75] 韩德培. 环境保护法教程 [M]. 北京：法律出版社，1998.
[76] 胡锦光. 中国宪法问题研究 [M]. 北京：新华出版社，1998.
[77] 胡旭晟，蒋先福. 法理学 [M]. 湖南：湖南人民出版社、湖南大学出版社，2002.
[78] 黄晖. 商标法 [M]. 北京：法律出版社，2003.
[79] 季卫东. 宪政新论——全球化时代的法与社会变迁 [M]. 北京：北京大学出版社，2002.
[80] 江国青. 演变中的国际法问题 [M]. 北京：法律出版社，2002.
[81] 江伟，邵明，陈刚. 民事诉权论 [M]. 北京：法律出版社，2002.
[82] 金瑞林，汪劲. 中国环境与自然资源立法若干问题研究 [M]. 北京：北京大学出版社，1999.
[83] 金瑞林. 环境法学 [M]. 北京：北京大学出版社，1999.
[84] 孔祥俊. WTO 知识产权协定及其国内适用 [M]. 北京：法律出版社，2002.
[85] 孔祥俊. 商业秘密保护法原理 [M]. 北京：中国法制出版社，1999.
[86] 李爱年，韩广. 人类社会的可持续发展与国际环境法 [M]. 北京：法律出版社.
[87] 李景森，王昌硕. 劳动法学 [M]. 北京：中国人民大学出版社，1996.
[88] 李开国. 民法原理与实务 [M]. 北京：中国政法大学出版社，2002.
[89] 李开国. 民法总则研究 [M]. 北京：法律出版社，2003.
[90] 李明华. 环境法治与社会发展评论 [J]. 北京：中国法制出版社，2010：1.
[91] 李艳芳. 经济法案例分析 [M]. 北京：中国人民大学出版社，2006.
[92] 李占荣. 当代中国经济法理论的反思整合与发展 [M]. 杭州：浙江大学出版社，2004.
[93] 梁西. 国际组织法 [M]. 武汉：武汉大学出版社，2001.
[94] 梁治平. 寻求自然秩序中的和谐 [M]. 北京：中国政法大学出版社，1997.
[95] 林诚二. 民法理论与问题研究 [M]. 北京：中国政法大学出版社，2000.
[96] 林来梵. 从宪法规范到规范宪法 [M]. 北京：法律出版社，2001.
[97] 刘凯湘. 论商法的性质、依据与特征 [J]. 现代法学，1997 (5).
[98] 刘荣军. 程序保障的理论视角 [M]. 北京：法律出版社，1999.
[99] 刘莘. 行政立法研究 [M]. 北京：法律出版社，2003.
[100] 刘旭. 国际劳工标准概述 [M]. 北京：中国劳动社会保障出版社，2001.
[101] 刘哲昕. 系统经济法论——经济法本质及其与 WTO 关系研究 [M]. 北京：北

京大学出版社，2006.
[102] 刘兆兴. 比较法学 [M]. 北京：社会科学文献出版社，2004.
[103] 吕忠梅. 环境法新视野 [M]. 北京：中国政法大学出版社，2000.
[104] 罗东川，马来客. 知识产权名案评析 [M]. 北京：经济日报出版社，2001.
[105] 罗豪才. 行政法学（新编本）[M]. 北京：北京大学出版社，1996.
[106] 秦前红. 宪法变迁论 [M]. 武汉：武汉大学出版社，2002.
[107] 沈仁干，钟颖科. 著作权法概论（修订本）[M]. 北京：商务印书馆，2003.
[108] 沈四宝. 国际商法 [M]. 北京：对外经济贸易大学出版社，2003.
[109] 沈宗灵. 比较法研究 [M]. 北京：北京大学出版社，2002：53.
[110] 史探径. 劳动法 [M]. 北京：经济科学出版社，1990.
[111] 苏惠祥. 中国商法概论 [M]. 吉林：吉林人民出版社，1996.
[112] 苏力. 法治及其本土资 [M]. 北京：中国政法大学出版社，1996.
[113] 孙国华. 法的形成与运作原理 [M]. 北京：法律出版社，2003.
[114] 孙国华. 马克思主义法理学研究 [M]. 北京：群众出版社，1996.
[115] 孙笑侠. 法律对行政的控制 [M]. 济南：山东人民出版社，1999.
[116] 覃有土. 商法学 [M]. 北京：中国政法大学出版社，1999.
[117] 汤宗舜. 专利法教程 [M]. 北京：法律出版社，2003.
[118] 万鄂湘. 国际人权法 [M]. 武汉：武汉大学出版社，1994.
[119] 汪劲. 环境法律的理念与价值追求——环境立法目的论 [M]. 北京：法律出版社，2000.
[120] 汪劲. 中国环境法原理 [M]. 北京：北京大学出版社，1998.
[121] 王保树. 中国商事法 [M]. 北京：人民法院出版社，1996.
[122] 王浩. 中国外交事例与国际法 [M]. 北京：现代出版社，1989.
[123] 王家宠. 国际劳动公约概要 [M]. 北京：中国劳动出版社，1991.
[124] 王全兴. 劳动法 [M]. 北京：法律出版社，1997.
[125] 王全兴. 劳动合同法条文精解 [M]. 北京：中国法制出版社，2007.
[126] 王卫国. 商法概论 [M]. 北京：中国政法大学出版社，1999.
[127] 王曦. 国际环境法学 [M]. 北京：法律出版社，1998.
[128] 王晓晔，丘本. 经济法学的新发展 [M]. 北京：中国社会科学出版社，2008.
[129] 王晓晔. 经济全球化下竞争法的新发展 [M]. 北京：社会科学文献出版社，2005.
[130] 王亚新. 社会变革中的民事诉讼 [M]. 北京：中国法制出版社，2001.
[131] 王禹. 中国宪法司法化 [M]. 北京：北京大学出版社，2005.
[132] 王泽鉴. 民法实例研习·民法总则 [M]. 台北：台湾三民书局，1997.